"十二五"职业教育国家规划教材
经全国职业教育教材审定委员会审定

高职高专金融专业应用系列教材

商业银行信贷与营销
（第三版）

刘佳音　闫红玉　主编

清华大学出版社
北京

内容简介

《商业银行信贷与营销(第三版)》为清华大学出版社 2005 年 5 月出版的《商业银行信贷与营销》、2009 年 7 月出版的《商业银行信贷与营销(第二版)》的修订版。第二版教材获评普通高等教育"十一五"国家级规划教材,第三版教材又获评"十二五"职业教育国家规划教材。这说明我们当初将银行信贷理论与信贷产品营销实务相结合的想法得到了大家的充分肯定和长期支持,因此第三版教材基本沿用了前两版的框架和总体设置。与前两版教材相比,本次修订主要突出以下两点:一是新增"课前思考与讨论"和"学习并完成任务"栏目;二是更新相关内容,保证教材的时效性。

本书可作为高职高专院校财经专业学生的学习用书,也可作为相应层次教育教学用书和商业银行从业人员的参考用书。

图书在版编目(CIP)数据

商业银行信贷与营销/刘佳音,闫红玉主编. --3 版. --北京:清华大学出版社,2014 (2024.8重印)
高职高专金融专业应用系列教材
ISBN 978-7-302-35858-9

Ⅰ. ①商… Ⅱ. ①刘… ②闫… Ⅲ. ①商业银行-信贷管理-市场营销学-高等职业教育-教材
Ⅳ. ①F830.5

中国版本图书馆 CIP 数据核字(2014)第 060945 号

责任编辑:陈凌云
封面设计:傅瑞学
责任校对:李 梅
责任印制:丛怀宇

出版发行:清华大学出版社
网　　址:https://www.tup.com.cn,https://www.wqxuetang.com
地　　址:北京清华大学学研大厦 A 座　　**邮　　编**:100084
社 总 机:010-83470000　　**邮　　购**:010-62786544
投稿与读者服务:010-62776969, c-service@tup.tsinghua.edu.cn
质量反馈:010-62772015, zhiliang@tup.tsinghua.edu.cn
课件下载:https://www.tup.com.cn, 010-83470410
印 装 者:三河市龙大印装有限公司
经　　销:全国新华书店
开　　本:185mm×260mm　　**印　张**:18.25　　**字　　数**:412 千字
版　　次:2005 年 3 月第 1 版　　2014 年 8 月第 3 版　　**印　　次**:2024 年 8 月第 6 次印刷
定　　价:52.00 元

产品编号:056753-02

教材编委会

丛书序

随着我国金融市场的不断发展，金融产品创新层出不穷。目前我国金融市场上金融产品种类繁多，包括股票现货交易、债券交易、开放式基金、封闭式基金、公募基金、私募基金；上海黄金交易所的黄金交易等。在衍生金融商品交易及信用交易方面，已经开通商品期货交易、远期外汇交易、权证交易、股指期货交易、融资融券交易等；在保险产品方面，有保险与理财相结合、保险与储蓄相结合、投连险产品等种类繁多的保险产品。此外，还有大量的信托产品等。金融产品的创新为金融机构和从业人员创造了新的赢利和收入渠道，例如，中国的证券市场以前只有在牛市行情中投资者才能获利，开通股指期货、融资融券业务后，现在投资者在熊市行情中也可以获利，为金融行业打开了新的业务空间。

不仅金融产品不断创新，金融机构之间业务也日益交叉融合。

现在无论是银行，还是证券公司、保险公司，它们向客户提供的不再是单一的产品，它们之间相互合作，交叉销售产品。银行员工不再仅仅办理存贷款业务，还要销售债券、基金产品、保险产品、信托产品和其他理财产品。同样，保险公司、证券公司的员工也可以帮助银行销售存款产品、信用卡等。特别是目前正在兴起的第三方理财机构，提供各种金融产品的分析和咨询。因此，金融专业的毕业生不仅要具备金融前台业务（柜员岗位、操作岗位）操作能力，而且还要具备业务拓展（客户经理、理财经理、投资咨询人员等）能力。

一、金融专业课程改革的内容

金融产品的创新，金融机构之间业务的交叉，对员工提出了更高的要求。员工需要掌握的知识除了专门的前台操作业务外，还包括丰富的金融产品、金融市场等方面的综合知识。

深圳职业技术学院金融专业根据金融市场发展的状况，在咨询专业管理委员会专家及相关企业的帮助下，不断调整金融专业教学计划和教学内容——逐步减少银行理论方面的课程，增加投资理财方面的课程。

以前金融专业的课程主要有商业银行经营管理、银行信贷、银行会计、证券投资、国际结算实务、专业英语、货币银行学等。

根据我国金融市场的发展变化及金融机构的人才需求状况，目前金融专业的主要课程包括商业银行业务会计（整合了商业银行经营管理、银行信贷、银行会计等课程的必要知识和技能）、证券投资基础与分析、金融投资工具、保险业务、国际金融实务、国际结算实务、专业英语、货币银行学等。

二、高职高专金融专业应用系列教材的编写特点

本系列教材是由具有多年教学和实践经验的金融专业教师，与相关企业的专家共同编写的。在编写过程中，我们力争做到以下几点。

1. 内容新

把握金融改革的脉搏，依据我国金融创新中出现的新法律法规、新政策、新制度、新机制、新做法，与现实紧密结合，形成本书内容新的特点。

2. "举案说法"——以案例导入理论

本系列教材强调结合相关案例讨论、学习金融理论和知识，或以案例引出理论知识，或通过案例诠释理论，深入浅出，提高教学的生动性和学生的学习兴趣。

3. 强调实践能力和应用能力的培养

对于偏理论的课程（如货币银行学），结合中国和国际的实际情况进行编写，做到能够应用相关理论分析中国的实际经济状况。例如，货币供给量的变化与物价变化、GDP 变化之间的关系。做到言之有物，理论联系实际。国际金融实务教材以案例为主，通过案例说明不同的进出口企业面对不同的汇率风险，不同的情况采用不同的方法防范汇率风险。

对于实践性、操作性较强的课程，如银行业务与会计、国际结算实务，每一项业务都有完整的业务单据和业务流程。理财规划实务教材有具体的理财规划步骤、表格，由学生完成某个家庭具体的理财规划。证券投资基础与分析教材结合实际上市公司的相关资料及图形走势，进行分析和讨论如何投资。

在本系列教材的编写过程中，从教材种类的确定到教材编写体例的选择，再到教材内容的取舍，清华大学出版社在本系列教材的组织、编写过程中做了大量的工作，在此表示衷心的感谢。

本系列教材是在我国金融创新蓬勃发展的大背景下编写的，力图培养金融专业学生的综合金融投资理财分析能力，以便金融专业的毕业生具备更强的就业能力。为更好地实现这一目标，希望各位读者和老师不吝赐教。

深圳职业技术学院
苏秋高

FOREWORD

第三版前言

从2005年的第一版到如今的第三版，《商业银行信贷与营销》出版近10年了。期间，本教材曾被评为普通高等教育“十一五”国家级规划教材；如今，本书又获得“十二五”职业教育国家规划教材选题立项。这说明我们当初将银行信贷理论与信贷产品营销实务相结合的想法得到了大家的充分肯定和长期支持，因此第三版教材基本沿用了前两版的框架和总体设置。内容上，我们依据高职高专教育的培养目标精挑细选；形式上，我们在注重知识传授的同时，辅以大量的市场信息和案例，以保持教材的生动性和活泼性，支持课堂教学以及自主学习。

与前两版教材相比，我们主要在以下两个方面进行了修订。

1. 根据近年来教材编写的最新发展，以及为了进一步突出教材的实用性特点，我们在章节内容前适当新增“课前思考与讨论”和“学习并完成任务”栏目。“课前思考与讨论”栏目旨在引导学生在接受相关理论知识之前先主动思考，调动学生的思维和学习积极性，让学生在设疑、思考、学习的过程中得到提高，同时培养学生自主学习的能力；“学习并完成任务”栏目主要针对业务种类、业务流程等理论性较强的内容，让学生带着任务去学习，以任务驱动学习，在保证理论内容更具操作性的同时，提高学生的实际动手能力。

2. 根据我国信贷市场的最新发展，更新相关内容，保证教材的时效性。本教材的特点之一就是在讲述理论的同时补充相关的政策、大量的市场信息和案例。在提供足够信息量的同时，我们更重视信息的时效性。因此，我们在原有教材的基础上，进行了部分内容的更新、替换和补充，如，“有保有压”、“绿色信贷”、“微客服”、“手机信用卡”等新政策、新概念、新动态都在本书中得以体现。

《商业银行信贷与营销》（第三版）主要由刘佳音、闫红玉完成，晏金发对第三版的修订提出了宝贵的意见。由于商业银行信贷产品和信贷业务不断更新发展，银行信贷营销也在不断成熟，鉴于作者水平有限，书中难免存在不足之处，欢迎广大读者批评指正。

编　者

2014年3月

FOREWORD

第二版前言

《商业银行信贷与营销》使用几年来，其丰富的知识及资讯，活泼新颖的结构，不仅受到了越来越多高职高专院校的欢迎，而且也受到了银行实务界人士的普遍认同。该教材被评为普通高等教育“十一五”国家级规划教材。为了满足需要，我们结合近年来商业银行信贷业务的新趋势、新动向及营销新策略，对教材进行了修订。

修订后的《商业银行信贷与营销》（第二版）具有如下特色。

1. 符合高职高专教育的培养目标、特点和要求

教材按照教育部对高职高专学生的培养生产、管理和服务第一线应用型人才的目标和要求，以商业银行信贷业务岗位能力的培养为主导设计教材的体系结构，使教学内容与专业、行业的应用及人才培养相适应，实现“工学结合”。

2. 突出信贷营销能力及风险防范能力的培养

教材在介绍信贷业务程序的基础上，注重不同业务品种营销技巧及业务风险分析与防范内容的介绍，体现注重培养学生理论联系实际的能力、信贷业务处理能力、营销能力，以及风险识别与防范能力。本教材每章所附的思考题及实训题都极具针对性，能够有效提高学生的岗位操作能力。

3. 内容体现实用、新颖、宽泛的特色

教材在介绍商业银行信贷与营销基本知识时，本着理论必需、够用的原则，基础理论知识介绍得较浅、较少，且多以其他栏目介绍相关知识，使学生加深理解，切忌死记硬背；相关案例及其他资料，均为近年来的新案例及资料。具有较强的知识性和实用性，对金融专业学生及银行信贷工作人员掌握信贷知识、提高专业工作能力具有极大的帮助。

4. 内容丰富，形式多样，好学易教

(1) 教材内容循序渐进，深入浅出，语言简练，通俗易懂。

(2) 教材形式丰富多彩，各章开始配有学习目标，使学生了解需要了解和掌握的内容，章后配有本章小结，以便读者对所学内容进行概括和总结；为了方便学习和教学，教材中还开设有“他山之石”、“市场链接”、“小百科”、“案例”等栏目，为读者提供了大量的信息，使学生能够得到动态的、形象的、感性的认识，使学习变得轻松愉悦；章末配有思考题和实训题，思考题多为需要掌握的基本概念及知识，实训题则为今后

走上信贷业务营销岗位（即商业银行客户经理岗位）所需做的具体工作，极具针对性，需要学生搜集大量的第一手资料，分工合作才能达到目标，能够有效提高读者分析问题、解决问题的能力，营销技巧和团队合作意识。从而使读者能够直接地将所学知识运用到实践中，实现“工学结合”。

《商业银行信贷与营销》（第二版）由闫红玉、刘佳音、晏金发完成修订。其中，闫红玉主编并修订第 1、3、8、9 章，刘佳音修订第 5、6、7 章，晏金发修订第 2、4 章。由于商业银行业务品种的多样性和复杂性，不足之处在所难免，请高职高专院校和读者在使用过程中给予关注，并将意见及时反馈给我们，以便修订时进一步完善。

所有意见和建议请发往：yan_hy@ sina.com。

编　者

2009 年 5 月

FOREWORD 第一版前言

在中国加入 WTO、银行业逐渐对外开放的时代背景下，国内商业银行面临着一系列挑战：完善法人治理结构、提高管理水平、转变经营观念、增强市场竞争能力……面对银行业日益激烈的市场竞争，商业银行广泛学习和运用西方银行业的先进经验，在不断提高管理水平的同时，积极开展业务创新，“以市场为导向，以客户为中心”开展业务已是大势所趋。有鉴于此，本书在内容和体例上进行了一些新的尝试，即在深入研究国内外商业银行信贷业务实践和发展趋势的基础上，借鉴和吸收西方商业银行的经验和做法，把商业银行信贷业务和市场营销的知识融合起来加以阐述，全面、系统地介绍了商业银行信贷业务和市场营销的基本知识和操作技能，具有较强的知识性和实用性。

信贷业务是商业银行最主要的经营业务，具体品种繁多，本书基本上按商业银行信贷业务品种谋篇布局，对重要的和比较复杂的信贷业务均进行了专门论述，同时介绍了一些创新的信贷业务。第 1 章和第 2 章介绍了信贷业务和市场营销的基本概念，这些概念是学习商业银行信贷业务之前必须掌握的基础性知识。第 3～8 章分别介绍了短期商业贷款、中长期商业贷款、消费信贷、信用卡、国际贸易融资及其他信贷业务与市场营销的基本内容。第 9 章介绍了商业银行信贷营销业务组织管理的主要内容。本书的目的是使读者学完本书后，能够系统地掌握商业银行信贷业务和市场营销的基本知识和操作技能，在商业银行信贷岗位从事信贷业务与营销工作。

本书的作者具有良好的教育背景和丰富的商业银行信贷业务及市场营销实践经验，在写作过程中，参阅了大量的书籍和资料，力求使本书的结构及内容新颖、案例丰富、信息量大。全书由闫红玉主编并撰写第 1、3、8、9 章，晏金发撰写第 2、4 章，林云峰撰写第 5 章，刘佳音撰写第 6、7 章。由于作者水平有限以及商业银行信贷业务的复杂性，书中可能存在不完善和不严谨之处，请读者批评指正。

编　者

2005 年 3 月

CONTENTS

目录

第 1 章

商业银行信贷业务概论

学习目标

1. 了解商业银行信贷业务的种类及办理信贷业务的原则。
2. 了解信贷业务流程中每个环节的主要工作及工作要求。
3. 基本掌握信贷业务的定价方法。
4. 了解商业银行的各种贷款方式及每种贷款方式的主要特点。
5. 掌握信贷业务利息及实付贴现款的计算方法。

1.1 商业银行信贷业务种类

课前思考与讨论

商业银行的信贷客户经理每天都会接触到不同的客户，这些客户有着不同的背景和需求，都希望获得银行的信贷支持。那么，什么是信贷？商业银行究竟可以为社会中的个人和企业提供哪些信贷产品呢？银行提供信贷支持的方式又有哪些？分组讨论日常生活和工作中遇到过的例子。

信贷业务是商业银行的主要资产业务，也是商业银行的主要盈利来源。商业银行的传统业务主要是存、取、贷、还，这种运动过程中的“贷”和“还”就是商业银行信贷业务的主要内容。“贷”即从商业银行取得贷款，“还”是指按照约定偿还利息和本金，这是商业银行的贷款业务。通常，有人会将商业银行的信贷业务与贷款业务混为一谈，二者实际上是有区别的，前者的外延及内涵比后者大许多。主要区别在于：商业银行的贷款活动一定伴随着资金运动，是商业银行将自己筹集的资金暂时借给企事业单位使用，在约定时间内收回本金并收取一定利息的经济活动；而商业银行的信贷业务除了贷款业务以外，还包括担保性业务、保理业务和授信业务等，虽然这些业务与贷款业务的关系非常密切，但不能完全等同。随着市场经济活动的日益发达，人们在经济交往中对银行信贷业务的需求越来越多，对银行提供资金的形式和方式也有越来越多的不同要求，商业银行在经营实践中，开发了丰富多样的信贷业务品种。

由于商业银行信贷业务品种繁多，且有些业务之间有交叉及包含关系，要想对商业银行信贷业务进行科学、严谨的分类是一件十分困难的事情。本书按信贷业务的性质，将商业银行的信贷业务分为贷款业务、担保性业务、保理业务及授信业务四类。

1.1.1 贷款业务

贷款业务(loan business)是商业银行或其他信用机构以一定的利率和约期归还为条件，将货币资金转让给其他资金需求者的信用活动。按照不同的标准可以将贷款业务分为不同的种类。

1. 按照贷款期限不同，可以分为长期贷款、中期贷款和短期贷款

长期贷款是指贷款期限在 5 年以上的贷款。

中期贷款是指贷款期限在 1 年以上(含 1 年)、5 年以下的贷款。

短期贷款是指贷款期限在 1 年以内的贷款。

2. 按照贷款方式不同，可以分为信用贷款、保证贷款、抵(质)押贷款和票据贴现

信用贷款是指不需要任何财产抵押或第三者保证而直接向借款人发放的贷款。

保证贷款是指按照《中华人民共和国担保法》(以下简称《担保法》)规定，以第三人承诺在借款人不能偿还贷款时，由其按约定承担一般保证责任或连带责任而发放的贷款。

抵(质)押贷款是指按照《担保法》及《物权法》的规定，以借款人或第三人的财产作为抵押物或以其动产或权利作为质物发放的贷款。

票据贴现是指贷款人用信贷资金购买未到期商业汇票，在汇票到期被拒付时，可以对背书人、出票人及汇票的其他债务人行使追索权的一种资金融通行为。

3. 按照贷款对象不同，可以分为商业贷款、农业贷款和个人贷款等

商业贷款是商业银行对工商企业发放的用于扩大生产经营规模、购买设备、增加流动资金等的贷款。

农业贷款是商业银行对农业生产企业和个体经营户因正常生产经营需要而发放的用于诸如购买种子、化肥、农药、改良土壤、购置农用机械设备等的贷款。

个人贷款是商业银行针对个人发放的主要用于满足个人消费支出的贷款。目前主要有住房贷款、购车贷款、教育贷款、旅游贷款等。

4. 按照贷款用途不同，可以分为固定资产贷款、流动资金贷款、贸易融资贷款、消费贷款等

固定资产贷款是指商业银行为解决企业用于基本建设或技术改造项目的工程建设、技术设备的购置安装等方面的长期性资金需求而发放的贷款。包括基本建设贷款和技术改造贷款。

流动资金贷款是商业银行为解决企业在生产经营活动中流动资金不足而发放的贷款。按照期限不同又可分为临时流动资金贷款、短期流动资金贷款和中期流动资金贷款。

贸易融资贷款是商业银行对企业在国际、国内贸易业务中，以贸易单据等为凭证向企业发放的贷款。主要包括进出口押汇、打包贷款、信用证等。

消费贷款是商业银行对消费者发放的主要用于满足其购买耐用消费品等支出的贷

款。主要包括住房贷款、购车贷款等。

5. 按照贷款是否自主发放，可以分为自营贷款和委托贷款等

自营贷款是指贷款人以合法方式筹集的资金自主发放的贷款，其风险由贷款人承担，并由贷款人收取本金和利息。

委托贷款是指由政府部门、企事业单位及个人等委托提供资金，由贷款人（即受托人）根据委托人确定的贷款对象、用途、金额、期限、利率等而代理发放、监督使用并协助收回的贷款，其风险由委托人承担，贷款人（即受托人）收取手续费，不代垫资金。

1.1.2 担保性业务

担保性业务(guarantee business)是指商业银行接受申请，为客户出具各种担保函的业务。通常情况下，银行开具的担保函均为无条件担保，银行为此将承担无条件付款的连带责任。常见的担保性业务有银行保函业务、备用信用证业务等。

1. 银行保函业务

银行保函(letter of guarantee，L/G)业务是指商业银行应客户（申请人）的书面申请，向受益人（债权人）出具的书面信用保证。为被担保人提货、投标、履行合同、预付款、产品质量等行为提供担保，在申请人未按其与受益人签订合同的约定偿还债务或履行约定义务时，承担付款或赔偿责任。

常用的保函有提货担保函、投标保函、履约保函、质量保函、预付款保函等。

2. 备用信用证业务

备用信用证(standby L/C)业务是指商业银行根据商业合约的一方（申请人）的要求向商业合约的另一方（受益人）所出具的，旨在保证申请人将履行某种合约的义务，并在该方未能履行该义务时，凭受益人所提交的表面上单单一致的文件或单据，代其向受益人作出支付一定金额的书面付款保证承诺。

1.1.3 保理业务

保理业务(factoring business)是商业银行（保理商）为贸易双方在赊销方式下产生的应收账款设计的一种连续的综合性金融服务。服务内容包括应收账款融资、应收账款账户管理、应收账款催收和信用担保等服务。按照保理业务操作方式或贸易对象的不同，保理业务也可以有不同的分类。

1. 按照商业银行（保理商）是否向供应商提供融资服务，可分为融资保理业务和非融资保理业务

融资保理业务是指商业银行凭供应商（卖方）发货后提交的证明债权转让的发票副本及其他有关文件，向供应商预先垫付部分货款，债务到期收回应收账款，再扣除垫款及有

关费用后，将余款付给供应商的一种保理业务。

非融资保理业务是商业银行只提供除融资以外的其他保理服务。

2. 按照是否将商业银行(保理商)的参与情况书面通知债务人，可分为明保理业务和暗保理业务

明保理业务是指应收账款债权一旦转让给商业银行(保理商)，供应商就必须以书面形式将商业银行的参与情况通知买方(债务人)，并要求买方将货款直接付给商业银行的一种保理业务。

暗保理业务是指保理业务的整个操作过程不必通知买方(债务人)知晓，整个操作只需在供应商与商业银行之间进行。

3. 按照应收账款到期后商业银行未按期收到货款的情况下能否对供应商行使追索权，可分有追索权保理业务和无追索权保理业务

有追索权保理业务是指商业银行凭债权转让向供应商融资后，如果买方拒绝付款或无力付款时，商业银行有权向供应商追索，要求其偿还资金。

无追索权保理业务是指商业银行凭债权转让向供应商融通资金后，商业银行即放弃对供应商追索的权利，独自承担买方拒绝付款或无力付款的风险。

4. 按照贸易性质，可分为国内保理业务和国际保理业务

国内保理业务是针对国内贸易中的信用销售而设计的一种综合性金融服务。

国际保理业务是针对国际贸易中的信用销售而设计的一项综合性金融服务。

1.1.4 授信业务

商业银行的授信业务(credit line business)有广义和狭义之分。广义的授信业务是指商业银行对单一法人客户或地区统一确定最高授信额度，并加以集中统一控制的信用风险控制管理制度。它不仅涵盖了商业银行的所有信贷业务，而且是商业银行的一种信贷工作管理方式，是一个综合性极强的概念。狭义的授信业务则仅仅是指商业银行对客户核定融资额度，由其在规定期限及额度内循环使用的一个信贷业务品种。从狭义的角度理解，最典型的授信业务有针对工商企业的综合授信及主要针对个人的信用卡透支业务。

1. 综合授信

综合授信(integrated credit line)是指商业银行根据客户(一般是法人)的信用或提供的抵押、担保条件，在一定期间内为其提供一个最高融资额度，在规定的期限及额度内，客户只要有用资需求，可以任何信用形式(如贷款、贸易融资、贴现、保函、开证等)使用银行信贷资金，无须再次向银行申请。

2. 信用卡透支

信用卡透支(credit card loan)是指商业银行根据信用卡申请人的信用及收入水平，

为持卡人核定一定期限内的最高融资额度,持卡人在规定的期限及额度内可以多次循环使用,按照约定向银行支付利息及归还本金。

1.2 商业银行办理信贷业务的原则

课前思考与讨论

商业银行会收到来自不同客户的贷款申请,是否每一位客户的信贷需求银行都会给予满足呢?作为信贷支持的提供方,银行会考虑哪些因素呢?

商业银行的经营原则是安全性、流动性及盈利性,商业银行办理信贷业务时,同样要遵循这三项原则。

1.2.1 安全性

商业银行信贷业务的安全性(safety)是指商业银行能够按照约定收回本金和利息的可靠性或确定性。商业银行的信贷资金来源于各类存款、各种债券、对国际金融机构的负债、流通中的货币及银行自有资金等。商业银行办理信贷业务时,首先要保证放出去的资金能够如数收回,否则就无法保证股东及债权人的利益,严重时还可能引起社会动荡,虽然商业银行是一个盈利机构,却应将安全性视为其首要原则。

影响商业银行信贷业务安全性的因素既有外部的,也有内部的。外部因素主要包括:①个别客户以虚假资料欺骗银行,获得银行资金后恣意挥霍,致使商业银行无法收回本息;②客户的经营状况发生重大变化,致使其无法实现还本付息的承诺。内部因素主要是指商业银行在确定信贷客户对象时出现疏漏,或在资金发放出去后未及时进行跟踪管理,致使商业银行的信贷资金到期后无法收回本金或利息。无论是外部因素还是内部因素,其实最终都是内部因素在起作用,因此,商业银行办理信贷业务时贯彻安全性原则的重点应放在"内部",建立完善的信贷风险防范机制。

1. 实行资产负债比例管理

资产负债比例管理是对银行的资产和负债规定一系列的比例,从而实现对银行信贷资产控制的一种方式。这种方式以资金来源制约资金运用,通过对资产业务、负债业务的协调管理及资产结构、负债结构的共同调整,在保证商业银行一定收益性、流动性的前提下,谋求商业银行风险的最小化,以保证银行经营的安全。

实行资产负债比例管理,商业银行的分支机构只有在存款规模上升的情况下才能增加贷款规模,从而有效控制"惜贷"或盲目增加信贷规模的做法,使资产及负债的规模同步增长,确保商业银行得以稳健发展。

2. 建立健全信贷经营管理责任制

信贷经营管理责任制是商业银行在合理设置组织结构、科学配置信贷营销人员的前提下，以责任为核心来规定和划分信贷组织、岗位以及人员的责、权、利，以提高商业银行的信贷经营水平，提高信贷资产质量。

商业银行一般通过一定的形式，将信贷业务经营与管理责任进行层层分解，落实到各级信贷组织、各岗位和不同的人员分担，并相应确定各自的权限，再通过严格的考核与监管，最终确定其利益的大小。因此，商业银行信贷经营管理责任制是多层次、多样化的，有行长负责制、部门责任制、岗位责任制、信贷员（客户经理）责任制等。

3. 建立风险处置机制

首先，要树立规避风险的意识，即商业银行在发放贷款前，要做好对贷款对象的信用调查分析，避免向资信差的借款人和风险过大的项目提供贷款；发放贷款时，应坚持审贷分离原则，并应在贷款政策及贷款合同规定的先决条件（如各种证明文件、抵押、保险手续等）落实以后再发放。其次，要贯彻分散风险的策略，即商业银行发放贷款时，在确定贷款种类、贷款对象、贷款行业的时候，一定要注意多元化以分散风险。最后，对于已经发放的贷款，如果已经觉察到风险，必须坚决采取有效措施消除风险。例如，如果客户经理发现贷款企业的经营情况出现问题，可提前收回贷款，如果放出去的资金出现利率风险或汇率风险，可以通过期货交易、期权交易、互换交易、远期外汇合同等进行套期保值。

1.2.2 流动性

商业银行信贷业务的流动性（liquidity）包括两方面的含义：一是保证商业银行能够按期收回贷款本息，以应付客户提取存款或偿还其他债务的需要；二是能够满足新客户新的、合理的贷款需求。从商业银行信贷资金管理的角度来看，按时收回信贷资金本息，对银行资金的流动性具有重要影响：按时收回本息，所产生的资金就能够用来应付提存、偿还其他到期债务及发放新的贷款；反之，如果原计划的资金回流不能实现，商业银行准备用来满足新的资金运用安排就无法落实，这样商业银行既无法发放已承诺的新贷款，也无法应付到期存款的提取及其他到期债务的支付，为了信守承诺，商业银行往往会抛售持有的有价证券或在市场上以较高的成本筹集资金，其直接后果就是引起资产损失或收益减少，从而直接影响商业银行的盈利水平。

对商业银行而言，办理信贷业务时坚持流动性原则就是保证信贷资金的流动性，应主要做好以下几方面的工作。

1. 合理调整贷款结构

贷款结构不仅指贷款资金的投向结构、期限结构，更重要的是贷款的安排要与商业银行的负债结构相匹配，保持适度的流动性资产。具体而言，商业银行除现金资产外，短期拆放资金和短期流动贷款是流动性最好的资产，但这类贷款的利率也是最低的，如果这类贷款在总贷款中所占比重过大，将会导致信贷资产的总收益减少，但如果这类贷款太少，虽然商业银行信贷资产的预期总收益会增加，但贷款的流动性又会相应降低。因此，商业银行因根据其负债的结构、二级储备资产的状况、中长期贷款中能确保按时还本付息的贷款与不良贷款的比例等情况综合考虑，合理安排贷款结构。

首先，商业银行在确定发放贷款时，要正确选择贷款投向，不能只投向某一个行业或某几个大型企业，这是保证银行按期收回本息的先决条件。其次，商业银行在决定贷款期限时，要进行合理安排：一是力求以存款期限确定贷款期限，使贷款的到期日与存款到期日大体匹配；二是应避免贷款到期日过于集中而暂时出现资金短缺。最后，贷款结构的调整也要符合国家宏观经济发展的需要，否则，就会增加政策性风险。

市场链接 1-1

改善和优化信贷结构　支持经济转型升级①

2013 年中央经济工作会议(后面简称“会议”)指出，要加快经济结构战略性调整，增强经济发展协调性和竞争力，坚持把经济结构战略性调整作为加快转变经济发展方式的主攻方向。信贷结构直接影响经济结构，贯彻落实 2013 年中央经济工作会议精神，要求不断改进信贷政策实施方式，进一步优化信贷结构，充分发挥信贷资金引导资源配置的关键作用。

改善和优化信贷结构，支持经济转型升级，一边要大力“扶”——加大对社会经济重点领域和薄弱环节，特别是“三农”、中小企业、城镇化建设、保障性住房、战略性新兴产业、中西部地区经济发展的支持力度；一边要果断“控”——继续严控“两高一剩”行业贷款和产能过剩行业的扩张，提高发展质量和效益。

1. 大力“扶”

(1) 整合金融资源支持小微企业发展，引导金融机构加大对“三农”领域的信贷支持力度。银行业金融机构应继续主动调整经营策略，积极推动中小企业信贷工作向纵深发展。持续加强“三农”金融服务，需要继续将现代农业、农村基础设施建设、农村城镇化建设、县域中小企业、农业产业化和农村商品流通等领域作为信贷重点支持领域；继续加强对农田水利基础设施建设和粮棉大省的信贷支持力度；加大对粮棉储备、购销企业和龙头加工企业的支持；抓好春耕备耕和秋粮收购的金融服务工作。

(2) 进一步发展消费金融，促进消费升级。“会议”强调，要牢牢把握扩大内需这一战略基点，培育一批拉动力强的消费增长点。商业银行应加大消费金融产品创新，并主动适应互联网技术的发展和大数据时代的到来，通过对消费数据、社交数据、互联网数据等大数据的挖掘和在线营销，发展消费金融。

(3) 信贷资金应积极支持城镇化建设。城镇化建设中的基础设施建设、扩大公共服务、促进区域经济发展以及农村劳动力转移等都需要大量资金，特别是信贷资金的支持。这就要求银行业金融机构在有效防范风险的前提下，积极创新完善城镇建设金融服务功能，创新城镇化建设系列信贷产品，设计符合城镇建设的金融服务产品。

(4) 推动重点领域和行业转型和调整。继续引导金融机构加大对国家重点在建续建项目、现代服务业、新兴产业和绿色环保等领域的信贷支持。继续完善民生金融服务，努力支持就业、扶贫、助学等民生工程，配合国家区域经济发展政策，继续做好区域经济协调

---

① 资料来源：金融时报评论员. 改善和优化信贷结构　支持经济转型升级. 金融时报，2013-12-21.

发展的金融支持和服务工作。

2. 果断“控”

严格控制对高耗能、高排放行业和产能过剩行业的贷款，着力提高信贷质量和效益。“绿色信贷”不是一句口号，银行业金融机构必须着眼长远，严格把关，强化问责机制，坚决把产能过剩行业新上项目挡在门外，继续加快从“两高一资”和“产能过剩行业”退出，真正做到“有保有压”。同时要加大对节能减排重点工程的扶持力度，支持低碳经济，支持新型环保产业。

2. 加强贷后监督管理

商业银行信贷资产的质量对贷款的流动性是非常重要的。高质量的贷款不仅能够按时收回本金，而且能够为银行赚取利息，使商业银行获得利润。低质量的贷款或者体现为客户无法按时付息，或者到期无法归还本金，或者利息或本金都无法按时支付，上述任何情况发生，要么影响商业银行的经营利润，要么影响商业银行为客户发放贷款或应付到期债务的后续资金来源，最终都会影响商业银行信贷资金的流动性。为此，对于发放出去的贷款，商业银行应加强贷后监督管理，密切注意贷款企业的资金使用情况及经营管理状况，一旦发现信贷资金被挪用或贷款企业的经营管理出现问题，应引起足够重视，与企业共商对策，确保贷款本息的安全回收。

3. 采取各种措施盘活不良贷款

商业银行在长期放贷活动中，不可避免地会出现不能按时收回本息的贷款，按照贷款五级分类的标准，正常贷款、关注贷款以外的三类贷款（次级贷款、可疑贷款及损失贷款）均为有问题贷款，它们是商业银行不良资产的主要内容，如果商业银行能够采取有效措施将不良资产盘活，则不良贷款就会消除，商业银行贷款的流动性就会大大增加。

在处置不良资产的过程中，商业银行可以通过转让、打折出售、打包处理、租赁、招标、拍卖等方式处置；也可探索运用资本市场手段处置不良贷款。一是实行不良资产证券化，把缺乏流动性、但具有预期未来稳定现金流的资产汇集起来，通过结构性重组，将其转变为可以在金融市场上出售和流通的证券。二是选择发展前景较好的企业，发行特种企业债券，将部分不良贷款转化为企业债券等。妥善处置不良资产，能够增加商业银行信贷资产的流动性。

1.2.3 盈利性

商业银行信贷业务的盈利性（profitability）是指商业银行信贷业务的获利能力。商业银行作为一个自主经营、自负盈亏的经营单位，追求盈利是其经营目标，也是其经营的动力源泉。商业银行的效益高低，主要通过盈利指标体现出来，只有保持理想的盈利水平，才能不断增强经济实力，提高信誉，增强竞争能力。

就商业银行的信贷业务来说，盈利性表现为每笔业务的收入与支出之间的差额；就单笔信贷业务看，收入体现为放款的利息收入，支出体现为放款的资金成本。除此以外，考核信贷业务盈利性时还应扣除相应的人工成本及其他管理成本。因此，商业银行提高信贷业务盈利性只能从提高收入与降低成本两方面入手。

1. 扩大贷款规模，调整贷款利率结构，增加利息收入

在确保安全性的前提下，商业银行只有扩大贷款规模，才能获得更多的利息收入。在实行资产负债比例管理的情况下，商业银行只有不断扩大存款规模，才能发放更多的贷款，获得更多的利息收入；在贷款规模一定的情况下，商业银行通过合理调整贷款利率结构，多发放利率高的贷款，也能增加利息收入。但通常情况下，一个贷款项目的利率高，风险相对也要高一些，所以，在调整贷款利率结构时，要严格控制信贷风险。

2. 增加信贷资产的综合收益

商业银行资产的收益率可以分解为资产利润率与资产利用率两个方面。资产利润率是经营每单位资产所产生的净收益，资产利用率是资产的利用程度。在每单位资产所产生的净收益一定的情况下，资产的利用率越高，收益率越高；在资产利用程度一定的情况下，每单位资产产生的净收益越大，收益率越高。因此，商业银行在办理信贷业务时，不能只注重这笔资金放出去能产生多少利息收入，而应从增加利息收入和非利息收入两方面综合考虑。例如，一笔 6 个月期的流动资金贷款，利率一般会低于两年期的固定资产贷款利率，但如果需要这笔流动资金贷款的企业是资金周转很快的出口加工企业，外汇结算业务量非常大，发放这笔贷款后，商业银行同时可以为其办理结算业务、结售汇业务、开证业务等，这样商业银行在获得贷款利息收入的同时，还能够得到结算业务，赚取手续费，获得结算存款等，则这笔业务比其他贷款利率更高的项目带来的综合收益要高一些，商业银行信贷资源配置的效益也相对越好。

3. 确定适度利差

商业银行盈利的主要渠道之一是利差收入，在信贷业务的利息收入一定时，尽量降低资金成本，或在资金成本一定时尽量增加利息收入，是获得较大利差的有效途径。相同的筹资成本，贷款定价的高低，决定了商业银行所获贷款收益的多寡，但定价并不是越高越好。一是定价太高了，好的客户就会到为其提供更优惠条件的银行贷款，好客户就会逐渐流失，明显地，客户质量的下降将会对商业银行的发展产生极为不利的影响；二是过高的利息负担也会造成部分借款人还本付息困难，进而影响贷款质量。所以，商业银行在为贷款定价时应综合考虑借款人的承受能力及商业银行的长远竞争能力，尽可能为银行多获收益。

4. 控制管理成本

商业银行办理信贷业务时，无论是信贷调查、信贷审查，还是贷后的分析、检查、监督工作，都要花费一定的人力、物力、财力，如果商业银行的内部机构设置不合理，职责划分不明确，办理业务时相互推诿、扯皮，严重影响办事效率，就会加大信贷业务的管理成本，进而影响到商业银行信贷业务的盈利能力。因此，为提高信贷业务的总体盈利水平，商业银行不仅应当确定合理的信贷结构，增加信贷业务的综合收入、确定适度的利差，还应制

定科学、合理的信贷业务政策，规范办理信贷业务的操作程序，明确不同部门及人员的职责范围，将工作责任分解落实到不同的人员，这样才能提高工作效率，降低管理成本，提高信贷业务的综合效益。

商业银行信贷业务的安全性、流动性及盈利性是统一的，它们从不同的侧面共同保证银行高效、有序地开展信贷业务活动。但安全性、流动性与盈利性又存在着矛盾，要保持安全性及流动性，往往会影响盈利性，因此，商业银行应正确协调三者之间的关系，使之相互协调配合，从而达到最佳组合。

商业银行在协调信贷业务的安全性、流动性及盈利性的同时，要根据不同时期的经营环境，有所侧重地进行协调。具体说来，在经济繁荣时期，商业银行资金来源充足、信贷资金需求旺盛的情况下，可重点考虑信贷业务的盈利性；反之，则应将安全性和流动性放在首位。在中央银行放松银根时，可以更多地考虑信贷业务的盈利性；反之，则应将安全性和流动性放在首位。在短期贷款过多的情况下，商业银行应调整原有贷款结构，重点考虑信贷业务的盈利性；反之，则应将安全性和流动性放在首位。

1.3 商业银行贷款定价

课前思考与讨论

信贷产品是商业银行主要经营的产品之一，该产品的价格直接影响银行的经营收入。当银行发放贷款时，客户最关心的也是贷款的价格。商业银行贷款的价格是用什么数据来表示的？银行在确定价格时会考虑哪些因素呢？

商业银行的利润率大多取决于它们的信贷业务量，如前所述，商业银行用以办理信贷业务的资金来源于各类存款、各种债券、对国际金融机构的负债、流通中的货币及银行自有资金等。商业银行以一定的成本获得上述资金，再以高一些的价格将其出租，通过出租资金而获得的租金即为利息收入。任何商业银行都要确保货币以高于其获得成本的价格出租，否则就无法保护存款客户及股东的利益，因此，商业银行在决定出租资金时，必须确定一个适当的价格，以确保贷款能够得到回报，这就是贷款的定价问题。

1.3.1 影响商业银行贷款定价的因素

1. 资金成本

此处的资金成本包含两层含义：一是平均资金成本；二是边际资金成本。

平均资金成本是取得资金所需支付的利息费用除以平均负债的余额，这样得到的结果是每单位资金来源需要支付的平均利息费用。而商业银行自有资金部分，虽然不需要支付利息费用，但需要按利分红，因此，这部分资金也是有成本的。平均资金成本是用历史数据计算出来的，没有考虑未来利率变动后资金成本的变化，商业银行往往用这个指标对过去的经营情况进行衡量、评价。

边际资金成本是指每增加一单位可用于投资、贷款的资金所需要支付的借入成本。商业银行的每项资金来源有不同的边际成本，且边际成本随着市场利率、管理费用及法定存款准备金率的变化而变化，商业银行将每项独立资金来源的边际成本加在一起，就能得到新增资金的全部加权边际成本。

商业银行在资金来源的结构、比例、各种资金来源的利率及费用成本不变的情况下，可以根据资金的平均成本定价；但在资金来源的结构、比例不稳定，或市场利率经常变化的条件下，用边际成本作为新贷款的定价基础较为合适。

2. 贷款风险度

贷款风险度是指一笔贷款业务的风险大小。由于商业银行发放不同贷款的对象不同、贷款期限不一、种类各异、贷款的保证物各不相同，因此，不同贷款业务的风险度各不相同。考虑贷款风险度也就是要综合考虑上述贷款对象、期限、种类、保障程度等各项因素的影响。

一般情况下，准确预测贷款风险度是无法做到的，因而西方商业银行通常是在对借款客户的财务报表进行分析、并对其经营管理状况及发展前景进行调查、评估的基础上，结合贷款期限、担保品及其价格波动幅度、历史上同类贷款的拖欠情况，将贷款客户划分为不同的类别，发放给不同客户的贷款，其贷款价格、期限等会有所区别。

3. 贷款费用

商业银行向客户提供贷款时，在贷款发放前及发放过程中均要做许多工作。如对贷款客户进行信用调查及分析，对抵押品进行的鉴定估价，准备贷款所需的各种材料、文件，贷款的管理成本等，均应在贷款定价时予以考虑。许多商业银行规定了不同贷款的收费种类及费率标准，因此，在确定某一笔贷款的具体收费时，通常只需按规定的费率计收就行了。

4. 贷款期限

贷款期限的长短对贷款定价的影响是显而易见的。通常，期限较长的贷款包含的不确定因素更多，可能发生变化的因素主要有市场利率、商业银行的筹资成本及资金结构、借款人的财务状况等，所有的变化都使商业银行承担的风险加大，因此，商业银行给中长期贷款客户的利率通常高于短期贷款客户的利率，而且有时还采取浮动利率方式确定贷款价格。

5. 目标收益率

每个商业银行都会为自己制定盈利目标，盈利目标的实现依靠所有的经营业务，因此，商业银行对资金的运用都会制定目标收益率。商业银行贷款定价恰当与否，一个重要的衡量标准就是要看能否在保证贷款安全回收的前提下，达到或超过目标收益率。

商业银行在决定贷款定价时，除了要考虑以上主要因素以外，还受贷款者的存款余额、银行与借款人的关系、与同业的竞争关系等许多其他因素的影响。

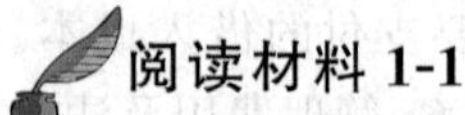

阅读材料 1-1

西方商业银行的存贷款定价[①]

西方国家大银行各分支行在确定本行对客户的存贷款利率水平时，通常都在总部规定的基准利率和浮动幅度内，根据本行的成本情况、不同客户的资信差别、同业竞争程度以及目标利润水平等因素确定。

在定价策略的选择上，被称为货币中心银行的大银行在市场上占有主导地位，它们通常选择价格领导式策略，其所确定的利率水平在很大程度上影响着整个行业的市场利率水平；而中小银行大多采取价格跟进式策略。

在定价技术的选择上，由于现代科技的发展，存贷款定价已基本实现了模型化，尤其是大银行一般都拥有高度个性化的定价软件。总行通常在市场基准利率基础上参照成本加成法确定本行的基准利率水平，而分支行则大多使用客户盈利分析模型确定不同客户的利率水平。

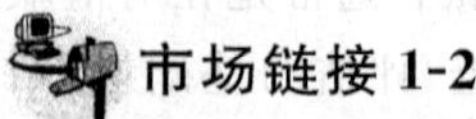

市场链接 1-2

国内商业银行风险贷款定价现状[②]

2004 年我国开始实施利率市场化改革，经过近十年的时间，贷款定价已成为国有商业银行信贷业务的核心内容。根据相关文献的研究，目前国有商业银行贷款定价的理论影响因素可分为八个方面：客户信用评估、信贷资金监管、利率管理人员培育、贷款成本估算、客户市场定位、信贷数据整合、信息系统优化和宏观政策识别。

相关学者通过建立回归分析模型，收集四大国有商业银行的相关数据，考量目前这些因素行为的实施质量，洞悉国有商业银行贷款定价的内部机制，为贷款定价改进提供参考。

逐步回归分析的检验结果：在国有商业银行风险贷款定价过程中，客户信用评估、宏观政策识别产生了较大的促进作用；利率管理人员培育、贷款成本估算、信息系统优化产生了一般性的促进作用；而信贷资金监管、客户市场定位和信贷数据整合没有产生促进作用。

1.3.2 贷款利率的种类

按照贷款利率的不同性质和特点，商业银行的贷款利率可以分为以下几种。

1. 基准利率

基准利率是指在整个金融市场和利率体系中处于主体地位，起决定性作用的利率。它反映了金融市场上的资金供求关系。基准利率的特征是能长期发挥效用、具有公示效

① 郑木清. 论我国商业银行的利率风险管理战略抉择. 世界经济研究. 2002(1).

② 刘明，张天龙，张同建. 国有商业风险贷款定价内部机制实证研究. 金融理论与实践，2013(3).

应。一种利率成为基准利率，需具备下列特点：①它必须是一种市场利率；②由市场供求关系决定可以真实反映市场资金供求状况，并能反映市场预期价格；③利率的波动变化主要由全社会范围内资金供求关系及其成本水平决定。一旦某国的基准利率确定，该国商业银行的存贷款利率都会在基准利率的基础上上下浮动。

在西方国家，基准利率为再贴现利率或3个月国库券利率。我国的基准利率被确认为银行一年期存款利率，但由于我国的存款利率是央行强制规定的，不是市场化的产物，因而，目前我国并没有真正意义上的基准利率。

2. 差别利率

差别利率是商业银行根据国家有关经济政策、国民经济发展需要，针对不同的借款人和不同的贷款种类、用途而确定不同的利率水平或利率标准。对不同的客户实行差别利率，是发挥利率杠杆作用、引导资金流向、提高客户质量、增加贷款收益的一个有效措施。差别利率一般有三种：一般利率、优惠利率及加息罚息利率。

一般利率是商业银行对普通客户所使用的利率。优惠利率是相对于一般利率而言的，是商业银行对信用好、风险低的客户所确定的一种低于一般利率的贷款利率。加息是根据有关规定或商业银行与客户的事先约定，当某种状态出现时，商业银行便在原有的利率基础上加收一定百分比的利息。罚息是按照有关规定或商业银行与客户的事先约定，当某种状态出现时，再收取一部分罚息。如我国商业银行对逾期贷款加收20%的利息，对超过一定期限的信用卡透支计收罚息等。

3. 浮动利率

浮动利率是指在基准利率的基础上上下调整的利率。商业银行发放贷款时，根据贷款项目的期限、金额、风险度等具体情况，在规定的幅度内，以基准利率为基础上浮或下浮一定的百分比。实行浮动利率，实际上是对不同贷款人实行了差别对待，有利于商业银行利用有限的资金获得最佳效益。

4. 市场利率

市场利率是指在金融市场上，由资金供求双方根据资金供求关系自由确定的利率。采用市场利率作为贷款利率的优点是，商业银行可避免由于市场利率波动带来的风险，从而提高银行贷款结构的弹性，增强商业银行适应市场的能力。目前我国的利率还没有完全放开，因而还没有真正意义上的市场利率。

5. 年利率、月利率及日利率

按照计算利率的期限单位，可将利率分为年利率、月利率和日利率。贷款年利率是贷款年利息额与当年的贷款本金之比率，贷款月利率是贷款需支付的月利息额与月贷款本金之比率，日利率则是日利息额与当日贷款本金之间的比率。一般年利率以百分比表示，月利率用千分比表示，日利率以万分比表示。年利率、月利率与日利率之间是可以换算的。换算公式为

$$年利率 \div 12 = 月利率 \tag{1-1}$$

$$月利率 \div 30 = 日利率 \tag{1-2}$$

$$年利率 \div 360 = 日利率 \tag{1-3}$$

1.3.3 贷款利息的计算

一旦商业银行与客户谈妥业务,签订贷款协议。商业银行就要按贷款协议的约定收取利息。总的来讲,贷款利息的计算方法有四种,分别是单利法、复利法、贴现法和本利分期偿还法。

1. 单利法

单利法是指在贷款期限内,到了约定的收息日,只按贷款本金计收利息,上期未收到的利息不作为本期计息的基础。我国商业银行均采用单利法计收贷款利息。计算公式为

$$利息 = 贷款本金 \times 贷款日利率 \times 贷款天数 \tag{1-4}$$

2. 复利法

复利法是指在贷款期限内,到了约定的收息日,如果上期的利息没有收到,要将上期利息计入本金作为新的计息基数,在此基础上计收利息。复利就是俗称的“利滚利”。计算公式为

$$本利和 = 贷款本金 \times (1 + 利率)^n \tag{1-5}$$

$$利息 = 本金 \times [(1 + 利率)^n - 1] \tag{1-6}$$

式中,n 为计算利息的期数。

3. 贴现法

贴现法是指商业银行在发放贷款时,预先从本金中扣除利息,到期由借款人一次还本付息的方法。商业银行为客户的商业汇票办理贴现业务时,即采用这种方法。计算公式为

$$利息 = 贷款本金(或票面金额) \times 贷款天数 \times 贴现日利率 \tag{1-7}$$

4. 本利分期偿还法

本利分期偿还法是指在贷款期限内定期偿还本金和利息的一种方法。本利分期偿还法适用于数额较大、期限较长的贷款项目,如房屋按揭贷款。商业银行在采用本利分期偿还法时,有两种不同的选择:一种是本金及利息各期等额偿还,称为“等额本息还款法”,这种情况下一般是先期偿还的利息多、本金少,后期偿还的本金多、利息少;另一种是“等额本金还款法”,即每期偿还的本金数额相等,每期偿还的利息逐月递减,因而每月的还款额会逐渐减少。

本利分期偿还法一般是按月偿还,所以,下式中的期数均指月数。

(1) 等额本息还款法(简称“等额法”)的计算形式为

$$每期本息 = P \times \frac{r(1+r)^n}{(1+r)^n - 1} \tag{1-8}$$

式中,P 为贷款额,r 为贷款年利率,n 为贷款期(月)数。

(2) 等额本金还款法(简称“等本法”)的计算形式为

$$每期还款数 = 每期应还本金额 + 当期应还利息额 \tag{1-9}$$

$$每期偿还本金额 = 贷款本金 \div 贷款月数 \tag{1-10}$$

$$每期应还利息额 = 未归还本金 \times 月利率 \tag{1-11}$$

1.3.4 贷款定价

商业银行进行贷款定价时有以下三种方法可供选择。

1. 成本相加定价法

将商业银行对贷款定价时需要考虑的因素综合起来就可以看出,商业银行发放任何一笔贷款所确定的利率都应该包括四部分:①筹集足够贷款资金的成本;②除筹资成本以外应分担的经营成本;③对违约风险的必要补偿;④适当的利润。成本相加定价法(cost plus pricing)就是对贷款定价时不仅要保证所有的成本及风险能够补偿,还要保证商业银行能够赚取一定的利润。用公式表示为

$$\begin{aligned} 贷款利率 =& 筹集资金的边际成本 + 非资金性经营成本 \\ &+ 预计违约风险补偿的边际成本 + 预期利润率 \end{aligned} \tag{1-12}$$

例如,某商业银行对某企业发放一笔 300 万元、6 个月的流动资金贷款,商业银行筹集该笔资金的利率为 3%,分析、发放和监管这笔贷款的非资金性经营成本是 1%,该笔贷款违约风险损失为 2%,银行的预期利润率为 2%,则商业银行发放这笔贷款的利率就是 8%(3%+1%+2%+2%)。

2. 价格领导模型定价法

成本相加定价法看起来简单明了,但其应用前提是商业银行能够准确地了解每笔贷款的筹资成本及应分摊的非资金性经营成本等。事实上,由于商业银行经营的金融产品多种多样,很难将所有经营成本准确分摊到不同的金融产品中去。大多数情况下,商业银行也无法准确判断每笔贷款的筹资成本。况且,由于市场竞争关系,任何一家商业银行也不可能不考虑其他商业银行的竞争而确定贷款价格。成本相加定价法的上述缺陷导致了价格领导模型定价法(price-leadership model pricing)的产生。

价格领导模型定价法是以商业银行的优惠利率为基础,同时考虑特定客户的违约风险补偿和贷款期限所产生的风险补偿,其中,优惠利率可以理解为商业银行对最值得信赖的顾客发放短期流动资金贷款所收取的最低利率。这样,对某笔贷款的利率确定公式为

$$\begin{aligned} 贷款利率 =& 优惠利率 + 由非优惠利率借款者支付的违约风险溢价 \\ &+ 长期贷款客户支付的期限风险溢价 \end{aligned} \tag{1-13}$$

式中,违约风险溢价是商业银行对非优惠借款人收取的费用,以作为对此类借款人提供贷款所承担的风险的补偿;期限风险溢价是指对长期贷款的借款人所收取的费用。从中我

们可以看出，在价格领导模型定价法中，最为困难的是确定违约风险溢价水平及期限风险溢价水平。在贷款活动中，风险溢价（risk premium）通常被称作加价（mark-up），表 1-1 是分析家 Copeland 建议的风险等级和风险溢价评定标准。

表 1-1 风险等级与风险溢价

风险等级	风险溢价/%	风险等级	风险溢价/%
无风险	0	特别注意	1.5
低风险	0.25	次级	2.5
标准风险	0.5	可疑	5

例如，某商业银行决定对某客户发放 500 万元、3 年期的固定资产贷款，因该客户是非优惠利率借款者，因此商业银行要确定对其发放贷款的价格，已知优惠利率为 6%，对该笔贷款进行评价后确定其违约风险为“标准风险”，期限风险为“特别注意”，则该笔贷款的利率为 8%(6%+0.5%+1.5%)。

3. 成本收益定价法

除了上述两种定价方法外，商业银行还可以采用成本收益定价法（cost-benefit pricing）。这种方法是在综合考虑贷款产生的总收入及借款人实际使用资金额的基础上，估算商业银行某笔贷款的税前收益率，然后判断该税前收益率是否能够补偿商业银行的筹资成本、各项管理费用以及各种风险的损失。如果可以，这个贷款税前收益率就是贷款的价格；如果不可以，则商业银行必须调整利率，或降低经营成本，或通过向客户收取补偿余额的方法提高收益率。补偿余额是借款人将一部分资金存入给其发放贷款的银行。

例如，某商业银行向 A 客户发放 1 000 万元、1 年期的流动资金贷款，贷款年利率为 6%，客户实际使用资金额为 1 000 万元，则

$$\text{该笔贷款的税前总收益} = \text{贷款额} \times \text{贷款年利率} = 1\,000 \times 6\% = 60\text{(万元)}$$

这时，该笔贷款的税前收益率与贷款年利率相同，公式计算为

$$\text{某笔贷款的税前收益率} = \text{该笔贷款的税前总收益} \div \text{贷款额} \times 100\% = 60 \div 1\,000 \times 100\% = 6\%$$

如果商业银行判断 6%的税前收益率不够补偿其应承担的各项成本及风险损失，更无法为商业银行带来合理的利润，就需要与客户再次洽谈，要么提高贷款利率，要么要求客户给予其他补偿。如果银行要求借款人将贷款总额的 20%存入银行作为补偿，则该银行的税前收益率就会增加，计算过程如下：

$$\text{贷款收入} = 1\,000 \times 6\% = 60\text{(万元)}$$

$$\text{借款人实际使用资金额} = 1\,000 - (1\,000 \times 20\%) = 800\text{(万元)}$$

$$\text{该笔贷款的税前收益率} = 60 \div 800 \times 100\% = 7.5\%$$

这样，商业银行通过向借款人收取补偿余额的办法提高了贷款的税前收益率。当然，商业银行还可以通过其他方式来提高自身收益，具体情况视当时的市场竞争状况及与客户的洽谈结果而定。

1.4 商业银行的贷款方式

> **学习并完成任务**
>
> 金易服装厂规模较小,成立至今一直使用自有资金经营。今年企业发展迅速,准备进行更新改造,需要得到银行的资金支持。经朋友介绍,该厂负责财务的李经理来到银行,希望了解企业向银行获得贷款的主要方式。作为银行的信贷经理,请你为李经理做简要介绍。介绍时请突出不同贷款方式的特点和重点要求。

贷款方式是商业银行对借款人发放贷款所采取的形式。它体现商业银行贷款发放的经济保证程度,反映贷款的风险程度。贷款方式的选择主要依据借款人的信用和贷款的风险程度,对不同信用等级的企业、不同风险程度的贷款,应选择不同的贷款方式,以防范贷款风险。

按照《贷款通则》的规定,商业银行的贷款可采用信用贷款、担保贷款和票据贴现三种方式。下面分别介绍。

1.4.1 信用贷款

信用贷款(credit loan)是指商业银行不需要任何财产抵押或第三者保证而直接向借款人发放的贷款。

1. 信用贷款的特点

(1) 以信用作为偿还贷款的保证。商业银行一般以借款人的品德、资金运营情况、未来预期收益和过去的信用记录为凭发放贷款,如果借款单位的法人代表或高级管理人员品行高尚,企业资金运营情况良好,未来预期收益好,该企业在各家银行一直保持良好的信用记录,则商业银行可以为其发放信用贷款。如果是自然人以自己的身份向银行申请消费贷款,商业银行根据其工作、收入情况及个人信用记录,也可以发放信用贷款。因此,在信用贷款方式下,借款人是以自己的信用作为偿还贷款的保证,无需其他附加保证措施。

(2) 手续简便。由于信用贷款既不需要第三者提供保证,又不需要借款人以自己的财产或权利作抵(质)押,只要借款人与商业银行之间签订借款合同,就可发放贷款。而其他贷款的手续就会复杂得多,如发放抵押贷款时,商业银行要检查抵押物的权利凭证、对抵押物进行评估、确定抵押率、办理抵押的法律手续等。

(3) 风险大、利率高。由于信用贷款没有任何形式的担保,一旦借款人偿债能力不足或偿债意愿缺乏、拒不履行债务时,银行便失去了按期收回贷款本息的机会。同时,银行信用贷款产生的债权只是一种普通债权,万一借款人破产,银行只能以普通债权人的身份,按法定程序参与破产清算后的财产分配,无法享有优先受偿权,因此银行承担的风险较大。按照风险与收益对等的原则,这种高风险的信用贷款自然会有较高的定价,借款人需要为此支付较多的利息。对于承担较大风险的商业银行来讲，也只有得到较高的利息收入，才能弥补其承担的高风险。

2. 信用贷款的发放对象

因为信用贷款具有风险大的特点，商业银行一般只对以下几类客户发放信用贷款。

(1) 国家重点建设项目。由于规模庞大、举足轻重，国家也会投入一定资金，这种项目一般都是由行业中的龙头企业承建，不可能再找出资信比其更加雄厚的担保人，直接办理信用贷款更合适。

(2) 国家重点工程贷款、支农贷款、开发性扶贫贷款。由于这些贷款一般是由国家政策性银行和国家开发银行、农业发展银行按照国家政策发放，故采用信用贷款方式。

(3) 资信可靠、信誉良好的老客户。经权威资信评估机构或商业银行评估，资信等级为 AAA 级，与商业银行打了多年交道，没有出现过贷款逾期及拖欠利息情况的企业，商业银行可对其发放信用贷款。

1.4.2 担保贷款

担保贷款可进一步分为保证、抵押和质押三种不同的形式。

1. 保证贷款

保证贷款(loan on guarantee)是指商业银行按照《担保法》的规定，以第三人承诺在借款人不能偿还贷款时，由其按约定承担一般保证责任或连带责任而发放的贷款。其目的是为了转移商业银行贷款的信用风险，督促借款人按照借款合同的约定履行债务，保障贷款债权的实现。

(1) 保证贷款的特点。总体来看，虽然保证贷款也是一种信用贷款，但与信用贷款又有不同。保证贷款是在借款信用状况的基础上，另加了第三人的信用支持，从而提高了借款人的信用等级或弥补了借款人信用等级的不足；而且，一般情况下，商业银行会要求保证人的资信高于或至少不低于借款人的资信。因此，保证贷款的安全性高于信用贷款，是商业银行较乐于接受的一种贷款方式。

(2) 保证人的担保资格。虽然保证人只是保证贷款的从债务人，但由于对贷款清偿负有保证责任，故保证人必须符合法律规定的条件。

《担保法》第七条至第十条明确规定了担保人的资格条件。

第七条　具有代为清偿债务能力的法人、其他组织或公民，可以作为保证人。

第八条　国家机关不得为保证人，但经国务院批准为使用外国政府或者国际经济组织贷款进行转贷的除外。

第九条　学校、幼儿园、医院等以公益为目的的事业单位、社会团体不得为保证人。

第十条　企业法人的分支机构、职能部门不得为保证人。企业法人的分支机构有法人书面授权的，可在授权范围内提供保证。

同时法律还规定，任何机构和个人不得强令银行等金融机构或企业为他人提供保证；银行等金融机构或企业对强令其他人提供保证的行为，有权拒绝。

由于保证人必须具有代为清偿债务的能力，因此应根据不同借款人设定贷款保证的需要选择相应的保证人。通常情况下，借款人为企业法人，保证人也必须是企业法人，公民一般不具有代偿企业债务的能力；若借款人为公民，保证人既可是企业法人，也可以是其他公民。对公民充当保证人的，商业银行必须审查其是否具有完全民事行为能力和代偿债务的能力。

对于承担保证责任的企业法人，为了确保保证人担保资格的合法、有效，商业银行经办贷款项目的客户经理应验证保证人的营业执照或法人身份的证明文件、验证法人和法定代表人的印鉴真伪，以确认其法人资格。

(3) 保证人的担保能力。商业银行为了保证贷款的安全性，对符合担保资格的保证人的担保能力也要进行审查，从而确保贷款的安全性。

要求保证人具有担保能力是降低保证贷款信用风险的有效措施，如果保证人的担保能力不足，贷款到期后主债务人不能履约还本付息，担保人也不能履行从债务人的责任，则商业银行的债务还是会被悬空，因此，对合法保证人担保能力的审查非常重要。

虽然保证人是以其信用作为贷款担保，但保证人自己所有或能够用来承担保证责任的财产是设定保证的物质基础。因此，衡量保证人是否具有足够代偿债务的能力，必须重点分析其净资产和担保债务的情况。保证人的资产净值必须大于他所担保的债务额(通常包括主债权及其利息、违约金和实现债权的费用)，这就是说，如果保证人的负债与担保的债务额之和超过其资产总额，则保证人不具有代偿债务的能力。因此，商业银行在对保证人的担保能力进行调查时，必须对其担保的债务情况逐一调查、核实，以确定其担保能力是否足够，避免保证人在同一时期超能力为多笔债务提供担保。

2. 抵押贷款

抵押是指债务人或第三人不转移财产的占有，将该财产作为债权的担保。抵押贷款(loan on mortgage)是以抵押物为贷款债权实现的保障而发放的贷款。在抵押方式下，借款人或者第三人为抵押人，银行(债权人)为抵押权人，银行因抵押法律关系所产生的归其享有的权利为抵押权。

借款人提供给银行用作贷款保障的抵押物，可以是借款人自己所有的，也可以是第三人的资产。

(1) 抵押物。按照《担保法》，借款人向银行借款时可用以下财产作抵押。

① 抵押人(借款人)所有的房屋和其他地上定着物。前者包括私有房产、集体所有房产、企事业单位投资建筑的房屋；后者是指抵押人依法享有所有权的附着于地上的除房屋以外的不动产，包括林木和构筑物等。

② 抵押人(借款人)所有的机器、交通运输工具和其他财产。机器主要指作为生产工具的设备，诸如机床、通信设备、装卸机械；交通运输工具是指能运载人或物的机械性运输工具，包括飞机、船舶、火车、各种机动车辆等；其他财产是指可以流通并适用于抵押的其他动产，如商品、原材料、牲畜等。

③ 抵押人(借款人)依法有权处分的国有土地使用权、房屋和其他地上定着物。如果是以固有房屋为抵押，抵押人必须依法取得房屋所有权连同该房屋占有范围内的土地使

用权；如果是以出让方式取得的国有土地使用权做抵押，应当将抵押时该国有土地上的房屋同时抵押；国有独资企业以重要资产抵押时，应取得上级有权机构的批准，但是，经国务院授权行使资产所有者权利的，无须再报国务院批准。

④ 抵押人（借款人）依法有权处分的国有机器、交通运输工具和其他财产。国有企业只有在国家授予其对经营管理的财产享有占有、使用和依法处分的权利时，才能将国有机器、交通运输工具和其他财产作为抵押物。

⑤ 抵押人（借款人）依法承包并经发包方同意抵押的荒山、荒沟、荒丘、荒滩等（简称“四荒地”）的土地使用权。

⑥ 依法可以抵押的其他财产。指《担保法》中没有明确规定，但根据法律规定可用以抵押的财产。

禁止抵押的财产包括以下几项：①国有及集体所有的土地所有权。②耕地、宅基地、自留地、自留山等集体所有的土地使用权。③学校、幼儿园、医院等以公益为目的的事业单位、社会团体的教育设施、医疗卫生设施和其他社会公益设施。④所有权、使用权不明或有争议的财产。⑤依法被查封、扣押、监管的财产。⑥依法不得抵押的其他财产。

(2) 抵押物的登记。借款人用于抵押的财产办理登记，可以保障抵押权的公信力，防止欺诈和重复抵押。按照《担保法》的规定，抵押物的登记有两种情况：一种是强制登记，即抵押贷款双方当事人签订抵押合同后必须办理抵押登记，抵押合同自抵押物登记之日起生效；另一种是自愿登记，抵押合同自签订之日起生效。

必须办理抵押登记的财产及登记部门是：①以无地上定着物的土地使用权抵押的，为核发土地使用权证书的土地管理部门。②以城市房地产或乡（镇）、村企业的厂房等建筑物抵押的，为县级以上地方人民政府规定的部门。③以林木抵押的，为县级以上林木主管部门。④以航空器、船舶、车辆抵押的，为运输工具的登记部门。⑤以企业的设备和其他动产抵押的，为财产所在地的工商行政管理部门。

抵押物登记的当事人应当向登记部门提交下列文件或复印件：①主合同和抵押合同；②抵押物的所有权或使用权证书；③抵押人身份证明；④抵押物已设定抵押权的有关资料等。

(3) 抵押效力。抵押效力是指商业银行与借款人设立抵押后所产生的法律后果。主要包括以下几方面的内容。

① 抵押担保的范围。贷款本金及利息、违约金、损害赔偿金和实现抵押权的费用。商业银行与借款人也可在抵押合同中约定抵押担保的范围。

② 抵押物的转让。在遵守如下规定的情况下，借款人可以转让抵押物。第一，借款人转让已办理登记的抵押物要通知商业银行，并告知转让物已经抵押的情况，否则转让行为无效；第二，借款人转让抵押物所得价款明显低于抵押物价值的，商业银行可要求借款人提供相关的担保，不提供担保的不得转让；第三，借款人转让抵押物所得价款应当提前清偿贷款，贷款清偿前借款人不得使用抵押物转让款。转让款超过贷款债权数额的部分归借款人所有，不足部分由借款人清偿。

③ 抵押物的管理。借款人必须妥善保管抵押物，商业银行有权过问和检查抵押物的保管情况，并提出相应改进意见。如果发现借款人的行为使抵押物价值减少时，商业银行

有权要求借款人停止其行为,也有权要求借款人恢复抵押物的价值或提供减少价值的相应担保;如果抵押物价值的减少非借款人的过错,商业银行只能在因损害而得到的赔偿范围内要求借款人提供担保,抵押物价值未减少的部分,仍作为债权的担保。

④ 抵押权的行使。抵押权不能独立行使,因为抵押权是以担保的债权存在为前提,所以抵押权不得与债权分离而单独转让或作为其他债权的担保。也就是说,银行不得将抵押权单独转让于他人而自己保留债权,也不得以自己的抵押权为他人的债权担保。

⑤ 抵押担保的有效期。抵押担保的有效期应与贷款债权的存续期一致。担保的贷款债权成立时,抵押权不消失;担保的贷款到期已清偿,或因某种原因担保的债权已不存在了,抵押权也随之消失。

(4) 抵押率。抵押率是指抵押贷款额与抵押物价值之间的比率。一般情况下,抵押率的浮动区间为70%～90%。用于贷款的抵押物不同,其保管方式、变现能力、处置方式也不同,因此,其流动性、安全性也会不同。抵押率的高低与流动性、安全性密切相关。通常,流动性及安全性高、变现能力强的抵押物,抵押率可相对高一些;反之,则应低一些。

3. 质押贷款

质押是指债务人或第三人转移动产或权利凭证的占有,以作为债权的担保。质押分为动产质押和权利质押。动产质押是指债务人或第三人将其动产移交给债权人占有,以该动产作为债权的担保。权利质押则是债务人或第三人将其权利凭证交付债权人占有,以该权利作为债权的担保。质押贷款(loan on impawn)是以质物为贷款债权实现的保障而发放的贷款。在质押方式下,提供自己的动产或权利凭证为债权人担保的债务人或者第三人为出质人,债权人为质权人,出质人移交其所占有的动产或权利凭证为质物。

借款人提供给银行用作贷款保障的质押物,可以是借款人自己所有,也可以是第三人的资产。

(1) 可用于质押的动产及权利凭证。借款人用于质押贷款的动产及权利凭证包括:①动产。指除土地、房屋和各种地上定着物等不动产以外的可以移动之物,并且移动后不降低其价值,不影响其使用价值的财产。②汇票、支票、本票、债券、存款单、仓单和提单。③依法可转让的股份、股票。④依法可以转让的商标专用权、专利权、著作权中的财产权。⑤符合以下条件且依法可以质押的其他权利:第一,必须是财产性权利;第二,必须具有可转让性;第三,必须是适于质押能够转让的权利。

(2) 权利质押贷款的生效条件。根据质押物的不同,权利质押贷款的生效条件不同,具体为:①以汇票、支票、本票、债券、存款单、仓单、提单出质的,应当在合同约定的期限内将权利凭证交付质权人。质押合同自权利凭证交付之日起生效。②以依法可以转让的股票出质的,出质人与质权人要订立书面合同,并向证券登记机构办理出质登记,质押合同自权利凭证交付之日起生效;以有限责任公司的股份出质的,质押合同自股份出质记载于股东名册之日起生效。③以依法可以转让的商标专用权、专利权、著作权中的财产权出质的,出质人与质权人要订立书面合同,并向其管理部门办理出质登记。质押合同自登记之日起生效。

(3) 质物占管。质押贷款手续办妥后,质物就会转至质权人处占管,这时质权人负有妥善保管质物的义务。如果质权人对质物保管不善致使质物灭失或毁损，质权人要承担相应的赔偿责任。在质押期间，质押人主观上有过错（故意和过失）不能妥善保管质物，可能致使质物灭失或者毁损时，出质人为维护自身利益可以要求质权人将质物提存[①]，或者要求提前清偿债权后返回质物。提前清偿的债权应扣除自清偿之日起至清偿届满日止的利息。如果质权人主观上没有过错，由于质物自身的原因可能发生损坏或价值明显减少，并足以危害质权人利益时，质权人可以要求出质人提供相应担保，一般是质押或抵押的担保。出质人如果不提供相应担保，质权人可以将拍卖或变卖所得的价款用于提前清偿所担保的债权或者向出质人约定的第三人提存。

1.4.3 票据贴现

票据贴现(discount on bill)是资金需求者将自己手中未到期的票据向商业银行兑收现款，银行收进未到期的票据，按票面金额扣除贴现利息后付给现款，待票据到期时再向出票人收款的一种资金融通行为。对持票人来说，贴现是将未到期的票据卖给银行获得流动性的行为，这样做可以提前收回垫支于商业信用的资金；对于商业银行来说，贴现是买进票据所载的债权，待票据到期，即可取得票据所载金额。因此，票据贴现实际上是商业银行以现款或活期存款买进未到期的票据，相当于间接地把款项贷给票据支付人，它是一种特殊的贷款方式，是与商业信用紧密结合的放款业务。

1. 票据贴现贷款的种类

(1) 贴现。贴现是票据持有人向商业银行要求贴现换取现金的交易，这种交易占贴现市场业务的大部分。

(2) 转贴现。转贴现是指贴现银行为解决经营中所发生的临时性资金周转需要，将已贴现而未到期的票据背书后，转让给其他商业银行获得票款的行为。实际上，转贴现是银行之间的票据买卖，是银行之间融通资金、调剂余缺的一种方式。

(3) 再贴现。再贴现是中央银行对商业银行或其他金融机构已贴现过的票据再次进行贴现，为银行或其他金融机构融通资金的一种形式。对于商业银行或其他金融机构来说，可以通过再贴现及时获得资金，用于解决贴现和经营中发生的临时资金周转需要；但从中央银行的角度来讲，再贴现不仅是一种融资方式，还是中央银行控制金融与信用规模的一个重要手段。再贴现政策是由中央银行根据国民经济发展、国家政策计划要求、货币流通量及银根松紧等因素制定的。许多国家都把再贴现工具作为中央银行控制信用的一项重要政策工具，通过收缩和放松再贴现，提高或降低再贴现率，引导资金流向，控制货币总量，促进国民经济稳步发展。

---

① 提存是指出质人要求质权人把质物交付提存机关，以保持质物在交换价值上的恒定，维护出质人的利益。通常，业务及条件适于办理提存事务的单位，经过法院指定，就可成为提存机关。当事人可以约定提存人，如果没有事先约定提存人而双方又争执不一的，可诉请法院做出指定。

2. 票据贴现的特点

票据贴现是一种银行信用与商业信用相结合的银行资产业务，因此，票据贴现也称为票据贴现贷款。但票据贴现是一种特殊形式的贷款，与一般的贷款形式比较，有着许多差别，这正好体现了票据贴现贷款的特点。

(1) 资金流动性不同。由于票据的流通性，票据持有者可到商业银行进行贴现，换得资金。一般来说，贴现银行只有在票据到期时才能向付款人要求付款，但银行如果急需资金，也可以向中央银行再贴现。而贷款是有期限的，在到期前一般不能回收。

(2) 利息收取时间不同。贴现业务中利息的取得是在业务发生时即从票据面额中扣除，是预先扣除利息。而贷款是事后收取利息，它可以在期满时连同本金一同收回，或根据合同规定，定期收取利息。

(3) 利息率不同。通常情况下，票据贴现的利率低于贷款利率，因为持票人贴现票据的目的是为了得到现时可用的资金，并非没有这笔资金。如果贴现率太高，则持票人融通资金的负担过重，成本过高，贴现业务就不可能发生。

(4) 资金使用范围不同。持票人在贴现了票据以后，就完全拥有了资金的使用权，他可以根据自己的需要使用这笔资金，而不会受到贴现银行的任何限制。但借款人在使用贷款时，要受到贷款银行的审查、监督和控制，因为贷款资金的使用情况直接关系到银行能否很好地回收贷款。

(5) 债务债权的关系人不同。贴现完成后，银行的债务人不是贴现申请人而是所贴票据的出票人即付款人，遭到拒付时才能向贴现申请人或背书人追索票款。而贷款的债务人就是申请贷款的人，银行直接与借款人发生债务关系。有时银行也会要求借款人寻找保证人以保证偿还款项，但与贴现业务的关系人相比还是简单得多。

(6) 资金的规模和期限不同。票据贴现的金额一般不太大，每笔贴现业务的资金规模有限，可以允许部分贴现。票据的期限较短，我国《贷款通则》规定，票据贴现期限最长不得超过 6 个月。而贷款的形式多种多样，期限长短不一，规模大小不等，贷款到期时，经银行同意，借款人还可继续贷款。

3. 票据贴现金额的计算

计算票据贴现金额时通常按以下步骤进行。

(1) 确定贴现期限。贴现期限是指从贴现之日起到汇票到期日止的一段时期。实际工作中一般以贴现天数表示，贴现天数是指贴现银行向贴现申请人支付贴现金额之日起至该贴现商业汇票到期日前一天为止的实际天数，承兑人在异地的，贴现期限及贴现利息的计算应另加 3 天划款日期。

(2) 确定贴现率。贴现率是指一定时期的贴现利息同贴现金额之间的比率。一般用月贴现率表示。由于票据贴现采取预扣利息的方式，如果贴现率与一般贷款利率水平相同，就会使贴现申请人实际负担的利率高于流动资金贷款利率，因此，贴现利率原则上应略低于流动资金贷款利率，以使贴现申请人取得贴现票据支付的利息与取得流动资金等额贷款支付的利息基本一致。

(3) 计算贴现利息。贴现利息是指贴现人贴现时预先支付给贴现银行的利息。计算公式为

$$贴现利息=票据到期值\times贴现率^{①}\times贴现天数 \tag{1-14}$$

(4) 计算实付贴现金额。商业银行实际支付给贴现人的款项是在贴现汇票的到期价值中扣除贴现利息后的金额。计算公式为

$$实付贴现金额=贴现汇票的到期价值-贴现利息 \tag{1-15}$$

下面举例说明商业银行贴现金额的计算过程。

甲企业与乙企业在同一城市,2013 年 5 月 20 日,甲企业向乙企业购进一批产品,价款 500 万元,甲企业于当日付出一张到期日为 2013 年 9 月 20 日的不带息银行承兑汇票,乙企业于次日(2013 年 5 月 21 日)向开户银行申请贴现所持有的汇票,开户银行审查同意,经过必要的程序后,于 5 月 23 日为其办理了贴现,贴现率为 6‰。计算期贴现息及贴现金额如下。

贴现金额:500 万元

贴现天数:2013 年 5 月 23 日至 9 月 20 日,共 120 天

贴现率:6‰

贴现利息:500 万元×(6‰÷30)×120=12(万元)

实付贴现金额:500 万元-12 万元 = 488(万元)

这样处理后,甲企业不需马上支付现金,而乙企业及时收到了货款,贴现银行收到了 12 万元的贴现利息。9 月 20 日汇票到期,贴现银行向承兑银行收取票款 500 万元,承兑银行向甲企业收取票款。

1.5 商业银行信贷业务流程

学习并完成任务

金易服装厂的李经理很满意你的介绍,准备向银行申请 500 万元贷款用于企业更新改造,银行现指派你为该企业的客户经理跟踪这笔贷款业务。学习本节内容后,使用流程图的方式画出这笔贷款业务的一般流程,并请用标题方式标明每一步骤中的主要业务内容。

信贷业务是商业银行的主要资产业务,商业银行办理信贷业务时,一定要遵循一定的业务流程,从而提高工作效率。

① 在计算贴现利息时,由于贴现期限是按天数计算的,所以贴现率应换算成日贴现率,通常用月贴现率除以 30 天或用年贴现率除以 360 天。

1.5.1 通过信贷营销，确定信贷客户

商业银行是自主经营、自负盈亏的经营单位，在激烈的市场竞争中，商业银行要想站稳脚跟，必须提高信贷资产质量，而良好的信贷资产质量依赖于商业银行是否有优质的客户群体。因此，商业银行必须面向客户，将信贷产品推销给优质客户，这就是商业银行的信贷营销。

在进行信贷营销时，商业银行客户经理要在对国家宏观经济形势的发展现状、经济发展的影响及未来走势进行预测的基础上，对信贷营销环境及信贷市场的需求、客户结构及分布、金融同业的市场竞争情况进行全面了解，然后在进行详细市场调查的基础上，对贷款客户的市场进行细分，结合商业银行的实际及客户经理自身的特长，选择和确定目标客户，采取切实可行的市场营销措施，寻找优质的客户资源。

寻找到客户资源后，客户经理要对信贷客户的要求进行初步甄别，以便决定是否将其作为信贷客户进行调查。

在本节开头的"学习并完成任务"中，银行的客户经理不能盲目地答应或拒绝李经理，也不能立即将其介绍给自己的领导，而应该对李经理所在服装厂的基本情况有所了解后，再决定是否将其作为信贷客户进行进一步调查。客户经理必须先与李经理面谈，了解该企业的基本信息(如企业规模，企业将如何使用这笔资金，何时、以何种方式偿还这笔贷款等)后，才能决定是否将其作为信贷客户。如果通过初步调查了解，客户经理认为该服装厂的贷款需求符合其所在银行的信贷政策，就可以进入信贷调查阶段。

1.5.2 信贷调查

客户经理确定信贷客户后，应对客户开展全面调查，重点了解客户的信用状况。其间，客户经理可以通过查阅拟贷款企业的财务报告、与企业管理层面谈、实地参观企业，对企业及企业所处的行业前景进行预测等方法，对客户信用进行全面评价。如果客户经理做完以上工作后所得的结论是可以发放贷款，则需要提交一份"贷款调查报告"。

客户经理信贷调查阶段要做的主要工作包括以下几项。

1. 取得并审阅贷款企业经过审计的财务报告及其他资料

客户经理通过阅读财务报告及其他资料，对客户的财务状况、经营成果及现金流量状况进行全面分析，同时通过连续几年财务报表的查阅，对企业财务方面的发展变化趋势进行判断和分析，做到心中有数。

2. 与贷款企业管理层面谈，对企业进行实地调查

继续上面的任务，如果客户经理决定将金易服装厂作为贷款调查对象，就要了解李经理所说的是否可靠，即李经理所在的服装厂的规模是否如李经理所说，企业的盈利前景如何等，这些情况可以通过接触该企业的客户、供货商、债权人及其他有业务关系的企业和

个人了解。如果了解的结果表明李经理及其所在企业值得信赖，客户经理就可以对服装厂进行实地考察。

实地考察时，客户经理可以会见企业的主要管理人员，参观厂房和设备。通过实地观察，客户经理可以发现许多用其他办法无法发现的问题。如客户经理可能会发现该服装厂的设备全都老化，500万元的贷款只能进行部分更新，因此，从长远来看，若该企业欲全面更新设备并保持其竞争力，将会需要更多的贷款，这也是发放贷款时必须考虑的因素。

3. 评定客户的信用等级

通过前面的工作，客户经理已经取得了该服装厂的各种财务数据及其他信息，同时进行了实地调查，对服装厂的各种情况已有较为全面的了解，这时客户经理应对金易服装厂的信用进行全面评价。评价时，主要从以下五个方面进行。

（1）品德(character)。品德主要指信贷客户履行信贷义务的主动性和决心。通常，信贷客户的品德主要是由企业最主要领导者的个人品德决定的。如果该企业或企业主要领导者有在其他商业银行欠债不还的经历，则其品德就值得怀疑。具有良好品德的企业家总会想方设法偿还贷款，即使企业陷入财务困境，一时难以还款，他们也会以开放合作的态度同商业银行商讨解决问题的办法。

品德是一个人的内在素质，了解品德的最好办法是长期同他打交道，但商业银行的客户经理要在很短的时间内作出判断，就相当困难了。比较可行的办法是，尽可能多次地与客户进行面谈，同时可以通过向信贷企业的客户、供货商、债权人及其他相关人员了解客户的品德。

我国目前的法律制度尚不健全，有些企业总想钻商业银行制度及管理的空子，千方百计从银行获取贷款，一旦出现财务困难，不是积极寻找解决的办法，而是拖欠银行的贷款债务，使商业银行出现数量不少的“逃废债”。为了解决这个问题，每家商业银行都建立了“黑名单制度”，这些“黑名单”资源还可在商业银行间共享，如果企业尚有欠债未还，则不发放新的贷款，使品德不佳的企业无法取得银行资金。

（2）经营能力(capacity)。任何时候，信贷企业的正常生产经营活动都不能停滞，否则，就真的没有办法偿还银行贷款了，如果信贷企业要保持正常的生产经营活动，其偿还到期贷款的资金就只能是在生产经营过程中获得的超额现金。这种由公司管理层创造超额现金以偿付所有负债的能力被商业银行定义为“经营能力”。从某种意义上说，这种经营能力是指企业的现金流量，当一家企业能够创造出足够的超额现金时，它就可以用来偿还到期债务。当然，这是在企业主要领导人的品德能够得到保证的情况下；否则，信贷企业创造出的超额现金也有可能被用来购买固定资产或进行其他投资。

对信贷企业经营能力进行评价的主要办法是阅读其财务报告，分析其连续几年的经营业绩及财务状况，而且这些财务报告必须是经过审计的，否则没有可信性。在对信贷企业的财务报告进行分析后，还应将信贷企业与同行业的其他企业进行比较。

（3）资本(capital)。此处的资本是指用以经营一家企业的资金。在信贷企业的资本方面，需要考虑的主要因素有两个：一是所有者投资该企业的权益资本的数额；二是包括债权资本在内的所有资本的使用效率。如果企业所有者投入的资本明显少于债权人所提供的资本，从商业银行的角度来看，这样的企业是非常危险的，一旦债务到期，企业将面临严重的还债压力，如果不能按期还债，极有可能无法正常经营。因此，对依靠债权资本维持经营的企业，商业银行必须保持足够的戒心。

(4) 状况(condition)。此处的状况主要是指信贷企业所处的地区状况、行业状况等。例如，如果贷款企业是房地产开发企业，当房地产行业进入萧条期时，房地产开发企业贷款后盖出的楼盘很可能销售不出去，处理这类企业的信贷申请就需特别谨慎。又如，随着房地产行业进入萧条期，水泥、钢材等建材行业也会受拖累，商业银行向这类企业贷款也会使风险增大。

(5) 抵押品(collateral)。信贷申请者可以通过提供抵押品来弥补自己在前述四个方面的某些弱势。如果贷款申请者提供的抵押品合法、足值，商业银行就可以向其发放贷款，但要明确的是，由于变卖抵押品偿还到期银行贷款只是第二还款来源，是不得已而为之的事情，商业银行为此还需投入一定的人力、物力，因此，并不是所有能够提供抵押品的客户均可发放贷款。

以上五个方面的内容被称为"5C"标准。通常，国内商业银行对信贷企业"5C"方面的情况设计了很多评判指标和评分标准，客户经理进行信贷调查时，需要按照所在银行制定的信用等级评分标准对信贷客户进行信用评级，以便对影响公司客户未来偿付能力的各种因素及变化趋势进行全面系统考察，在系统分析和定量分析的基础上，揭示、评价受评客户的信用风险及违约可能性。一般来说，各商业银行的评判指标和评分标准会有差异，但基本内容是相同的，主要是对信贷企业的基本素质、发展前景、经济实力、信誉状况等进行评价。表1-2列示了某商业银行对客户信用进行综合评级的标准。

表1-2 客户信用等级评定标准

指标名称		计算公式或内容	满分	参照值	评分说明
基本素质(7分)	人力资源素质	领导者素质	0.5	好0.5；良0.4；一般0.25；差0	行业经历、学识水平、决策能力、敬业精神、进取精神、信用意识、社交背景、奖惩记录
		高级经营管理人员素质	0.5	同上	专业经历、学识水平、敬业精神、进取精神、信用意识、稳定性
		从业人员素质	0.5	同上	文化素质、职业技能、队伍稳定性、职代会作用
	经营管理素质	企业法人治理结构	0.5	同上	股东大会、董事会、监事会、管理层的权责划分，约束与评价机制，企业组织结构
		经营目标与目标管理	0.5	同上	经营总目标与实施保障措施、历年经营目标完成情况、经营管理理念与经营管理艺术、目标调整应变机制、历史经营业绩

续表

指标名称		计算公式或内容	满分	参照值	评分说明
基本素质（7分）	经营管理素质	制度建设与实施	0.5	好 0.5；良 0.4；一般 0.25；差 0	采购、生产、仓储物流、销售诸环节控制制度及实际运作效果评价，主要经营风险及其防范、控制机制，一般高级经营管理人员的业绩考核与评价机制，有无重大法律诉讼
		营销企划	0.5	同上	主要销售对象与方式，营销策略、重要销售活动的策划、运作和效果，主要原料（商品）来源的稳定性
	财务管理素质	融资管理	0.5	同上	融资的策略、渠道和手段，由此产生的财务风险的控制机制
		投资管理	0.5	同上	投资的策略、方向与收益情况，投资风险的控制
		日常财务管理	0.5	同上	日常财务管理及会计核算，分支机构财务及资金管理与控制
	竞争地位	品牌和技术	0.5	同上	品牌战略，品牌知名度，知名品牌的权利维护及市场效应，市场份额，价格影响力；生产工艺及装备技术含量、水准，运用技术手段的贡献，产品生命周期的长短和产品组合；研发队伍与业绩考核评价；科技投入，重大技术成果，技术成果转化投入预期，未来一段时期的总体研发计划；设备先进程度，设备利用情况
		市场地位和份额	0.5	同上	主营业务的市场份额、产品优势、价格影响力、对主要顾客的依赖程度
		一体化程度	0.5	同上	公司在成本结构控制方面的竞争力
		客户和产品的多样性	0.5	同上	产品的多样性、销售区域的分布范围、主要客户和供应商的分散化以及相对成本优势

续表

指标名称		计算公式或内容	满分	参照值	评分说明
经济实力（12分）	实有净资产	总资产－总负债－待处理资产损失－未弥补亏损－潜亏	7	≥1 000万元	达标满分，其余按$\frac{\text{实际值}}{\text{标准值}}\times$满分，超过20亿元加7分，超过10亿元加4分
	有形长期资产	固定资产净值＋在建工程＋长期投资	5	≥2 000万元	达标满分，其余按$\frac{\text{实际值}}{\text{标准值}}\times$满分，超过40亿元加5分，超过20亿元加3分
财务结构（17分）	净资产与年末贷款余额比率	所有者权益÷期末贷款余额×100％	6	≥100％	每小1个百分点扣0.1分，小于40％(含)不得分
	资产负债率	负债总额÷资产总额×100％	7	≤60％(实有净资产＜10亿元)	每大1个百分点扣0.25分，大于88％(含)不得分
				≤65％(实有净资产≥10亿元)	每大1个百分点扣0.31分，大于88％(含)不得分
	资本固定化比率	(资产总额－流动资产总额)÷所有者权益×100％	4	≤80％	每大1个百分点扣0.08分，大于200％(含)不得分
偿债能力（27分）	流动比率	流动资产÷流动负债×100％	4	≥150％	每小1个百分点扣0.08分，小于100％(含)不得分
	速动比率	速动资产÷流动负债×100％	6	≥100％	每小1个百分点扣0.12分，小于50％(含)不得分
	非筹资现金净流入与流动负债比率	非筹资性现金净流入÷流动负债平均余额×100％	6	≥15％	每小1个百分点扣0.4分，小于0％(含)不得分
	利息保障倍数	(税前利润＋利息支出)÷利息支出	6	≥3倍(实有净资产＜10亿元)	每小10个百分点扣0.2分，小于1倍(含)不得分
				≥2.5倍(10亿元≤实有净资产＜20亿元)	每小10个百分点扣0.4分，小于1倍(含)不得分
				≥2倍(20亿元≤实有净资产)	每小10个百分点扣0.6分，小于1倍(含)不得分
	担保比率	期末未清担保余额÷所有者权益×100％	5	≤50％	每大1个百分点扣0.1分，大于100％(含)不得分

续表

指标名称		计算公式或内容	满分	参照值	评分说明
经营能力（12分）	营业收入现金率	营业现金流入÷营业收入×100%	4	≥100%	每小1个百分点扣0.08分，小于50%(含)不得分
	应收账款周转速度	营业收入÷平均应收账款	4	≥7次	每小10个百分点扣0.08分，小于3次(含)不得分
	存货周转速度	营业成本÷平均存货	4	≥5次	每小10个百分点扣0.1分，小于2次(含)不得分
经营效益（12分）	毛利率	毛利额÷营业收入×100%	2	≥20%	每小1个百分点扣0.25分，小于4%(含)不得分
	营业利润率	营业利润÷营业收入×100%	3	≥10%	每小1个百分点扣0.375分，小于2%(含)不得分
	净资产收益率	税后利润÷平均净资产×100%	4	≥8%(实有净资产<10亿元)	每小1个百分点扣0.57分，小于1%(含)不得分
				≥6%(10亿元≤实有净资产<20亿元)	每小1个百分点扣0.8分，小于1%(含)不得分
				≥4%(实有净资产≥20亿元)	每小1个百分点扣1.3分，小于1%(含)不得分
	总资产报酬率	(利润总额+利息支出)÷平均总资产×100%	3	≥6%(实有净资产<10亿元)	每小1个百分点扣0.6分，小于1%(含)不得分
				≥4%(10亿元≤实有净资产<20亿元)	每小1个百分点扣1分，小于1%(含)不得分
				≥3%(实有净资产≥20亿元)	每小1个百分点扣1.5分，小于1%(含)不得分
信用记录（7分）	银行债务	银行贷款的还款记录	5	好5，一般3，差0；尚未在银行有贷款记录3	在本行和其他银行贷款的还款记录
	其他债务	其他债务的还款记录	2	好2，一般1，差0	应付款、其他应付款的归还记录，税金、租金的缴纳情况

续表

指标名称		计算公式或内容	满分	参照值	评分说明
发展前景（6分）	宏观经济政策影响程度及其趋势	经济周期、产业及相关宏观经济政策与经济环境，法律环境	1	好1，良0.75，一般0.5，差0	经济周期、产业及相关宏观经济政策运行态势对企业微观运营的影响程度，现状、后果及预期；政府对该行业的监管或支持态度、力度及措施与手段
	行业及股东背景	行业背景	1	好1，良0.75，一般0.5，差0	行业特性，行业的竞争状况，行业发展前景；企业在行业中的竞争地位；加入WTO对行业的主要影响，企业应对措施
		股东背景	1	好1，良0.75，一般0.5，差0	股东的经济实力和资信状况，对企业的支持与控制力
	成长性与抗风险能力	成长性、抗风险能力	3	好3，良2，一般1，差0	通过历年经营及经济效益指标的趋势分析预测未来一年的发展趋势；公司未来的现金流量预测，判断评级客户的抗风险能力

说明：1. 若客户成立时间较短，尚未实现销售收入，部分指标无法测算的，该部分指标不得分，以实际得分÷(1－无法测算指标的分值之和÷100)作为最终得分，但对应信用等级不得超过AA级。

2. 表中定量分析部分根据评估期及前一期的年报算出每期得分，加权后算出最终得分。最终得分＝70％×评估期得分＋30％×上一期得分。

4. 撰写"贷款调查报告"，与其他资料一起提交给主管领导

客户经理通过对贷款企业的全面了解，对信贷企业的信用状况也进行了评定，如果认为可以开展信贷业务，则应起草一份"信贷调查报告"，对信贷企业的财务状况、经营前景、款项用途、还款安排、抵押品状况等进行全面叙述，同时提出是否同意开展业务的明确结论。经主管领导同意后，便可将贷款调查报告与准备的其他资料一起提交信贷管理部门审批。

1.5.3 信贷审查和贷款发放

商业银行信用管理部门接到有关材料后，要在对经营单位提交的申请资料进行核实、评定的基础上，作出是否发放贷款的决策。这个过程是信贷业务环节中最重要的环节。

在进行信贷决策前，信用管理部门还需对有关资料进行审查，审查的主要内容包括以下几个方面。

（1）客户经理是否按规定程序进行工作，调查报告的质量如何，是否存在重要疏漏，如果有，则将材料退回，由相关人员补充。

（2）信贷企业贷款资金的用途是否符合国家的产业政策，是否符合商业银行的信贷政策及有关贷款投向的规定。

（3）客户经理对信贷企业的信用等级评定是否准确。

(4) 如果有保证人或抵(质)押品,则应审查保证人的担保能力及抵押品的变现能力。

(5) 如果是抵押贷款,还应检查是否已经办理公证、登记等法律手续。

信用管理部门的有关人员对上述问题进行审查,全部完成后就可按照商业银行的信贷审批程序将材料提交给决策机构审批。

由于我国商业银行对贷款实行分级经营管理原则,因此,在信贷业务审批上是逐级授权、分级审批,在实际操作过程中,为了控制风险,商业银行一般都将贷款审批决策权授予较高级的管理层次,而且在有审批决策权的那一级还会建立贷款审查委员会,集体讨论决策。

如果信贷业务经贷款审查委员会审查批准,就可以发放贷款了。为了控制贷款发放过程中的风险,商业银行也会实行计划、信贷、会计等部门共同制约控制。由计划部门调度安排资金,信贷部门与借款人签订借款合同,在借款合同中约定借款种类、借款用途、金额、利率、期限、还款方式、借贷双方的权利、义务、违约责任及双方约定的其他事项。如果是保证贷款,信贷部门还要与保证人签订保证合同。如果是抵押或质押贷款,还需由抵押人、出质人与贷款人签订抵押合同、质押合同,需要办理登记的,应依法办理登记;需要购买保险的,则应购买足额保险,且保险期限要覆盖整个贷款期。

以上各项工作全部完成后,商业银行即可按借款合同的约定发放贷款。发放时,由借款人填写“借款借据”,商业银行有关人员签字盖章,会计部门审查后将款项划至借款人账户。

1.5.4 贷后检查与管理

对商业银行来讲,并不是贷款发放出去后就没事了,相反,贷款发放出去后,商业银行更应加强对贷款的监督检查与管理,随时了解贷款企业资金的使用情况和使用效果,一旦出现意外情况,应立即采取有效措施,确保商业银行的信贷资金安全,这就是商业银行的贷后检查与管理。

商业银行的贷后检查与管理是信贷调查与审查的继续,主要目的是监督贷款人按照借款合同的规定使用贷款,了解贷款人资金使用效果是否与其申请贷款时相吻合。如果贷款企业将贷款资金挪作他用,就很难保证贷款资金的效用,这也意味着贷款企业无法保证按时还贷。所以,贷后检查人员一旦发现贷款企业有挪用贷款资金的情况,一定要立即制止,直至提前收回贷款。贷后检查与管理的另一个重点是贷款企业的经营情况及财务状况是否正常,以监测贷款企业的偿债能力和还款资金来源。贷款企业很多因素发生变化都可能影响其经营状况并最终影响其偿债能力,所以,贷后检查人员要认真负责,才能确保商业银行信贷资金的安全。贷后检查人员在贷后检查中发现问题,应立即向主管人员汇报并提出自己的处理意见,同时应定期撰写“贷后检查报告”。

1.5.5 贷款回收与风险贷款清收

商业银行应按照借款合同的约定回收贷款本金及利息。为了保证贷款的按时回收,商业银行可在短期贷款到期前1个星期、中长期贷款到期前1个月,向贷款企业发送还本付息通知单，以督促贷款企业提前做好资金安排，按时还本付息。正常收回贷款时，贷款企业应填妥还款凭证交贷款银行，由贷款银行从贷款人的存款账户中扣收。如果商业银行因贷款人原因欲提前收回贷款或贷款人因故想提前还清贷款都是可以的，但需银行与贷款人协商确定。

如果商业银行的贷款在到期后不能按时回收，则这笔贷款出现了风险，对于风险贷款，商业银行应采取多种方式清收。如果贷款人是暂时出现经营困难，商业银行可采取帮助其改善经营管理，促其经营正常化后再收回贷款的方法；如果贷款人的困难不是暂时的，商业银行可采取向担保单位追索、处理抵押物或质押物、出售风险贷款、诉请财产保全等各种方法。如果采用各种方法均无法收回欠款，商业银行在总结放贷经验教训的基础上，对于符合坏账条件的贷款，还可用呆账准备金冲销，以甩掉包袱，轻装前进。

本章小结

本章介绍商业银行信贷业务的基本概念及基本知识。商业银行信贷业务可以分为贷款业务、担保性业务、保理业务和授信业务。商业银行应按照安全性、流动性和盈利性的原则办理信贷业务。随着我国金融市场的逐步放开，商业银行自主贷款定价也即将成为现实，银行在进行贷款定价时，应综合考虑资金成本、贷款风险度、贷款费用、贷款期限、目标收益率等因素，采用成本相加定价法、价格领导模型定价法或成本收益定价法进行定价。按照《贷款通则》的规定，商业银行发放贷款时可采用信用贷款、担保贷款和票据贴现三种方式，担保贷款又可分为保证贷款、抵押贷款和质押贷款。不同贷款方式具有不同的特点，对贷款对象的要求也有不同。商业银行办理信贷业务时，信贷调查、信贷审查及贷后检查各阶段的工作侧重点是不同的：信贷调查阶段主要是对客户的信用状况进行全面了解与准确评价；信贷审查阶段主要是检查各项法律文件资料的真实性、合法性；贷后检查阶段主要对贷款进行监督与管理，了解贷款资金的使用情况和使用效果，保证及时、足额收回贷款本息。

思考题

1. 解释以下名词

信贷　基准利率　浮动利率　差别利率

2. 办理信贷业务的基本原则是什么？各项原则的具体含义是什么？

3. 对贷款客户信用进行评价的“5C”标准是什么？各项标准的含义是什么？

4. 商业银行的贷款方式有哪几种？各种贷款方式的特点是什么？

5. 我国商业银行对信贷客户收取贷款利息时，采用什么计息方法？

6. 信贷业务的办理流程是怎样的？在整个流程中，客户经理要做的主要工作是什么？

实 训 题

一、利率调查及利率走势预测。

1. 由教师将学生分组，各小组分工搜集以下资料。

（1）中国人民银行关于实行优惠利率、加息及罚息的规定。

（2）商业银行关于实行优惠利率、加息及罚息的规定。

（3）国外有代表性的商业银行关于对客户实行优惠利率、加息及罚息的规定。

2. 各小组将自己搜集的资料与其他小组同学共享，讨论我国实行优惠利率、加息及罚息的情况，预测今后的趋势，并说出你的理由。

3. 以小组为单位提交 1 500 字左右的分析报告。

二、客户经理为现年 30 岁的国家公务员，日前，他购买总价为 100 万元人民币的房屋一套，首期付款 25 万元后，剩下的在某商业银行办理借款期限为 20 年的房屋按揭贷款。客户经理月工资收入 8 000 元，请你帮客户经理搜集有关资料并进行以下决策。

1. 该商业银行执行人民银行现行的按揭贷款利率，请查出现行 20 年贷款期限的按揭贷款利率。

2. 请按照等额本息法、等额本金法分别计算客户经理第一年头六个月每月应偿还的贷款本息，并计算出两种方式下应付的利息总额。

3. 在客户经理的现有工资水平下，请你根据客户经理个人的实际情况，为其选择一种还本付息方法，并说明这样选择的理由。

第2章

商业银行市场营销概论

学习目标

1. 了解市场营销的含义。
2. 掌握市场营销的基本知识及营销策划的基本步骤。
3. 掌握商业银行产品(业务)种类及目标市场。
4. 熟悉商业银行产品分销与促销方式。

2.1 市场营销的基本原理

> **课前思考与讨论**
>
> 根据自己生活中的经历和现象理解什么是营销?你是否"被营销"过?请具体讲述一下你的经历,结果如何?你觉得对方的营销方式是否好?好或者不好的原因是什么?

市场营销(marketing)是现代商业社会企业经营活动的重要组成内容。不仅如此,它还越来越多地渗透到了人们的日常生活之中,并且影响着人们的经济决策和行为。那么,从营销学和商业实践的角度来讲,什么是市场营销?其内容有哪些?本节将进行简要阐述。

2.1.1 市场营销的定义

市场营销的定义有许多种。一般来讲,市场营销是为了创造可同时实现个人和企业目标的交易机会而对想法、产品和服务的构思、定价、促销和分销进行策划和实施的过程。

这一定义包含了五个基本要素。

(1) 营销是一个策划的过程。营销不是一种简单的行为,而是一个不断发展的制订计划方案、执行计划方案、监控结果以及在必要的时候修订计划方案以使其达到满意效果的过程。

(2) 营销需要对其对象(产品)进行构思、定价、促销和分销。营销要达到满意的效果,首先要设计并开发出好的产品;其次要根据盈利目标和市场情况确定合适的产品价格;再次要采取一定方式(如广告等)在目标市场宣传产品,让消费者熟知所要营销的产品；最后要将产品以有效和合适的途径销往市场，满足消费者的要求。上述四个环节或方面构成营销组合的四个要素。

（3）营销的对象可以是有形的物品，也可以是一种服务或想法。在现代营销学和营销实践中，“产品”不仅是指具体的有形的物品，还包括任何能够满足消费者需求和欲望的物品、服务、想法等。因此，营销对象越来越丰富多彩，营销活动也越来越复杂多样，不同营销对象的营销方式甚至常常超乎人们的想象。

（4）营销的目的是实现消费者和企业的目标。明确这一点是非常重要的。营销的目的是双向的，即实现消费者和企业的目标，而不仅仅是营销企业自身的目标。对消费者而言，营销必须满足其特定的需要和要求。例如，人们需要遮风避雨，但有些人选择漂亮豪华的住宅，有些人只能选择廉价的住宅。对于营销企业而言，营销的目的是达到某些特定的目标，不同企业的特定目标可能不一样，但最终目标是一样的，就是通过营销这种手段最大限度地卖出产品并获取利润。

（5）营销要通过交换才能实现目标。营销是要产生实际效果的活动过程，在这个过程中，只有通过交换才能实现消费者和营销企业的目标。换句话来说，只有通过具体的买卖行为才能实现市场参与者（消费者和营销企业）的目标。例如汽车制造商（营销者）必须能用汽车换回金钱，而客户（消费者）必须能用金钱换来汽车，汽车营销才能产生，才能成功。

2.1.2 市场营销的基本内容

> **学习并完成任务**
>
> 学习本节内容，并用框架图方式列出市场营销的基本内容。注意用小标题标明每一环节的要点。

从营销学的角度来讲，市场营销是一个管理过程，“计划——实施——评估结果”这一管理活动的实质内容也适用于营销管理。在营销管理中，计划的实质是营销策划，计划(plan)与策划(planning)是有明显差别的，营销策划是一个不断发展的过程，而计划只是策划过程在某一阶段的产物。营销策划的主要内涵是为企业实现目标而设计策略，它必须解决四个基本问题：①企业现状如何？②企业的目标是什么？③企业如何才能达到目标？④如何才能知道已经达到目标？组织实施则包括管理和组织市场营销活动的部门架构的设计，部门人员职责划分和执行营销方案的具体方式，只有通过组织实施，企业的营销计划和营销目标才能得以实现。评估是采取科学合理的手段对营销过程和业绩进行监测与控制以确保实现目标。市场营销管理过程及基本内容如图 2-1 所示。

1. 状态分析

状态分析是市场营销策划首先要做的工作，它通过广泛搜集数据资料，深入调查研究，科学、客观地揭示企业开展经营活动所处环境及企业自身优势和弱点，进而帮助企业管理层了解需要做什么。

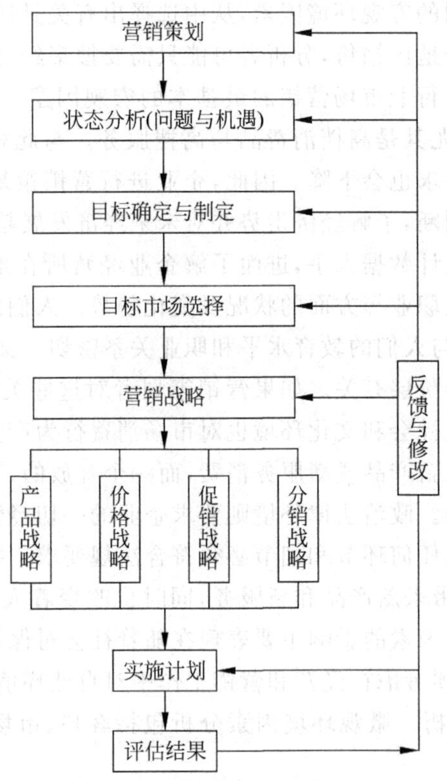

图 2-1 市场营销管理过程及基本内容示意图

状态分析是一个规范化、系统化的调查研究和分析过程。首先,状态分析必须开展基础研究。根据具体营销对象(项目)明确需要搜集哪些资料和数据,采用何种方式进行调查分析,如果没有规范的状态分析来提供相关信息,确定目标以及衡量和评估结果等步骤将无法有效进行下去。其次,状态分析必须客观、全面。否则,根据状态分析结果所制定出来的目标及营销战略等可能会脱离现实。最后,状态分析要以书面化的形式提供信息成果,这将有助于企业员工共享书面状态信息、了解企业目前的状况、制订整体营销计划的必要性及其配合的重要性。一般而言,状态分析包括以下四个方面的内容。

(1) 自我分析。自我分析主要包括对企业的经营状况、目前现状及具体营销方案相关的市场环境状况,现有营销(产品、造价、促销、分销)战略、产品市场份额及其在市场中的地位等方面进行分析。

自我分析所需要的资料和数据信息大多来自企业内部,如企业自编的各种专门分析报告、统计报表、财务报表等;另外一些资料需要从外部获得,如政府机构提供的各种数据,这些数据往往用来与竞争对手进行比较分析;此外,还有一些信息资料需要分析人员以问卷调查等方式直接从客户那里获得。总之,需要什么样的数据资料以及以何种方式取得数据资料要根据分析主题而定。

(2) 宏观环境因素分析。宏观环境因素包括经济因素、人口因素、社会和文化因素、政治法律因素、技术因素以及自然因素等,内容丰富复杂。一般而言,状态分析应该着眼于那些可能影响营销计划的宏观环境因素，从中选择出有关具体信息和数据。例如，企业准备将某种产品打入某个地区销售，分析者可能只需要搜集经济和人口方面的数据资料。

经济环境是影响所有行业市场营销的最基本的宏观因素。经济繁荣时期，人们对各种产品的需求都很旺盛，尤其是高档消费品与高档服务。与此相反，经济萧条时，人们对日常生活必需品的消费需求也会下降。因此，企业进行营销策划必须对经营地区的经济环境具有基本的认识和判断，了解经济走势并对未来经济发展趋势进行某种程度的预测。人口环境分析要从人口统计数据入手，进而了解企业经营所在地区的人口情况以及人口在数量、收入、年龄、教育、职业等方面的状况及变化趋势。人们的消费能力与人们收入水平直接相关，而收入水平与人们的教育水平和职业关系密切。又如，人们接受新产品和新服务的速度与年龄和社会阶层有关。如果营销策划者对这些关系有清楚的认识，就能够制定出更有成效的战略。社会和文化环境也对市场消费行为产生不可低估的影响。保守的居民会抵制或延缓某些新产品或新服务消费，而一个开放的、多元化的居民群体会成为一个高速增长的消费市场。政治法律环境则要求企业的一切经营活动必须时刻与法规保持同步，企业的营销计划、任何环节和细节必须符合法规要求。技术环境主要是技术进步状况，技术进步不仅本身带来新产品和新服务，同时也改变着人们的消费习惯、消费行为乃至生活方式。自然环境因素的影响主要表现在随着社会对保护自然环境和野生动物的日益关注，每个企业都必须考虑在经营和营销工作中对自然环境造成的影响。

(3) 微观环境因素分析。微观环境因素分析包括客户、市场、竞争者、营销中介机构和公众等方面的分析。

企业必须对自己现有的或潜在的(目标)客户的情况进行深入了解，企业个人客户情况包括年龄、职业、受教育程度、收入及种族等，商业客户包括企业所属行业、规模、与本企业的关系、经营状况等。不仅如此，企业必须了解客户对自己及其产品的态度或看法。客户分析所需信息来源除二手资料外，通常还要运用调查技巧(实地访谈、电话访谈或问卷调查等)来获取明确的有价值的信息。市场分析主要是了解企业目标市场的市场规模、成长性、地理分布、人口因素以及当前的和潜在的盈利性。竞争分析主要是市场竞争对手的比较分析，如比较经营水平、市场份额、经营战略，从中找出差距或优劣势。营销中介机构分析主要是对与自己产品销售相关的机构从效率、成本、业务量等方面进行比较分析。公众因素分析主要关注可能对企业营销计划感兴趣或受到营销计划有关内容影响的内部与外部公众。

(4) 问题与机遇分析。当搜集到了所有数据并对其进行分析之后，状态分析的最后一步就是对所有相关信息进行总结，在总结中揭示存在的问题和面临的机遇。这种总结将构成制定目标、战略和战术的基础。

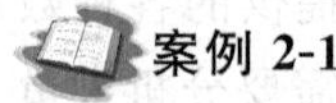
案例 2-1

某汽车制造商状态分析纲要

1. 自我分析

(1) 现有营销战略和战术；产生的效果。

(2) 市场份额和位置。

(3) 财务状况。

2. 宏观环境因素分析

(1) 经济因素：通货膨胀、经济周期、就业趋势、商业活动的影响。

(2) 人口因素：人口规模、年龄分布、教育状况、收入和人口地区分布等趋势的影响。

(3) 社会文化因素：消费者价值观念和生活方式的变化。

(4) 政治法律因素：法律和政策法规的影响。

3. 微观环境因素的分析

(1) 消费者：概况、需求、购买行为和对企业及其品牌的认知度。

(2) 市场：①现在和未来的规模、成长性、地理分布以及盈利性；②目标市场细分情况。

(3) 竞争：主要竞争对手的优势和弱点以及市场份额外负担的大小和趋势、竞争力的比较。

(4) 营销中介机构、各代理商的比较：各自的成本、可信度、有效性、销量增加计划。

(5) 公众：消费者、竞争对手、代理商及媒体等的反映。

4. 对问题和机遇的分析

(1) 需要解决的主要问题。

(2) 需要抓住的主要机遇。

2. 目标确定与制定

通过状态分析，营销策划人员发现了企业存在的问题和面临的机遇或挑战，进而也就基本上清楚了企业未来的发展目标，因此，在完成状态分析之后，就要确立和制定企业营销目标了。企业营销目标(marketing objective)主要是企业向市场投放产品种类、数量、营业收入、市场占有率、增长率等方面期望达到的水平。如钢铁公司本年度营销目标是向市场投放两个新品种，钢铁产量和销量增长20%，达到1 000万吨，实现销售收入400亿元等。

(1) 确定和制定目标的意义

① 目标为制定营销战略和战术(营销组合)起指导作用。目标明确了企业经营的方向或要达到的目的，因此，在一定程度上也相应的明确了如何实现目的的途径或方式方法。

② 目标是营销预算的基础。营销不仅能带来收入，同时也会发生相应的支出，通过收入支出比较，可以调整目标、优化目标，选择低成本的营销战略战术。

③ 目标是营销业务评估的基础。目标是具体的、量化的营销计划，实际的营销成果与计划进行比较，就可以衡量出营销业绩的水平。

④ 目标有助于建立团队精神。让整个企业了解企业的目标，让每位员工明确其在实现企业目标过程中所发挥的作用，能够促使企业上下通力合作，为实现共同的目标而努力工作。

(2) 营销目标的特点

① 营销目标应具有可衡量性。即营销目标应该具体量化，如企业产品销量增长多

少，要有具体的数据。

② 营销目标要与工作层次相吻合。企业不同岗位员工的职责是不同的，每位员工应在其职责范围内制定切实可行的目标。

③ 营销目标应该有弹性。营销目标应该切实可行，要经常监测评估，目标不可行就要及时进行修改，如果目标可行但没有实现，就要采取措施促进目标实现。

④ 营销目标应该尽可能促进各部门工作达到最佳状态。科学合理的营销目标和行之有效的营销战略能够充分调动员工的积极性，出色完成工作任务。

3. 目标市场选择

目标市场(target market)是企业为满足现实的或潜在的消费需求而开拓的特定市场。企业在决定进入或已经进入某一行业后，准备向市场提供何种产品、以什么价格出售，以及采取何种具体方式吸引消费者购买产品，都与企业的市场定位直接相关，这就是目标市场的选择问题。

(1) 目标市场选择的原则

① 目标市场的选择应该与企业的目的（目标）和形象保持一致。企业必须有足够实力去满足所选择目标市场的需求。技术领先、竞争力强的企业一般向市场提供高档（端）产品。

② 目标市场中应该有未被满足的现实和潜在的顾客需求，即有较大的市场容量，能为企业带来最大的经济效益。

③ 企业所选择的目标市场必须有一定的竞争优势。

(2) 目标市场细分

目标市场选择与目标市场细分关系十分密切，要做好目标市场选择工作，首先必须将目标市场细分。所谓目标市场细分(market segmentation)是将一个整体市场（按照某种标准）划分为若干个子市场，而确定目标市场则是从细分后的市场中选择一个或几个子市场作为企业营销的目标市场。例如，家用电器市场有高、中、低档市场，有些家用电器商便只专注高档消费人群市场开发技术先进、价格昂贵的电器产品。

市场细分实质上是从区别顾客的不同需求出发，根据顾客购买行为差异性，把整体市场细分为两个或两个以上的具有类似需求的客户群体，其目的是帮助企业选择合适的目标市场，采取有效的市场营销策略。如果市场细分工作做得好，将有利于企业合理利用资源，增强市场竞争力，增加市场应变能力，迅速开发市场，扩大市场占有率，获得良好的经济效益。

市场细分的关键是选择细分标准。主要的细分标准有以下几种。

① 地理市场细分即根据地理单位来划分子市场，不同地理区域经济富裕程度或消费习俗等都有差别，因此，市场消费也有不同的特性。如中国的长江三角洲地区经济发达，而西北地区贫穷落后，高档消费品在这两个地区市场上的销售成果就会有很大的差别。

② 人口统计细分即根据人口的特点来划分子市场，如年龄、性别、收入、职业以及生命周期所处的阶段。例如白领、蓝领消费群体，就是以职业来划分目标市场。

③ 消费心理细分即按照人们的生活方式、社会阶层或性格特点等行为条件来划分市

场。如顾客行为类型可分为习惯型、理智型、冲动型、感情型、疑虑型、选价型、经济型、随意型，不同类型顾客对同一产品的欲望和要求是不一样的，企业要采取针对不同顾客的不同营销策略，才能成功。

④ 市场容量细分即将其产品用户划分为大、中、小客户。在一些行业，小部分客户的需求量占有很大的市场份额。如人们通常所说的“二八定律”就是指80%的利润来源于20%的客户。

⑤ 利益细分即根据不同群体寻求与产品有关的利益来划分市场。如有能力购买豪华住宅的富人，有些喜欢比较隐秘的出入起居生活方式，有些则喜欢有豪华会所等配套服务设施。

案例 2-2

为硅谷服务的银行——硅谷银行的营销定位①

当硅谷高科技产业风起云涌之际，在硅谷开设的银行有350家之多，其中包括美洲银行、巴黎国民银行、标准渣打银行的分支机构，但这些大银行，多把其服务对象放在大公司身上，对中小公司则无暇顾及。1983年，几家银行机构共同出资创立了硅谷银行，当时的注册资本仅为500万美元，而“硅谷银行”这个名字为它实施创新型的经营战略埋下了伏笔——“硅谷银行”就是“为硅谷服务的银行”，就是为创新和风险提供金融服务的银行。硅谷银行的第二任CEO约翰·迪恩决定绕开大型银行的分支机构，把自己的目标市场定在那些新创的、发展速度较快、被其他银行认为风险太大而愿提供服务的中小企业身上。这些公司全都受到风险投资的支持，但都还没有在股票市场上市。就此，硅谷银行打开了经营的突破口。同时，硅谷银行的业务向全国延伸，他们的口号是“技术创新的中心在哪里，我们就在哪里”。

自1993年以来，硅谷银行的平均资产回报率是17.5%，而同期的美国银行业的平均回报率是12.5%左右。这使得它在10年内，一跃成为全美新兴科技公司市场中最有地位的商业银行之一。只有40多亿美元资产的硅谷银行，在全美上万家银行中只是个“小弟弟”，但它一直处于硅谷创业活动中心，被认为是支撑硅谷活跃的创业活动的一支重要力量。

4. 营销战略

广义地讲，营销战略(marketing strategy)是企业未来发展的方向、市场目标及实现目标等具体规划和方案的总称。狭义地讲，营销战略主要解决如何达到企业目的和目标的问题。企业一旦确定了要达到的目的和目标，就要制订行动计划——营销战略。一般而言，市场细分与目标市场的选择属于营销战略范畴，是制定营销战略的第一个步骤；在以下内容中重点阐述营销战略策划的第二个步骤——设计出具体的产品组合、价格、促销方式和销售渠道等内容。

(1) 产品策略。产品(有形或无形的)是营销组合中的关键要素。原因很简单，没有

① 赖丹声．银行营销——实战案例．北京：清华大学出版社，2006．

产品也就没有企业存在的理由，所有的企业做生意满足客户的需求都是通过产品（买卖）来实现的，企业不能提供满足客户需求的产品就无法生存下去。营销组合中其他要素以产品为核心，它们的关系是当市场需要产品时，分销策略（行为）使客户获得产品；定价策略使客户与企业实现双赢，即产品价格既能吸引市场，又能为企业盈利；促销策略则是通过市场沟通让客户了解产品在设计、分销和价格特点等方面的好处。

产品策略是指与产品组合和产品生命周期相关的策略。

① 产品组合策略。产品组合（product mix）策略主要有下面几种类型。

- 开发新产品指采用新技术、新工艺、新材料等生产出来的无竞争对手的产品。新产品需要大量的资源投入，同时也能获得较高的收益。随着科学技术的日新月异、人们需求的多样化以及市场竞争的加剧，开发新产品是企业最重要的产品策略。
- 产品扩张指在现有产品线的基础上增加新的产品，或在现有产品组合的基础上增加新的产品线。前者如某种品牌饮料增加新型口味品种的生产；后者如在某种品牌下不仅生产饮料，还增加服装等产品的生产销售。
- 产品收缩指淘汰不产生利润或微利的产品来缩减产品或整个产品线，其目的是将资源集中在较窄的产品组合上使其产生更大的效益。
- 产品改造指对现有产品加以改进（提高质量、增加功能等）或重新设计、重新包装甚至重新命名以提高销售量。
- 产品再定位指针对目标市场的群体意识对现有产品进行重新宣传策划，使自己的产品有别于竞争对手的产品。很多企业在完成并购后通常采用这种策略来增加市场吸引力。

② 产品生命周期（product life cycle）策略。产品从开始进入市场到退出市场要经过一个过程，对于绝大多数产品来说，这个过程要经历投入期、成长期、成熟期和衰退期四个阶段。产品处于不同阶段，其销售和盈利模式都不相同，因此，企业制定营销战略也必须对产品生命同期进行准确、细致的分析。投入期是产品刚进入市场阶段，市场对产品逐渐了解熟悉，这一阶段的特点是企业投入大量人力、物力和财力建立分销系统，开展广告宣传，市场销售增长缓慢、销售收入尚不能弥补销售支出，会出现销售亏损，投入期的长短取决于销售者对产品的接受程度；成长期是随着更多的顾客了解并购买产品，产品销售步伐加快，销售量大增的阶段，这一阶段的特点是产品销售增长迅速，可能有少量竞争对手进入同一市场但企业具有竞争优势，因此，产品有盈利并且盈利呈持续增长态势；成熟期是随着竞争对手越来越多，市场日趋饱和，产品销售增长缓慢的阶段，这一阶段的特点是总体市场空间较大，但由于竞争激烈，销售成本上升，利润下降；衰退期是产品生命周期的最后阶段，在这一阶段，由于多种原因，如社会消费习俗变化、技术创新、新产品代替老产品等，产品总体销售量和销售额下降明显，产品销售微利甚至无利可图。

各种不同的战略与产品组合、产品生命周期有关。产品生命周期四个阶段的情况表明，新产品对于企业发展至关重要。由于产品在成长期的盈利可能性最大，理想情况下企业应该使其产品组合中较大比例的产品保持在这一阶段，这就要求企业有持续的新产品开发能力。在产品组合中，开发新产品是最重要的策略，但若考虑产品生产周期的情况，企业必须制定科学的、使各种产品处于不同生命周期的产品组合策略，才能获得最佳的经济效益。

(2) 定价策略。产品定价(product pricing)是营销组合中直接产生收入的要素，新产品投放市场或现有产品需要再定价时，需要作出定价决策，特别是成本增加、竞争引起价格变化或法规允许或需要价格变化就会产生再定价。对于企业而言，如果产品好，分销和促销手段十分有效，则产品定价就是盈利的关键因素，过高的定价会影响产品销售量，过低的定价又会降低产品的盈利能力，都是不恰当的；对于消费者而言，产品价格可以帮助他们决定在各种产品中如何分配其购买力满足自己的消费需求，同时，价格也为消费者提供信息，如较高的价格可能意味着产品具有较高的品质。

① 影响产品定价的因素。恰当的产品定价需要考虑以下几个因素。

- 成本。成本是生产和提供产品所发生的费用，有形产品成本包括材料费用、人工工资、制造费用等。成本是决定价格的基本因素，根据成本确定价格，就意味着企业增加销售量的同时能保持收支平衡，通俗地说就是产品的价格不能低于其成本。
- 利润。利润是企业销售产品获得的收入扣除相关成本费用后的余额，定价策略中考虑利润因素就是利润最大化前提条件下的价格水平。
- 投资回报。能使企业达到投资回报目标的价格水平。
- 市场份额。确定价格水平能使企业保持或增加与竞争对手有关的销售量。
- 现金流量。定出的价格水平能促使快速销售并收回货款。
- 现状。有助于稳定需求和销售的价格水平，避免因价格调整导致市场需求的大起大落。
- 产品质量。制定的价格能增补研究和开发费用，并建立高质量的产品形象。
- 宣传企业形象。制定价格能提升企业稳健经营或为消费者提供优质、优价产品的企业形象。

② 产品定价策略。产品定价策略是企业根据自身产品因素和市场因素制定产品价格的策略。产品定价策略有以下几种。

- 高额定价策略指在产品投放市场时将初始价格定得较高以从市场中吸引购买力强的客户的策略。这是一种常见的特别适合于刚刚投入市场的新产品定价策略。因为产品刚投放市场或者竞争者的产品影响较小，产品销售量不太可能受到价格高低的影响。这种定价策略的优点是显而易见的，首先，企业在较短的时期内因较高的价格可以获得尽可能多的利润和高投资回报，减少经营风险；其次，很高的初始价格有助于树立新产品的质量和信誉形象；最后，高额定价可以用于测试产品市场需求并为今后降价促销留有较大余地。高额定价策略除了适合于新产品定价外，一些专门为富裕阶层提供产品的企业也常采用这种定价策略。如瑞士名表、名贵汽车等，这些能够显示地位和身份的消费品的价格很高。
- 渗透定价策略与高额定价策略刚好相反，采用较低的初始价格向市场投放产品，以低价迅速打开销路，扩大市场份额，再相机提高产品价格，从而保持一定的盈利性。这种策略适合于产品市场需求弹性大、市场容量大的产品定价。其优点在于：首先，有利于缩短企业产品投入市场的时间，尽快打开市场，争取到更多的客户；其次，低价能有效地打击竞争对手，抢占市场份额；最后，低价带来的销量迅速增长可使企业获得规模经营效益，有利于降低成本。这种策略的缺点也是十分明显的，主要是投资回收期长、价格变动余地较小。企业采用这种策略时应考虑是否具备以下条件，否则应慎重考虑采用此策略。需考虑的条件一是产品销量对产品价格非常敏感，甚至在产品生命周期的投入期也如此；二是很大的销售量可以大幅度节约生产和分销成本；三是产品在投入市场之时或之后面临强大竞争对手的威胁；四是产品没有专门的市场。

- 随行就市定价策略是按照现有的同类型产品或相似产品市场行情来进行定价的策略。企业通常依据同行业的平均价格水平来制定自己产品的价格水平，这种策略主要适合于需求弹性一般或较小或供求基本平衡的产品。对于大多数产品而言，供求基本处于平衡状态，企业生产的产品如果属于市场上现有的或供求基本平衡的产品，通常采用这种策略。这种策略的优点在于参照现有市场价格水平制定价格符合市场供求状况，如果产品质量有保障、促销手段有效，能够达到企业的预期目标。这种策略的本质是一种保守的定价策略，因此，其缺点是采取这种策略制定的价格很可能缺乏市场竞争优势，不能有效刺激销售和市场份额的迅速增长。
- 心理定价策略指运用心理学原理，根据不同类型消费者的购买心理来对产品进行定价。常见的心理定价策略有尾数定价、整数定价、声望定价、习惯定价、招徕定价、期望定价等。
- 折扣定价策略指通过少收一定比例的产品货款以降低客户的购买支出，从而吸引客户、扩大产品销售量的策略。这种策略比较灵活，可以根据不同的产品特性，采取不同的折扣方式，如现金折扣、数量折扣、功能折扣等。

(3) 分销策略。简单来讲，分销(distribution)就是产品营销的渠道，即产品从生产者手中转移到消费者手中的渠道。在现代商业社会中，分销是一种包括企业内部组织(如销售部门)和外部代理商、经销商、批发商和零售商在内的产品销售网络结构。分销策略就是对产品销售网络结构进行的规划和安排。建立良好的销售网络对企业营销目标实现极为重要。

有形产品和无形产品(服务)的销售网络结构是不同的。多数消费品生产企业将产品卖给批发商，批发商转而卖给零售商，零售商再卖给消费者。当然，也有极少企业不通过中介机构(批发商)而直接向最终消费者销售产品。服务行业一般不使用中介机构，这主要是由其产品无形性特点决定的。所以，从总体上看，分销策略有三种选择：①直接分销策略，即企业直接将产品卖给消费者，而不需要借助中介机构(中间商)完成产品销售的策略；②间接分销策略，即企业通过中介机构把产品销售给消费者的策略；③混合分销策略，即企业采取直接和间接两种销售方式的策略。在这种分销策略下，企业可能生产多种产品，有些产品适合直销、有些产品适合间接销售。企业选择何种分销策略主要应考虑下列因素：一是市场因素，如市场大小、市场分布、消费者购买和使用习惯、竞争者的分销渠道；二是产品因素，主要指销售的是有形产品还是无形产品等；三是企业自身的情况；四是政策法规情况。

例如，对商业银行来讲，由于其产品的无形性，一般均采用直接分销的销售网络，而不宜采用间接分销的销售网络。图 2-2 为商业银行销售网络示意图。

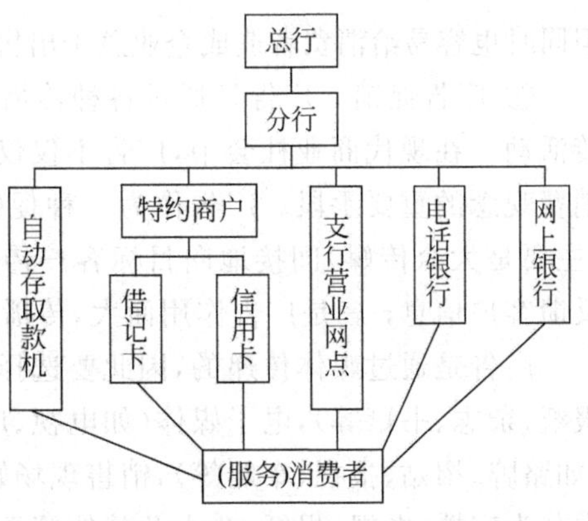

图 2-2　商业银行销售网络示意图

(4) 促销策略。促销(promotion)是企业为销售产品向消费者进行宣传、介绍和引导,从而引起现实和潜在消费者的注意,激发起他们的购买欲望,并最终实现销售行为所采取的手段和方法。促销是营销组合的重要组成内容,企业产品质量好、价格恰当,但如果促销手段不佳,会极大地影响产品在消费者心目中的认知度,产品销量也会因此增长缓慢。促销的根本任务是传递信息,目的是促进销售。促销手段和方法也称促销组合,它包括人员推销、营业推广、广告促销和公共关系。

促销策略是促销组合的运用策略。基本的策略有两种：一是推动策略；二是拉引策略。所谓推动策略,是企业运用人员推销和各种营业推广手段把产品和服务推向目标市场,常见的方法有访问推销、演示推销、服务推销、网点推销等；所谓拉引策略,则是企业大量运用广告、公共关系等手段激发现有或潜在客户对自己提供的产品和服务产生欲望和兴趣,促使产生或加速购买行为,常见的方法有广告信函销售、代销、试销、信誉促销、邀请销售等。

① 人员推销。人员推销是指企业的销售人员通过面对面交谈的方式,引导和促使顾客购买和使用企业提供的产品。人员推销是一种传统的推销手段和艺术,也是现代商业社会仍然广泛采用的一种手段。人员推销有着其他促销手段不可替代的优势和特点。首先,人员推销具有信息传递的双向性。一方面,营销人员可以向客户提供和介绍相关产品信息；另一方面也可从客户那里了解客户的意见或建议,搜集有价值市场的需求信息,为企业经营决策提供依据。其次,人员推销具有情感性。营销人员在与客户面对面交谈中,可以充分利用交际技巧在融洽、和谐的气氛中完成信息传递、交流和接纳,使促销活动带有浓郁的情感色彩,促销效果会更好。再次,人员推销具有广泛性,这种广泛性一方面是促销对象可以不受限制,只要人力、精力足够,任何目标消费群体都可以成为促销对象,另一方面是促销时间和空间受限制较少。最后,人员推销还具有方式的灵活性,比如上门推销、专场推销等。人员促销也有一定的局限性,主要是开支大、费用高,对促销人员的素质要求高,特别是一些服务行业,如银行、保险行业等,由于产品复杂,要求促销人员经过专门严格培训,达到一定水平后,才能胜任营销工作。

② 营业推广。营业推广是企业为激发产品市场需求而采取的能够迅速产生激励作用的促销措施。随着市场竞争的日趋激烈,越来越多的企业采用提供优惠和奖励方式为特征的营业推广。营业推广主要以如下手段来提高促销效果：一是有奖销售,向购买产品的消费者给予一定的奖励,如一次性奖励、积分奖励等；二是赠品,向购买产品的消费者发放礼品；三是免费消费,特别是新产品投放市场时,为吸引消费者,让更多的消费者了解产品,采用无偿向消费者提供产品的方式；四是配套优惠,如汽车销售公司为购车者免费提供洗车、保养等服务。营业推广的最大特点是具有强烈的刺激性,能够有效地吸引消费者,

但同时也容易给消费者造成企业急于出售产品的印象，有时甚至会怀疑产品质量性能等。

③ 广告促销。广告是通过各种传播媒体或手段向社会大众介绍、宣传产品信息的宣传活动。在现代商业社会中，广告不仅仅是一种促销手段，也是创建企业形象、建立新的消费观念的重要手段。广告作为一种促销手段，具有如下特点：一是借助于一定的媒体（主要是大众传媒）间接地向目标客户传递信息；二是广告属于单向信息沟通，无法直接反馈客户信息；三是广告作用面大，传播速度快；四是广告方式多样，手段灵活多变。

广告是通过媒体传递的，因此要选择合适的媒体手段。广告媒体主要有印刷媒体（如报纸、杂志、书籍等），电子媒体（如电视、广播），邮寄媒体（如说明书、销售信等），户外媒体（如路牌、招贴、报栏、车船等），销售现场媒体（如营业大厅橱窗宣传等）。这些广告媒体通常分为广播、电视、报纸、杂志及其他等类别。

④ 公共关系。公共关系是企业为增进社会公众的信任和支持，树立良好的企业形象和声誉，为自身发展创造最佳的社会环境，在分析和处理企业面临的各种关系时所采取的一系列科学的策略和行为。

与其他促销手段相比，公共关系是一种较为新潮的手段，为越来越多的企业所采用。它具有如下特点：其一，公共关系促销对象并不是针对具体的客户，而是与企业经营活动相关的社会各方面（团体或个人），关键是沟通；其二，公共关系的直接目的是树立企业整体形象，争取社会各界的信任和支持，改善经营环境，从而促进企业各项活动能够顺利开展，包括产品营销；其三，公共关系促销手段较多，可根据不同的对象选择不同的方法。

公共关系促销方法主要有以下几种：一是通过新闻媒介，宣传企业形象；二是借助名人效应，扩大企业知名度；三是积极参与和支持社会公益事业；四是加强与客户的联系，提高客户的认知度，采用的方式如个别访谈、讲演、信息发布会、通信、邮寄宣传品与贺卡、组织联谊活动等。

5. 营销计划的实施与评估

营销计划制订之后，就要执行计划、实现目标。执行和评估营销计划是市场营销的最后一个步骤，再好的计划如果得不到执行也就变得毫无意义，因此，营销计划的实施与评估也是一个关键性环节，合理有效地组织与实施营销计划构成营销的重要组成内容。评估的作用一方面是检验计划执行情况；另一方面可以通过评估发现营销计划及执行过程中存在的问题，从而修正计划。

① 营销计划的实施。实施或执行营销计划，首先要解决好组织机构的建设问题；其次要配置相关人员。有了组织和人员保障才能开展具体的产品营销活动。

- 营销组织机构。营销组织机构是企业内部直接管理、组织和从事营销活动的各个部门及其人员所构成的有机体系，它是实现营销计划的前提条件，没有完善的营销组织机构，营销计划就难以得到有效执行。营销组织机构有几种模式，包括职能式、地区管理式、产品管理式、顾客管理式等，企业要根据产品、市场及企业自身等因素确定合适的组织机构模式。
- 职责分工。营销组织机构建立之后，要对各相关部门及部门中每个人的职责进行明确定位和分工，包括明确部门和每个人的职责，制定具体目标任务（预期结果）

和时间进度表等。当每个人员知道自己的职责、任务和时间进度后，他们才有可能自觉地安排和做好每一天的营销工作。

- 配合、交流与沟通。计划执行中或日常营销工作中会经常出现一些矛盾与问题，部门之间、上下级之间、营销人员之间以及企业与顾客之间需要信息交流、相互合作、解决出现的矛盾和问题。
- 监测。建立适当的系统对过程和结果进行监督与检查。

② 营销计划的评估。如果企业营销计划执行顺利，表明企业营销计划是科学合理的，执行措施是有效的。但是企业的营销结果与计划也可能存在差距，出现这种情况就必须对未能实现目标的原因进行详细分析，包括状况分析、目标和目的、目标市场选择或战略战术等方面。分析的结果可能要对现有计划进行修改，也可能是制订一个新的营销计划。

2.2 商业银行市场营销

课前思考与讨论

某商业银行在南山区开立了新的分行，银行指派你和其他3名人员组成专案小组，进行个人业务的营销策划，结合上节的学习内容，你们会考虑哪些因素和进行哪些方面的准备？用标题方式列出你们的想法，然后进行本节的学习。

商业银行是以存贷款为主要业务，以利润为经营目标，以盈利性、流动性和安全性为经营原则的金融企业。长期以来，银行一直是比较保守的行业，处于卖方市场的地位，等客上门。随着经营环境的变化，特别是金融市场竞争的加剧，现在市场营销受到商业银行的广泛重视。

2.2.1 商业银行营销目标与市场细分

1. 商业银行营销目标

从商业银行的企业性质来看，其经营目标是实现企业利润最大化和股东收益最大化。从商业银行服务行业的特性来看，它具有产品无形性（服务）、提供的服务具有契约关系、服务无差异性、服务领域的广泛性以及经营原则的多样性等特征。因此，商业银行营销目标也是具体而多样的，主要有以下几个方面。

(1) 利润。利润是企业的本质要求，是企业的经营目标，也是企业营销的根本目标。

(2) 风险。银行与其他服务行业最主要的不同点，就是银行提供的很多产品具有很大的风险性（如贷款不能按时收回带来损失的风险），这种风险对银行的盈利甚至生存都有着极为重大的影响。因此，银行应追求风险最小、利润最大的营销目标。

(3) 市场占有率。市场占有率的大小表明银行的实力和竞争力。商业银行必须在异常激烈的竞争环境中，通过有效的市场营销，巩固和提高市场占有率。

(4) 客户规模。银行为客户提供的服务是无形产品，这种无形产品的消费具有连续性和关联性，特别是个人客户可能很长时期甚至一辈子只选择一家或两家银行办理业务，而银行则可以为他（她）提供不断增多的产品（服务），因此，银行开发的客户越多，银行业务持续、快速增长的能力就越强。

（5）提升银行形象。银行形象是银行的无形资产，良好的银行形象可以吸引更多的客户，要提高银行形象，银行必须不断地开发新产品，提高人员素质、服务水平和服务效率。

商业银行营销目标量化指标包括利润指标、业务量指标、资产质量指标等方面，如利润目标，存款、贷款量以及市场份额目标，不良资产控制目标等。

2. 商业银行市场细分

商业银行市场细分的方法很多，根据其行业特性，商业银行一般根据服务对象不同将市场细分为个人客户市场和企业客户市场，然后再按地理、人口、消费心理、市场容量、利益等标准进一步细分。个人客户市场与企业客户市场是银行最基本的市场细分类别。

（1）个人客户市场细分。影响个人客户需求差异性的因素错综复杂，在不同时期、不同区域、不同社会经济环境下，区分的标准不尽相同。从总体上来讲，人口因素和利益因素是个人客户市场细分的主要因素，如表 2-1 所示。例如，根据人口因素可以把个人客户市场细分为富人市场、高消费阶层退休者市场、较高收入者市场、较低收入者市场、储蓄者大众市场、挥霍者大众市场、低收入者市场和有固定收入退休者市场。不同细分市场群体对商业银行的服务要求是不同的，获得的基本利益也是不同的，相应的，银行期望从不同的群体中获得的利益也是有差别的。因此，银行必须从不同的需求、不同的利益出发确定不同的营销战略。例如，银行针对富人市场可以提供高端理财产品，营销手段可采取下班后与富人客户业务约会，召开投资研讨会，免费提供保管箱服务等；对低收入者市场客户，一般只为他们提供标准化的产品（服务），采用低成本高效率服务方式或手段，如让他们通过营业柜台或自动柜员机存取款等。

表 2-1　个人客户细分标准

地　理　范　围	
1. 地区	东北地区　华北地区　西北地区　华东地区　中南地区　西南地区
2. 人口密度	城市　郊区　农村
3. 省份	北京　上海　广东　山东　江苏　青海等
人　口　统　计	
1. 年龄	18 岁以下　18～25 岁　25～40 岁　40～60 岁　60 岁以上
2. 月收入	1 000 元以下　1 000～3 000 元　3 000～5 000 元　5 000 元以上
3. 教育	小学以下　初高中　大学本科　大学本科以上
4. 职业	公务员　职员　企业家　科学家　医生　教师　小商人　工人　农民　家庭主妇　学生　无业者
5. 消费心理	无知　知道　发生兴趣　产生欲望　正准备购买
6. 利益追求	便利　经济　盈利　新颖　服务　安全

（2）企业客户市场细分。企业客户与个人客户主体特征和市场需求特征有很大差异，因此，企业客户市场细分标准也极不相同，一般有以下几种划分标准。

① 按客户所属行业划分。随着科学技术的进步和人们生产生活需求日益多样化，行业越来越多，一些行业历史十分悠久，一些行业才刚刚诞生，不同行业在不同发展时期，其发展前景和经营效果是不同的。新兴行业市场广阔、投资回报高，成熟行业情形则相反，衰落行业则步履维艰，因此，商业银行必须非常注意研究各行业发展态势，以制定出恰当的客户发展战略和策略。

② 按企业规模划分。一般根据企业资产和营业收入的多少将企业划分为大、中、小型企业，不同规模的企业其经济实力和抗风险能力是不同的，对银行提供的服务需求也有差异，大型企业对存款、贷款、结算和其他业务的需求量大，需求品种多，因此是各家银行争夺的重点。不过银行选择什么样的客户也需要考虑自身条件，如能否为企业提供全面、良好的服务；否则，会对企业及银行自身造成不良影响。

③ 按企业性质划分。主要是根据企业产权(资本)结构和组织形式的特性来划分。在我国，目前企业产权结构和组织形式都比较复杂，从企业产权结构看，有国有独资、国有控股、国有参股、民营资本、外资、中外合资等类型企业；从企业组织形式来看，有股份公司、有限责任公司、独资企业、合伙企业等类型。随着我国市场经济不断发育成熟，国有资本占主导的企业会越来越少，混合资本结构企业会越来越多，对于不同性质的企业，商业银行可能会选择不同的经营策略。

④ 按企业资信等级(credit scoring)划分。主要根据企业的经济实力、财务状况、管理水平、借贷历史记录等综合因素将企业划分为AAA、AA、A、BBB、BB、B等级别，级别越高，表明企业资信状况越好，企业对银行的潜在风险越小，银行据此对不同级别的企业采取不同的信贷政策。

2.2.2 商业银行产品

1. 商业银行产品的特性

商业银行产品是指商业银行向市场提供并可由客户取得、利用或消费的一切服务。它包括可见的金融工具，如钞票、各种票据，也包括各种无形的服务，如存款、贷款、结算、咨询、信托等。与制造业相比较，银行产品具有如下特点。

(1) 无形性。无形性是一般服务业产品所具有的共同特点，服务靠感觉去体验，服务在提供之前是看不见也摸不着的，不像购买有形产品那样可以拿在手中评头论足。对于银行业而言，虽然客户能看到银行卡、存折之类的有形物，但银行卡和存折并非银行的产品，而是银行提供服务的一种载体或手段。

(2) 关联性。是指商业银行提供的金融服务不能与银行和银行工作人员分开。在银行业，客户只有与银行营业网点或客户服务代表接触才能办理业务。在网络时代，虽然有些业务(如ATM存取款)不需要客户亲自到营业网点，或不与银行工作人员接触也可完成业务，但在本质上仍然是一样的，如ATM只不过是银行网点的延伸。

(3) 契约性。商业银行提供的许多产品和服务包含着许多法律、法规所规定的责任和义务，银行与客户在办理业务的过程中要签订相关法律文件或协议，以保障双方的权益，规避相关风险。

（4）可变性。虽然商业银行服务的基本内容是相同的，但服务的水平和质量取决于由谁来提供，受人为因素的影响较大，因此，不同商业银行的服务或同一商业银行不同分支机构甚至同一机构不同时间提供的产品和服务，质量均可能产生较大差异。

（5）易模仿性。商业银行新产品或新服务的开发或投入市场所耗资源相对较少，因此，容易被同业或其他金融机构模仿，并且模仿起来非常快，普及面广。

2. 商业银行的产品类别

商业银行的产品复杂多样，随着科技进步，金融创新日益活跃，银行不断推出新的产品和服务，即使是同一名称的产品，各家银行的设计和流程也可能存在一些差异，因此，要对银行产品进行全面介绍也是十分困难的事情。按通常的银行业务品种分类方法，商业银行产品可分为资产、负债和中间业务三大类别（见图2-3）。

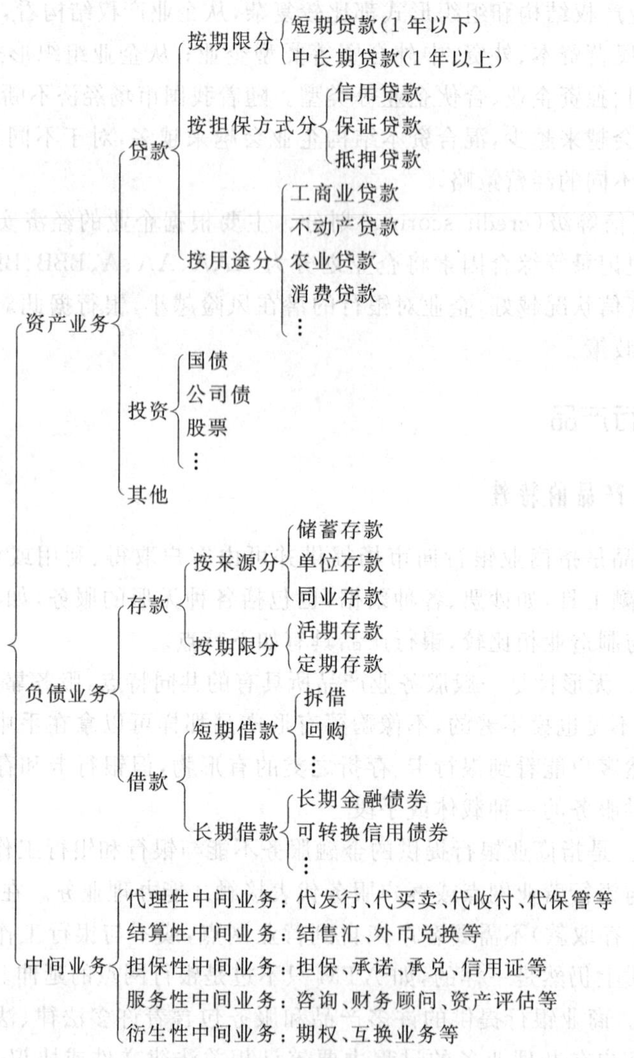

图2-3　商业银行产品类别

(1) 资产业务(asset business)。商业银行的资产业务有广义和狭义之分。广义的资产业务是指银行资产负债表中与资产方相关的业务,它包括信贷、投资及其他资产业务(如现金管理等)。狭义的资产业务是指商业银行运用资金获取利润的业务,主要包括信贷和投资。银行资产业务具有如下主要特点。

① 银行资产业务,特别是信贷业务是商业银行的主要获利来源,在我国商业银行业中,贷款及其带来的营业收入分别占到银行资产和收入的80%以上。

② 资产业务在给商业银行带来营业收入和利润的同时,也使商业银行面临着诸多风险,这些风险会侵蚀商业银行的盈利,甚至会威胁到商业银行的生存。

③ 商业银行资产业务具有极强的契约性,特点是信贷业务直接包含着作为债权人的银行和作为债务人的顾客之间的债权债务关系,需要签订一系列相关的抵押或担保合同与借款合同等法律文件,贷款方可办理完成。

(2) 负债业务(debt business)。商业银行的负债业务是指商业银行筹措资金、借以形成资金来源的业务。主要包括存款、短期借款、长期借款和其他债务等,其中存款业务是商业银行最主要的负债业务。商业银行负债业务具有以下主要特点。

① 负债业务是商业银行资产业务和其他业务的基础。商业银行主要依靠发放贷款获取营业收入和利润,发放贷款是资金运用,其前提条件是必须首先获得一定资金来源,有钱可贷才能发放贷款,而商业银行资金的主要来源是存款,存款规模越大,发放的贷款才能越多,获得的收入和利润也就越高。所以,存款负债业务不仅是商业银行资产业务的基础,也可以说是商业银行的生命线。

② 负债业务产生的利息支出是商业银行的主要成本项目,负债业务成本高低直接影响银行的盈利水平。客户将资金存放在银行,银行不仅必须向客户支付存款利息,而且为了吸引更多的存款客户,采取的种种营销手段都需要付出大量的费用,因此,在贷款利率水平一定的条件下,存款利息成本越高,存贷利差越小,贷款盈利水平就越低。

③ 负债业务品种和营销手段要有市场吸引力和竞争力。负债业务,特别是存款业务是各家商业银行竞争的业务焦点,只有开发出安全、方便、收益较高的存款品种,再配合有效的营销手段,银行才能吸引越来越多的存款客户;否则,银行存款规模不仅难以增长,而且会出现萎缩。

(3) 中间业务(intermediary business)。中间业务是指商业银行不需要运用自身资金,只是利用自身在资金、技术、机构、信誉、信息和人才等方面特殊的功能与优势,以中介身份为客户办理各种委托事项、提供各类金融服务并从中收取手续费或佣金的业务。中间业务具有两个最基本的特点。

① 中间业务不需要动用银行资金,许多中间业务没有风险,中间业务的发生给银行带来了手续费等费用收入,正因为如此,大力发展中间业务对提高银行收益具有十分重要的意义,在欧美国家部分商业银行中间业务收入甚至超过传统资产业务带来的收入。

② 中间业务不直接占用资金,也不直接影响银行资产负债表项目的变化,因此,中间业务也称表外业务。

由于中间业务内容十分丰富,具体品种多,一般分为五大类,即代理性中间业务、结算性中间业务、担保性中间业务、服务性中间业务和衍生性中间业务。

图 2-3 描述了银行（服务）主要产品类别，还未罗列具体的产品品种，事实上银行产品品种十分丰富繁杂。以储蓄存款为例，储蓄存款可分为活期存款与定期存款两个类别，定期存款又可分为整存整取、零存整取（整存零取、存本取息）、定活两便三个细类，其中整存整取又有 3 个月、半年、1 年、2 年、3 年、5 年六个具体品种。其他类别产品也包含有数量不等的具体品种，在此不再一一详细介绍。

3. 商业银行的产品策略

随着银行业之间的竞争日趋激烈，虽然银行必须在各个方面下足工夫，全面提升竞争力才能立于不败之地，但产品竞争力仍然是银行的核心竞争力之一。为提高市场竞争力，商业银行一般采取以下几种产品策略。

(1) 开发新产品。开发新产品是任何企业任何时候在市场竞争中的制胜法宝，银行也不例外，对于银行来说，开发新产品的好处是显而易见的：扩大销量、开拓新市场、降低成本、提高市场份额、改善银行形象，这些好处都有助于银行实现其营销目标。

案例 2-3

自助发卡受青睐①

2011 年 9 月 1 日以来，中国农业银行山西省分行第一批自助发卡机亮相省城，这种自助发卡机不需要排队、填表等烦琐手续，只要用感应二代身份证，进行现场相片采集，两三分钟自助发卡机就“吐出”一张新申办的借记卡，深受客户青睐。

(2) 树立产品品牌形象。制造业企业历来十分重视产品的品牌形象，以至于消费者只知道某种品牌产品但不一定知道它的生产商。如前所述，银行产品虽然是无形产品而且品种繁杂，但近年来，银行也十分注重树立产品品牌形象，并且取得良好的效果。

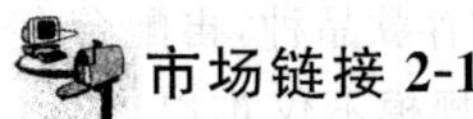

市场链接 2-1

商业银行的品牌价值②

根据 2013 年 12 月 3 日全球著名传媒集团 WPP 旗下品牌及市场研究公司华通明略(Millward Brown)公布的“2014BRANDZ 最具价值中国品牌 100 强”榜单，BrandZ™ 最具价值中国品牌整体表现超过 MSCI 中国指数（加权中国股票指数），反映了品牌贡献与股市表现之间的相关性。在 2010 年 7 月至 2013 年 10 月，MSCI 上涨了 5.4%。相比之下，BrandZ™ 最具价值中国品牌 50 强（所有 50 强品牌）整体增长了 31.1%，而 BrandZ™ 最具价值中国品牌前 10 强（按品牌贡献率排名）的价值几乎翻了一番。表 2-2 是上榜（前 20 名）商业银行品牌价值及国内排名（部分）。

① 岳国锋，王阿林. 银行卡业务营销技巧与案例分析. 北京：清华大学出版社，2012.

② 2014BRANDZ 最具价值中国品牌 100 强报告及统计. Millward Brown 网站，http://www.millwardbrown.com/BrandZ/BrandZ_Top_Chinese_Brands.aspx，获取时间：2013-12-30.

表 2-2 商业银行品牌价值及国内排名(部分)

银行名称	品牌价值/百万美元	国内排名
中国工商银行	39 658	2
中国建设银行	25 510	4
中国农业银行	19 318	6
中国银行	13 636	7
招商银行	6 785	14
交通银行	4 906	16
中国民生银行	3 416	19

“BRANDZ 最具价值中国品牌 100 强”品牌价值由全球最大媒体和传播集团 WPP 集团出资、独立团队核准计算,上榜品牌均须达到极为严格的评估标准,是目前最具权威性的品牌价值榜单之一。自 2010 年起,“BRANDZ 最具价值中国品牌”榜单每年发布一次。

(3) 产品组合策略。银行产品组合是指银行向客户提供的各种产品(服务)的有机组合。例如,银行卡这种金融工具最初的功能比较单一,只能进行存取款、商户消费等,时至今日,银行卡已具备一卡多户、通存通兑、约定转存、自动转存、电话银行、手机银行、银行转账、证券买卖、质押贷款、酒店预订、外汇买卖等多项功能,每项功能都包含至少一项银行服务品种。产品组合已成为银行提高市场竞争力的有效策略。

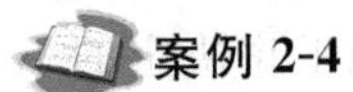案例 2-4

招商银行“一卡通”的功能①

“一卡通”是招商银行向社会大众提供的、以真实姓名开户的个人理财基本账户,它集定活期、多储种、多币种、多功能于一卡,多次被评为消费者喜爱的银行卡品牌,是国内银行卡中独具特色的知名银行卡品牌。招商银行从 1995 年 7 月发行“一卡通”以来,吸引了大量客户。经过十多年的完善,目前“一卡通”已经具有如下二十多种功能:一卡多户(多币种、活期定期各类储蓄账户),通存通兑,自助转账,商户消费,自动柜员机服务,查询服务,电话银行,手机银行,网上个人银行,网上支付,银证转账,银基通,外汇买卖,自助贷款,自助缴费,代理业务,IP 电话及长话功能,手机充值,黄金业务等。

2.2.3 商业银行产品价格策略

商业银行不仅要有良好的产品,还必须对产品制定出合适的价格,才能实现营销目标。从理论上讲,价格的确定既要考察银行本身的情况,使价格足以补偿成本;又要从客户的角度出发,使价格能被广大消费者所接受,具有较强的市场竞争力。但在实践中,我国商业银行产品价格的决策权在政府主管部门或行业协会手中,如存、贷款基准利率由中国人民银行决定,各家商业银行只能在基准价格允许的上下限之间有自主选择权。这也是我国银行产品定价的一大特点。因此,我国商业银行在产品价格的制定和选择上并无

① 根据招商银行“一卡通”宣传资料整理。

较大的空间，在很大程度上只是价格的执行者。不过，随着市场经济的不断完善，这种状况正在发生变化。

商业银行产品多种多样，价格形式也多种多样，根据银行所提供的服务不同，产品价格分为三类：利率、汇率与手续费。

1. 利率

利率是银行产品最主要的价格。在我国，商业银行主要从事资金借贷业务，即通过吸收存款、借入款项等途径取得资金，然后通过贷款或投资活动将取得的资金运用出去。在借贷业务中，商业银行一方面要向资金出让者支付利息；另一方面也要向资金借入者收取利息。支付或收取利息的多少是由本金、利率、时间三个因素决定的。其中利率就是资金的价格，在本金和时间一定的情况下，利率越高，利息就越多；利率越低，利息就越少。银行利率分存款利率和贷款利率，贷款利率高于存款利率，存贷款利差是银行的主要利润来源。存贷款期限长短不同，利率高低也不一样。一般来说，期限较长的存、贷款业务的利率水平高于期限较短的存、贷款业务利率水平。

2. 汇率

汇率也称为外汇行市或汇价，它是指两个国家货币之间的兑换比率，即把一定单位的某国货币折算成另一国家货币的数量，例如，现在美元对人民币的比率为 1 : 6.05，表明 1 美元可兑换人民币 6.05 元。汇率从不同的角度出发有不同的分类，按照汇率决定的不同可以分为官方汇率与市场汇率；按汇率是否可以变动分为固定汇率与浮动汇率；按照交易成交交割期不同可以分为即期汇率与远期汇率；从银行买卖外汇的角度可以分为买入汇率、卖出汇率与中间汇率；按照银行营业时间的不同可以分为开盘汇率与收盘汇率。商业银行经营外汇业务就需要利用不同的汇率进行产品定价，例如企业或个人向银行出售美元换取人民币，首先必须确定美元与人民币的兑换比率，然后才能办理兑换业务。

3. 手续费

手续费是商业银行为客户提供服务后向客户收取的费用，用于补偿银行员工工资支出、银行设备折旧费等项目支出。如商业银行为客户办理汇款业务，要向客户收取汇款手续费。一般来说，银行的手续费收入主要来自银行中间业务。如前所述，银行中间业务品种繁多，因此，银行必须针对每一种具体中间业务制定相应的手续费收取标准。需要特别指出的是，随着我国商业银行改变许多中间业务不收取费用的做法，中间业务手续费收入已成为银行越来越重要的收入来源。

2.2.4 商业银行产品分销

企业要想把它的产品迅速推向市场让顾客买到它的产品，必须建立一个快捷、高效的分销渠道。商业银行也是如此，只有让目标市场的客户在一定的时间和地点方便地得到他们所需要的产品(服务)，才能实现商业银行的经营和营销目标。商业银行是一种特殊类型的服务行业，这决定了商业银行不能采取传统的消费产品分销渠道来销售自己的产品(服务),而只能采取直接分销渠道为顾客提供服务。商业银行传统的分销渠道是依靠自己的分支机构和营业柜台直接与顾客面对面地提供他们所需要的服务,如存取款、贷款、转账、查询等业务。随着科学技术的进步,特别是20世纪70年代之后,电子计算机在银行业中被广泛运用,顾客可以不必去银行就可以办理从前必须去银行柜台才能办理的业务,这一变化大大改变了银行提供服务的方式。从未来发展趋势看,虽然银行分支机构仍然是产品分销的基本渠道,但一些新的方式(如电子网络系统)将在银行产品分销中占有越来越重要的地位。此外,近年来,银行协议联盟产品分销方式也开始流行起来。

1. 银行分支机构产品分销

一直以来,商业银行产品分销的传统做法是在不同地区设立分支机构,为该地区居民和企事业单位、机关团体提供金融服务。就全国性的商业银行来说,商业银行内部管理体制和组织结构一般采用总分行组织形式,总行总部都会设在省会以上城市特别是金融业发达的城市,如北京、上海、深圳等,总行之下设若干个分行,分行一般设在大中城市,分行之下再设若干个支行,支行为商业银行的基层分支机构。就城市商业银行而言,按政策规定,营业范围不能超出所在地城市行政范围,一般在所在地城市设置若干个支行开展业务。无论是全国性商业银行还是城市商业银行,支行是银行产品分销的主要渠道。

由于银行服务不能离开银行网点,银行分支机构(bank branch)营销效果在很大程度上与其所处位置有着密切的关系,因此,银行分支机构选址决策就显得十分重要了。分行选址主要服从于银行发展战略和经营目标。例如,全国性商业银行一般都要在全国范围内省会和经济发达城市设置分行,从而保持和提高其市场份额,巩固和扩大市场影响力。支行设置则必须考虑一些非常具体的因素,首先要进行总体分析,例如设想在城市的某个区域设支行,一般要对该城市不同区域的人口特征、商业结构、工业结构、银行结构等因素进行分析,从而选定较为合适的区域;其次要在选定的区域中确定支行的具体位置,这时需要考虑的因素主要包括出入方便程度、是否引人注目、竞争者的位置、公共交通状况、车程、物业成本等。一般来说,在工商企业多、人流量大、经济发达的地方设置分支机构,前来要求银行提供服务的客户就会更多一些,业务量会更大一些,银行营销人员拓展客户的效果也会更好一些。

2. 银行电子网络系统产品分销

随着电子计算机技术在社会各行各业的广泛应用,人们的社会生活方式发生了巨大变化,银行为客户提供服务的方式也发生了显著变化,这就是银行通过计算机网络和电子设备向客户提供标准化的产品和服务,顾客不必像从前那样必须亲临银行柜台办理业务,大大提高了服务效率,也大大节省了银行和顾客的成本。目前,银行电子网络系统(electronic wire networks)产品分销方式主要有以下几种。

(1) 自动存取款机(ATMs)。自动存取款机是向客户提供某些银行服务的自动机器。它一般能提供如下服务:存款、取款、转账支付、账户查询、证券买卖等。自动存取款机可安置在银行网点之内,也可以远离银行网点安置在人流量大的社区或商业区。现在越来越多的人喜欢从自动取款机上取款。

(2) POS机。POS机是银行置放在特约商户(如商场)收银台前的金融设备，通过计算机网络与银行计算机主机相连。当客户在商户处购买商品和服务需要付款时，拿出银行卡与POS机接触(称刷卡)，POS机将交易信息传递到银行计算机主机中进行电子付款。

(3) 电话、计算机等通信工具。固定电话、计算机和手机不仅仅是一种通信工具，现在，银行越来越多地利用电话、计算机、手机来扩展业务、提供服务，客户只需要通过拨打特别的电话号码连通银行的电话银行，或输入密码连通银行的网上银行，就可以获得银行的服务，如账户查询、转账支付、证券买卖等。所以，电话、计算机、手机等帮助客户获得银行服务的通信工具也被认为是销售渠道。

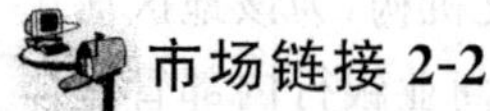

市场链接 2-2

招商银行的“微客服”[①]

IT不断给人们的生活方式提出挑战，人们生活方式的改变又不断地对银行需求提出新的要求。招商银行敏锐地看到了改变的征兆，与微信及QQ深度合作，推出真正基于微信和QQ平台的独立客服，这是目前拥有3亿多用户的微信首度与企业打通客服平台，进行深度合作。招商银行信用卡持卡人只要通过手机在微信对话框中进行验证后即可实现即时的交互服务，这种服务模式在国内开创先河。

目前招行信用卡QQ客服和微信客服上线后，即能完成的服务项目为79项，包括还款业务、促销活动业务、积分业务等，服务项目还将继续拓展。除此之外，招商银行信用卡累计了十年客户服务的数据，形成了一个庞大的了解客人的智能客服平台知识库，“微客服”将可以随时调动数万条知识为客人做即时服务。

今天，人们越来越多地应用移动互联技术进行生活与沟通，这次招商银行信用卡依托微信推出智能客服平台，再度颠覆了传统的信用卡客服模式，开创了新的“微客服”。可以想见，在未来，应用移动互联技术打造的“微客服”将成为信用卡行业新的服务标准与要求。

3. 协议联盟产品分销

协议联盟产品分销是指商业银行之间或商业银行与其他机构之间根据各自的优势，通过协议相互提供服务，从而拓展分销渠道，扩大业务范围。例如，中国工商银行目前已经与境外银行建立1 771个代理行关系，境外网络扩展至39个国家和地区[②]，大大吸引了国际客户；在国内，也有许多城市商业银行与中国工商银行签订了支付结算代理协议，委托中国工商银行为其办理支付结算业务，以增加本行提供服务的渠道，增加服务能力。除了银行之间的相互代理业务扩大分销渠道外，商业银行还与其他机构(如大型零售商、证券公司、保险公司等)开展业务合作，如商业银行与合作机构利用各自网络发展联名卡客

① 领跑微信服务大时代.招商银行网站，http://www.cmbchina.com/cmbinfo/news/newsinfo.aspx?guid=a9099881-3aed-46fb-bc34-dae93cde2e07，2013-12-20.

② 中国工商银行2012年业务综述.中国工商银行网站，http://www.icbc-ltd.com，获取时间：2013-12-28.

户。因此，与银行开展业务合作的机构也成为商业银行产品的分销渠道。

2.2.5 商业银行产品促销

商业银行产品促销是商业银行与客户之间交流信息的活动。促销作为营销组合中的一个环节，对于实现营销目标的意义是显而易见的，银行不仅要开发出良好的产品，产品投放市场后，促销工作也必须做好；否则，产品无人购买，营销计划必定落空。

1. 商业银行产品促销的作用

(1) 提供信息。促销的根本目的是银行与客户之间通过信息交流建立起交易关系。一般来说，客户比较喜欢购买他们所了解的产品，他们对某家商业银行及银行信息知道得越多，就越有可能选择该商业银行为其提供服务。所以，商业银行全面、准确、及时地向市场和目标客户传递银行及产品信息是发展客户的前提条件。

(2) 指导消费。银行的产品(服务)比较复杂，通过促销宣传，可以使客户知道怎样使用银行产品，特别是当银行推出新产品和新服务以后，更需要通过促销活动指导客户使用。

(3) 刺激需求。从客户对银行服务的需求行为来看，客户的需求可分为初始需求与需求选择，初始需求是客户第一次选择银行服务。需求选择是客户在众多银行中选择某家银行服务。对银行来说，通过促销活动不仅要吸引客户的初始需求，更重要的是要维护好客户的需求选择，因为对银行服务需求是客户的长期金融需求，保持客户对银行的忠诚度是银行促销活动的重要目标。

(4) 扩大销售。随着金融业竞争的日益加剧，银行的经营环境越来越不稳定，通过有计划地开展各种促销活动，银行可以稳定和扩大各项产品(服务)销售量，提高市场占有率。特别是推出新服务品种或某项服务销量下降时，通过促销活动，可以取得立竿见影的效果。

(5) 树立形象。通过促销活动，特别是银行形象的宣传，可以让目标客户了解本行的基本情况、特点，树立客户对银行的信心、增进客户对银行的信任感和认知度，从而将目标客户和潜在客户转化成银行现实的客户。

2. 商业银行的产品促销手段

(1) 广告促销。广告促销是银行利用报纸杂志、广播、电视、广告牌、直接邮寄宣传册等传播媒介，对产品(服务)进行宣传介绍，以激发客户的购买欲望。按覆盖范围大小，商业银行广告可分为全国性广告、区域性广告、地方性广告；按广告传播方式的不同，可分为视听广告、印刷广告、户外广告、销售现场广告；按广告的直接目的不同，可分为银行形象广告、银行产品和服务广告。银行广告采取何种方式主要考虑媒体效果、宣传对象、广告内容等因素。一般来说，银行形象广告多采用视听广告或户外广告的形式，而具体产品(服务)广告采用印刷或销售现场广告方式。形象广告是为了提高银行长期发展的良好声誉和知名度，以获得客户的信任感和安全感，包括银行的发展历史、文化氛围、规模、实力、服务质量、银行办公楼外观形象等。以银行具体产品或服务为主题的广告是银行广告的主要组成部分，这类广告侧重于宣传介绍商业银行的新业务品种、突出显示产品的特色优势，从而激发起客户的兴趣和欲望，达到广告促销的目的。

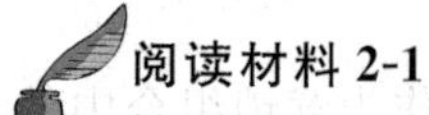
阅读材料 2-1

趣话银行广告词①

中国工商银行——您身边的银行，可信赖的银行。

中国农业银行——大行德广，伴您成长。

中国银行——选择中国银行，实现心中理想。

中国建设银行——善建者行。

光大银行——超越需求，步步为赢。

招商银行——因您而变。

纽约城市银行——“城市”永远不会沉睡。

美国联合储蓄银行——除了你自己以外，你可以在这里储存一切。

美国国家银行——这里绝对安全，不存在任何假如。

美国储蓄银行——世界上最好的书：你自己的存折。

英国标准渣打银行——历史悠久的，安全可靠的英资银行。

英国巴克雷银行——假如没有巴克雷，您恐怕要迷路。

(2) 人员推销。商业银行人员推销是指商业银行员工直接与客户接触促进销售的方式。柜台服务、登门揽存、上门拜访客户等都是人员推销的具体形式。人员推销虽然是最传统的方式，但也是最有效的一种促销方式。这主要是因为：第一，银行产品（服务）具有复杂性和专业性强的特点，通过与客户的直接接触，能详细说明产品的特点和功能，激发客户的购买欲望；第二，能及时、直接地了解客户的愿望和需求，信息反馈灵敏，能根据客户需求及时调整产品设计方案，体现个性化服务要求；第三，热情友好的交流，可密切银行与客户的关系，增强客户对银行的信任感。人员推销的长处不仅体现在促销活动的过程中，而且由于促销过程中直接与客户互动，能产生直接有效的结果。具体而言，人员推销是银行员工与客户当面交流，双方可根据对方的反映、性格、愿望和需求采用有针对性的策略，从而促使双方都有机会激发对方的信任、忠诚和责任感，达成购买消费协议。

商业银行员工，特别是营销人员（客户经理）的素质是决定人员推销效果的关键因素。营销人员应具备相当高的素质，才能胜任本职工作，实现营销目标。关于商业银行营销人员应具备的基本素质、基本知识及基本技能，将在本书最后一章中专门介绍。

(3) 营业推广。商业银行营业推广是指为刺激早期需求而采取的能够迅速产生激励作用的促销措施。常用的营业推广手段有以下几种。

① 有奖销售。即商业银行对购买、使用其产品和服务的顾客给予一定的奖励。这种方法主要用于存款、信用卡等业务中。例如刷卡消费积分奖励或抽奖奖励。

---

① 中外银行广告语比较. 讯商学院，http://bschool.hexun.com/2008-07-01/107102586.html，获取时间：2013-12-22.

② 赠品。即商业银行免费向顾客赠送一定的礼品，以促进其产品和服务的销售。如顾客在银行新开户的时候，会得到银行赠送的雨伞、钥匙扣等礼品。

③ 免费服务。商业银行提供的服务，由于前期需要大量投资，一般采用每年收取年费或收取一次性费用的办法。但为大力推广，商业银行在开始办理这类业务时，往往提供免费服务，如信用卡的持卡人免付会员费。

④ 关系行销。这种方法和市场学中的赠品印花、折扣赠券等有所相似。如果客户办理某项银行业务累计达到一定数量，商业银行就发给顾客一定的奖品。这种方法被称为数据库行销，它实质上是一次性赠品方式的变种。

⑤ 配套优惠。如果商业银行属某跨行业企业集团的成员，而当消费者准备购买物品，并以此申请抵押贷款时，提供物品和申请贷款的公司均属同一家企业集团，那么，该企业集团所属的商业银行就会提供优惠贷款。如美国三大汽车公司均有自己所属的消费信贷公司，1990 年总共为它们的母公司三分之一的产品提供了优惠利率和分期还贷的贷款服务。

⑥ 策略性促销联盟。这种手段是指商业银行、其他金融机构、生产流通企业联合起来，共同推销各自的产品和服务。这种方法可以充分利用联盟对象现有各种资源，降低促销费用，提高单一产品和服务的整体配套性，提高市场竞争力。

(4) 公共关系。银行公共关系是指运用一定的公共技巧，在银行和客户、银行和社会、银行与同业(其他银行等金融机构)之间以及银行内部开展双向信息交流和沟通，使社会公众了解银行并增强对银行的好感和信任，从而乐意接受银行提供的产品的一种促销方式。

① 银行与客户的公共关系。银行的客户包括个人客户和公司客户。商业银行对待客户关系的指导思想是"顾客至上"，客户既是商业银行的服务对象，又是商业银行的监督对象，因此，商业银行必须为客户提供快速、准确、简便、周到的优质服务，尽量满足客户各种各样的需求，设法预防和避免疏忽、差错等，尽量避免与客户发生矛盾，也应妥善处理这些矛盾。在优质服务和满意服务的基础上，商业银行还要经常向客户进行宣传介绍，让客户更多地了解商业银行及其提供的产品和服务，在客户心目中树立良好的声誉和形象，达到培养客户忠诚度和扩大客户规模的目的。

② 银行与社会的公共关系。主要是指银行与政府和社会大众的公共关系。在我国，政府在很大程度上既是商业银行的管理者，又是商业银行的间接客户。从管理者的角度来看，主要表现在政治、组织及其他社会管理方面对银行的影响力；从间接客户角度来看，主要是指各级政府出于对当地建设和发展所负的责任，会投资一些项目或者请求，敦促商业银行对当地经济发展予以信贷支持。商业银行在处理与政府的关系时，一定要顾全大局，积极主动加强与当地政府的联系与沟通，参与当地经济建设，与政府建立起相互支持的良性互动关系。商业银行与社会大众的公共关系，主要是指商业银行不仅要对所在地的居民提供优质服务，而且要通过多种公共手段向社会大众展示自己的良好形象，赢得他们的尊重与信赖，为开展银行业务奠定群众基础。

③ 银行与同业公共关系。商业银行与同业之间的关系是一种既协作又竞争的关系。协作关系主要表现在银行与银行之间的业务往来，如资金拆借、结算、清算、联合贷款等方

面；竞争关系主要表现在双方作为独立经营，以盈利为目的的法人，在共同的市场上争夺客户，争夺市场等方面的竞争。从协作的角度看，商业银行应和其他银行保持良好的公共关系，相互支持、共同发展；从竞争的角度看，商业银行必须遵循法则，不能用不合法、不正当、不道德的手段进行竞争。

本章小结

市场营销是商业社会企业经营活动的重要组成内容。本章介绍了市场营销的含义、市场营销策划的基本步骤、每个步骤的基本内容以及商业银行的产品与特性。重点阐述了商业银行市场营销的基本内容，包括目标市场及其细分，产品策略、产品定价、产品分销、产品促销等。总的来讲，市场营销是系统化、程序化和动态化的管理过程，而不是简单的产品销售活动，营销策划所包含的基本步骤和内容，即状态分析—目标确定与制定—目标市场选择—营销战略（产品策略、定价策略、分销策略、促销策略）—实施计划—评估结果，是对企业营销管理的科学总结与概括，只有认真思考和解决其中存在的问题，企业市场营销工作才能取得良好的效果。商业银行本质上属于特殊类型的服务企业，其产品与制造业的产品具有完全不同的特性，因而其营销策划也具有不同的特点，但营销策划的基本内容及其要解决的问题在性质上与制造业仍是一样的。本章中关于商业银行营销目标与市场细分、商业银行产品、商业银行产品价格策略、商业银行产品分销、商业银行产品促销的内容，除了介绍相关的营销知识外，也包含相关银行组织管理和经营业务方面的基本内容。

思考题

1. 解释下列名词：

市场营销　市场细分　营销战略　产品分销　产品促销　营业推广

2. 市场营销管理过程包括哪几个环节？
3. 营销战略包括哪几个方面？
4. 商业银行的营销目标是什么？
5. 商业银行产品的分销方式有哪些？
6. 商业银行的促销手段有哪些？

实训题

对本章 2.2 节的“课前思考与讨论”工作底稿进行完善，在老师指导下，学生为所在城市的城市商业银行制订个人业务营销计划，要求营销计划涵盖市场营销的各个步骤（状态分析—目标确定与制定—目标市场选择—营销战略）。

第3章

短期商业贷款与市场营销

学习目标

1. 了解短期商业贷款在不同企业的用途和特点。
2. 掌握短期商业贷款的业务流程。
3. 掌握对贷款客户财务报表的分析方法。
4. 掌握短期商业贷款的主要风险及其防范措施。
5. 熟悉短期商业贷款的营销措施。

3.1 短期商业贷款的种类及企业收益周期分析

学习并完成任务

某日，飓风豪华客车制造公司找到银行信贷经理，希望获得银行的信贷支持。根据公司方介绍，两年前，该公司引进国外先进的客车制造技术，其产品性能明显优于国内其他竞争对手。这几年国内高速公路建设大发展，对豪华客车的需求一直在增加，但制造豪华客车的原材料不断上涨，制造成本不断增加，而客车购买方因为车价昂贵多不能现金支付全款，这使得飓风公司常常会因为资金周转不灵而发愁。

学习本节的内容，根据企业的状况，首先，为它选择合适的贷款种类或者设计贷款方案；其次，明确银行在确定该笔贷款的金额和贷款的期限前需要做哪些调查。

3.1.1 短期商业贷款的概念与种类

1. 短期商业贷款的概念

短期商业贷款(short-term loan)是为了满足借款人的临时资金周转需要而发放的，偿还期限通常在一年以内的贷款。

在商品经济条件下，任何企业开展经营活动，必须事先投入一定的资金，才能使企业进入正常运转状态。在信用制度发达的社会里，无论制造业、批发业、零售业，还是服务业，除了来源于投资者的资本金外，还有部分资金是以举债方式获得的，举债的方式不外两种：一种是利用直接融资渠道，在资本市场发行债券获取；另一种是利用间接融资渠道，向商业银行获取贷款。企业向商业银行获取的贷款可用于固定资产投资、项目投资，也可用于满足各类企业流动资金的需要。一般来说，用于固定资产投资、项目投资时，所需贷款金额较大，贷款期限较长，因而贷款风险较高，商业银行确定的贷款利率相对高一些；而用于流动资金贷款的期限短、风险较低、利率相对也低一些。但是，由于企业在生产经营过程中，受临时性、季节性因素的影响，资金占有会有波动起伏变化，客观上需要进行资金余缺的调节，而商业银行贷款具有很大的灵活性，最能适应企业资金周转变化的需要，是调节资金余缺的最佳方式。所以，我国商业银行系统的资产结构中，短期商业贷款一直占有很大比重。

与长期商业贷款比较，短期商业贷款具有以下几个特点。

(1) 周转性流动资金具有短期周转、长期使用的性质。如前所述，商业银行向企业发放的短期商业贷款中一部分是为了弥补企业周转资金的不足，周转性贷款与企业其他经常性占用的流动资金完成一个循环过程后，在借款企业不能依靠资本金或其他长期负债满足其全部经常性流动资金需要的情况下，将连续不断地参与企业资金的循环。因而周转性贷款实际是由企业在一个较长的时期内周转使用的。虽然商业银行出于管理需要，将周转性贷款的期限也规定为一年，但这部分贷款实际上要被借款企业长期占用。因此，周转性贷款具有短期周转、长期使用的性质。这样，在贷款到期时，如果企业的经营状况没有发生异常变化，允许办理贷款展期或借新还旧。

(2) 临时性流动资金贷款具有临时调剂、短期融资的性质。与周转性流动资金不同，企业临时性资金需求是受季节性、临时性因素影响的，因此，这种资金占用是断续发生的，且资金需要的数量变化大，占用时间短。当季节性、临时性原因发生时，企业流动资产占用水平上升，企业会因支付能力不足而形成短期资金缺口，商业银行发放临时性短期商业贷款，帮助企业解决这部分资金需求。随着企业对存货的消耗(或处理)、出售产品取得收入或收回应收账款，这部分非经常性资金占用就消除了，银行便可收回贷款。因此，通常情况下，临时性短期商业贷款是在参加企业流动资金的一个循环过程后就流回银行的，贷款数量以满足企业合理的临时资金需要为限，贷款期限按企业流动资金实际周转时间确定，一般不超过6个月。

(3) 与长期商业贷款相比，短期商业贷款具有金额小、期限短、利率低等特点。由于长期商业贷款主要用于基本建设投资、固定资产建造等工程，所需资金量非常大，大型工程项目的投资可以达到几十亿、上百亿元，往往需要多家商业银行合作，发放银团贷款才能满足需求，而且由于建设工期长、不确定因素多，因而项目的风险较高，银行确定的贷款利率相应也会高一些。而短期商业贷款主要是满足企业的流动资金需求，这部分资金占用量一般较小，而且无论采用何种偿还方式，其归还期限一般在一年以内，商业银行就可将资金收回，灵活调整贷款的投向和投量，改善贷款结构；由于金额小、期限短，风险相对也会小一些，因此短期商业贷款的利率比长期商业贷款的利率要低。

2. 短期商业贷款的分类

短期商业贷款按照不同的标志可以分为不同的类别，如可以按借款人所处行业分类，也可按借款的用途分类，还可按借款企业的性质或规模分类等。由于处于不同行业的企业经营内容不同，短期商业贷款资金的用途不同，还款资金来源不同，风险也不同，因此，此处将短期商业贷款按照申请者所处行业不同进行分类与分析。

按照短期商业贷款申请者所处行业不同，短期商业贷款可以分为制造企业贷款、批发企业贷款、零售企业贷款、服务企业贷款等。虽然批发企业与零售企业均属商品流通行业，但资金需求及运用特点各有不同。

(1) 制造企业短期商业贷款。制造企业在生产经营时所需资金按照周转和补偿方式不同，分为固定资金和流动资金。固定资金是企业垫付在劳动手段上的资金，其实物形态称为固定资产，包括土地、厂房、设备等。流动资金是垫付在劳动对象、工资及制造费用等方面的资金，其实物形态称为流动资产，包括原材料、半成品、产成品等。制造企业流动资金的特点是，在制造产品的过程中，不断转变自己原有的物质形态，由货币变为原材料，由原材料变为半成品，由半成品又变成产成品，最后随着产品的销售又转化为货币。每参加一次生产经营过程就完成一次周转，具有流动和周转的特点。

制造企业的流动资金按活动领域可分为生产领域的流动资金和流通领域的流动资金。生产领域的流动资金按物质形成存在的不同阶段，分为储备资金、生产资金、成品资金；流动领域的流动资金按存在形式不同，分为货币资金、结算资金及其他资金。

制造业的产品生产过程也就是其资金周转的过程。制造业流动资金的周转是从以货币购进原材料开始，至产品销售出去收回货币为止的一个周转过程，生产不断进行，资金不断周转。流动资金的周转分为三个阶段：第一阶段为供应阶段，这个阶段中企业用货币购买原材料等劳动对象，货币资金转化为储备资金；第二阶段为生产阶段，这个阶段中企业的原材料及其他生产费用通过工人的劳动制成新的产品，储备资金转化为生产资金；第三阶段是销售阶段，企业将生产的产成品入库后，逐渐销售出去收回货款，是生产资金转化为成品资金，再转化为货币资金的过程。以上过程可用图3-1表示。

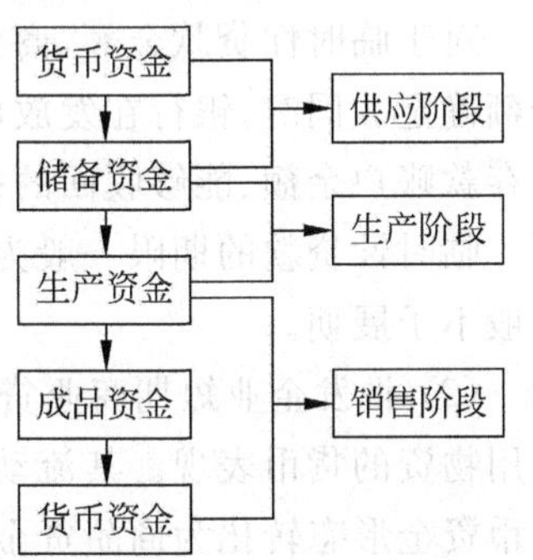

图3-1　制造企业资金周转形态变化示意图

制造企业的生产过程不断进行，其资金也就不断周转，形成资金循环。从制造企业的整个生产过程来看，占用在整个生产过程及流通过程中的流动资金都是必须的，缺少哪一部分流动资金，企业的生产经营活动都无法正常进行。为了保证生产过程不间断，企业必须保证流动资金运动在空间上并存，在时间上继起；同时，为了更好地发挥资金的效用，还要保证生产过程的各阶段占用资金的比例协调，否则，既可能影响生产，也可能造成资金的积压、浪费。因此，保证各阶段流动资金占用比例协调，是流动资金运用最佳效果的体现。

制造企业流动资金需求量的大小受多种因素影响，从总体上说，受生产规模及资金周转速度的制约。具体而言，不同形态的资金需求量分别受以下因素影响：储备资金主要受生产规模、采购方式、采购次数、采购质量、产品更新速度、价值及物资供求状况等因素的影响；生产资金主要受生产规模、生产周期、生产过程的衔接平衡状况、加工质量、生产成本与待摊费用发生规模及摊销进度的影响；成品资金主要受生产规模、销售方式、产品质量、产品成本、产品价格、适应市场程度等因素的影响；结算资金主要受生产规模、结算方式、销售对象的经营状况、市场物资供应状况、银根松紧等因素的影响。

商业银行对于制造企业的短期商业贷款申请，经过审查后主要发放短期流动资金贷款和临时贷款。

① 短期流动资金贷款。短期流动资金贷款是商业银行对制造企业所需合理流动资金[①]发放的贷款，主要起周转作用，具有铺底流动的性质。由于制造企业在生产周转中要不停地使用流动资金，一般这种贷款的期限为1年，也可根据实际情况确定。

② 临时贷款。临时贷款是商业银行对制造企业因季节性、临时性等原因，在其已有的正常流动资金之外发放的贷款。某些制造企业，受原材料储备、产品生产、产品运输、产品销售等季节性影响，需要在某一季节集中储备原材料、生产产品，运往储存地或销售地区、销售产品等。这些企业在原材料采购、生产、销售旺季就会有暂时性资金需求。如以农产品为原料的加工企业、制糖企业、水果罐头企业、卷烟生产企业等，需要在雨季运输产品的企业等，均会产生以上需求。另一种需要临时贷款的情况是正常生产企业因预料之外的客观情况发生而出现资金需求。例如，进口原材料集中到港；或由于提供原料方的原因形成集中到货；因运输紧张需要提前储备原材料或推迟产品发运；为适应市场需要停产老产品，生产新产品；主管部门及有关部门对生产、销售、物质分配、计划的变动等。

对于临时性贷款金额，商业银行一般根据制造企业提供的"购销合同"上约定的付款金额确定。同时，银行在发放此类贷款时还要考虑企业其他可运用的资金潜力，如企业银行存款账户余额、能够收回的拖欠款项、近日可实现的销售收入和可处理的积压物资等。

临时性贷款的期限一般为3个月，不超过6个月，并且要做到"一笔一清"，贷款到期一般不予展期。

（2）批发企业短期商业贷款。批发企业的流动资金是商品购、销、调、存运动过程中占用物资的货币表现。其流动资金的周转需要经过购、销两个过程。在商品购入阶段，由货币资金形态转化为商品资金形态；在商品销售阶段，又由商品资金形态转化为货币资金形态。由于经营的是批发业务，故批发企业基本上只需要存储或仓库空间，但由于批发企业发出去的大量商品物资不可能均为现货交易，所以批发企业的资产中以应收账款形式出现的金额较大，这样，在大批量进货时，就需要从银行取得短期商业贷款。另外，由于市场环境原因，有时候批发企业需要储备专项物资，或者预付农副产品收购定金，需要有超出正常流动资金的资金去备货，也需要从银行取得短期商业贷款。

商业银行对于制造企业的短期商业贷款申请，经过审查后主要发放以下几种贷款。

① 商业周转贷款。商业周转贷款是商业银行对批发企业在经营过程中自有流动资金不足发放的一种商业流动资金周转性贷款。用于商品的购进、储存和销售过程中所需的资金。

② 临时贷款。临时贷款是对批发企业经营过程中的临时性流动资金不足所发放的贷款，是一种短期调剂性贷款，是对周转贷款的补充。当批发企业大量购进季节性存货

---

① 合理流动资金的含义有两层：一是商业银行核定企业流动资金的正常占用额；二是要从流动资金占用额中剔除不合理占用资金的部分。不合理占用流动资金是指超储积压物资、待处理流动资产损失（含潜在损失）及挤占挪用的流动资金。

时，就需要大量的资金，此时便会向商业银行申请临时贷款。

③ 专项储备贷款。专项储备贷款是商业银行对批发企业经过国家批准的专项储备商品所需资金而发放的短期商业贷款。凡属于国家储备的商品物资专项储备贷款，要得到总行的批准；各省、自治区、直辖市储备的商品物资，由省、自治区、直辖市分行审批，报总行备案。专项储备贷款要在批准的计划额度内掌握发放、专款专用。贷款额度和期限应根据批准的商品物资储备数额和储备期来确定。

④ 商品物资预购定金贷款。批发企业根据市场情况，需要预购大量商品物资，为此支付预购定金的资金缺口往往需要向银行贷款获得。商业银行按照贷款程序进行调查审批后，就可发放此类贷款。如有些批发企业按照国家指定的品种、数量和比例购进农副产品时需要支付大量的农副产品预购定金，商业银行(主要是中国农业银行)就会在生产季节开始前按预购定金发放进度发放贷款。

(3) 零售企业短期商业贷款。零售企业与批发企业均属于商品流通企业，资金运行特点基本相同，但由于零售企业主要是从批发商手中取得商品，然后销售给普通消费者。销售商品采用一手交钱、一手交货方式，资产中几乎没有应收账款。因此，零售企业所需的短期流动资金几乎都是商业周转贷款和临时贷款。

① 商业周转贷款。商业周转贷款是商业银行针对零售企业经营过程中自有流动资金不足发放的周转性贷款，专门用于零售企业购进商品。

② 临时贷款。临时贷款是商业银行针对零售企业发放的，以满足其经营过程中临时性资金需要的资金。

处于中小城镇的批零兼营企业对短期商业贷款的需求兼具批发企业与零售企业的特点。

(4) 服务企业短期商业贷款。与制造企业、批发企业和零售企业不同，服务性企业并不出售可见的产品，它所提供的产品是无形的服务。现代服务业涉及的领域非常广泛，如金融企业、咨询业、医疗企业、律师业、注册会计师行业等。服务企业的经营是否成功，与其所提供的服务质量具有极为密切的关系。

服务企业的流动资金运动形态与前述几种企业不同，企业投入的流动资金主要用于支付员工工资及其他管理费用，然后通过提供服务又收回资金。其流动资金的运动实际上是从货币资金开始，又回到货币资金形态。这样，如果服务企业存在大量应收账款，或扩大规模，招募大量工作人员，在没有充足自有资金补充的情况下，其流动资金就会显得不足，此时就需要向商业银行申请短期商业贷款。因此，服务企业的短期商业贷款是一种周转性质的贷款。

3.1.2 企业收益周期分析

对于商业银行来讲，当客户提出短期商业贷款融资后，是否给予融资、融资金额多少、融资企业的还款来源如何、还款时间如何安排，与还款相联系的风险多大，应如何降低还款风险等，都有赖于贷款企业的收益周期(operating cycle)特点。收益周期的特点因行业和企业的不同而变化不定，它不仅影响着企业所需要的流动资金数额，也影响着企业偿还短期商业贷款的资金来源。商业银行的贷款结构安排应当符合企业收益周期的规律，在收益周期的关键点上注入现金，以保证一个周期的圆满完成。因此，商业银行的客户经理必须对不同企业收益周期的特点进行了解，才能保证贷款资金为客户发挥最大的使用效益，同时保证商业银行贷款资金的安全。

1. 制造企业的收益周期

制造企业是通过增加原材料的价值而生产商品的企业。其中，有购买原材料并改变其形式的制造企业，如家具制造企业，通过购买原木，并将其加工成各种家具，改变了原木的形式；还有一些制造企业是购买成品部件，然后将这些部件组合成最终的产品，如购买手机部件，然后组装成手机出售。

制造企业的收益周期从购买原材料开始，有时，可以通过赊购方式获取原材料，利用这些原材料，就可以生产出产品，以现销或赊销方式出售，回笼现金或产生应收账款，当现金回笼或收回应收账款之后，就可购买新的原材料，开始另一轮收益周期。图 3-2 列示了制造企业的收益周期。

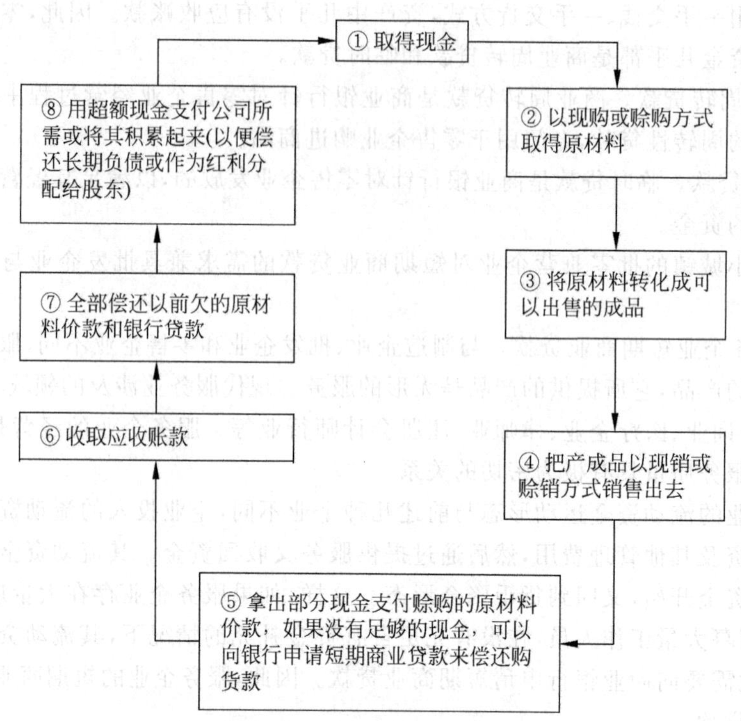

图 3-2 制造企业收益周期示意图

说明：制造企业完成周期中每一步骤所耗费的时间越长，则完成整个收益周期需要的资金越多。

制造企业要想在一个收益周期中获得利润，它从产品中获得的销售额必须超过制造和出售这些产品的成本；如果从销售活动中收回的现金超过制造和出售这些产品的成本，就有能力维持正常经营的情况下偿还债务。因此，商业银行客户经理的工作是确定制造企业通过一个收益周期创造和获得了多少可供偿还负债的现金收入。

通常，制造企业向商业银行申请短期商业贷款的目的是购买原材料，或为加工和劳动等工作提供资金，或为了弥补应收账款形成的资金缺口；此外，还需要考虑那些可能会打断收益周期并因此扰乱现金流动的因素，如原材料价格上涨等。

在制造企业的收益周期中，还会出现各种风险，如购进原材料的质量出现问题，就会影响产品销路或价格，并最终影响企业的利润。总的来看，影响制造企业成功完成收益周期的因素包括：①生产产品的销路；②使用原材料的质量；③劳动力的成本与充足性；④应收账款的回收；⑤生产过程的效率。

作为资本密集性企业，制造企业需要大量资金来支持其经营，因为在制造出第一件产品之前，企业必须建设或租用厂房并购买必要的设备。因此，制造企业的资产往往体现在固定资产、存货和应收账款上。制造企业向商业银行申请短期商业贷款，主要是为了购买存货，或弥补应收账款占用的资金。

2. 批发企业的收益周期

与制造企业不同，批发企业并不生产任何产品，只是大量购进成品，并且以高于买入价的价格售出这些成品，借以从中获利。因此，批发企业实际上是存货的管理者，作为制造企业和产品的最终分销者(即零售企业)之间的中介而存在。为了便于出售，批发企业也可能给产品加以适当的包装，但并不会给产品增加任何价值，批发企业将存货卖出去后，就会收到现金或产生应收账款，此后，当应收账款被收回，转变为现金的时候，一个收益周期就完成了。因此，大量成品的买进或卖出是批发企业收益周期的显著特征；批发企业收益周期的另一个特点是存货周转率很高，但毛利在销售额中所占比例往往较低，只有8%～15%。

批发企业对固定资产的需求不大，其资产主要由应收账款和存货构成，而且批发企业的负债中有很大一部分是应付账款。如果批发企业需要向商业银行申请短期商业贷款，其用途主要是购买成品、为购买新产品提供资金、弥补应收账款形成的资金缺口。图3-3列示了批发企业的收益周期。

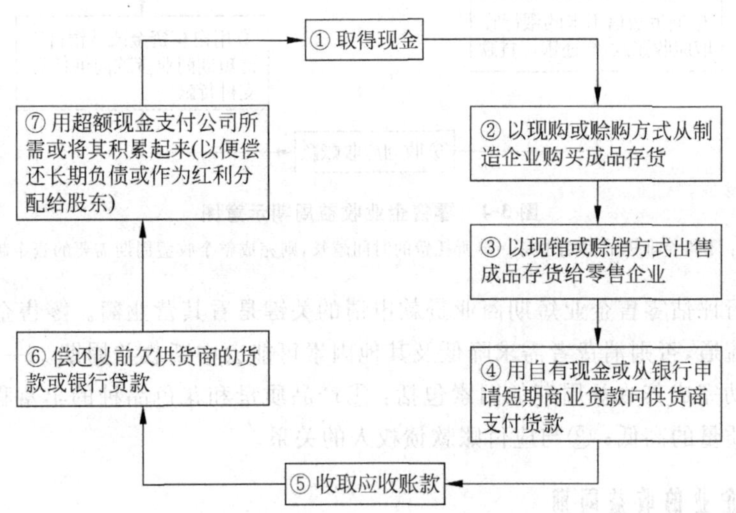

图3-3 批发企业收益周期示意图

说明：批发企业完成周期中每一步骤所耗费的时间越长，则完成整个收益周期所需的资金越多。

批发企业的收益周期也存在中断的可能。影响批发企业顺利完成收益周期的因素包括：①所购成品的质量；②企业在市场上经销产品的能力；③商业银行的贷款审批政策；④应收账款的回收情况；⑤与应付账款债权方的关系。

3. 零售企业的收益周期

零售企业通过批发企业或直接从制造企业购买成品，然后把这些产品卖给消费者。同批发企业一样，零售企业所需要的资金数量也取决于销售量和行业类型，一家销售量较高的零售企业往往也有大量的存货，因而需要更多的资金。但由于零售业收取货款的方式是“一手交钱、一手交货”，消费者必须用现金或信用卡即时支付货款，因此，零售企业只拥有少量应收账款。

零售企业的收益周期开始于直接从制造企业或通过批发企业购进成品，这些存货通常由零售企业直接面向公众出售。因此，零售企业的销售收入主要是现金，然后，现金将被用来购买另一批存货，开始另一轮收益周期。而且大多数零售企业是采用租赁方式获得店面空间，所以零售企业对固定资产的需求非常有限，这些企业从商业银行申请的短期商业贷款主要是用于购买存货。图 3-4 列示了零售企业的收益周期。

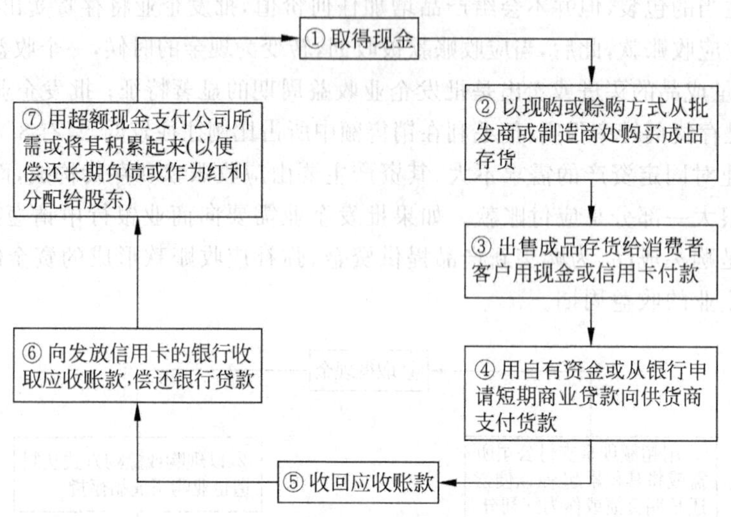

图 3-4　零售企业收益周期示意图

说明：零售企业完成周期中每一步所耗费的时间越长，则完成整个收益周期需要的资金越多。

商业银行评估零售企业短期商业贷款申请的关键是看其营业额。零售企业必须保障其存货快速流通，否则消费者需求降低及其他因素可能会中断收益周期。一般来说，影响零售企业成功完成其收益周期的因素包括：①产品质量和花色品种的丰富程度；②员工所提供服务质量的高低；③与应付账款债权人的关系。

4. 服务企业的收益周期

与制造企业、批发企业和零售企业不同，服务企业并不出售有形产品，提供的是无形产品——服务，服务质量的高低，直接决定了服务企业的成功与否。

服务企业的收益周期与制造企业、批发企业和零售企业也不同。由于大多数服务企业都只拥有少量有形资产，因而其资金需求量相对较少。但是，其中也存在例外，因为服务行业涉及的范围非常广泛，如航空公司，就需要购买或租用大型固定资产，因而资金需要量较大，但对短期商业贷款的需求并不旺盛；另一些服务企业，如律师事务所，则可能需要短期商业贷款来弥补应收账款造成的资金缺口。因此，在大多数服务企业的资产负债表上，应收账款都是资产中占比很大的一个项目。图 3-5 列示了服务企业的收益周期。

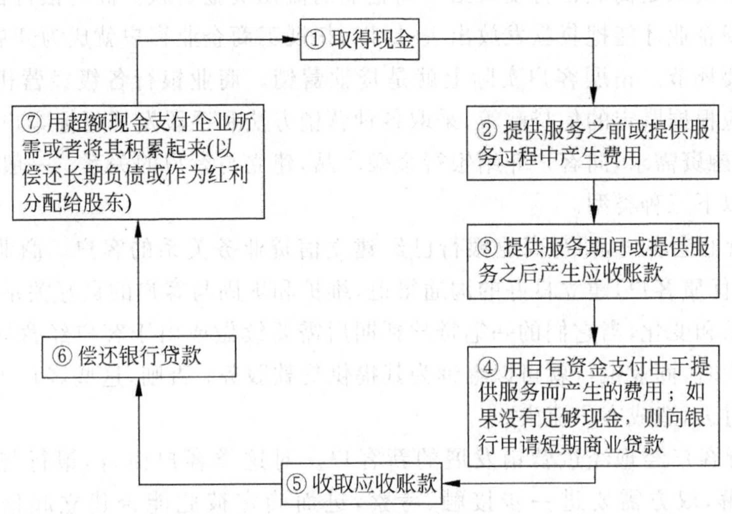

图 3-5 服务企业收益周期示意图

说明：服务企业完成周期中每一步骤所耗费时间越长，则完成整个收益周期所需资金越多。

由于服务企业的特点，其收益周期将可能因应收账款过分集中或大量应收账款不能按期收回而中断，从而影响商业银行短期商业贷款的按期收回。分析服务企业的收益周期特点可以发现，影响服务企业顺利完成收益周期的因素包括：①企业提供服务的质量；②商业银行的贷款审批程序；③企业收取应收账款的政策和制度。

3.2 短期商业贷款业务操作流程

学习并完成任务

学习本节内容，首先，用流程图画出短期商业贷款业务的操作流程，注意用标题标出每一步骤的重点环节；其次，与 1.5 节的流程进行对比，找出短期商业贷款业务流程中有哪些环节显示此类贷款的特点。

贷款业务操作流程是对贷款业务工作和业务操作的科学概括和总结，按照贷款流程规定办理业务不仅能保障信贷工作的效率，也可以提高信贷工作质量，强化风险控制。短期商业贷款业务操作流程，是商业银行客户经理(信贷人员)开展短期商业贷款业务必须遵守和使用的程序。各商业银行由于管理架构及相关规章制度存在差异,贷款业务操作流程的某些细节可能会有所不同,但基本环节和步骤大致是相同的。一般包括拓展客户、接受贷款申请、贷款调查、贷款审查与审批、签订借款合同、贷款发放与贷后检查、贷款收回等环节。

3.2.1 拓展客户

短期商业贷款是商业银行发放给工商企业的流动资金贷款。商业银行首先必须寻找到合适的工商企业才能把贷款发放出去,所以,拓展工商企业客户就成为开展短期商业贷款业务的首要环节。拓展客户实际上就是贷款营销。商业银行各级经营机构(总行、分行、支行等)应根据既定的信贷政策,采取各种营销方法和手段发展目标客户,制订营销计划,了解客户融资需求,向客户介绍银行金融产品,建立与客户的关系。一般来说,银行拓展的客户有以下三种类型。

(1) 银行的老客户,即与商业银行已经建立信贷业务关系的客户。商业银行通过与客户(尤其是优质客户)建立良好的沟通渠道,维护和巩固与客户的良好关系,经常关注它们的服务要求和变化,当它们的一笔贷款到期后需要续做或由于客户经营规模扩大需要增加贷款规模时,商业银行就可以继续为其提供贷款服务;否则,这些客户可能被其他商业银行吸引过去,造成客户流失。

(2) 银行客户经理经过营销发展的新客户。对这类客户而言,银行与客户相互间缺乏充分了解,双方需要进一步接触、考察,进而确定彼此能否建立起信贷业务合作关系。

(3) 自动找上门来希望与商业银行发展信贷业务关系的新客户。无论老客户还是新客户,当他们希望与商业银行发展信贷业务关系时,除明显不符合贷款基本条件或银行信贷政策规定,在初步接触时就明确予以拒绝外,对于大多数客户的贷款需求都必须进一步调查分析后才能做出决定。

3.2.2 接受贷款申请

当商业银行客户经理与客户进行接触了解,认为基本符合贷款条件时,客户可向银行正式(书面)提出贷款申请并提交相关资料。一般来说,贷款申请人只要符合《贷款通则》中关于借款人的规定就可以向商业银行提出贷款申请。申请人在提出贷款申请时还必须提供以下资料。

(1) 借款申请书。

(2) 董事会借款决议。

(3) 工商行政管理部门颁发的有效的企业法人营业执照。

(4) 借款企业法人代表证明书或法人代表委托证明书。

(5) 商业银行主管机关核发的贷款卡。

(6) 借款企业的公司章程或合同书。

(7) 担保书或关于抵押物的法律文件证书。

(8) 会计师事务所出具的企业注册资本验资报告。

(9) 经会计师事务所审计的企业财务报告(一般为最近三年的会计报表)。

(10) 商业银行需要的其他文件和资料。

客户经理接到客户贷款申请资料并进行初步分析后,要向经营单位相关负责人汇报贷款客户的基本情况和贷款要求,由经营单位相关负责人作出是否接受贷款申请的决策。一般来说,是否接受贷款申请主要考虑以下几个方面的因素。

(1) 贷款申请人是否符合贷款条件。

(2) 贷款用途是否合法合规。

(3) 贷款申请人基本情况(经营、财务)是否基本符合银行的标准或要求。

(4) 贷款的综合效益情况。

在决定是否接受贷款申请时,贷款申请人提交的贷款申请资料是重要的依据。

3.2.3 贷款调查

商业银行对申请贷款的客户进行初步审核并接受其申请后,银行经营机构会根据贷款业务的大小和复杂程度指派合适的客户经理(一般需两名客户经理,一名为主办,一名为协办)负责对贷款申请客户进行贷款调查。对于重大的短期商业贷款业务,经营机构负责人要亲自参与或负责贷款调查工作。

贷款调查是客户经理运用专业知识、专业经验和方法对借款企业、担保企业(如果是担保贷款的话)的基本情况、财务状况、现金流量、非财务因素及贷款综合效益等方面进行深入调查,广泛收集相关资料,并进行认真核实,在综合分析的基础上提出贷款调查报告,为贷款决策部门和决策人提供决策依据。贷款调查是整个贷款操作流程中耗费时间最长,也是最关键的一个环节。客户经理要有踏实的工作作风、敏锐的洞察力和熟练的调查分析能力,才能把与贷款业务相关的问题弄清楚,准确把握贷款风险,提出恰如其分的意见。否则,由于贷款调查工作做得不好,可能导致商业银行批准有风险的贷款业务或拒绝好的贷款业务。

贷款调查的主要内容涉及以下几个方面。

1. 借款企业基本情况调查

对借款企业进行基本情况调查的主要内容包括:①借款企业成立时间、性质、股东构成;②企业营业执照、税务登记和代码证的年检情况;③注册资本情况;④经营范围;⑤组织架构、法人代表和主要经营管理人员的情况(学历、资历、管理能力、对行业的熟悉程度等);⑥职工素质(人数、学历和技术构成等);⑦内部管理的规范程度;⑧借款企业所属行业的基本情况,该行业目前面临的问题及发展前景;⑨借款企业资信情况的历史记录;⑩借款企业资产负债情况及近年来的经营业绩;⑪其他需要调查的情况。客户经理对上述情况的调查要在借款企业提供和自己搜集资料的基础上进行,客户经理除了要对所有资料进行认真核实和分析外,还要对资料的合法合规性(如企业工商注册是否有效)和真实性(如企业注册资本是否真实)作出判断。

2. 借款企业财务状况调查

借款企业的财务状况调查主要是查验企业当期的财务报告以及经会计师事务所审计的上年度财务报告的真实性,并对财务报表中发生的异常变动进行重点调查。有时,由于种种原因,借款企业提供的财务报表与企业实际情况不完全相符,客户经理必须予以足够的关注,要求借款企业解释不相符的情况并提供相关证据。如果客户经理判断企业的财务报表基本不可信,可以中止进一步调查,拒绝企业的贷款要求。客户经理进行初步调查了解后判断企业提供的资料基本可信,就可据以对贷款企业进行财务分析,判断企业当前和未来的盈利能力及偿债能力。对企业财务状况的调查和分析需要专门的知识和技能,将在下节专门论述。

3. 企业借款用途、借款金额及贷款效益调查

短期商业贷款一般用于工商企业采购原材料、支付工资等用途,如果借款企业不能保证所借资金用于规定的用途,则无法保障贷款资金的安全性。因此,客户经理必须根据对企业财务分析的结果来判断借款企业借款的真实用途,并进一步分析借款用途是否符合企业的经营范围、是否符合商业银行的信贷政策等。对于不符合政策规定的用途,或真实用途与申请用途不符的,客户经理均可拒绝客户的贷款要求。对于符合规定用途且用途真实的贷款,客户经理需进一步判断其申请金额是否恰当,过多或过少都是不合适的。贷款过多不仅会增加企业的成本,还可能造成资金浪费或使用效率低下;贷款过少则又不能满足企业需求,影响企业经营计划和目标的实现。此外,信贷经理还必须对贷款为商业银行可能带来的效益进行分析。

4. 贷款担保调查

如果企业申请的短期商业贷款是保证贷款或抵(质)押贷款,客户经理还必须对保证人(担保企业)或抵(质)押物的情况进行调查核实。对于保证人,主要是调查其保证资格、保证能力和保证行为的真实性。保证资格是指保证人主体是否符合《担保法》的要求,例如《担保法》规定子公司不能为母公司担保;保证能力是指当借款人不能按期偿还商业银行的贷款时,保证人是否有足够的财力替借款人偿还,保证能力调查主要分析保证人的财务状况,如现金流量、净资产、或有负债及以往保证的履约情况;保证行为的真实性是指保证人和其法定代表人或授权人的签字必须真实有效。对于抵(质)押物,主要是调查抵(质)押物的合法性、有效性和充分性。抵(质)押物的合法性是指作为贷款的抵(质)押物必须符合《担保法》的规定,不符合规定的物品不能作为抵(质)押物,在法律上无效;有效性是指抵(质)押物的权属证明资料(如房地产证等)真实清楚,可确保抵押手续完整、合法、有效;充分性是指抵(质)物的价值是否足以清偿贷款本息和执行担保所可能发生的各项费用。

5. 对借款企业和担保企业进行信用等级评估

如第1章所述,对借款企业和担保企业进行信用等级评估是对影响借款企业和担保

企业未来偿付能力的各种因素及变化趋势进行全面系统考察,在定性分析和定量分析的基础上,揭示、评价受评客户的信用风险及违约可能性。如果对借款企业和担保企业的信用等级评估不准确,可能造成严重后果。因此,各家商业银行均对信用等级评估有着严格的规定,即使借款企业和担保企业提供了专业资信评估机构的资信评估结果,商业银行也会制定详尽的评估指标和评分标准,由客户经理按照相关规定进行信用等级评估,资信评估机构的评估结果只能作为参考。

6. 其他情况调查

其他情况调查如客户经理通过对借款企业的非财务因素进行调查,了解借款企业的行业风险等。

客户经理将上述各项内容调查清楚后,就可根据客户资料和调查情况,客观详细地撰写"贷款调查报告",并在调查报告中明确提出是否发放贷款的意见。然后按照要求将贷款业务的所有资料进行整理,并填写"信贷业务送审表",将送审表与相关材料送交信贷业务负责人审核。信贷业务负责人审核后,在"信贷业务送审表"中签署审核意见,不同意办理的信贷业务可将资料退回客户经理,同意办理的业务将送交上级部门审批。

3.2.4　贷款审查与审批

贷款审查是商业银行信用审查部门在客户经理贷款调查的基础上,对经营机构(支行)报送贷款项目的内容和资料的完整性,贷款用途的合理性、合法性及贷款风险情况进行审查和认定,结合贷款所能产生的综合效益,提出贷与不贷、贷款种类、贷款币别、贷款金额、贷款期限、贷款利率、贷款方式等的审查意见。在审查过程中,信用审查人员可能会要求经营机构客户经理就某些不清楚的问题补充调查资料。贷款审批则是商业银行贷款决策部门和决策人(如贷款审查委员会和行长、主管副行长等)根据信用审查部门的审查意见进行深入论证后对是否发放贷款所做出的最终决策。按照目前通行的做法,有风险的信贷业务审批权限集中在总行与分行,总行信贷决策部门和决策人只审批一定金额(如1亿元人民币)以上的信贷业务,规定金额以下的业务则授权分行信贷决策部门和决策人审批。一般来说,信贷审查委员会通常以会议的形式对贷款项目进行讨论,然后表决,超过规定人数同意后,贷款项目才可获通过,获信贷审查委员会通过的贷款业务要报送行长,由行长最终决定是否贷款并签署意见。报送审批的贷款业务无论通过与否,信用审查部门均应根据有权审批人的签批意见出具"信用业务审批通知书"并通知经营机构(即报送贷款项目的经办行)。

3.2.5　签订借款合同

贷款项目经办行接到"信用业务审批通知书"后,由负责经办此项业务的客户经理将审批结果及时通知借款申请人,如果借款申请人的贷款要求获得批准,商业银行就要与借款企业签订借款合同。

借款合同是借款企业与商业银行之间明确彼此权利义务关系的书面协议，具有法律效力。借款当事人各方只需在合同相应地方填写需要填写的内容，签名盖章即可。借款合同的基本内容包括：借款种类、借款用途、金额、利率、借款期限、还款方式、借款双方的权利、义务、违约责任和双方商定的其他事项等。除了借款合同外，不同的贷款方式还需要签订其他相关合同：如果是保证贷款，银行还要与保证人签订保证合同；如果是抵（质）押贷款，抵押人、出质人还要与银行签订抵（质）押合同，需要办理抵（质）押登记的，还要依法办理登记。

签订借款合同是一项十分严肃的工作，不能有任何疏漏，否则，可能会酿成严重后果。因此，借款双方当事人在签订合同时应注意以下事项：①必须遵守国家法律法规要求，合同的主体必须是享有民事权利和承担民事责任的法人，合同订立的程序和内容必须合法；②坚持平等协商原则；③合同的内容应力求严密、完备、文字句义明确易解，所载条款清晰而有条理，准确而与事实相符；④借款合同必须由双方当事人的法定代表人或凭法定代表人授权证明的经办人签章，并加盖单位公章，这是合同订立手续合法有效的要求；⑤双方均需严格履行合同规定的义务。

3.2.6 贷款发放与贷后检查

商业银行与借款企业签订借款合同并办妥贷款担保手续后，就可以根据合同的规定向借款企业发放贷款了。发放贷款时，借款企业首先要填写“借款借据”，内容包括借款日期、存款户账号、贷款户账号、借款金额、种类、利率、约定还款日期、借款企业印章等。“借款借据”经商业银行有关人员（客户经理等）签章后，交银行会计部门办理贷款发放手续，即将贷款资金划入借款企业贷款户，再转入其存款户上。至此，借款企业就可以按照合同规定用途使用贷款了。按照贷款管理制度规定，贷款手续办理完毕后，银行客户经理还必须在规定时间内在借款企业和担保企业的贷款卡中对借款和担保情况进行登记，贷款归还后，也要进行相应登记。

发放贷款后，客户经理还必须对借款企业执行合同的情况及其经营情况进行贷后检查。检查时主要关注以下几方面：①借款企业是否按照借款合同规定的用途和用款进度使用贷款，对于不按规定用途使用的贷款要给予足够重视，情况严重的，可以提前收回贷款；②检查借款企业的财务状况、监测借款企业的还款能力和还款来源，如果发现借款企业的财务状况恶化甚至可能危及贷款安全时，应迅速采取措施、尽早收回贷款；③检查抵押品担保权益的完整性。

3.2.7 贷款收回

商业银行客户经理在贷款到期前要通知借款企业做好还款准备。一般来说，短期商业贷款都是到期时一次归还。当贷款本息结算、合同履行完毕后，经办客户经理应以会计部门的还款或付款凭证留存联，通知信贷档案管理人员在有关合同（协议）上签盖“结算”字样并按照“信贷档案管理办法”的要求归类保管。至此，一笔信贷业务才最终结束了。

3.3 对贷款企业的财务分析

课前思考与讨论

作为贷款银行，在决定贷款之前都要对企业财务状况进行详细了解。你觉得银行应该关注哪些方面的情况呢？根据相关财务知识，你觉得哪些资料可以提供这些信息数据？你会重点关注哪些数据呢？

当借款企业向商业银行提出短期商业贷款的申请后，按照商业银行的贷款业务流程，将会有专人对贷款客户进行贷款调查，贷款调查的主要工作是对贷款客户进行财务、市场环境、管理水平、抵(质)押及保证情况、综合风险等方面的分析。虽然以上各种分析都非常重要，但由于财务分析涉及的范围广、内容比较复杂，而其他分析在贷款业务流程中已经论述，故本节将对贷款客户的财务分析问题进行专门阐述。

3.3.1 贷款企业财务分析所需要的资料

"会计是商业的语言"。商业银行要了解企业，进行理智的贷款决策，就要掌握这种语言，并能阅读和分析用这种语言写作的、描述企业经营活动状况和偿债能力的"文章"——财务报告。客户经理在对贷款企业进行财务分析时，需要用到的资料主要是财务报告，另有与财务报告相关的一些资料。

1. 财务报告

企业编制财务报告的主要目的是向会计主体内外部提供业务和经济决策所需要的财务信息。财务报告是企业对外提供的反映企业某一特定日期的财务状况和某一会计期间的经营成果、现金流量等会计信息的文件。包括财务报表及其他应当在财务报告中披露的相关信息和资料。财务报表是对企业财务状况、经营成果和现金流量的结构性表述，它至少包括五部分：①资产负债表；②利润表；③现金流量表；④所有者权益(或股东权益)变动表；⑤附注。在对贷款企业进行财务分析时，主要是从总体上分析其资产结构、盈利能力及偿债能力，通常只需使用资产负债表、利润表、现金流量表及附注。

资产负债表是反映经济主体特定时点财务状况的报告；利润表是反映经济主体某一期间经营成果的报告；现金流量表是反映经济主体某一期间现金流量及其结果的报告；附注是以括号或脚注、尾注形式对会计报表的信息进行的进一步说明、补充或解释，目的是使会计报表使用者理解和利用会计信息。因为会计报表对企业日常发生数量繁多、性质各异的经济事项进行定期分类、汇总和加工，其内容和许多项目是高度浓缩的，因而有必要对这些内容和项目进行解释和补充，因此，附注中的许多内容对财务分析是非常重要的。

2. 审计报告

审计报告是会计师事务所和注册会计师以书面形式向企业提供的表明审计意见的书

面报告，它用于证明企业会计事项的处理和会计报表的反映是否符合国家法律、行政法规、会计准则和制度的规定，是否真实地反映了企业的财务状况、经营成果和资金变动情况。

审计报告具有鉴证和证明作用，财务报告使用者可以借助审计报告判断借款人财务报告的真实性和可靠性。商业银行可以通过查阅注册会计师的审计报告掌握借款企业的资金运营能力、财务状况、现金流量，据以判断借款企业的财务稳定性和盈利能力，决定是否贷款以及贷款的规模、种类及期限。

值得注意的是，注册会计师对借款企业财务报告出具的审计报告有标准的审计报告和非标准的审计报告两种。除了标准的审计报告出具无保留意见外，非标准审计报告可以出具保留意见、反对意见或拒绝表示意见三种。因此，客户经理在阅读审计报告时，一定要看清楚注册会计师的具体意见，再进行分析。对于保留意见的审计报告，应注意注册会计师陈述的保留内容，判断其对企业贷款项目的影响；如果注册会计师对借款企业的会计报表出具了反对意见或拒绝表示意见的审计报告，则应拒绝接受借款企业的财务报告。

3. 企业经营环境及所处行业的有关资料

除了经过注册会计师认可的财务报告，客户经理还要掌握与借款企业有关的财经法规、同行业的财务资料、市场营销资料以及借款企业的技术、管理及财务制度等方面的资料。

3.3.2 对贷款企业的盈利能力分析

商业银行贷款给企业，是为了在保证收回本金的同时按期收取利息，获得经营利润。因此，对贷款企业的盈利能力分析就成为非常重要的问题。盈利能力分析是分析贷款企业赚取利润的能力。一般而言，贷款企业只有在维持简单再生产的基础上有利可图，才能按期偿还商业银行的贷款本息，连简单再生产都无法维持的企业，是无法按期偿还贷款本息的。因此，商业银行在分析客户的财务情况时，应分析其盈利能力；贷款发放后进行跟踪调查与管理时，也应充分重视其盈利能力的变化趋势，以便采取有效措施，保证商业银行信贷资产的安全。

在对贷款企业的盈利能力进行分析时，只涉及正常的营业状况，因此，应排除以下项目：证券买卖、资产出售等非正常项目；即将停止或已经停止的营业项目；重大事故或法律更改等特别项目；分析年度因会计准则及财务制度变更对利润项目产生的累积影响等。

1. 盈利来源分析

盈利来源分析主要是分析贷款企业的利润主要来源于何处，借以判断其主营业务是否突出，各种利润的构成比例是否合理等。

表 3-1～表 3-4 给出了东升公司 2013 年度的资产负债表、利润表、现金流量表以及现金流量表补充资料。以后的分析将以这三张报表为主要资料。

表 3-1　东升公司资产负债表

2013 年 12 月 31 日　　　　单位：元

资　产	年初数	年末数	负债及所有者权益	年初数	年末数
流动资产：			流动负债：		
货币资金	1 687 560	984 894	短期借款	360 000	6 000
交易性金融资产	18 000		交易性金融负债	0	0
应收票据	295 200	55 200	应付票据	240 000	174 000
应收账款	358 920	717 840	应付账款	1 144 560	1 144 560
预付款项	120 000	120 000	应付职工薪酬	132 000	216 000
其他应收款	6 000	6 000	应交税费	36 000	246 412.8
存货	3 096 000	3 089 640	其他应付款	60 000	60 000
其他流动资产	120 000		其他未交款	7 920	7 920
流动资产合计	5 701 680	4 973 574	一年内到期的长期负债	1 200 000	
非流动资产：			其他流动负债	1 200	
长期股权投资	300 000	300 000	流动负债合计	3 181 680	1 854 892.8
固定资产	1 320 000	2 677 200	非流动负债：		
在建工程	1 800 000	873 600	长期借款	720 000	1 392 000
无形资产	720 000	648 000	非流动负债合计	720 000	1 392 000
其他非流动资产	240 000	240 000	负债合计	3 901 680	3 246 892.8
非流动资产合计	4 380 000	4 738 800	所有者权益：		
			实收资本	6 000 000	6 000 000
			盈余公积	180 000	222 822.18
			未分配利润		242 659.02
			所有者权益合计	6 180 000	6 465 481.2
资产总计	10 081 680	9 712 374	负债及所有者权益合计	10 081 680	9 712 374

表 3-2　东升公司利润表

2013 年度

项　　目	金额/元
一、营业收入	1 500 000
减：营业成本	900 000
营业税金及附加	2 400
销售费用	24 000
管理费用	189 600
财务费用	49 800
资产减值损失	0
加：公允价值变动收益(损失以“－”号填列)	0
投资收益(损失以“-”号填列)	37 800
其中：对联营企业和合营企业的投资收益	0
二、营业利润(亏损以“－”号填列)	372 000
加：营业外收入	60 000
减：营业外支出	23 640
三、利润总额(亏损以“－”号填列)	408 360
减：所得税费用	102 090
四、净利润(净亏损以“－”号填列)	306 270

表 3-3　东升公司现金流量表

2013 年度

项　　目	金额/元
一、经营活动产生的现金流量：	
销售商品、提供劳务收到的现金	1 611 000
收到的税费返还	0
收到其他与经营活动有关的现金	0
经营活动现金流入合计	1 611 000
购买商品、接受劳务支付的现金	419 760
支付给职工以及为职工支付的现金	360 000
支付的各项税费	289 866
支付其他与经营活动有关的现金	84 000
经营活动现金流出小计	1 153 626
经营活动产生的现金流量净额	457 374
二、投资活动产生的现金流量	
收回投资收到的现金	19 800
取得投资收益收到的现金	36 000
处置固定资产、无形资产和其他长期资产收回的现金净额	360 360
处理子公司及其他营业单位收到的现金净额	0
收到其他与投资活动有关的现金	0
投资活动现金流入小计	416 160
购建固定资产、无形资产和其他长期资产支付的现金	541 200
投资支付的现金	0
取得子公司及其他营业单位支付的现金净额	0
支付其他与投资活动有关的现金	0
投资活动现金流出小计	541 200
投资活动产生的现金流量净额	－125 040
三、筹资活动产生的现金流量：	
吸收投资收到的现金	0
取得借款所收到的现金	480 000
收到其他与筹资活动有关的现金	0
筹资活动现金流入小计	480 000
偿还债务支付的现金	1 500 000
分配股利、利润或偿付利息支付的现金	15 000
支付其他与筹资活动有关的现金	0
筹资活动现金流出小计	1 515 000
筹资活动产生的现金流量净额	－1 035 000
四、汇率变动对现金及现金等价物的影响	0
五、现金及现金等价物净增加额	－702 666
加：期初现金及现金等价物余额	1 687 560
六、期末现金及现金等价物净增加额	984 894

表 3-4 东升公司现金流量表补充资料

补充资料	金额/元
1. 将净利润调节为经营活动的现金流量:	
净利润	285 481.2
加: 资产减值准备	1 080
固定资产折旧、油气资产折耗、生产性生物资产折旧	120 000
无形资产摊销	72 000
长期待摊费用摊销	0
处置固定资产、无形资产和其他长期资产的损失(收益以"一"号填列)	−60 000
固定资产报废损失	23 640
公允价值变动损失(收益以"一"号填列)	0
财务费用(收益以"一"号填列)	25 800
投资损失(收益以"一"号填列)	−37 800
递延所得税资产减少(增加以"一"号填列)	0
递延所得税负债增加(减少以"一"号填列)	0
存货的减少	6 360
经营性应收项目的减少(增加以"一"号填列)	−58 800
经营性应付项目的增加(减少以"一"号填列)	79 612.22
其他	0
经营活动产生的现金流量净额	457 373.42
2. 不涉及现金收支的重大投资和筹资活动:	
债务转为资本	0
一年内到期的可转换公司债券	0
融资租入固定资产	0
3. 现金和现金等价物的净变动情况:	
现金的期末余额	984 894
减: 现金的期初余额	1 687 560
加: 现金等价物的期末余额	0
减: 现金等价物的期初余额	0
现金和现金等价物的净增加额	−702 666

客户经理根据东升公司利润表的有关数据,对其利润来源进行分析,如表 3-5 所示。

表 3-5 东升公司利润来源分析表

利润来源项目	金额/元	占利润总额比重/%
营业利润	372 000	91.1
营业外收入净额	36 360	8.9
利润总额	408 360	100

表 3-5 中数据表明,在利润总额中,营业利润所占比重最大,营业外收入净额所占比重很小。通常,预示企业未来获利能力大小的最好指标是营业利润及其在利润总额中所占的比重,一个企业只有依靠其主营及其他业务的不断扩大才具有生命力。同时,一个有竞争力的企业,一定是以其主营业务为主,并坚持多种经营的。由于客户经理从东升公司 2013 年的利润表中无法看出公司的主营业务及其他业务各为企业带来多少利润,客户经

理还可以要求企业提供这方面的资料，以了解企业在开展多种经营、开拓新的盈利增长点方面是否也做了足够的准备。

事实上，仅对某一企业某一期间的盈利来源及其在利润总额中的比重进行分析是没有多大意义的，重要的是看其与以前年度相比是否增加、增加的金额多大、比重多少、与同行业平均水平或水平相当的企业或该企业的历史最高水平相比，是否有差距？差距多大，等等。进行这些分析才能对贷款企业的盈利来源及有关情况有更深刻的了解。

2. 盈利结构分析

盈利结构是指利润表中各项目占主营业务收入的比重为多少。盈利结构分析通常是通过编制结构百分比利润表进行的，即将主营业务收入作为联系利润表中各项目的“共同基数”，将利润表中的各项目都变成主营业务收入的百分比，然后将不同年度的报表逐项比较，查明某一特定项目在不同年度间的变化，分析这种变化的经济含义，作为贷款决策的参考。

将利润表中各项数字换算成主营业务收入百分比的公式为

$$结构百分比=\frac{利润表各项目金额}{主营业务收入}\times 100\%$$

通过结构百分比利润表可以发现许多金额报表中难以发现的问题，同时还有利于不同规模的企业之间进行比较。表 3-6 是东升公司的结构百分比利润表。

表 3-6　东升公司结构百分比利润表

项　　目	2011 年		2012 年		2013 年	
	金额/元	百分比/%	金额/元	百分比/%	金额/元	百分比/%
一、营业收入	980 000	100	1 345 000	100	1 500 000	100
减：营业成本	538 000	54.9	805 000	59.85	900 000	60
营业税金及附加	5 000	0.51	2 800	0.21	2 400	0.16
销售费用	50 000	5.1	28 000	2.08	24 000	1.6
管理费用	186 000	18.98	197 580	14.69	189 600	12.64
财务费用	79 000	8.06	20 020	1.49	49 800	3.32
资产减值损失	0	0	0	0	0	0
加：公允价值变动收益（损失以“—”号填列）	0	0	0	0	0	0
投资收益（损失以“—”号填列）	0	0	20 000	1.49	37 800	2.52
其中：对联营企业和合营企业的投资收益	0	0	0	0	0	0
二、营业利润	122 000	12.45	311 600	23.17	372 000	24.8
加：营业外收入	40 000	4.08	50 000	3.72	60 000	4
减：营业外支出	32 000	3.27	25 000	1.86	23 640	1.58
三、利润总额（亏损以“—”号填列）	130 000	13.27	336 600	25.03	408 360	27.22
减：所得税费用	32 500	3.32	84 150	6.26	102 090	6.81
四、净利润（净亏损以“—”号填列）	97 500	9.95	252 450	18.77	306 270	20.42

从表 3-6 可以看出,东升公司净利润在主营业务收入中的比重逐年增长,主要原因是主营业务逐年稳步增长,次要原因是营业费用不断下降形成的。可以看出,东升公司经过几年努力,产品在市场上已有了一定的知名度,产品的市场占有份额已相对稳定,营业费用支出相对减少;此外,东升公司的管理费用和财务费用下降,说明公司内部减员增效,降低消耗的工作卓有成效。但表 3-6 还同时显示了这样一个事实,即东升公司的主营业务成本占主营业务收入的比重逐年上升,虽然上升幅度逐渐减小,但对公司来讲,主营业务成本上升绝对不是一件好事,应进一步分析产品成本上升的原因。

对东升公司的利润表进行结构百分比分析可以得出如下结论:该公司的经营状况比较理想,利润总额及净利润都有较大幅度上升,但内部管理还存在薄弱环节,有待改进,目前发放贷款没有明显风险。

对贷款企业的利润结构进行分析时,只看该企业的报表,虽能发现一定的问题,但还不全面。客户经理应搜集同类企业的会计报表,对两家企业的结构百分比利润表进行对比分析,这样更容易找出差距,更有利于做出决策。

3. 盈利比率分析

比率分析法是财务分析中应用范围极广的一种方法。它通过将资产负债表和利润表上的两个相互联系的项目相除求得一些具有特定意义的比率,再对该比率代表的意义予以解释,借以评价借款企业的盈利能力、营运能力和偿债能力等。

评价企业盈利能力的比率称为盈利比率,常用的盈利比率及其计算公式和经济含义如表 3-7 所示。

表 3-7　盈利比率分析指标及含义

比率名称	计算公式	经济含义
销售毛利率	$\frac{\text{主营业务收入}-\text{主营业务成本}}{\text{主营业务收入}}$	说明每 1 元主营业务收入中的毛利额
销售净利率	$\frac{\text{净利润}}{\text{主营业务收入}}$	说明每 1 元主营业务收入中的净利润
营业利润率	$\frac{\text{营业利润}}{\text{主营业务收入}}$	说明每 1 元主营业务收入中的营业利润额
资产净利率	$\frac{\text{净利润}}{\text{平均总资产}}$	说明资产获利能力
总资产报酬率	$\frac{\text{净利润}+\text{利息费用}}{\text{平均总资产}}$	说明资产获利能力
权益报酬率	$\frac{\text{净利润}}{\text{平均所有者权益}}$	说明每 1 元所有者权益所获净利润额
成本费用利润率	$\frac{\text{净利润}}{\text{成本费用总额}}$	说明利润总额与成本费用总额的关系
普通股股东权益报酬率	$\frac{\text{净利润}-\text{优先股股利}}{\text{平均普通股股东权益}}$	说明普通股股东资产的获利能力
普通股每股收益	$\frac{\text{净利润}-\text{优先股股利}}{\text{发行在外普通股总股数}}$	说明每股普通股所获净利润额

续表

比率名称	计算公式	经济含义
留存盈利比率	$\frac{净利润-全部股利}{净利润}$	说明净利润用于企业积累的金额
普通股每股账面价值	$\frac{股东权益总额-优先股股东权益}{发行在外普通股总股数}$	说明发行在外普通股的账面价值

利用财务比率对贷款企业的盈利能力进行分析时，可将该企业多年的指标进行纵向比较，也可与同行业平均水平或其他同类企业进行横向比较，这样可不受企业规模限制，从而准确评价其真实的盈利能力。

3.3.3 对贷款企业的偿债能力分析

商业银行最关心贷款企业的偿债能力，因为银行信贷资产是否安全，最终要看企业能否按时还本付息。当然，企业偿债能力的强弱与该企业资产管理效率、盈利能力是密切相关的。但这并不说明资产管理效率高、盈利能力强的企业就一定能够按时还本付息。一般而言，企业的长期偿债能力与其盈利能力密切相关，而短期偿债能力则主要取决于其变现能力。如果企业将经营活动中获取的利润投资于土地、房地产等长期资产，即使盈利再丰厚，贷款到期时也无法安排资金还款。对银行来讲，这样的企业不是好客户。

1. 长期偿债能力分析

分析贷款企业的长期偿债能力是为了了解企业财务风险和经营安全性。它主要是通过对反映企业债务与权益结构的比率(称财务杠杆比率)进行分析，了解借款人在多大程度上使用财务杠杆或在多大范围内发挥财务杠杆的作用。

分析企业长期偿债能力的方法是比率分析法。常用比率的计算公式及经济含义如表 3-8 所示。

表 3-8 长期偿债能力分析指标及含义

指标名称	计算公式	经济含义
资产负债率	$\frac{负债总额}{资产总额}$	说明企业偿付到期长期债务的能力，并衡量企业利用债权人资金开展经营活动的程度
负债与所有者权益比率	$\frac{负债总额}{所有者权益总额}$	反映债权人提供的资金与所有者自有资金的比率是否恰当，企业基本财务结构是否稳定，债权人权益能否得到有效保障
负债经营率	$\frac{长期负债总额}{所有者权益总额}$	说明企业通过长期负债维持生产经营的程度，指标值的理想范围为 25%～30%
负债与有形净资产比率	$\frac{负债总额}{股东权益-无形及递延资产净值}$	说明企业破产清算时股东权益对债权人权益的保障程度
利息保障倍数	$\frac{税前利润总额+利息费用}{利息费用}$	说明企业偿还借款利息的能力

掌握了以上指标的经济含义及计算方法后，利用贷款企业提供的会计报表计算出这些指标并不难。关键是在对贷款企业的偿债能力进行分析时，不能只看这个指标的数值是多少，而应进行纵向及横向的对比分析，这样才能对贷款企业的长期偿债能力及其变化趋势有一个准确的认识和评价。

2. 短期偿债能力分析

商业银行对贷款企业的长期偿债能力进行分析，是从长远和总体的角度考察企业能否按时还本付息，了解企业对债权人权益的保障程度。至于每期的利息是否能按时支付，贷款到期时能否还本，则应看企业的短期偿债能力。因此，短期偿债能力分析主要是分析企业及时偿还到期债务和按时付息的能力，即分析企业的短期支付能力，它是通过分析企业资产的流动性和现金流量完成的。

(1) 资产流动性分析。对贷款企业资产的流动性分析是通过计算几个重要比率进行的。这些指标的计算公式及经济含义如表3-9所示。

表3-9 资产流动性分析指标及含义

指标名称	计算公式	经济含义
流动比率	$\frac{流动资产}{流动负债}$	说明企业所有流动资产变现后偿还到期债务的能力，标准比率为2左右
速动比率	$\frac{速动资产^{①}}{流动负债}$	说明企业扣除流动资产中难以变现及无法变现的项目后偿还到期债务的能力，标准比率为1左右
现金比率	$\frac{现金^{②}}{流动负债}$	说明企业及时偿还到期债务的能力

以上三个指标中，现金比率只是一个补充说明指标，要与流动比率和速动比率一起运用，才能综合说明企业的短期偿债能力及支付能力。现金比率达到多少才合适，与企业所处行业的性质及企业信用等级有关。因此，分析企业的短期偿债能力时要将流动比率、速动比率、现金比率与企业所处的行业、信用等综合起来考察，这样才能得出准确的结论。

(2) 现金流量分析。现金流量分析是对借款企业一段时期的现金流入量、流出量及现金净流量进行分析，以从另一个角度判断借款企业偿债能力。

客户经理对现金流量进行分析时，主要是进行结构分析及趋势分析。

① 结构分析。分别计算现金流量表中现金流入、现金流出和现金净流量的构成，以揭示影响企业现金流量发生变动的主要原因。分析时应分别编制现金流入结构表、现金流出结构表和现金净流量结构表。根据现金流量结构判断企业偿债能力的原则是：在现金流入构成中，来自经营活动的现金流入所占比重越高越好；在现金流出构成中，用于非经营活动的现金流出所占比重越低越好；在现金净流量构成中，来自经营活动的现金净

---

① 速动资产是指在相当短时间内可变为现金的资产。从数量上看，它等于流动资产扣除存货、待摊及预付费用后的金额，包括现金、银行存款、有价证券、应收票据、应收账款等项目。

② 此处的现金包括财务报表中的"现金"及未限定用途的"银行存款"项目的金额。

流量所占比重越高越好；当现金净流量大于或等于0时，表明借款人的偿债能力较强，反之，则说明借款人的偿债能力较弱或没有偿债能力。

② 趋势分析。对借款企业连续数期的现金流量表进行比较，观察现金净流量及构成现金净流量各项目的增减变化情况，分析变化趋势，预测未来的现金流量。进行趋势分析时可以某一时期的数据为基数，将各期数据与基数对比，分析变化情况，称为定基比率。也可用前一期的数据作为基数，将后一期的数据与前一期比较，分析变化趋势，称为环比比率。

3. 或有负债分析

或有负债是基于或有损失事项而存在的一种潜在债务，这种债务有两个特点：①以过去或现在存在的事实为基础，而不是人为的任意猜测；②或有负债是否能够转化成真正的负债不可确定，一旦某种情况出现，或有负债便会转化成真正的负债，若这种情况不出现，或有负债就不会转化成真正的负债，并随或有事项条件的成熟而消失。

在日常经济生活中，或有项目很多，最常见的有为他人保证、应收账款坏账准备、产品质量保证、待决诉讼、商业承兑汇票贴现及背书转让、应收账款抵押借款、追加税款、大额购买合同或订单的取消、未投保财产的揭示等。以上或有项目条件转化后若给企业造成损失，则这些项目在转化前可称为企业的或有负债。按照会计准则的规定，以上所述或有负债项目中，只有应收账款坏账准备及商业承兑汇票贴现必须进行会计反映，其他项目不进行会计反映，是否在会计报告中披露这些或有事项并未做统一要求，而是强调根据实际情况判断。这样，如果企业对可能影响其盈利能力及偿债能力的或有项目不进行任何形式的披露，将会形成潜在危机。客户经理进行贷款调查时，必须利用其有权对贷款企业的经营管理及财务状况进行详细了解的优势，弄清企业有哪些或有负债项目，并对这些项目的不利影响进行充分估计。

3.3.4 对贷款企业的资产结构与营运能力分析

对商业银行来讲，贷款企业的资产结构、资产营运能力都是与偿债能力有关的。资产结构不合理、生产能力闲置或负荷过重，会影响企业的经营效果。营运能力反映了企业的资产管理效果，正常情况下，企业的营运能力越强，各项资产的周转速度就越快，用较少的资金占用就能取得相同或更好的效果。

1. 资产结构分析

对贷款企业的资产结构进行分析，有助于了解贷款企业所处行业的特点、经营管理特点和技术装备水平。客户经理可通过编制结构资产负债表进行分析，也可采用比率分析法对一些重要资产项目的结构进行分析。

(1) 结构资产负债表。以会计报表中总资产或负债与股东权益作为“共同基数”，算出资产、负债及所有者权益各项目占“共同基数”的比重，然后进行分析。利用结构资产负债表进行分析时，应注意对变化趋势的分析及进行横向对比分析。

(2) 比率分析法。通过计算一些重要的比率指标，与整个行业的指标水平相比较，以对贷款企业有一个客观公正的评价。常用比率的计算公式及经济含义如表3-10所示。

表3-10 结构比率分析指标及含义

指标名称	计算公式	经济含义
流动资产率	$\frac{流动资产额}{资产总额}$	说明企业流动资产额占资产总额的比重。与同一行业的企业进行比较,可判断企业资产结构的合理性
固定资产率	$\frac{固定资产额}{资产总额}$	说明企业固定资产额占资产总额的比重。同一行业某企业的该比率明显高于另一企业时,说明该企业的机械化、自动化生产程度高

2. 经营规模分析

贷款企业经营规模大小对企业财务状况和经营成果的影响是很大的。生产规模再大的企业,如果生产的产品销售不出去,则生产越多,积压越多,亏损也越大,若企业因此而缩小生产规模,又会造成生产能力的闲置和浪费,同样影响企业的经营获利能力。

对贷款企业经营规模分析的重点是销售量和市场规模、市场份额的分析。

(1) 销售规模分析是了解企业销售计划的完成情况,再分析其销售变化情况,了解是哪些要素引起销售变化,并估计这些变化对企业的影响。

(2) 市场规模和市场份额都是描述企业产品销售情况的。市场规模是指产品销售总量,是绝对量指标,而市场份额是指企业某种产品的销售量在当期市场总销量中所占的比重,是一个相对量指标。两者共同决定企业某种产品的销售情况。

通常,对有些行业,客户经理得到市场份额资料较为容易,如汽车、手机等制造业,但管理咨询、饮食娱乐等行业的资料就较难得到。但是,随着社会资讯越来越发达,得到以上资料将越来越容易,越来越准确,只要客户经理工作认真细致,是可以在这个方面有所作为的,而且这种资料的积累非常有用,对今后开展业务也非常有利。

3. 营运能力分析

营运能力体现了企业的资产管理能力及管理效果,一般以资产的周转率和周转期表示。衡量企业营运能力的方法是比率分析法。常用指标的计算方法及经济含义如表3-11所示。

表3-11 营运能力分析指标及含义

指标名称	计算公式	经济含义
营业周期	存货周转天数+应收账款周转天数	说明企业通过正常经营手段将存货全部变现所需的时间
存货周转率	$\frac{销售成本}{平均存货}$	说明企业存货周转速度 存货周转期=360÷存货周转率
货币资金周转率	$\frac{月销售收入}{货币资金月平均余额}$	说明企业货币资金周转速度

续表

指标名称	计算公式	经济含义
应收账款周转率	$\frac{\text{年主营业务净收入}}{\text{平均应收账款余额}}$	说明企业应收账款周转速度 应收账款周转天数＝360÷应收账款周转率
流动资产周转率	$\frac{\text{年主营业务净收入}}{\text{流动资产年平均余额}}$	说明企业流动资产周转速度
固定资产周转率	$\frac{\text{年主营业务净收入}}{\text{固定资产年平均净值}}$	说明企业固定资产周转速度
资产周转率	$\frac{\text{年主营业务净收入}}{\text{年平均总资产}}$	说明企业整体资产周转速度

3.4 短期商业贷款风险及其控制与防范

课前思考与讨论

根据上一节的学习，继续讨论：针对短期商业贷款的风险点，你觉得有哪些方法可以对这些风险加以防范和控制呢？

3.4.1 短期商业贷款的风险分析

1. 欺诈风险

欺诈风险是指借款人伪造有关资料，骗取商业银行资金的风险。借款人向银行申请贷款时，银行会要求借款人提供许多资料，如营业执照、贷款证、借款申请书、经过审计的财务报告、公司章程、签章样本等。如果是抵押借款，还要求借款人提供财产证明、资产评估报告、抵押登记、公证、保险等资料。面对这么多的资料，如果客户经理工作责任心不强，或因为其他原因，没有认真调查借款企业资料的真实性，则有可能被假象蒙蔽，最终导致银行资金被诈骗。

通常，银行资金被诈骗多见于以下几种情形。

(1) 虚假借款人。有些不法分子为了诈骗银行资金，可能几个人合在一起，通过各种手段搞假验资、假注册，成立一个假公司，这些人为了从银行骗得资金，往往舍得在银行相关人员身上下工夫，公司的场面从表面上看也很大，如果客户经理或银行放松警戒心，公司骗到贷款后就会人去楼空。如果是虚假借款人，他们也可能以利益利诱客户经理，这时如果客户经理与企业沆瀣一气，银行资金遭受诈骗损失的可能性更大。

(2) 无效的借款申请。有时候，商业银行会收到借款企业交来的无效借款申请书，这时如果商业银行将贷款发放出去，遭受损失的可能性非常大。例如，按照要求，借款申请书需要法人代表亲笔签名并加盖企业公章；借款企业的借款决策要有董事会决议，且董事会决议中亲笔签名董事的人数要达到法律规定有权通过的人数。如果借款申请书只有企业公章，没有法人代表的亲笔签名，或董事会借款决议书签名人数未达到法律规定的有权通过人数；更有甚者，不法分子通过伪造申请人的公章、伪造签名、伪造董事会决议及董事签名到银行骗取贷款。在这种情况下，如果事发引起诉讼，银行虽然遭受了资金损失，仍有可能败诉。而且这种诈骗案件不可避免地会牵涉到刑事案件，按照“刑事大于民事”的惯例，银行要想通过民事诉讼追回贷款，必须等到所有犯罪分子落网，判刑后才能审理，一拖就是若干年，即使银行最终胜诉，犯罪分子已经认罪伏法，也没有可供执行的资产，银行一定会遭受损失。

案例 3-1

贷款资料中缺法人授权委托书导致银行资金损失案

甲公司以乙公司作保证向银行借入流动资金借款 300 万元人民币，期限 1 年。企业提供的贷款资料中没有“法人授权委托书”，而银行审查时没有发现。贷款到期后，甲公司以其财务经办人员未经公司法人代表授权而“借款合同”签字无效为由拒不归还贷款。银行诉诸法律，法院也以该公司财务经办人员无权代办为由而判“借款合同”无效，银行与乙公司签署的“贷款保证合同”也随主合同的无效而无效，银行败诉，不仅无法收回贷款本息，声誉还受到一定影响。

(3) 虚假的借款用途。有些借款企业虽然是真实的，但由于经营不善、亏损较大，已经很难从商业银行贷到款项。在这种情况下，企业很可能编造虚假的借款用途向银行申请借款。到手的资金，或者用于弥补经营亏损，或者用于抵付拖欠已久的账款，或者偿还其他银行的贷款，或者用于支付员工工资或企业的各项费用。这样，企业的借款没有用于可以产生利润的地方，贷款到期后，无法偿还贷款本息。严格说来，这样的企业是在隐性诈骗银行资金，从申请借款时起，根本就没有想过还款。

(4) 虚假的借款资料。由于贷款调查中需要借款人提供的资料非常多，如果有关人员没有认真审查借款资料的真实性，任何一个小小的疏忽都可能使银行遭受资金损失。除了上述虚假借款人、无效的借款申请、虚假的借款用途外，其他的虚假情况还有：借款企业或担保企业的营业执照未办理年检、已过有效期或被吊销；无借款企业或担保企业的法人代表证明书或证明书已过有效期；无借款企业或担保企业的法人授权委托书，或授权委托书无法人签名、授权事项不明确、超过有效期等；借款主合同中借款企业签章不全，或其签名的法人代表与营业执照、法人代表证明书或贷款证上的法人代表不一致；企业以自有财产担保但在其有效的借款决议书中未予明确；以第三者的财产作担保时无有效的担保决议书或声明书；等等。

案例 3-2

董事会借款决议书有效签名人数不足导致银行贷款资金损失案

某股份有限公司因购货需要以自有房产作抵押向银行申请贷款 300 万元港币，期限 1 年。按该公司章程规定，贷款需出具董事会借款决议书，但因其董事有的在异地任职，有的出国考察，而该公司又急需资金。故企业与银行协商，董事会决议书上暂由其董事长兼总经理肖某签名并加盖单位公章,银行先出账,待董事回来后再补办签名手续。贷款发放后,银行客户经理多次找肖某或公司财务负责人,要求尽快补齐签名,肖某也答应马上找各位董事商议,但直到贷款到期,此事仍未办妥。肖某因故已被调离原岗位,其接任者以"新官不理旧账"为借口拒付银行本息。银行与其交涉,公司则以其借款无有效的董事会决议而称此借款行为不代表公司,纯属肖某的个人行为。

2. 担保风险

担保风险是指因贷款企业的保证及抵(质)押物担保措施不落实、不足值而给商业银行造成的风险。具体情况包括以下几个方面。

(1) 保证不落实。保证不落实的风险首先是商业银行无视《担保法》的规定,接受了不具备担保资格的单位或个人所做的担保;其次是银行在办理贷款手续时,因为担保单位的资料不全或手续不完备而导致保证不落实;最后是关联企业互保、子公司为母公司担保、异地企业担保等导致担保贷款变成了一种信用放款。

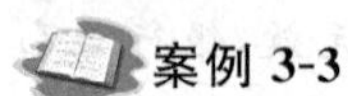
案例 3-3

开发区内的"连环担保"①

某银行在不到一年的时间为某开发区内的17家"高新技术企业"发放各种贷款50余笔,贷款总额高达三亿多元。当这些企业经营不善、无法归还贷款时,才暴露出这些贷款大多是由开发区的企业间互相担保形成的"连环保",而这些企业均资不抵债。更为可笑的是,这些企间的"连环保",竟然是贷款银行出面联系促成的。短短三年间,开发区大多数企业人去楼空,银行贷款60%无法收回。

(2) 抵(质)押物不落实。抵(质)押物不落实的风险表现形式多样。具体包括:①违反《担保法》的规定,接受以不得设立抵押权和质权的财产或权利等作质押;②当事人签订合同时无民事行为能力、无财产处分权或抵(质)押物有产权、使用权的纠纷;③抵(质)押时未得到所有共有人同意将其拥有的财产或权利进行抵(质)押的书面声明;④一方以欺诈、胁迫手段或乘人之危使抵押人在违背真实意愿的情况下签订抵(质)押合同,或当事人恶意串通,损害国家、集体或第三人利益签订抵(质)押合同,或当事人违反法律或社会公共利益签订抵(质)押合同,或当事人以合法外衣掩盖非法目的签订抵(质)押合同;⑤抵(质)押物的保险不完整或不足值;⑥借款人伪造房产证等财产所有权证明向银行申请抵(质)押贷款;⑦抵(质)押物未在规定的部门办理抵(质)押登记手续;⑧抵(质)押人未抵(质)押有效证件或抵(质)押的有效证件不齐;⑨抵(质)物重复抵押或私自变卖抵押物;⑩抵押人以各种理由从银行借出抵押物证件后拒不归还,或质押人以各种理由从银行借出质权凭证后重复质押或将质押物私自出售。

以上所述的10种情况中出现任何一种,银行就会面临资金损失风险。

---

① 徐文伟.银行公司业务营销技巧与案例分析.北京:清华大学出版社,2012.

案例 3-4

虚假抵押物骗取银行资金案①

阳光公司向某银行申请流动资金贷款，金额为600万元人民币，期限1年，由西城集团提供担保。应担保人的要求，阳光公司为西城集团提供了反担保，担保物为阳光公司拥有的明代末蒙古王璧玉镯，该担保物经北京某资产评估公司评估，价值为人民币800万元。不久，银行同意并发放贷款。

但该银行并无认真执行贷前审查和贷后检查程序，一年后，银行发现企业根本没有任何还款意愿和能力，并且企业因为没有参加工商年审，已经被吊销营业执照，进入清算程序。法院判令阳光公司赔偿本息，西城集团承担连带责任，而担保单位要求银行对反担保物——蒙古王璧玉镯进行价值重估。经北京文物专家鉴定，该玉镯根本不是什么古玩，而是1995年以后的雕刻作品，实际价值50元人民币。最后，由于银行和担保公司的复杂关系，此笔贷款的清收陷入困境。

(3) 抵(质)押物不足值。原因可能是用于抵押的资产贬值，使得抵押时足值的资产到处理时实际价值不足；也可能是当初对资产的估价偏高，拍卖时收回的款项无法弥补贷款本息，抵押率偏高所致；还有可能是由于抵押物的选择不合理，导致变现成本过高，或由于质押物的保管费用过高，当这些抵(质)物被变现后，银行收回的资金无法弥补贷款本息。

案例 3-5

抵押物贬值导致银行贷款资金损失案

某服装生产厂2008年年初以三层共600平方米的自有厂房作抵押向银行申请贷款人民币120万元，期限1年，用于增购布料。按当时当地厂房市价每平方米3 000元计算，抵押财产评估总值为180万元，贷款抵押率66.7%，抵押足值。贷款发放后，该厂生产规模虽然得到扩大，但因市场因素，该厂的销售订单不断下降，致使存货激增，资金周转困难，无力偿还到期贷款，等到银行拍卖该厂抵押的厂房时，厂房的市价已跌至每平方米不足2 000元，总价值不到120万，扣除有关税费后，商业银行仅收回本息90余万元。本息损失达30多万元。

3. 资金使用风险

资金使用风险是指借款企业挪用资金或将所借资金用到了不合理的地方所造成的风险。具体包括以下两种情况。

(1) 借款用途不合理。正如本章3.1节所述，借款企业向银行申请短期商业贷款，一般是用于补充流动资金的不足，所以这种贷款在制造业一般是用于购买原材料等物资，在批发业及零售业是用于购买存货等，在服务企业是用于补充应收账款或规模扩大造成的

① 商业银行贷款案例分析：阳光实业总公司信贷欺诈案例. 百度文库，http://wenku.baidu.com/view/79c9b7d0195f312b3169a5de.html，获取时间：2013-05-28.

资金缺口。如果制造业、批发业、零售业借款人申请贷款的用途与其日常生产经营活动不一致;或检查服务企业账目并未发现应收账款显著增多,则可能出现两种情况:①借款人企图将此贷款资金用于其他用途;②借款人不是真正的贷款使用者。这些情况将给银行带来较高的风险,不应发放贷款。

(2) 借款资金被挪用。有时候企业的流动资金贷款确实有一部分被用在了规定的用途上,但由于各种原因,中途却被挪作他用。这样可能造成两种后果:①企业的正常经营活动因为资金被挪用而放缓或停止;②企业的经营活动同样能够维持,但由于资金减少而不得不购进质量不高的原材料或商品存货,致使制造业的产品质量下降,或商业企业商品质量下降,或服务企业的服务质量下降,最终导致企业效益滑坡。挪用的款项被用于其他用途后,企业依靠正常经营活动无法安排足够的资金偿还贷款本息,因此,客户经理进行贷后检查时,一旦发现借款资金被挪用,应立即制止或提前收回贷款本息。

4. 经营管理风险

即使借款人的借款资料及借款用途均是真实的,但由于管理者的素质不高,经营管理水平低下,经常出现决策失误,从商业银行取得的贷款资金也可能发挥不了应有的作用或被用在了不该用的地方;而且借款企业在这种人的领导下,一定会走下坡路,银行贷款本息是否能够如期偿还就成了一个未知数。所以,如果贷款企业的领导班子进行了调整,银行对企业新的领导班子不熟悉,就必须进行认真调查了解,评估其经营管理水平,再决定是否发放贷款或收回贷款。

5. 市场风险

市场风险是指由于借款企业所处的市场环境发生变化,致使企业在市场中的地位发生了改变,从而影响其偿还银行贷款的能力。市场风险一般有以下几种情况:①由于有利可图,市场上出现了更多生产同类产品的企业,致使市场竞争加剧,企业产品的市场份额降低;②市场上出现了不可抵抗的系统性风险,使企业的财务状况或生产能力受到影响,最终影响企业的盈利能力;③企业创新能力不足,市场上已经出现了新的、效能更高、成本更低的替代产品,使企业产品的竞争能力大大降低,最终影响企业的盈利能力及偿债能力。

案例 3-6

市场风险影响客户还贷案

某出口企业2007年年底向某商业银行申请借款400万元人民币用于流动资金周转,期限1年,以评估价值为人民币500万元的五套自有员工住宅为抵押,贷款抵押率80%。该公司有一定的进出口结算量,且开户一年来结算正常,信誉良好。公司得到银行贷款后,迅速扩大了生产规模,但人民币的持续升值及2008年的全球金融海啸使该公司的出口受到严重影响。公司产品积压,经营出现亏损,借款到期无力偿还,银行不得已拍卖五套住宅,仅收回本息人民币320万元。

6. 商业银行客户经理道德风险

对于具体的贷款项目来说,客户经理是直接承办人,如果客户经理的职业道德水平低下，他就不会为银行选择好的客户，反而会与一些不法分子联手诈骗银行资金，银行就会防不胜防，信贷风险将大大增加。如果客户经理具有一定的职业道德修养，但是专业水平不高，不能从财务报告中发现企业财务管理方面存在的问题，不能从实地踏勘中发现企业经营管理方面有待改进的地方，在撰写贷款调查报告时抓不住重点，说不清问题，便会影响银行进行正确的贷款决策。

3.4.2 短期商业贷款的风险控制与防范

针对短期商业贷款的风险成因、风险表现及特点，商业银行应采取以下措施控制与防范风险。

1. 选择熟悉的客户做业务

对于客户经理来说，正确选择客户非常重要，为了防范借款人伪造资料，诈骗银行资金，客户经理可以选择只与熟悉的客户做业务，或与老客户推荐的客户做业务。即使很有经验的客户经理，在接触新客户时，也不能有丝毫松懈，要对客户提交的资料进行认真审核，内容包括：①审核借款企业的成立年限。一般来说，企业成立的时间越早，在业界的影响越大，出现虚假的可能性越小。②查看工商局的年审证明，防止被吊销营销执照的公司继续行骗。③到借款企业的办公地点进行实地查勘，并与在工商局登记的地址进行对比，如果登记的地址偏僻、荒凉，说明该公司的实力不行；如果企业带客户经理去的办公地址与在工商局的登记地址不符，则有可能是借用其他公司场地以隐藏公司的真实状况；如果只是在小饭店里租几间房做业务，公司里也没有几个人，则很有可能是一个皮包公司。

2. 防止借款人提供虚假资料

防范借款人提供虚假借款资料的最有效办法是客户经理亲自参与办理重要的法律手续。对于担保贷款，客户经理对担保人提供的担保（包括保证、抵押、质押）资料应到担保人单位实地当面核办，即经办客户经理必须双人到担保单位当面请担保人盖章，请其法定代表人或授权代表亲笔签名，以确保担保行为的真实性，若担保人为有限责任公司或股份有限公司，应根据其章程要求公司董事会或股东大会出具同意担保或同意抵（质）押的决议，并对董事会成员签字的合法性进行确认。若抵（质）押物系国有企业所有，客户经理还必须当面取得有权部门出具的同意抵（质）押的函件。若抵（质）物为借款人与他人共同所有，客户经理必须当面取得共同所有人出具的同意为其抵（质）押的书面证明。最后，对于抵（质）押财产，客户经理还应与借款企业相关人员共同到抵（质）押登记部门办理抵（质）押登记手续。

如果客户经理按照上述要点认真履行职责，一定能够有效防范借款人提供的虚假资料。目前，各商业银行为了防范借款人提供虚假资料，在贷款操作流程及贷款“三查”制度中均提出了详细要求。

3. 在发放贷款前要求借款人落实第一还款来源

在任何情况下，商业银行都应充分重视第一还款来源，因为以保证或抵（质）押担保方式降低的风险并不是绝对的。在信贷实务中，保证或抵（质）押担保贷款往往存在许多问题和不可预测性。如企业经营状况发生变化，无力偿还贷款，或因经济纠纷不愿偿还贷款，使得银行债务悬空；再如在诉讼过程中受到外部干扰，不能正常执行或执行结果对银行不利；又如，如果法院对抵押物进行拍卖时，重新评估价比原价低，加上拍卖费、印花税、城市建设税等，银行还是会遭受一定的损失。因此，商业银行必须重视第一还款来源，根据借款人的经营管理情况、领导人水平的高低及企业发展潜力综合考虑是否发放贷款。

4. 辨认虚假用途的贷款申请

根据短期商业贷款的使用特点，如果企业编造虚假用途的贷款合同，客户经理可以有针对性地采取措施予以辨别。对于制造业，可以了解企业的生产经营情况，客户经理可以下到车间，随机找人交谈，以掌握企业产品销路是否畅通，最近是否会扩大规模等，因为如果企业管理层有这些打算，一般会在各种场合进行宣传。如果了解到企业是因为产品销路不畅、严重积压造成自有流动资金不足，即使企业借款后确实是用于购买原材料，这种贷款的风险也很大，以不发放为宜。对于批发企业及零售企业，辨认方法是要求客户提供“商品购销合同”，并对合同的真实性进行调查了解。由于造假的合同还需要编造出一个交易对手，要伪造交易对手的公章、地址、电话、法定代表人及其相关印章、签名等，这样客户经理就有了多个可供查实的途径，查询该合同的真实性也就不难了。对于服务企业，如果客户经理从其账上看不出应收账款的显著增加，或与有关人员交谈时了解到企业并无扩大规模的愿望及能力，则贷款用途大多不真实。

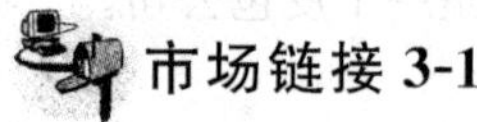

市场链接 3-1

银监会举措防流动资金贷款被挪用[①]

为加强流动资金贷款业务审慎经营管理，有效防范风险，银监会于 2010 年 2 月 20 日公布了《流动资金贷款管理暂行办法》（以下简称《办法》）。《办法》要求，银行要按照合同约定检查、监督流动资金贷款的使用情况。为防止流动资金贷款被挪用，银监会更规定了某些流动资金贷款借款人应采用贷款人受托支付的模式，以严防贷款挪用。

《办法》中指出，贷款资金支付可以采用贷款人受托支付或借款人自主支付两种方式。贷款人受托支付是指银行根据借款人的提款申请和支付委托，将贷款通过借款人账户支付给符合合同约定用途的借款人交易对象。具备以下情形的原则上应采用贷款人受托支付方式：与借款人新建立信贷业务关系且借款人信用状况一般；支付对象明确且单笔支付金额较大；贷款人认定的其他情形。

5. 认真落实贷款保证或抵（质）押物担保措施

现阶段，商业银行一般很少向借款人提供信用贷款，通常会要求借款企业以自有财产进行抵（质）押或要求借款人提供担保资产和具有担保能力的保证。如果贷款保证或抵

① 中国银行业监督管理委员会令（2010 年第 1 号）．流动资金贷款管理暂行办法．2010-02-12．

(质)押物担保措施落实,就能够有效防范风险。客户经理落实贷款保证或抵(质)押担保措施时要特别做好以下几方面的工作。

(1) 对担保人的担保资格和经济实力进行审核。拒绝不具备担保资格的担保对象,同时注意借款人与担保人之间是否存在互为担保、虚假担保、子公司为母公司担保、异地担保等情况。

(2) 对抵(质)押物的权属证明进行审核。在确定抵(质)押物的所有权完全归借款人所有的情况下(若只有部分权利,则需要其他共同所有人同意为其抵押的书面申明),还要检查抵(质)押物是否符合要求。

(3) 确定合理的抵(质)押率。商业银行在确定抵(质)押率时,一定要充分考虑到贬值风险、变现风险、变现成本、质物保管费用等因素,以便银行在利用第二还款来源还款时能够足额收回本金和利息。

(4) 首先,督促借款人办妥抵(质)押财产的各项法律手续。其次,应要求借款企业办妥抵(质)押财产的保险手续。

在办理抵(质)押贷款的各项法律手续时,客户经理要与借款企业相关人员一起办理。要求借款人购买保险时,考虑到保险免赔额和可能产生的借款欠息,抵(质)押财产一般要按其实际价值(即评估价值)投保,或保险值至少要达到贷款本金的120%;对于抵(质)押动产,除了要求借款人购买一般的财产险外,还要有附加财产盗窃保险,以防止抵押物丢失造成损失;如果借款人在申请借款前已经购买保险,客户经理也应与抵(质)押人一起到保险公司将保险第一受益人更改为银行;抵(质)押物的保险期必须长于贷款期限,如果贷款到期未及时足额收回时保险已经到期,应督促企业尽快办理续保手续。

6. 通过各种培训提高客户经理的综合素质,严格奖惩制度

商业银行通过培训提高客户经理的职业道德素养,树立正确的人生观和道德观;根据对客户经理的知识结构要求,有针对性地进行业务培训,提高客户经理的业务水平。同时,商业银行还应建立严格的奖惩制度,对于违反制度规定造成银行资金风险的人进行严厉处罚,以示警戒;对于工作认真细致,办理业务时从不出现差错,也没有出现过问题贷款的客户经理,给予一定奖励,培养高素质客户经理对银行的忠诚度和归属感。只有建立起一支素质高、能力强的客户经理队伍,商业银行才能发掘到更多好客户,从根本上防范信贷风险。

3.5　短期商业贷款市场营销

3.5.1　细分市场,确定目标客户

对于商业银行来说,对短期商业贷款对象的要求不如对长期商业贷款对象的要求严格,也就是说,只要客户有需求、还款来源有保障,就可考虑放款。但是,由于客户的需求呈现多样化、综合化、立体化、个性化等特征,而客户经理自身资源及精力有限,不可能满足整个市场的所有需求。因而要求客户经理对掌握的客户对象进行选择,确定目标客户

作为主攻对象。

1. 搜寻目标客户的方法

客户经理必须根据银行所提供产品的内容及特点去寻找恰当的目标客户，由于短期商业贷款的需求量大，客户经理可以将短期商业贷款与其他银行产品一起营销，以收到更好的营销效果。客户经理搜寻潜在客户的方法主要有以下几种。

（1）逐户确定法。客户经理在任务范围内和特定区域内，用逐户登门拜访的方式确定有合作价值的客户。这种方法可使客户经理在寻访客户的同时了解市场和客户，锻炼和提高自己，但比较费时费力，带有一定的盲目性。所以客户经理应事先计划好拟走访的区域，对区域内的公司也要事先摸底，做到心中有数，这样一方面可以增强自信心；另一方面在初次拜访时就能给客户留下较深印象。另外，由于是初次拜访客户，时间不宜过长。

（2）客户自我推介法。通过各种途径向客户经理自我推介的客户一般都急需银行提供的服务。对于这部分客户，客户经理要在最短的时间内通过各种渠道多了解他们的信息，对客户提出的风险性服务要进行资信方面的评估，对其他要求则提供快捷、高效的服务，以在客户心目中树立良好印象。

（3）资料查阅法。客户经理可通过查阅工商企业名录、企业法人录、产品目录、电话黄页、统计年鉴、专业性团体名册、政府及其他部门可供查阅的资料、大众传播媒体公布的信息等寻找合适的客户。查阅的资料可以是印刷品等纸质媒介，也可以是电视及户外广告，还可以在互联网上查询，如果是在互联网上查询，则应注意判断资料与信息的可靠性与时效性。

（4）连锁寻找法。即客户经理把服务与开发结合起来，向现有客户的上下游延伸。

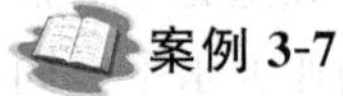
案例 3-7

广发清泰支行的上、中、下游滚动开发①

A 钢铁公司是清泰支行的铁杆客户，公司成立之初需要发展资金时，清泰支行大胆创新，终于达成银行、钢铁公司及其上游产业通化钢厂的三方协议，计划融资 3 000 万元。经过几年的发展，A 钢铁公司新组建集团公司，开始了快速增长后的供应网络建设和资源整合，投资成立了两家新的钢铁厂，形成了产业链的延伸。目前公司经营品种实现多元化，用户除省内的，还分布于安徽、上海、河北等地，用户的行业分布有建筑业、电业和家电、汽车、五金、造船、机械等工业制造业，共 3 000 多户。借着 A 公司的业务联系和关系，许多下游企业也逐渐被清泰支行“滚动”为新客户。

（5）中介介绍法。客户经理通过各种中间人介绍，与潜在客户认识，再向其推荐银行的产品和服务。这种方法有助于减少盲目性，增加相互间的信任，客户经理应通过中介尽量多地了解潜在客户的情况，并借以判断中介对潜在客户的影响，同时将与潜在客户接触

① 周时奋，陈琳. 把钱贷给谁. 北京：中信出版社，2011.

的情况及时、有选择地向中介通报，既表示感谢、尊重，也有利于继续争取中介的合作与支持。客户经理可以利用的中介关系有：政府部门、社会团体、银行的现有客户、客户经理选定的信息提供者、家庭成员及亲朋好友、所购商品的供应商或其他有商业联系的人。

客户经理在利用中介的关系发展客户时，还要注重对中介的激励，以便获得其长期支持。

(6) 群体介绍法。客户经理争取某个团体或主管部门的同意，由他们向其所在单位推介银行的产品与服务。这种做法可以提高银行的权威性和营销工作的效率。

2. 确定目标客户

客户经理选择目标客户时，应通过对银行外部环境和自己所掌握资源的种类、性质以及所服务客户的类型进行综合选择。一般来讲，客户经理应考虑以下几个因素。

(1) 银行近期的信贷工作重点是什么，对哪些企业及行业最感兴趣。

(2) 自己最了解的行业是哪些，选择自己熟悉的行业既能减少风险又能增加获胜把握。

(3) 目标客户是否具备以下全部或部分特征：国家重点支持或鼓励发展的行业、高科技企业；与同类企业相比，有一定的竞争优势；有良好的市场信誉，信用等级较高；已经发行股票并公开上市；经营状况良好；产品技术含量高、销路广，现金回笼快；财务结构合理、成长性好；机制灵活、管理科学、治理结构完善；与银行的服务能力相匹配；有未被满足的现实或潜在金融需求，且能为银行带来一定的经济效益；企业领导人年轻，有思路，积极进取，或具备一定的社会背景；地域条件具有发展性；拥有稳定的供应商和客户群；重视员工教育，有一定的社会知名度；有消费银行服务的需要和能力，且有可能接受银行的其他产品和服务。

市场链接 3-2

工商银行文化产业贷款余额近 1 200 亿元①

文化产业是"十二五"期间国家转变经济发展方式，政策大力扶植的行业，"十二五"规划提出服务贸易发展的 30 个重点领域，其中与传播文化产业相关的有 5 个。近年来，工商银行积极将文化产业作为信贷投放的重点方向之一。充分运用自身的全球网络、信息和资金优势，加大对优秀文化企业的支持力度。为满足各类文化企业的金融服务需求，工行量身订制了品牌化、多元化和全方位的产品体系，重点支持具有一定规模、公司治理完善、发展战略清晰、财务制度健全、人才队伍充实的优秀文化企业，积极打造文化金融品牌。目前工行已经与全国近 4 万家文化企业建立了金融合作关系，2013 年上半年，工行的文化产业贷款余额已达 1 170 亿元，较年初增长 139 亿元，增幅达 13.47%，继续巩固了国内最大文化产业贷款商业银行的地位。

---

① 工行快讯. 工行文化产业贷款余额近 1 200 亿元. 工商银行网站，http://www.icbc.com.cn/icbc，获取时间：2013-07-19.

3.5.2 拜访客户，了解客户需求

客户经理拜访客户的目的是向目标客户介绍银行的情况，了解客户的需求，以便达成合作意向。因此，拜访前要做好充分的准备工作，拜访时要礼貌周到、谈吐得体，以确保达到预期效果。

1. 拜访前的准备

客户经理确定具有开发价值的目标客户后，就要对目标客户进行正式拜访。为了保证拜访效果，拜访前要根据确定的拜访方式，制订正式拜访计划。在拜访计划中，要对客户的情况（如基本情况、客户可能需要的产品和服务、需要进一步了解的问题等）进行系统梳理，然后判断客户可能提出的问题并准备出应对答案，估计客户可能出现的异议并准备处理办法，同时要充分考虑到客户合作态度不明确或拒绝时的应对策略。客户经理可以制订一张“客户拜访计划表”，将以上问题一一列出，做到胸有成竹。

拜访计划制订出来后，就应该通过电话、朋友、上门等方式事先与客户预约。与直闯式拜访相比，事先预约的拜访可以避免吃闭门羹的尴尬局面，节约时间，提高拜访效率。预约的主要内容包括：确定客户参与洽谈的人员；向客户阐明拜访的事由和目的；敲定拜访的时间和地点。在预约时要注意尊重客户方的相关人员，尽量为客户着想，并尽量照顾客户的要求。

2. 拜访客户

客户经理在拜访客户前，要做好充分的心理准备：能与客户确定合作框架是最好的事情，即使没有达到目的也很正常。拜访时要掌握的原则是：投其所好，攻其要害，动其心弦。同时应意识到营销客户的第一步是营销你自己，包括你的人品（热情、勤奋、自信、毅力、同情心、谦虚、诚信、乐于助人、诚实等）和形象，营销的重点是银行的服务能给客户带来什么利益，而不是过多地介绍银行及其产品。

在拜访客户时，客户经理要注意以下问题。

(1) 穿着银行的统一制服，提前几分钟到达约定见面地点。

(2) 与客户寒暄时要简捷、恰当、诚恳，力求在见面的头几分钟内给客户留下良好的第一印象。

(3) 根据对当时情况的判断决定介绍的内容与形式。若客户对银行或客户经理本人不太熟悉，应简单介绍一下银行的情况、客户经理的职位及银行的业务；通过谈论一些与此次拜访无关的话题与客户套近乎等。

(4) 简要陈述此行的目的。客户经理可以通过客户感兴趣的话题来衬托对拜访目的的阐述。客户可能感兴趣的话题有：能改善客户生产经营状况及市场形象；有利于客户采用的新技术；能帮助客户解决现实问题的建议；提供给客户避免风险和损失的机会；对客户有益的其他信息等。

(5) 从讨论客户的资金需求开始切入正题，推销短期商业贷款。如果客户对贷款不感兴趣，还可了解客户的其他需求，营销其他银行产品。切入正题后，客户经理应注意把

握客户显露出来的需求、兴趣，以帮助客户确定或解决问题，为讨论银行产品打下基础。客户经理通过主动提问，鼓励客户谈论他的业务、存在的问题、关心的事情、经营状况、目前的业务关系、内部管理问题、今后的打算等，从中梳理出客户的需求。当客户对目前的银行产品或服务不满意时，意味着客户经理的机会来了，应及时告诉客户你能为他提供更有价值的银行产品或服务。

(6) 通过检测客户的认可、理解情况，研究客户的反映，评估将银行产品与客户需求相联系的成功程度，以确定是继续讨论某一问题，还是继续进行调查，抑或是正式推销银行的产品，如果客户在某些领域存在不满意、不理解、缺少兴趣或尚未意识到可能带来的利益，客户经理应当做进一步的解释与引导，消除客户疑虑。

(7) 向客户推销银行的产品。这个过程可能通过多次拜访才能成功，客户经理要有充分的耐心，将每一次拜访都视为收集目标客户资料的有效途径，事后进行记录、整理，通过这些工作，对以后的营销工作将会更有把握。

(8) 察言观色决定结束拜访。以下情况意味着客户经理应适时结束拜访了：客户通过明示或暗示等途径表示已无意继续洽谈；事前约定的会谈时间已到而且客户又有其他已安排好的事情；达到了洽谈目的，已决定进入下一工作阶段。客户经理在向客户告辞时可以视情况向客户索要有关资料，并对客户的接待与洽谈表达真诚的谢意。

(9) 拜访总结。拜访结束后，客户经理应进行总结，以积累客户开发经验，同时对重要客户的拜访应尽快撰写拜访报告，就目标客户的基本情况和应该采取的相应对策提出建议。拜访报告的主要内容包括：会谈的基本情况；拜访的对象、参加人员、会谈地点、会谈要达到的目标、为会谈所做的准备工作；会谈的主要内容和达成的共识；下一步的工作重点及工作方式等。

3.5.3　与客户谈判，确定贷款方案

如果客户经理通过拜访与客户达成了共识，客户已同意在其所在银行获取短期商业贷款，客户经理进行认真的贷款调查后，认为可以发放贷款，就要与客户谈判确定具体的贷款方案。对短期商业贷款而言，主要是与客户商谈确定贷款的结构安排。短期商业贷款结构包括金额、利率、期限、担保方式等。在谈判时，客户经理要注意将原则性与灵活性相结合，底线不能突破，争取在尽可能少披露银行立场的情况下最大限度地了解客户的情况，以掌握谈判的主动权。在与客户谈判时，要注意处理好以下几个问题。

1. 贷款金额

有些客户认为贷款金额要得多一些总没有坏处，因此总是将贷款金额报得较高。一个负责任的客户经理，应针对客户的实际情况，提出客户的实际资金需求量，并指出客户如果对现有的财务资金加以合理利用，可以节省更多的资金；并给客户说明过多的贷款资金会给企业带来额外负担。如果借款客户提出的贷款金额过少，客户经理也应及时指出，否则借款人的借款资金可能起不到应有的作用。总之，需要客户经理与对方财务人员认真讨论、规划才能确定最佳贷款额度。

2. 贷款期限

在贷款期限上，双方一般容易达成共识，而且如果真正有需要，客户可以提前偿还贷款或办理贷款展期或借新还旧。因此，在这个问题上可以给客户较大的选择权。

3. 担保条件

这是谈判过程中的最重要事件，也是双方争论的焦点。一般情况下，商业银行为了防范贷款风险，对担保条件的要求较高，但贷款企业出于自身利益的考虑，总是希望担保条件尽可能优惠，而且，如果是用借款人的自有财产做抵（质）押，他们总是希望评估价格高一些，抵（质）押率高一些。针对这种情况，客户经理可以讲究一点技巧，在一开始的时候，将抵押率等指标提得低一些，即如果银行信贷政策要求短期商业贷款数额不得高于抵（质）押品价值的 80%，客户经理开始提出银行希望贷款额不超过抵（质）押品价值的 70%，这样做也在其他有关事项上留出了讨价还价的余地。当客户经理同意把贷款额从抵（押）品价值的 70%提高到 80%的同时，作为交换条件，就要求借款人提供更好的抵（质）押品，或在银行保持一定的结算业务量等，以减少贷款风险，为银行谋取更多的利益。

4. 利率条件

虽然商业银行的本外币贷款利率还没有完全放开，但人民银行允许商业银行的贷款利率有一定的浮动范围。这样，贷款利率条件也成了与客户谈判的内容之一，客户经理把握的原则是，利率的下浮是以客户其他方面的让步为条件的，不能让客户在谈判上占尽优势，否则以后与该客户打交道将更加困难。

案例 3-8

针对企业特点，开通“绿色通道”①

中小企业是我国经济最活跃的成分之一，其独特的产权机构和相对简单的管理形式，与银行复杂的信贷管理要求形成明显反差。W 省银行业针对中小企业的产权结构特色和中小企业需求资金时间紧、额度小、频率高的特点，改进了较为烦琐的贷款“三查”程序，对中小企业的信贷流程，突出一个“快”字，并针对不同情况采取了不同措施：对上规模、信誉好、资金需求较固定的“黄金”客户，采取一次性核定年度贷款授信额度，在授信额度内简化每笔贷款的具体办理手续，适应了客户的不定期资金需求；对产业前景看好、成长性明显的中小企业开通信贷“绿色通道”，提供包括简化贷款审批手续在内的多种优惠措施；对于规模小、收益好、平时贷款少的企业提供柜台式信贷服务，不要求企业提供财务报表，不进行信用等级评定，在有效抵押的情况下由临柜人员直接办理贷款。

3.5.4 维护和巩固与客户的关系，培养客户忠诚度

无论是否与潜在客户达成共识，做成业务，客户经理都要在目标客户上下足工夫，以

① 徐文伟. 公司业务营销技巧与案例分析. 北京：清华大学出版社，2012.

维护和巩固与客户的关系，培养客户对本银行的忠诚度。

1. 与现有客户的关系维护

对于已经接受客户经理推荐，从银行获得短期商业贷款的客户，客户经理应与贷款客户保持经常联络，不仅要电话联络，还要经常到贷款企业走一走，了解其资金的使用情况，并了解企业在经营过程中出现的新问题，主动出主意、想办法，为客户解决困难，得到对方的充分信任。

在与客户关系日益密切的基础上，向客户交叉销售银行的其他产品和服务。如果银行已经接受了本行的产品，成为本行的客户，再加上客户经理所做的工作十分到位，客户就会对其所获的服务感到满意，这时再向他交叉销售银行产品和服务就会有较高的成功率。客户使用某家银行的产品与服务越多，对这家银行就会越忠诚；如果客户对客户经理及其所提供服务的银行工作十分满意，他也会向其朋友，业务伙伴等进行推荐，通过口碑相传，客户经理就可获得更多的业务拓展机会。

2. 与潜在客户的关系维护

对于没有从客户经理所在银行获得短期商业贷款的客户，客户经理也不能气馁，要保持足够的耐心，在适当的时机对客户进行回访，或保持后续的电话与书信联系。因为有些客户不愿意在对客户经理提出的建议进行认真思考之前贸然作出承诺；还有一些客户则很难被打动，需要客户经理不厌其烦地予以说服。随着时间的流逝，在经过数月乃至数年的接触后，或者潜在客户的经营状况发生了变化，或者潜在客户对目前提供服务的银行感到不满意，很可能就会选择本银行的服务，而且，一旦选择了本银行，其忠诚度一般会较高。因此，无论如何，与潜在客户保持适当联系是保持销售渠道畅通的有效措施之一。

案例 3-9

工商银行牵手风光国旅，试水“旅游支付宝”①

中国工商银行广东省分行营业部与广东风光国际旅行社有限公司(下称风光国旅)举行银企战略合作协议签署仪式，风光国旅将获得工行全面金融服务，建立起类似于支付宝形式的全国旅游业界首个“财旅通”，并将全力推进广州旅行社行业垂直分工体系的形成。

这次双方的签约还涉及信贷、授信等金融理财业务的深度合作。据风光国旅副总经理朱丽介绍说，工商银行为风光国旅提供全方位的金融服务，建立广州旅游业界的首个“财旅通”，“财旅通”类似于旅游业的支付宝。届时，旅游分销商与游客、分销商与供应商之间，将由批发商风光国旅统一结算。在银行的监控下，批发商对分销商、供应商还可直接授信，在额度内，分销商可以决定为哪些游客提供垫款或后收费服务。不仅避免旅游业界饱受诟病的“三角债”问题，还将通过“微型贷”的方式，盘活旅游资源。

① 肖阳. 工商银行牵手风光国旅，试水“旅游支付宝”. 南方都市报，2013-12-23.

3.5.5 建立和完善客户档案

客户档案是客户经理培育客户的历史记录，直接反映了客户经理的业务水平和工作业绩。客户经理应当对客户档案的形成、完整和真实负直接责任，即客户经理应当及时整理资料，建立档案并按时间先后分门别类加以维护，同时还要通过追踪访问等途径对客户档案进行更新。

客户档案通常包括三部分内容：客户培育过程档案、客户信息资料档案和产品服务档案。

(1) 客户培育过程档案。包括年度客户培育计划、拜访计划与拜访总结、合作建议书、强化客户关系的计划、作业计划、客户维护访问计划、客户投诉调查处理资料、业务开展进度情况、客户发展建议、筹融资方案、行业发展报告、客户培育与维护过程中其他有价值的资料等。

(2) 客户信息资料档案。包括客户基本信息表及具体调查表、客户需求资料、客户财务状况分析资料、行业与地区评价计分卡、客户价值评价报告或企业价值评价计分卡、银行与客户业务往来情况，如各种交易记录等。

(3) 产品服务档案。银行对客户提供每一种产品与服务的档案都有所不同，客户经理可以选择其中比较有价值的部分复印留存。例如，如果银行向企业提供了担保方式的短期商业贷款，可以将重要的借款人资料复印留底，这些资料包括企业法人代码证书、法定代表人证明书、法人授权委托书、法定代表人及委托代理人的身份证、年检合格的贷款证、近三个年度的财务报告和审计报告、资信等级评估证书、与借款用途相关的购销合同、企业成立批文及企业章程、借款人决策机构同意贷款的决议、借款人和保证人的调查报告等。对于保证人的资料，也应有选择地复印留底。

本章小结

短期商业贷款是商业银行贷款中最主要的业务品种，在办理该项业务时，客户经理应该根据贷款企业的资金流动特点，制订合理的贷款计划，使贷款企业的资金发挥最好的使用效益，并能按期归还贷款本息。客户经理按照短期商业银行贷款的业务流程办理业务时，重点要做好对贷款企业的财务分析，以确定贷款企业的信用状况及还款能力。短期商业贷款的风险主要有欺诈风险、担保风险、资金使用风险、经营管理风险、市场风险及商业银行客户经理道德风险，每一种风险都会对商业银行造成严重影响，客户经理在办理业务过程中必须谨慎防范。因此，商业银行客户经理一般应选择熟悉的客户做业务，对借款人借款资料的真实性进行全面调查了解，重视借款人的第一还款来源并学会辨认虚假用途的贷款申请，认真落实贷款保证或抵（质）押物担保措施，同时银行应通过各种培训提高客户经理的综合素质，严格奖惩制度。客户经理进行短期商业贷款市场营销时，要通过专门的方法搜寻目标客户，然后拜访客户，了解客户的需求，再与客户商谈、确定贷款方案，一旦客户开发成功，就要维护和巩固与客户的关系，培养客户的忠诚度，只有这样，商业银行才能充分利用市场营销的优势，在竞争中立于不败之地。

思考题

1. 什么是短期商业贷款？短期商业贷款的主要特点是什么？

2. 制造企业、批发企业、零售企业的资金运动及收益周期各有什么特点？其需要的短期商业贷款资金一般在什么阶段投入？主要用途是什么？

3. 简要说明短期商业贷款的业务流程，你认为其中最重要的环节是哪几个？为什么？

4. 对短期商业贷款客户的分析主要从哪几方面入手？一般利用哪些指标评价其盈利能力、偿债能力、资产结构与营运能力？

5. 短期商业贷款业务的风险点有哪些？为什么？

6. 商业银行及客户经理可以采取哪些措施防范和控制短期商业贷款风险？

7. 商业银行短期商业贷款的营销主要从哪些方面入手？每项工作的要点是什么？

8. 计算题：

(1) 利用本章东升公司的资料，计算该公司的盈利能力、偿债能力及营运能力指标。如果要对东升公司的财务状况及盈利能力进行全面分析，你认为还需要哪些资料？

(2) 东升公司2011—2013年比较利润表如表3-12所示；甲企业是与东升公司规模相当的同类型企业，而且甲企业亦是某银行的贷款企业，故银行客户经理搜集了该企业2011—2013年度利润表，得到甲企业的利润来源项目与所占比重如表3-13所示。

表3-12 东升公司比较利润表 单位：元

项　　目	2011年	2012年	2013年
一、营业收入	980 000	1 345 000	1 500 000
减：营业成本	538 000	805 000	900 000
营业税金及附加	5 000	2 800	2 400
销售费用	50 000	28 000	24 000
管理费用	186 000	197 580	189 600
财务费用	79 000	20 020	49 800
资产减值损失	0	0	0
加：公允价值变动收益(损失以“－”号填列)	0	0	0
投资收益(损失以“－”号填列)	0	20 000	37 800
其中：对联营企业和合营企业的投资收益	0	0	0
二、营业利润	122 000	311 600	372 000
加：营业外收入	40 000	50 000	60 000
减：营业外支出	32 000	25 000	23 640
三、利润总额	130 000	336 600	408 360
减：所得税费用	32 500	84 150	102 090
四、净利润(净亏损以“－”号填列)	97 500	252 450	306 270

表 3-13 甲企业利润来源项目表

利润来源项目	金额/元	占利润总额比重/%
营业利润	289 000	84.05
营业外净收入	54 830	15.95
利润总额	343 830	100

如果你是客户经理，东升公司及甲企业均欲申请短期商业贷款，但你只能选择其中之一发放贷款，如果仅从利润来源分析，你会选择哪家企业？为什么？

实 训 题

1. 由教师将学生进行适当分组，要求每个小组从互联网或其他媒体资料上搜集一个商业银行短期商业贷款业务失败的典型案例，分析导致其失败的主要原因是什么？当初采取哪些措施可以防范风险的发生？

2. 教师将学生分组，分别充当中国工商银行、中国农业银行、中国银行、招商银行、深圳发展银行、广东发展银行、浦东发展银行、民生银行、兴业银行的兼职营销员。为了在同学之中营销银行借记卡，你们已经联系了一次产品推介会。为了保证推介活动的成功，请你们小组在全班同学面前进行一次预演。

提示：每组同学应先了解你所推荐银行借记卡的特点、优势，你所推荐对象的需求，有针对性地制作宣传推介资料，然后进行推荐。

第 4 章

中长期商业贷款与市场营销

学习目标

1. 了解中长期商业贷款的种类及特点。
2. 掌握中长期商业贷款业务操作流程。
3. 熟悉中长期商业贷款业务的主要风险及控制措施。
4. 熟悉中长期商业贷款市场营销的基本内容。

4.1 中长期商业贷款的概念与种类

> **课前思考与讨论**
>
> 飓风豪华客车制造公司的货车销售状况良好，市场份额不断增加。最近，其他好几家商业银行都开始主动联系飓风公司。经与飓风公司的财务经理联系获知，飓风公司拟引进德国技术改进客车生产线，进行产品升级。
>
> 改进生产线不是短时间可以完成的，从引进、运行到产品投入都需要相当的时间，资金需求也不同于以往的贷款规模，但根据以往与飓风公司的良好合作，以及公司目前蒸蒸日上的发展势头，对于银行信贷部门来说这是一个大好机会。如何才能抓住这个机会呢？在银行的贷款产品中，哪一类贷款适合飓风公司目前的需求呢？在主动出击之前银行需要考查哪些因素呢？在其他银行也对此虎视眈眈的情况下，作为客户经理的你应该采取哪些策略呢？

4.1.1 中长期商业贷款的概念

中长期商业贷款(middle-and long-term loan)是指商业银行发放的贷款期限在 1 年以上的贷款，中期贷款是指贷款期限在 1 年以上 5 年以下的贷款，长期贷款是指贷款期限在 5 年以上的贷款。

中长期商业贷款虽然是以贷款期限为标准划分的贷款类别，但实际上它与贷款用途或目的是密切相关的。企业贷款用途通常有两种：一是为流动资产增长提供资金的贷款；二是为固定资产增长或长期项目提供资金的贷款。两种不同的资产产生现金流的方式不同：流动资产如存货在售出之后直接转化为现金或转化为应收账款，而应收账款也能很快转化为现金，时间跨度通常不会超过一年，因此，用来购买存货等流动资产的贷款应当被安排在一年内偿还。与此相反，固定资产转化为现金或产生现金流入是渐近的和长期的，如厂房、设备不仅建造周期长，而且投入使用后不会被迅速消费或耗尽，而是在许多年时间里不断得到利用。其价值补偿也是在其发挥效用的年限内逐渐实现的，价值补偿过程也就是固定资产转化为现金的过程，因此，建造周期和价值补偿过程长决定了用来购买固定资产的贷款期限安排通常在1年以上。贷款全部资金通常是一次或分次发放，而贷款本金和利息一般是根据事先确定的有规则的时间表分期偿还。

中长期商业贷款与短期商业贷款（流动资金贷款）的判别不仅是期限和用途方面的不同，从商业银行的角度来看，两种贷款的风险和管理也有重大差别。一般来说，中长期商业贷款的风险比短期商业贷款的风险大，中长期商业贷款需要有长期信贷资金来源与之相匹配，过多的中长期商业贷款可能会对银行资产流动性造成较大压力等。因此，商业银行对中长期商业贷款的管理更为严格。

4.1.2 中长期商业贷款的种类

根据具体用途不同，中长期商业贷款可分为固定资产贷款、项目贷款、房地产开发贷款和其他中长期商业贷款（如中长期流动资金贷款、按揭贷款等）。

1. 固定资产贷款

固定资产贷款（fixed asset loan）是商业银行为解决借款人（企业）用于基本建设或技术改造项目的工程建设、技术、设备购置与安装等方面长期性资金需求的贷款。

按照我国商业银行的一般做法，固定资产贷款可分为基本建设贷款和技术改造贷款两类。基本建设贷款是指商业银行为解决新建、扩建、改建等基本建设项目的资金需求所发放的贷款，基本建设是固定资产扩大再生产，具有投资规模大、建设期限较长等特点。当一个企业扩大产品生产能力或投产新产品需要建设或购置新的厂房、设备、运输车辆等生产资料而自有资金不足时，就可以向银行申请基本建设贷款，如一家钢铁生产企业要扩大钢铁产量，就要建造新的炼钢炉，所需资金如果从银行借入，银行就按基本建设贷款方式安排。技术改造贷款是商业银行对借款人进行技术改造，包括使用新工艺、新设备、新材料、消化吸收国外先进技术、推广应用科研成果，开发新产品，提高产品质量，降低能源和原材料消耗以及开展综合利用等方面提供的贷款。长期以来，固定资产贷款是我国商业银行中长期贷款的主要组成部分。

2. 项目贷款

项目贷款（project loan）是商业银行为新建项目提供的贷款。

表面上看，项目贷款似乎与固定资产贷款没有什么区别，但实际上存在着较大的差异。这种差异主要表现在：①项目贷款主体（借款人）一般是为实施某个项目（如建造一条高速公路）而专门成立的一个新的机构（业主单位），而固定资产贷款主体多为已存在或运营若干年的机构（如钢铁企业），项目贷款主要用于交通、能源、港口码头、机场、环保等基础设施建设项目以及一些重工业项目建设；②项目贷款数额大、项目建设期限长，如长江三峡水力发电项目投资上千亿元，除政府拨款、发债、发行股票筹集部分资金外，银行贷款达数百亿元之巨，建设周期长达20余年；③项目贷款一般以该项目产生的现金流作为偿还贷款的来源并以该项目的所有资产或收益权作为抵(质)押担保控制风险。此外，由于项目贷款数额大、期限长、风险高，往往由数家银行共同参与，以银团贷款方式为建设项目提供贷款资金以达到控制和分散风险的目的。

3. 房地产开发贷款

房地产开发贷款(real estate loan)是商业银行向具有房地产开发经营权的企业发放的贷款。

房地产开发是一项比较复杂的商业活动，房地产开发企业从取得用于开发房地产的土地使用权到项目策划、政府部门审批、项目建设完工及向市场销售需要至少一年以上的时间和大量的资金投入。房地产开发企业的资金大部分来自于银行贷款，主要用于两个方面：①购地资金，即发展商(房地产公司)以投标或协议方式购买开发商品房用地的土地使用权资金；②开发项目工程建设资金，即开发商开发建设商品房产建设成本，如建筑材料(钢筋、水泥、沙石等)成本，施工工人工资，施工管理费用等。目前，国内商业银行多以流动资金贷款方式发放房地产开发贷款，这种做法经常导致贷款到期不能按时收回。事实上，房地产项目开发周期都在一年以上，因此，房地产开发贷款以中长期商业贷款为宜。

4. 其他中长期商业贷款

其他中长期商业贷款主要包括中长期流动资金贷款和按揭贷款。

如果企业流动负债或资本净值不足以满足企业流动资金需求时，商业银行可以向企业发放中长期流动资金贷款。例如，大型百货公司存货品种多，数量大，占用资金多，如果进一步扩展存货品种和数量，就需要通过中长期流动资金贷款来提供资金。又如造船厂，制造一般大型船舶周期往往在一年以上，短期流动资金贷款是无法满足其生产需要的，就需要银行安排中长期流动资金贷款。与短期流动资金贷款不同的是，中长期流动资金贷款要通过企业在其多个收益周期中所获得的利润来加以偿还。按揭贷款是商业银行向借款人发放的用来购买房产或耐用消费品的一种长期贷款，这种贷款金额一般不大，但时间较长，其最大特点是贷款还款方式为每月按时偿还贷款本息，并且遵循一套明确的分期偿还时间表。商业银行发放的按揭贷款主要是住房按揭贷款和汽车消费按揭贷款。表4-1为不同中长期商业贷款比较。

表4-1 不同中长期商业贷款比较

类型	用途	偿还	风险
固定资产贷款	厂房、设备、家具、固定设施、交通工具等	在多个收益周期完成后获得利润产生的现金流	政府政策、经营、定价政策、产品质量、存货管理体系、销售政策、应收账款管理等

续表

类　型	用　途	偿　还	风　险
项目贷款	能源、交通、港口码头等基础设施及工商业建设项目	在多个收益周期完成后获得利润产生的现金流	政府政策、营业量、定价政策、经营管理等
房地产开发贷款	购买土地以及修建建筑物	转化成按揭贷款	政府政策、定价政策、销售、成本控制等
中长期流动资金贷款	存货和应收账款的长期增长	在多个收益周期完成后获得纯利润产生的现金流	经营、定价政策、产品质量、存货管理、销售及应收账款管理等
按揭贷款	购买房产及耐用品	借款人薪金或租金收入等	信用风险等

4.2 中长期商业贷款业务操作流程

课前思考与讨论

学习中长期贷款的概念和种类后，你觉得中长期贷款的操作流程和业务重点与短期贷款的相关操作会有哪些不同？

从技术角度看，中长期商业贷款业务操作流程与短期商业贷款业务操作流程基本上是一致的，它包括贷款申请、贷款调查、贷款审查与审批、签订合同、贷款发放与贷后检查、贷款归还等程序和环节。但由于两种贷款用途不同，特别是短期商业贷款主要是解决企业流动资金短期周转需要，贷款风险控制重点关注企业当前的经营状况，企业发展变化可预测性强；而中长期商业贷款主要是解决借款人建设项目长期资金需求，贷款风险控制更关注项目本身的因素和未来变化趋势。因此，中长期商业贷款业务每个操作环节具体内容和侧重点与短期商业贷款操作流程比较还是存在不少差别，如在中长期商业贷款业务中，借款人信用等级评估并不十分重要，信用等级评估和贷款调查主要侧重于项目分析评估。中长期商业贷款的业务流程如图 4-1 所示。

4.2.1 贷款申请

凡是需要向银行借款的借款人（企事业单位），必须向银行提出贷款书面申请。借款人想获得银行贷款首先必须符合《贷款通则》和贷款银行规定的基本条件，为此，借款人应该向银行提供相关资料证实是否符合贷款条件。借款人向银行申请中长期商业贷款除必须具备基本贷款条件外，还必须具备一些特别的条件要求，如必须提供相关政府批文或达到相关政策规定的条件等。银行在对借款人提供资料进行初步审核认定、认为基本符合贷款条件后，方可开展下一步工作。

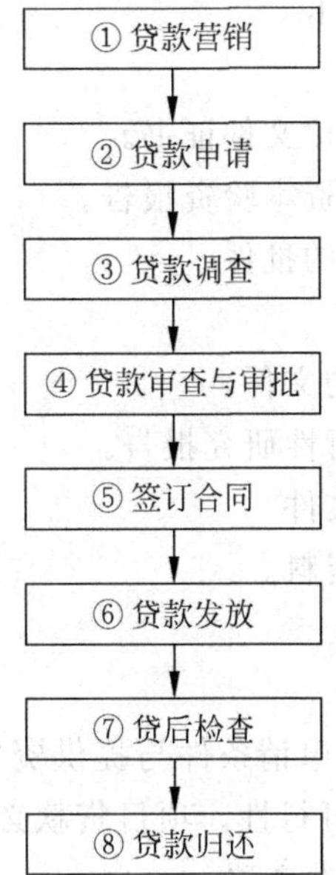

图 4-1 中长期商业贷款业务流程图

说明：① 银行客户经理搜寻和选定贷款客户，初步建立业务联系(将在 4.4 节介绍)。

② 客户提出贷款申请并按银行要求提交有关资料。

③ 商业银行调查借款人的基本情况、财务状况、保证情况、其他情况并进行投资项目评估。

④ 贷款审查时主要检查贷款项目的合法性、合规性、真实性及合理性；贷款审批后，下达“信贷业务审批通知书”。

⑤ 需要签订的合同有“借款合同”、“担保合同”或“抵(质)押合同”，同时还要办理抵(质)押物的抵(质)押登记保管手续。

⑥ 借款人填写“借款借据”，银行会计部门凭借据及其他相关文件办理划款手续。

⑦ 检查借款人的贷款用途、财务状况及抵(质)押物的情况。

⑧ 借款人按期归还贷款本息。

1. 固定资产贷款申请

企业向银行申请固定资产贷款必须符合以下条件。

(1) 持有工商行政管理部门发给的企业法人营业执照。

(2) 持有银行主管机关核发的贷款卡。

(3) 企业经济效益显著，社会效益良好，出口创汇较高。

(4) 还款确有保障。借款企业须有按期偿还本息的能力，担保必须可靠。

(5) 贷款项目必须列入计划，配套条件齐备，进口设备、物资货源落实。

固定资产贷款企业必须提供以下相关资料。

(1) 借款申请书。

(2) 董事会借款决议。

(3) 工商行政管理部门核发的企业法人营业执照。

(4) 法人代表证书或法人代表委托证书。

(5) 银行主管机关核发的贷款卡。

(6) 公司章程或合同。

(7) 担保书或关于抵押物的法律文件证书。

(8) 会计师事务所出具的注册资本验资报告。

(9) 有关部门批准进出口物资的批件。

(10) 进口设备商务合同。

(11) 有关部门批准项目立项的文件。

(12) 有关部门批准的项目可行性研究报告。

(13) 项目配套的有关合同或文件。

(14) 银行需要的其他文件和资料。

2. 项目贷款申请

项目贷款申请与固定资产贷款申请条件与提供资料有所不同，项目贷款条件更注重项目本身的合法合规性、技术经济可行性。项目贷款必须具备以下条件。

(1) 项目已经政府有关部门批准立项。

(2) 项目可行性研究报告和项目设计概算已经政府有关部门审查批准。

(3) 引进国外技术、设备、专利等已经政府有关部门批准，并办妥有关手续。

(4) 项目产品的技术、设备先进适应，配套完整，有明确的技术保证。

(5) 项目生产规模较为合理。

(6) 项目产品经预测适销对路。

(7) 项目投资成本及各项费用预测较为合理。

(8) 项目生产所需的原材料有稳定的来源，并已签署供应合同或意向书。

(9) 项目建设地点及用地已经落实。

(10) 项目建设及生产所需用水、电、气、通信等配套设施已经落实或已由有关部门安排。

(11) 项目有较好的经济效益和社会效益。

(12) 其他与项目有关的建设条件已落实。

项目贷款需提供的资料与固定资产贷款基本相同。

3. 房地产开发贷款申请

房地产开发贷款申请人应具备以下条件。

(1) 有企业法人营业执照。

(2) 注册资本真实。

(3) 拟开发的商品房产(商品住宅、写字楼、商铺等)已获政府部门批准。

(4) 董事会借款决议。

(5) 已在银行开立账户。

房地产开发贷款申请人应向商业银行提交以下资料。

(1) 公司章程、营业执照和合同。

(2) 政府批准房地产开发商成立和授予房地产开发经营权的文件。

(3) 政府批准在特定的区域开发房地产的文件。

(4) 董事会的借款决议与授权书。

(5) 法人代表证书或委托证书。

(6) 借款申请书和贷款卡。

(7) 土地使用权转让合同与土地使用权证书。

(8) 所建商品房产工程设计和批准文件。

(9) 工程预算与施工合同。

(10) 投资许可证、建筑许可证与开工许可证。

(11) 销售计划方案。

(12) 财务报表及现金流量分析。

(13) 其他银行需要的资料。

4. 其他中长期商业贷款申请

中长期流动资金贷款借款人应具备的条件和需提交的资料与短期商业贷款基本一致。按揭贷款借款人应具备的条件和需提交的资料将在个人消费贷款相关内容中介绍。

4.2.2 贷款调查

商业银行接受借款申请人申请资料并经初步审核有受理意向后,下一步就要开展贷款调查工作。由于中长期商业贷款数额大、期限长、情况复杂,是银行重大贷款项目,因此,银行通常会成立专门的小组负责贷款项目的全面工作,包括与借款申请人的接触联系,信息收集,业务咨询,客户调查、评价,金融服务(产品)方案设计,业务建议等。进行贷款调查时,贷款项目小组要根据借款人的借款申请,深入借款人和担保人实地,通过查阅有关企业资料、凭证,对借款人的基本情况、财务状况、现金流量、非财务因素、借款用途和担保方式(能力)及贷款的综合效益等情况进行全面的事前调查与综合分析评价,并提出初步的贷款意见,为贷款决策提供依据。

1. 借款人基本情况调查

借款人基本情况调查的主要内容包括以下几个方面。

(1) 借款人成立时间、性质、投资方及出资方式、比例。

(2) 借款人营业执照、税务登记证和代码证的年检情况。

(3) 借款人注册资本数额及其实际到资构成情况。

(4) 借款人经营范围及其合法性。

(5) 借款人的组织架构及近期法定代表人与主要经营管理负责人的变更情况。

(6) 法定代表人的品行,有无不良嗜好。

(7) 借款人领导层成员学历、资历、管理能力以及对本行业的熟悉程度。

(8) 职工素质。

(9) 借款人内部管理是否规范。

（10）借款人所属行业基本情况（各项主要财务指标、发展趋势），该行业目前面临的主要问题及发展前景。

（11）借款人所有者权益与项目所需总投资的比例情况以及资金拼盘落实情况。

（12）借款人资信情况的历史记录。

（13）借款人资产负债情况及近年来经营业绩。

（14）借款人投资项目是否符合政府产业政策。

（15）其他需要调查的情况。

2. 借款人财务状况调查

借款人财务状况调查的主要内容是对借款人财务报表数据进行核实，并在此基础上进行指标分析，对借款人偿债能力作出判断。

（1）数据核实

① 资产项目调查：包括货币资金、应收账款、存货、固定资产、对外投资、递延资产和无形资产。

② 负债项目调查：包括各项贷款、各项应付款、各项或有负债。

③ 所有者权益项目调查：包括资本公积、盈余公积、未分配利润。

④ 收入、费用、利润项目调查。

（2）指标分析

① 营运能力分析：总资产周转率、应收账款周转率、存货周转率、资产报酬率、权益报酬率。

② 偿债能力分析：流动比率、速动比率、现金比率、资产负债率、利息保障倍数等。

③ 盈利能力分析：销售利润率、净资产利润率。

④ 现金流量分析：净现金流量是正数还是负数，是多还是少，原因何在。

（3）偿债能力判断

上述各项指标要与同行业平均水平进行比较，一般来说，各项指标若处于同行业平均水平，表明借款人偿债能力较强；若低于同行业平均水平，表明借款人偿债能力较弱。

3. 借款人投资项目评估分析

项目评估分析在中长期商业贷款的贷款调查中具有十分重要的意义。这主要是因为中长期商业贷款资金大多用于项目投资建设，而投资建设的项目在项目开工之前还未形成相应规模的资产和负债，在投入运营（投产）之前无产品销售、无营业收入，因此，无法开展和进行相关的财务状况调查分析。在这种情况下，判断投资项目贷款偿还能力只有依靠对项目本身的评估分析了。

对于大中型投资项目而言，投资项目借款人（项目法人）提供的项目可行性研究报告中对项目的基本概况、项目投资的必要性、投资成本与资金安排、投资效益与回报、发展前景与风险等要素有比较详细的介绍和分析，但银行贷款调查人员并不能完全依靠或相信借款人提供的项目可行性研究分析结论，必须广泛收集相关信息资料，征求专家和专业人士意见，深入研究分析，得出科学合理的结论。

项目评估分析的主要内容包括以下几个方面。

(1) 项目概况。调查分析项目立项的文件依据、审批单位、项目前期工作进展,申请贷款所具备的条件和优势,项目及产品方案是否符合国家产业政策的要求、是否符合国民经济发展长远规划、是否属于国家有关政策明文规定限制或控制发展的行业。

(2) 产品市场调查与预测。

① 国内现有生产企业生产同类产品的生产能力、生产能力利用情况及产地分布情况。

② 国内现有拟建和在建项目生产同类产品生产能力及预计建成投产时间。

③ 近年来产品国内消费情况及未来若干年产品需求情况。

④ 产品出口的可能性及国内外市场竞争力。

⑤ 有关产品销售措施的分析、调查销售渠道是否落实,营销系统是否可行。

⑥ 分析项目建设规模是否经济合理,是否符合项目建设起始规模的要求。

(3) 项目建设、生产条件与投资区域环境评估。

① 项目建设条件评估主要分析评估项目用地选址总体布局是否符合城镇规划,国土管理的要求和规定,是否符合防震要求,是否存在工程地质、水文地质方面的缺陷等。

② 生产条件评估依项目行业性质不同有所差别。加工工业项目着重分析项目建成投产后所需原材料、燃料、动力和备品备件等是否有稳定可靠来源,是否有政府环保部门批准认可的环保方案;交通运输项目着重分析是否有可靠的、与设计能力相适应的运输量;矿山资源开发项目着重分析资源储量是否清楚可靠,是否具备开发价值。

③ 项目投资区域环境评估主要包括项目建设区域基础设施配套是否完善,地区经济发展和产业结构状况,相关配套协作项目是否同步等。

(4) 工艺技术与设备评估。主要是对建设项目的实用的工艺技术设备的先进性、经济合理性和适用性进行综合论证分析。

(5) 基础财务数据的评估审查与报表编制。基础财务数据是指项目总投资、生产规模和产品方案数据、成本费用、销售收入、税金、利率、汇率、评估价格、利润等数据,这些数据是预测项目经济效益的基本依据。因此,必须对这些数据进行认真、细致、科学的审查与测算,确定这些数据是否科学合理,客观准确。否则,依据不确切的基础财务数据计算出的项目经济效益将会与实际结果相差甚远,最终会导致投资失误,贷款也会因此出现风险。

基础数据的评估审查要以项目可行性研究报告中的相关数据为依据,结合政府有关部门的文件规定和市场价格水平的变化情况,对各项数据的合理性、可靠性进行认真审查验证。在此基础上编制相关估算表对重要技术经济指标进行估算,如固定资产投资估算表、投资计划与资金筹措表、总成本费用估算表、销售收入和销售税金及附加估算表、损益表、现金流量表等。

(6) 财务效益评估。财务效益评估是在基础财务数据测算与分析的基础上,根据国家现行财税制度及有关规定,编制财务效益评估报表,计算评估指标,考察项目的盈利能力、清偿能力以及外汇平衡等财务状况,据以判断项目的财务可行性。

① 财务效益评估盈利能力分析。财务效益评估盈利能力分析是考察投资的盈利水平,衡量指标有财务净现值、财务净现值率、财务内部收益率、投资利润率、投资回收期等。

a. 财务净现值(financial net present value,FNPV)。财务净现值是指项目按行业的基准收益率或设定的折现率(当未规定基准收益率时)，将项目在计算期内各年的净现金流量折现到建设期初(建设起点)的现值之和，亦即项目全部收益现值减去全部支出现值的差额。计算公式为

$$FNPV = \sum_{t=1}^{n}(C_i - C_o)_t(1+i_c)^{-t} \tag{4-1}$$

式中，C_i——现金流入量；

C_o——现金流出量；

$(C_i - C_o)_t$——第 t 年的净现金流量；

i_c——基准收益率或设定的折现率；

n——计算期；

$(1+i_c)^{-t}$——对应于第 t 年的基准收益率的折现系数。

财务净现值可通过财务现金流量评估表(如表 4-2 所示)中净现金流量的现值求得。计算方法是：首先，把项目计算期内各年的现金流入量减去现金流出量，得出各年的净现金流量；其次，将各年的净现金流量乘以对应年份的折现系数，得到各年的净现值；最后，将各年的净现值相加，得到整个项目计算期内的净现值。

如果计算结果显示项目计算期内的财务净现值大于零(为正值)，说明该项目的获利能力高于基准收益率或设定的折现率的获利水平，经济效益好；如果财务净现值等于零，说明项目的获利能力恰好达到了规定收益标准的要求；如果财务净现值小于零(为负值)，说明项目的获利能力达不到基准收益率或设定的折现率的获利水平，经济效益低。

表 4-2 财务现金流量评估表(全部投资) 单位：万元

时间 / 项目	建设期		投产期		达到设计能力生产期			合计
	第 1 年	第 2 年	第 3 年	第 4 年	第 5 年	…	第 n 年	
一、现金流入								
1. 销售收入								
2. 回收固定资产余值								
3. 回收流动资金								
二、现金流出								
1. 固定资产投资								
2. 流动资金								
3. 经营成本								
4. 销售税金								
5. 技术转让费								
6. 资源税								
现金流出小计								
三、净现金流量								
四、累计净现金流量								
计算指标：财务内部收益率								
财务净现值								

b. 财务净现值率(financial net present value rate,FNPVR)。财务净现值率是项目财务净现值与全部投资现值之比,也就是单位投资现值的净现值。计算公式为

$$\mathrm{FNPVR}=\frac{\mathrm{FNPV}}{\mathrm{IP}} \tag{4-2}$$

式中,IP——投资(包括固定资产投资和流动资金)的现值。

由于财务净现值是一个绝对指标,它仅表明该项目的获利能力超过、等于或达不到基准收益率的收益水平,而不能反映项目的资金使用效率。当项目有多个方案供选择时,在资金(投资)不受限制的情况下,可用财务净现值作为选择方案的依据;而在资金(投资)受限制的情况下,或者说,当不同方案的投资额不同时,除进行净现值的比较之外,还要计算净现值率,结合净现值率来衡量。财务净现值大于或等于零。选择方案时,项目的净现值率越大,项目越好。

c. 财务内部收益率(financial internal revenue rate,FIRR)。财务内部收益率是指项目在计算期内各年净现金流量的累计现值等于零时的折现率。计算公式为

$$\sum_{t=1}^{n}(C_i-C_o)_t(1+\mathrm{FIRR})^{-t}=0 \tag{4-3}$$

财务内部收益率一般用试算法求得。根据净现值与折现率的关系可知,在使净现值等于正值和负值的两个折现率之间一定存在一个使净现值为零的折现率,即内部收益率。这样,财务内部收益率就只能通过不断试算净现值求得。为减少误差,试算用的使净现值接近于零的两个相邻的高、低折现率之差,最好不超过2%,最大不超过5%。试算法的计算公式为

$$\mathrm{FIRR}=i_1+(i_2-i_1)\times\frac{|\mathrm{FNPV}_1|}{|\mathrm{FNPV}_1|+|\mathrm{FNPV}_2|} \tag{4-4}$$

式中,i_1——试算的低折现率(使财务净现值为正值的折现率);

i_2——试算的高折现率(使财务净现值为负值的折现率);

$|\mathrm{FNPV}_1|$——按低折现率计算的财务净现值(正值)的绝对值;

$|\mathrm{FNPV}_2|$——按高折现率计算的财务净现值(负值)的绝对值。

财务内部收益率是一个项目所能得到的最高收益率。在进行项目评估时,要将财务内部收益率与行业基准收益率(Ic)比较,当前者大于后者时,表明该项目的获利能力高于或等于基准收益率的获利水平,说明该项目是可以接受的;否则,说明项目不可接受。

d. 投资利润率(investment profit rate,IPR)。投资利润率是指项目达到设计生产能力后的一个正常生产年份的年利润总额与项目总投资额的比率。对生产期内各年的利润总额变化幅度较大的项目,应计算生产期内年平均利润总额与总投资额的比率。计算公式为

$$\text{投资利润率}=\frac{\text{年利润总额或年平均利润总额}}{\text{总投资}}\times 100\% \tag{4-5}$$

在对项目进行评估时,投资利润率高于行业平均利润率为好。

在进行评估时,还可以用投资利税率指标代替投资利润率指标,投资利税率是将式(4-5)指标的分子中加上税金。

e. 投资回收期(investment return term)。投资回收期又称投资返本年限,是以项目

的净收益来回收或抵偿全部投资额所需要的时间。投资回收期一般从建设开始年算起，也可以从投产开始年算起。使用该指标时应注明起算时间，以免产生误解。投资回收期可用财务现金流量评估表中全部投资累计净现金流量计算求得。计算公式为

$$投资回收期=累计净现金流量开始出现正值年份数-1+\frac{当年累计净现金流量的绝对值}{当年净现金流量} \quad (4\text{-}6)$$

投资回收期是反映项目财务上投资回收能力的重要指标。计算出项目投资回收期后，再与行业的基准投资回收期比较，当前者小于后者时，则说明该项目在财务上是可以考虑接受的；否则，便不宜接受。

② 财务效益评估清偿能力分析。财务效益评估清偿能力分析主要是考察项目计算期内一定期限的偿债能力。项目清偿能力分析主要是计算项目的贷款偿还期。对商业银行来说，贷款偿还期的长短是决定是否发放贷款的一个重要条件。贷款偿还期是指在国家财政规定及项目具体财务条件下，项目投产后以可用作还贷的利润、折旧及其他收益额偿还固定资产贷款酬金和利息所需要的时间。计算公式为

$$贷款偿还期=贷款偿还后开始出现盈余年份数-1+\frac{当年应偿还贷款额}{当年可用于还款的收益额} \quad (4\text{-}7)$$

由于项目投产后，各生产年度的盈利额和用于偿还贷款本息的金额是不等的，因此需要逐年计算，通常采用列表法测算，其一般格式如表4-3所示。

表4-3 固定资产贷款偿还期评估表 单位：万元

序号	时间 / 项目	建设期		投产期		达到设计能力生产期			合计
		第1年	第2年	第3年	第4年	第5年	…	第 n 年	
一	贷款支用及还本付息								
1	年初贷款累计								
2	本年贷款支用								
3	本年应计利息								
4	本年还本付息								
	(1) 还本								
	(2) 付息								
5	年末贷款累计								
	其中：利息累计								
二	还款资金来源								
1	可用作还款利润								
2	可用作还款折旧								
3	可用作还款的其他收益								

除上述财务评估指标外，对涉及产品出口创汇及代替进口节汇的项目、涉及外汇收支的项目，应进行外汇平衡分析，考察项目生产经营期各年外汇余缺情况，计算财务外汇净现值、财务换汇成本、财务节汇成本等指标。对外汇不能平衡的项目，应要求贷款单位提出具体解决办法。

(7) 不确定性分析。项目评估分析所采用的数据大部分来自预测和估算，由于掌握的信息是有限的和不充分的，以及预测本身的局限性，这就难免使项目投产后的实际情况与评估预测结果产生差异，这种差异可能带来风险。因此，为了分析不确定因素对贷款项目效益的影响，需要进行不确定性分析，以及预测项目可能承担的风险，确定项目在财务上、经济上的可靠性。项目评估中的不确定性分析主要包括盈亏平衡分析、敏感性分析和简单风险分析。

(8) 项目总评估与贷款决策建议。对贷款项目进行综合分析，得出综合评估结论，并针对有关问题提出建议。

4. 借款担保调查

中长期商业贷款担保调查要根据不同的担保方式核实担保的落实情况。

(1) 采取保证方式的，应调查保证人的保证资格、保证能力、保证行为真实性。保证资格主要调查保证人主体是否符合《担保法》的规定；保证能力主要分析保证人的财务状况，如现金流量、信用评级、净资产、或有负债及以往保证履约情况；保证行为真实性是指保证人和其法定代表人或授权代表的签字必须真实有效。

(2) 采取抵(质)押方式的，应调查抵(质)押物的合法性、有效性和充分性。合法性是指充作贷款的抵(质)押物必须符合《担保法》的规定；有效性是指抵(质)押物的权属证明资料真实清楚，可确保抵押手续完整、合法、有效；充分性是指贷款银行依法享有的担保权益足以清偿贷款本息和执行担保所可能发生的各项费用。

5. 其他方面的调查

其他方面的调查根据项目调查实际情况需要来决定，例如借款人行业风险、经营风险、贷款效益等方面。

贷款调查工作基本结束后，贷款项目小组应根据客户资料和贷前调查情况，客观、详细地撰写调查报告，填制“信贷业务送审表”并在送审表上签上相关人员名字，然后将贷款项目资料(包括“信贷业务送审表”、“贷款项目调查报告”以及借款人提供的有关资料)送交银行贷款信用审查部门和贷款决策人审查与审批。

4.2.3 贷款审查与审批

中长期商业贷款审查与审批是对借款人的借款申请作出决策的过程，是正确掌握贷款发放、提高贷款质量的关键环节。中长期商业贷款审查与审批的内容和程序与短期商业贷款审查与审批的内容和程序基本相同，不过中长期商业贷款多为重大贷款项目，因此，需上报商业银行总行信用审查部门审查和信用审查委员会审批。

信用审查部门要对贷款项目资料(信贷调查报告和借款人提交的借款申请资料)进行核实、评定，审查的内容主要包括：①贷款用途是否符合有关法律、法规及政策规定要求；②借款人和担保人是否具备借款资格和保证资格的条件；③偿还能力或保证能力、还款方式安排是否合理、可靠；④抵押物、质物权属是否合法清晰，其价值是否足值；等等。审查过程中可能会要求进一步补充资料或调查，直至弄清楚所有有关问题。信用审查部门对贷款项目审查清楚后，要提出具体审查意见，并按规定的贷款审批权限和程序将贷款项目报有权审批人员（信用审批委员会委员和行长）审批。无论贷款被审批人员批准同意或被否决，信用审查部门都要根据审批结果填制“信贷业务审批通知书”并送达给贷款经办行。

4.2.4 签订合同

贷款审批人员批准同意贷款后，贷款经办行将根据“信贷业务审批通知书”的签批意见与借款人签订借款合同。如果是保证贷款，银行应与保证人签订保证合同；如果是抵（质）押贷款，银行还应当与抵押人（出质人）签订抵（质）押合同，并按规定依法办理好抵押物权益的登记，质押物登记、保管等手续。需要指出的是，中长期商业贷款情况比较复杂，相关合同一般不会直接采用银行格式合同，而是银行与借款人等反复协商修改，最终达成一致的合同，因此，中长期商业贷款合同的签订是一项比较复杂的工作。

4.2.5 贷款发放与贷后检查

签订借款合同、办妥一切贷款担保手续后，商业银行就可根据合同规定发放贷款。借款人办理借款时，要填写“借款借据”。“借款借据”可在借款合同规定的贷款额度和有效时间内一次或分次办理，内容包括借款日期、存款户账号、贷款户账号、借款金额、种类、利率、约定还款日期、借款人印章等。“借款借据”经银行有关人员（信贷客户经理）签章后，交银行会计部门办理贷款手续，即将贷款划入借款人贷款户，再转入其存款户上。此后，借款人就可以按合同规定的用途使用贷款了。贷款手续办妥后，银行信贷客户经理还应按照中国人民银行要求，在规定时间内对借款人和担保人的贷款卡进行登记，对借款人和担保人的贷款情况予以记录。

贷款发放后，银行应当对借款人借款合同执行情况及其经营情况进行追踪调查和检查。贷后检查的主要内容包括以下三个方面。

(1) 借款人是否按借款合同规定的用途和用款进度使用贷款。无论何种理由，借款人不按规定用途使用贷款都可能为银行带来风险，因此，当贷后检查发现借款人有挪用贷款的行为时，应及时查清原因，督促借款人改正，或根据借款合同有关违约条件的规定，追究借款人的违约责任，以保证贷款的安全。

(2) 检查借款人的财务状况，监测借款人的偿还能力和还款来源。通过检查，如果发现借款人的财务状况恶化或出现重大经济纠纷等可能对贷款安全产生危害时，在贷款可能形成不良资产之前，应迅速采取适当行动，尽早收回贷款。

(3) 检查贷款抵押品的担保权益的完整性。

4.2.6 贷款归还

贷款到期前要通知借款人做好还款准备。一般来说，中长期商业贷款到期 1 个月之前，银行应向借款人发送还本付息通知单，以督促借款人筹备资金按时归还本息。中长期商业贷款如果是用于项目建设，一般是在项目投产产生效益后开始一次或分期还本付息，如果分期还本付息，都定有严格的时间表，不过采用什么样的还款方式都先在借款合同中约定清楚了，借款人按合同规定还本付息就可以了。

4.3 中长期商业贷款风险及其控制与防范

课前思考与讨论

根据上一节的学习及相关案例，思考并讨论：对于中长期商业贷款业务中的风险点，应该如何加以防范和控制？

4.3.1 中长期商业贷款的风险分析

在商业贷款中，中长期商业贷款的风险最大，给商业银行造成的后果也更为严重，尤其是项目贷款和固定资产贷款。这些贷款风险大的根本原因是贷款金额大、期限长，在较长的时期中，不确定因素多，变化难以预料，贷款时贷款项目的效益预期最终可能会化为泡影。因此，必须充分认识和深入研究中长期商业贷款风险，努力将风险程度降低到最低水平。中长期商业贷款业务的有些风险与短期商业贷款的风险相似。但由于中长期商业贷款与短期商业贷款的特点不同，还有一些特殊的风险，共同性风险在上一章已有介绍，在此仅对中长期商业贷款的特殊风险进行分析。

1. 项目审查风险

中长期商业贷款主要用于项目建设，项目建设的特点是投资金额大、投入的人力物力多、建设周期长，项目能否成功与决策的关系密切，而正确的决策依靠严谨科学的调查研究和分析以及科学的决策程序。根据有关规定，项目投资建设要经过四个阶段：项目建议书阶段→可行性研究阶段→项目实施阶段→建设投产阶段。其中可行性研究是非常重要的一个环节，项目可行性研究的内容包括项目总论、建设规模、资源供应、建设条件、设计方案、环境保护、企业组织、建设工期、资金落实、效益预测等方面。可见，可行性研究几乎涉及了投资项目的所有问题，一份可行性研究报告往往超过百万余字。通过可行性研究可以对拟建或拟投资的项目做出是否终止的决策。不仅如此，如前所述，对于做出肯定结论的可行性研究报告也是银行审查项目贷款的重要依据。然而，对于银行贷款审查部门和审查人员来说，由于可能缺乏关于该项目的专业知识或研究，很难发现问题、提出不同意见；此外，可行性研究报告具有大量而复杂的数据，贷款审查人员往往容易落入数据陷阱，从而失去科学理性的分析。因此，商业银行在客观上会出现对贷款项目把握不准的情况，如果该贷款项目通过审查并被批准，就会产生项目审查失误的风险。审查失误的项目随后可能会出现不能按时完工，完工后不能按时投产，或投产后达不到设计要求等情况，最终不能按预期实现盈利、收回投资，贷款归还就会随之出现困难甚至毫无希望。

2. 资金落实风险

充分的资金支持是保证建设项目顺利实施和按期投产的前提条件，建设项目资金主要由项目资本金和外来资金两部分构成。项目资本金是指在项目总投资中，由投资者出资的资金，按照有关规定，项目资本金占项目总投资额的比例要达到30%或以上。资本金可以是货币资金出资，也可以用实物、工业产权、非专利技术、土地使用权等出资。外来资金包括商业银行贷款、政策性银行贷款、发行股票或债券筹资、国外贷款等。由此可见，这些不同来源渠道的资金只有全部落实到位才能保障项目顺利建成，如果中间缺少一部分，形成资金缺口，就会导致项目拖延、停顿和失败。一旦出现这些情况，银行贷款就有可能无法收回本息。建设项目银行贷款的资金落实风险主要有以下三种情形。

(1) 借款人在项目建设过程中不断修改（扩大）原设计规模或成本控制不严，使得银行被迫不断加大贷款投入，骑虎难下。

(2) 在项目自筹资金不能落实到位的情况下发放贷款，形成“钓鱼”项目，银行贷款用完后，项目可能因无资金投入而停工。

(3) 项目流动资金不能落实，以致项目建成后不能正常投产、正常经营，影响投资效益。

3. 完工风险

完工风险是指项目不能按期建成并开展正常生产经营的风险。建设项目，特别是一些大型工业建设，项目从土建工程到设备采购安装、试生产，环节众多，技术复杂、涉及面广，在政府和合作伙伴支持配合方面，在资金、管理、协调方面稍有失误都会造成对工程进度的不利影响。例如，借款人经验不足、能力不强、可能会出现计划错误、过于冒进或不负责任等原因，甚至因为不可抗力的影响或经济环境发生重大变化等原因，均会给项目建设造成困难，导致延期或成本严重超支，影响建设项目顺利进行甚至被迫放弃。毫无疑问，工程延期甚至被取消对商业银行如期收回贷款本息会造成重大威胁。

案例 4-1

隆跃纺织无纺布项目落败案①

无纺布市场前景看好，杭州地区许多纺织业都纷纷上马投资无纺布，杭州广发支行客户隆跃纺织经过前期调查，决定投入1亿元搞此项目。其他企业多选择技术比较成熟的日本和德国的设备时，隆跃纺织却选择进口美国的设备。结果，美国设备到厂，试车不成，无法投入正常运行，请美国厂家派技术人员来中国调试了几次，都不成功。最后，企业决定将机器设备运回美国，更换核心部件后重新调试，此时距离设备最初到厂已经过去大半年，无纺布市场的竞争已经进入白热化，隆跃纺织已经错过了最佳市场进入机会。最后，企业在政府干预下，以被同行收购收场。

---

① 周时奋，陈琳. 把钱贷给谁. 北京：中信出版社，2011.

4. 经营风险

经营风险是项目投产后由于生产、产品质量、市场需求、销售、财务等方面出现问题而带来的风险。常见的经营风险有以下几个方面。

(1) 资源和原料风险。例如，矿产资源开发项目投产后资源储量、质量、开采成本达不到设计计划要求；制造业项目投产后所需原材料供应紧张、价格上升等。

(2) 生产技术和产品质量风险。项目投产后由于种种原因，技术和产品产量不稳定或达不到设计要求，产品合格率不符合标准。

(3) 市场和销售风险。项目产品市场需求不稳定，需求量和市场价格与可行性研究报告中的预期差距较大；或由于市场竞争激烈，企业营销能力差，致使产品生产销售量远远低于设计生产能力。

(4) 财务风险。项目投产后流动资金紧张、筹资困难，产品销售货款不能及时收回以及市场汇率、利率发生变动对项目还款能力造成不利影响。

(5) 其他风险。例如，项目投产后发生重大事故或重大自然灾害，影响企业的正常生产经营。

5. 政策风险

在任何国家，政策和法律法规的变化都会对企业经营活动产生重大影响，这种影响可能是有利的，也可能是不利的，如果是不利影响就会产生风险，称为政策风险。

现在和将来相当长时期内，我国仍将处于行政主导的经济体系向市场经济体系转化阶段，在这个阶段中，除了法律法规制度将会进一步完善，政府仍将以行政手段和经济手段并举的策略调控国民经济运行，政策环境将处于多变的状态中，当国家宏观政策与企业微观决策一致时，企业经营活动面临的政策风险就小；当国家宏观政策发生变化时，企业经营活动将会出现很大的政策风险。因此，现阶段，企业经营决策和经营活动必须充分重视政策风险。中长期商业贷款业务中，政策风险主要体现在以下几个方面。

(1) 产业政策风险。产业政策是政府支持或禁止某些行业发展的政策。当某些行业发展过度(生产能力严重过剩)或技术落后或危害环境，政府会禁止投资这些产业项目，现有的项目甚至必须关、停、并、转；当某些行业发展不足，如能源交通等基础设施行业、基础产业、支柱产业、高新技术产业，政府会鼓励和扶持其发展。如果银行发放的中长期商业贷款项目现在或不久以后(贷款未收回前)不符合产业政策要求，就会面临较大的风险。

(2) 金融政策风险。特别是货币政策和信贷政策是政府对国民经济进行宏观调控的重要政策手段。当国民经济出现过热现象时，政府会执行紧缩银根、控制贷款投放量的政策措施；反之，当经济萧条时，政府会采取扩张性货币和信贷政策，刺激经济复苏，而信贷资金松紧对于高度依赖银行贷款资金来源的投资项目和企业的影响是巨大的。此外，金融政策通常会配合产业政策发挥作用，例如，对于过热的产业，政府不仅直接限制其发展，还会限制银行信贷资金流入过热产业。

(3) 环保政策风险。随着社会进步和人们环保意识的加强，政府对投资项目和企业日常生产经营活动的环境保护要求越来越高，法规政策越来越严格。对于建设项目而言，严格的环保要求一方面会增加项目投入中用于环保工程的投资额；另一方面更有可能出现的情况是，在项目投产后由于环保方面达不到要求或存在严重问题而导致正常生产活动受到影响，如被迫停产、陷入经济赔偿的法律纠纷之中等。毫无疑问，出现这样的结果会严重影响到项目的投资回报和债务偿还能力。

(4) 其他政策风险。例如，国土规划政策变化可能会导致投资项目的停建、缓建或变更建设地址等。

案例 4-2

彭泽核电叫停两年"套牢"江西①

位于江西境内的彭泽核电站，是个投资额高达1 050亿元的重大项目，原计划2015年投入商业运行，每年满足本省600亿千瓦时的电量需求，以此来应对能源紧缺的困境，预期收益可观。但是，2012年日本福岛核泄漏事故以后，国务院全面叫停国内各大核电项目。

为了这个项目，江西省和中电投等利益相关方已投入巨大财力——按股权结构测算，中电投和江西国企等相关企业投入的资金已达46亿元，这还不包括江西方面的其他投入。因为核电项目的不确定性，建设银行、农业银行等6家商业银行的联合贷款承诺仅仅停留在"项目前期"，但6家商业银行"项目前期"已开始为彭泽核电提供资金支持，具体金额尚未公布，媒体了解到的就是"彭泽核电每天还要负担相当于一辆法拉利汽车的贷款利息"。目前除国开行之外，各商业银行的贷款行动已经全部"暂停"。

4.3.2 中长期商业贷款的风险控制与防范

由于中长期商业贷款多为项目投资建设贷款，从项目论证到贷款发放，周期长、参与方众多，在短期商业贷款中常见的虚假借款人、虚假借款用途、虚假财务报表的粉饰等风险极少发生。对于中长期商业贷款风险控制，一方面要按照商业银行的风险管理程序，通过信贷风险管理的各个步骤、各种方法加以预防和消除；另一方面还要根据中长期商业贷款风险的特殊性，有针对性地采取一些行之有效的方法。本节主要介绍专门适用于中长期商业贷款风险控制与防范方法。

1. 谨慎选择中长期商业贷款项目

由于中长期商业贷款风险大而且一旦真正发生风险，对银行的影响重大而深远，因此必须以非常审慎的思维来选择贷款项目。谨慎选择贷款项目实际上是一种规避风险或者预防风险的策略，是从源头上控制风险的做法，也是最有效的风险控制措施。要做到谨慎选择贷款项目，必须要有相应的信贷政策或指导原则作保障。具体来说，就是要有一套严格的贷款项目选择标准，依照标准及时地把潜在风险大的贷款项目淘汰出局，对于可贷可不贷的项目、把握不准、心里不踏实的项目，坚决拒之门外。一般来说，商业银行选择中长

① 熊学慧. 内陆"首核"或成泡影 彭泽核电"套牢"江西. 中国经营报，2012-07-23.

期商业贷款项目时至少要考虑以下几项标准。

(1) 贷款项目是否符合国家产业政策、行业发展规划及相关法律制度,是否符合国家货币信贷政策和投融资管理要求。

(2) 项目借款人经营业绩是否良好,经济实力是否强大,资信度是否可靠。

(3) 项目借款人是否有较高素质的管理团队,是否具有较强的管理能力。

(4) 项目投资和资金筹措计划是否落实,资本金比例是否达到规定要求。

(5) 拟采用的工艺技术和设备是否先进适用。

(6) 项目投产后一定时间内产品是否适销对路,有无竞争优势和实力。

(7) 项目财务效益和经济效益是否显著,有无综合还贷能力。

(8) 项目所在地区政治经济社会文化环境是否良好等。

2. 提高中长期商业贷款审查、审批水平和质量

短期商业贷款的审批是比较简单的,信用审查与审批人员只要具备一定的专业知识和专业经验,对工作认真负责,按照信贷审查管理制度的要求进行审查,基本上能够准确地判断出贷款项目的风险,提出贷与不贷、贷多贷少等建议和意见。与之相比较,中长期商业贷款的审查与审批难度则要大得多,中长期商业贷款项目涉及知识的多样性、项目技术的专业性和复杂性,要求银行信贷调查与审批人员具有更多的专门知识和更丰富的经验。此外,由于时间、人力和物力等的限制,银行也难以对每个贷款项目进行深入、全面和正确的评估和判断。由于中长期商业贷款的复杂性与银行信贷审批人员专业素养等方面的局限性之间的矛盾,客观上不可避免地出现由于审查水平不高而导致出现贷款风险。正因为如此,提高银行贷款审查、审批的水平和质量,就成为有效控制贷款项目风险的一个重要环节。提高信用审查人员信贷审查、审批水平主要从两方面着手:①实行信用审查人员项目审查专业化分工,也就是同一个信用审查人员长期专门从事一个或几个行业的项目审查,这样,信用审查人员在该行业中的信用审查专业水平或专业经验就会得到极大的提高,成为某一个或几个行业领域的专家;②聘请银行外部的行业专家,通过聘用长期或临时性外部专家,如各行业领域内有造诣的专家学者、高等院校科研人员、成功的商界人士等,共同参与银行贷款项目的评估、评审工作,对银行来说不仅是一种十分有效的、经济的手段,更有利于集思广益,提高项目风险的判断水平,作出正确决策。

3. 合理安排贷款结构,采取有效措施降低风险

所谓贷款结构,是指贷款金额、还款期限、还款方式、贷款支持(担保)、利率以及其他方面限制性条件等要素的安排。良好的贷款结构安排是具有艺术性的控制贷款风险的有效手段,它要求在过于苛刻和过于宽松的结构性条件之间保持一种良好的平衡。过于苛刻的贷款条件会使借款人缺乏所需要的资金,并导致企业无法按其原定的计划来发展,除非它获得更多的资金或更长的还款期限;相反,过于宽松的贷款条件又会使银行无法保证借款人很好地使用资金并按时偿还债务。银行对中长期贷款项目进行评估并对风险进行分析后,初步接受并认可贷款项目的可行性,就要与借款人就贷款结构安排进行充分讨论和协商。对于大型贷款项目而言,贷款结构的安排过程可能是一个非常复杂和漫长的

过程。然而，这个环节对拟同意贷款项目的风险控制是十分有意义的。

贷款结构安排及其他措施的主要内容包括以下三个方面。

(1) 强化贷款支持保障程度。可以要求项目借款人增大资本金比例，尽可能设定完善的抵押，或要求信用较高的政府等机构担保，要求借款人对投资项目购买充足的保险，如设备保险、停工保险、损失赔偿责任险等。

(2) 采取有效措施降低工程完工风险。可以要求借款人选择管理水平高、技术手段先进的知名施工企业，选择信誉高的工程监理机构，并要求借款人提供工程质量和完工担保等。

(3) 可以采取银团贷款方式分散和减低贷款风险。建设大型项目需要大量资金，一家银行出于实力或风险考虑，可以牵头组织银团或参与银团向借款人提供中长期贷款。

银行贷款结构安排和贷款条件的设定要在相关法律合同、协议、承诺、备忘录等文件中明文规定。银行要对规定的执行情况进行严密的监督检查，这样才能把各项措施落到实处并取得应有的效果。

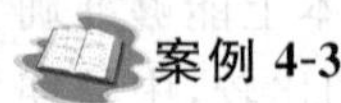
案例 4-3

江苏铁本事件①

一、事件概况

江苏铁本的全称为江苏铁本钢铁有限责任公司，其前身为常州市铁本铸钢有限公司，法定代表人戴国芳。41岁的戴国芳出生于当地一个农民家庭，从13岁起开始干瓦工，后来靠拣废钢废铁有了积蓄，1996年在常州市东安镇成立了铁本公司，注册资本200万元，经营轧棍铸造加工、轧材加工、钼铁和锡铁片销售。铁本公司初期基本上是小电炉加废铁屑，"土法炼钢"。1998年年底前后，戴从国营钢厂买了二手电炉进行改造；2000年，戴开始在铁本公司搞转炉；2002年3月，转炉开炉后，戴又开始琢磨高炉；一年后，高炉出来第一锅铁水。铁本东安厂的现有生产能力为200万吨钢材/年，2003年产钢80万吨。

从2002年5月开始至2003年年底，铁本公司涉嫌虚假注册7家合资(独资)公司。按规定，这7家合资企业外方应缴纳注册资本金1.797 2亿美元，其中成立于2002年12月、实际开业时间为2003年3月1日的常州鹰联钢铁有限公司(合作经营(港资)，以下简称"鹰联公司")的注册资本金1 200万美元基本到位，另有1家公司部分到位，其余5家合资公司至今未见验资报告，没有任何资金到位。而且，作为股东的常州市三友轧辊厂与铁本公司分别在2003年1月28日与2004年3月15日"企业负债已到临界点(负债率已达到80%)以上"。2003年4月，铁本公司正式改名为"江苏铁本钢铁有限公司"，注册资本增至3.02亿元，增加了进出口及"三来一补"业务，法人代表仍是戴国芳。

2002年年底，铁本公司决定移址扩建到长江边，并筹建一个大型钢铁联合项目。短短几个月的规划中，铁本项目从最初200万吨的宽厚板项目，逐步扩大到400万吨、600万吨，最后成为年产840万吨的大型钢铁联合项目，规划占地也从2 000亩一路攀升

① 根据"江苏铁本及关联企业偷税2.94亿元，16嫌犯被捕"(http://finane,.sina.com.cn,2004-07-24)和"国务院严查江苏铁本钢铁公司违规建设项目"(http://finane,.sina.com.cn,2004-07-24)等整理。

到9 379亩。最后,铁本公司将自己设计成了一个相当于首钢规模的大型钢铁联合企业。按照投资规模和审批权限,铁本项目本该报国务院有关部门审批。但是,当地政府及有关部门违规越权对这一总投资高达105.9亿元的项目进行了审批。

2003年6月进入现场施工,2004年3月江苏省政府责令全面停工。但此时,多家金融机构已深陷其中。至2004年停工时止,投入铁本项目的资金总额约28亿元,其构成为:金融机构贷款25.6亿元,2003年公司客户订货预付款2.37亿元,此外,公司方面表示2003年近5亿元经营利润也已全部投入铁本项目建设。

二、项目审批与建设过程

1. 项目立项的审批

据调查,高新区管委会仅在2003年9月17日一天内,就批准了铁本立项拆分的12个基建项目。与此同时,扬中市成立了由市委主要领导任组长、各职能部门负责人参加的铁本项目领导小组,并陆续召开了铁本项目推进会。

(1) 高新区管委会于2002年9月批准铁本公司与鹰联公司将总投资近9 000万美元的项目拆分为3个2 980万美元的炼铁、炼钢、轧钢项目;为了向省国土部门申报项目用地,2003年8月至10月,高新区经济发展局批准将铁本公司所属4个合资公司的建设工程拆分为12个项目。

(2) 江苏省发展计划委员会从2003年4月至11月,先后违规、越权或不按程序批准铁本公司建设150万吨宽厚板项目、硅钢系统工程等项目,总投资达58亿元。

(3) 扬中市发展计划与经济贸易局和外经贸局于2003年8月,违规、越权联合批准铁本公司和鹰联公司合资设立镇江铁本焦化有限公司,在扬中建设焦化项目。

2. 项目建设用地的审批与征地拆迁

按照法律规定,建设用地需要占用农田的,必须先办理农用地转用报批手续,经过省级以上国土部门批准,向具体项目实施供地后,才能由国土部门代表政府与村级组织签订征地补偿安置协议,然后企业进场施工。而从铁本项目的占地过程来看,整个手续基本"倒了个儿"。

2003年5月,在没有办理用地申报手续的情况下,常州市国土局新北分局就发出为铁本项目拆迁腾地的通告,并称"2003年6月30日前将所有动迁房屋交付拆迁完毕,逾期不拆者依法处理"。新北区魏村镇政府更提前了一步,当年4月,魏村镇政府发布了关于铁本项目拆迁安置的有关规定,并越权与村民小组签订土地征用协议。扬中市西来桥镇在征地批复未下来之前,也提前实施征地拆迁工作。

铁本公司在土地申报手续尚未批准的情况下,仅凭与镇政府签订的投资协议,就自行进场施工,违法占地,造成大量耕地被毁,直接导致魏村镇、西来桥镇2 000多户、6 000多农民被迫拆迁,流离失所。

2003年8月,扬中市国土局对西来桥镇政府擅自占地230亩用于铁本项目安置房建设罚款76万元,但是对铁本项目其他大量非法占地未作出处罚。常州市国土资源局更是迟至2004年2月17日才发出对铁本项目非法占地的停工通知。

更为严重的是,相关国土管理部门还对铁本项目非法占地补办相关手续。从常州市国土资源局关于铁本项目用地申报、审批情况明细表上看,涉及铁本项目在常州的

5 988 亩用地中，常州市新北区分三批共 14 个批次申报至常州市国土资源局；常州市国土资源局随后分三批上报给江苏省国土资源厅。2003 年 12 月 20 日，省国土资源厅在一天内违规批准了铁本公司由整块土地拆分成的这 14 个土地项目，致使铁本项目部分非法占地合法化。

3. 环保：职能部门集体“缺位”

根据有关规定，总投资 2 亿元及以上的钢铁工程由国家环保总局负责审批其环境影响评价文件。铁本公司的焦化项目总投资 2 980 万美元，年产焦炭达 60 万吨，超过上海宝钢焦化厂的年生产能力，应该上报国家环保总局对其环境影响评估进行审批。建设项目环保结论未出来前，一草一木都不能动。

事实上，铁本公司报送环保部门预审登记总共 8 个新建项目，均未通过环保部门的环境影响评价审批，而其中的 6 个项目早已违法开工。其中，焦化项目工地已铺埋了数米深的石灰，桩基打了一二十米，导致耕地全部被毁，无法复垦。

按照投资规模，常州市和扬中市环保部门无权审批，只是“过一下手”，然后送上级环保部门。而据调查，地方环保部门均参与了这些项目的环保预审，并予以通过。铁本公司的违法开工，尽管主要是企业无视环评法，但环保部门也存在巡查不够、监督不力、执法不严的问题。即使无权审批，对企业的违法开工行为，也应及时制止并向上级汇报。

三、六家金融机构的“集体沦陷”

截至 2004 年铁本项目停工时，已有 6 家金融机构向铁本公司及其关联企业提供授信总额共 43.402 8 亿元。其中，中国工商银行 25.720 8 亿元，中国农业银行 10.310 6 亿元，中国建设银行 6.560 8 亿元，广东发展银行 3 000 万元，浦东发展银行 5 000 万元，常州武进农村信用联社 105 万元。到铁本事件暴发后，广东发展银行收回了以 100%保证金开出的 3 000 万承兑汇票。此时，卷入其中的还有另外 5 家金融机构。

按照有关规定，新建项目必须符合国家产业政策、用地、环保等要求，取得立项和审批合法手续后，银行才能给予授信支持。铁本事件暴露出这些银行风险意识太弱，对铁本公司的信用评级严重失误，在执行政策上出现重大偏差。铁本项目尚未取得合法批文，6 家金融机构就开始争相发放贷款，其中农业银行严重违反国家现金管理规定，最高日现金支付达千万元。表面上看，是铁本公司采取多种手段转移银行贷款，但不管铁本公司怎么化整为零，怎么提供虚假财务报表，贷出数以亿元计的流动资金挪用到铁本新项目中，银行不可能心中没数。那么，巨额授信是如何授予这个资本金仅 3 亿元的小型钢铁公司的呢？

农行是铁本公司的开户行，也是在铁本老厂时期最早向其投入资金的银行。实际上，对于铁本新钢铁基地项目，此前农行按照每 100 万吨钢铁产量所需资金的比例，大致匡算出可向铁本投入 15 个亿，但出于风险等因素的考虑，最后只投入了 10 亿多，这使得农行逃脱了更大的劫难。

从 2002 年开始，建行、中行等金融机构鱼贯而入，相继与铁本公司建立信贷关系。2003 年下半年，随着铁本公司进入高速扩张时期，两家银行的贷款也迅速增加。此时，铁本公司和它的关联企业已经没有多少资产可供抵押了，结果相当部分的资金以信用贷款的形式流入了铁本公司。

当地一位银行界人士表示，去年看来，铁本公司的这个新项目还是不错的，因为市场需求很强，钢铁价格连连上涨，估计资金的回报率会比较高。当时在他们看来，至少两三年内，这个项目不会有太大的问题，因为过去从来没有出现过地方政府支持的项目出问题的情况。

4.4 中长期商业贷款市场营销

在我国，由于资本市场发展程度低，企业在固定资产或项目投资方面的长期资金需求大多不是通过发行股票或债券筹措，而是依靠银行贷款解决，因此，中长期商业贷款是商业银行的重要贷款品种之一，也是各家商业银行竞争激烈的贷款业务领域，尤其是国家控股的大银行(中国工商银行、中国农业银行、中国银行、中国建设银行、国家开发银行)，由于资产规模大、头寸足、资金实力雄厚、流动性强，它们对中长期商业贷款的兴趣经久不衰。近年来，随着股份制商业银行的发展壮大，中长期商业贷款业务的市场竞争更加激烈。另外，如前所述，中长期商业贷款也是风险最大的贷款品种，一旦出现风险，会对商业银行的经营、声誉造成巨大损害。而且，商业银行中长期商业贷款比重过大，也会对银行资金流动性带来较大压力。因此，商业银行必须做好市场营销工作，不仅要拓展中长期商业贷款项目，更要拓展到好的贷款项目。

中长期商业贷款业务市场营销工作的内容包括以下几个方面。

4.4.1 选择中长期商业贷款的目标市场与目标客户

明确目标市场和目标客户是商业银行市场营销工作的开端。除了极少数规模巨大的全能型商业银行对中长期商业贷款目标市场与目标客户选择限制条件较少外，绝大多数商业银行都会有一些选择的标准或需要考虑的因素，其中包含着并体现出商业银行的经营理念和银行信贷政策意图。商业银行选择中长期商业贷款的目标市场与目标客户时，需要考虑以下几个因素。

(1) 政策因素。目前我国处于新旧体制交替、经济高速增长、社会变化快速的时期，政策与法律环境多变且不断完善，任何企业进行经营时首先必须考虑政策及其变化的影响作用。就银行贷款而言，与短期商业贷款项目相比较，中长期商业贷款由于金额大、期限长，受政策的影响更加显著。其原因一是中长期贷款主要用于项目建设投资，而政府对于项目建设管理比较严格，如政府产业政策明确规定支持和限制某些行业的发展；二是中长期贷款由于期限长，与贷款项目相关的政策可能会发生重大变化，例如为了环境保护，以煤炭为燃料的工业项目必须进行技术改造，进行技术改造时又必然会出现停工、停产、追加投资现象，有时还会出现其他不确定因素。因此，中长期商业贷款目标市场和目标客户的选择首先必须考虑项目的合法合规性，也就是中长期商业贷款的投向首先必须符合国家的政策(产业政策、金融政策、环保政策及其他宏观调控政策)和要求，符合政策要求的项目和客户才能成为目标项目和目标客户；其次，商业银行还必须高瞻远瞩，准确预测政策的变化趋势及其影响，做好中长期商业贷款的规划和计划，以指导目标市场和目标客户的拓展工作。

(2) 行业因素。银行在决定中长期商业贷款目标市场和目标客户时，除了考虑政府对产业发展的支持或限制性政策外，在符合产业政策要求的前提条件下，还必须进一步考虑贷款投向的行业选择，这是因为中长期商业贷款主要用于项目投资，而项目投资所需周期长，期间，科学技术的飞速发展使新技术、新产品层出不穷，可能会出现许多预想不到的情况，例如，当决定项目投资时，其所属行业可能处于成长期，市场竞争不那么激烈，盈利水平较高，经过几年甚至十几年的建设时期后，当项目投产时，这个行业的市场已经饱和，甚至市场上已经出现了更好的替代产品了。因此，商业银行必须十分重视行业发展的分析和研究，并制定相关信贷政策，而且要适时调整。

通常，基础设施（道路、桥梁、港口等），基础产业和支柱产业（能源、电信、石化等），垄断或进入门槛较高的行业（如公用事业项目）都是商业银行最感兴趣的目标市场和目标客户，有些银行更专注于少数个别行业（如基础设施）的中长期商业贷款业务。

但是，随着社会的发展和人们新的消费领域的扩大，一些新的产业和行业正对社会经济生活产生越来越大的影响，例如互联网、文化产业等，进军这些行业可以为商业银行带来更大的综合效益。

市场链接 4-1

绿色信贷“输血”环保产业　银行获取综合效益[①]

2013 年 8 月，国务院印发了《关于加快发展节能环保产业的意见》，提出环保将成为国民经济新的支柱产业，到 2015 年节能环保产业总产值将达到 4.5 万亿元。与此同时，在政府“转方式、调结构”指引下，银行对节能环保行业的信贷支持力度也大大提升。

近年来，上海银监局通过多种形式，引导辖区银行业深入贯彻落实相关政策要求，在绿色信贷产品及服务方面加大创新力度，实现经济效益和社会效益的“双赢”。截至 2013 年 6 月末，在沪中资商业银行节能环保项目及服务贷款比年初增长 6.3%，增速高于同期各项贷款增速 1.73 个百分点。节能环保项目及服务贷款占全部贷款余额的比例为 3.9%，比年初上升 0.22 个百分点。绿色信贷质量较高，不良贷款率接近于 0。

目前，绿色信贷已经不仅是企业凸显社会责任方面的问题，各家银行围绕绿色信贷的机制、服务、产品的创新，已经成为银行差异化竞争的重要载体。

浦发银行已形成绿色信贷“五大板块、十大特色产品”的专业品牌优势，包括 IFC 国际金融公司能效融资方案、AFD 法国开发署能效融资方案、ADB 亚洲开发银行建筑节能融资方案等，并已经批量化实施，取得了较好的经济效益和社会效益。兴业银行首创节能减排设备制造上增产、公用事业服务商、特许经营项目、节能服务商、融资租赁等五类融资模式，并拥有特色产品。上海银行则首创针对小企业的能源效率节约的项目贷款，引进国际金融公司（IFC）风险分担的模式，与企业进行了“能效信贷签约”，成效明显。

(3) 客户背景因素。中长期商业贷款投资项目能否获得成功与借款人的背景有极为密切的联系。借款人背景主要是指借款人及投资人与政府的关系、经济实力、管理能力、社会知名度等。借款人背景好，项目成功率往往较高，风险相对较低。借款人背景有以下

---

① 宋璇. 绿色信贷“输血”环保产业. 国际金融报，2013-10-23.

几种情况：①政府背景，也就是政府参与项目投资，政府又有中央政府和地方政府的区别；②国有企业背景，即国有企业参与项目投资，随着经济体制改革的不断深入，国有企业在数量上会越来越少，但经济实力会越来越强，国有企业也有中央国有企业和地方国有企业的差别；③民营企业背景，中国民营企业正处在发展壮大之中，参与项目投资越来越多；④跨国公司或外企背景。有中央政府、经济发达地区的地方政府及经济实力雄厚的国有企业背景的投资项目，是最受各家商业银行欢迎的目标客户。

(4) 银行自身因素。中长期商业贷款金额大，少者上亿元，多者达百余亿元；期限长，短者三五年，长者二三十年，对银行实力、管理能力、业务水平要求都很高。因此，商业银行在选择目标市场与目标客户时，必须从自身条件出发，提供的服务要与银行自身的能力相适应；否则会力不从心，效果适得其反。

4.4.2 搜集信息，确定和建立客户关系

当商业银行客户经理了解了银行中长期商业贷款的目标市场和目标客户及相关信贷政策后，就可以开展促销工作了。客户经理首先必须知道目标市场和目标客户在哪里，然后才能开始拜访客户，介绍银行产品、贷款谈判、贷款成交、维护客户关系等一系列营销活动。如何才能发现潜在的目标客户呢？这就需要开展市场调查、搜集信息。中长期商业贷款业务信息来源主要有三个渠道：①大众媒体，中长期商业贷款主要用于项目投资，这些投资项目在计划或酝酿时，都会成为全国或地方的重要财经新闻，报纸、电台、电视台等大众媒体都有可能进行相关报道，一些专业性报纸杂志更是专门报道包括投资活动在内的财经消息，如《中国证券报》专门披露上市公司的动态；②政府机构，投资项目需要政府有关部门的批准才能动工兴建，因此，政府相关部门拥有比较丰富的投资项目信息；③银行现有客户，如某上市公司决定与他人合伙投资兴建一条收费公路桥梁，该项目除资本金外，还需要银行贷款支持，由于该客户是银行的老客户，客户经理在例行的客户拜访中就可得知这一消息。此外，客户经理还要善于利用互联网来搜集相关信息，互联网已经成为最主要的包罗万象的信息来源地，但是，客户经理利用互联网中的信息时要注意其真实性。

当商业银行客户经理通过搜集信息发现潜在贷款客户后，就要开始着手与客户建立联系。初次与客户联系时，一定要注意礼节和技巧，并做好充分准备，讲究推销表述的方式，因为表述方式很可能关系到能否成功地与客户建立联系。客户经理在电话预约、登门拜访直至对有关贷款实质性问题与客户进行初步讨论时，要热情礼貌并且要表现出良好的修养和较高的专业素质。客户经理应当清楚地向客户表述，银行能够为其提供什么样的产品和服务，以及这些产品和服务为什么最符合客户的需要。大多数潜在客户会被这种恰到好处的表述所打动，当客户对客户经理的介绍表示出兴趣并要继续深入展开讨论时，商业银行与该客户的初步联系与合作关系就建立起来了。

4.4.3 制订营销方案，展开贷款谈判

一般来说，中长期商业贷款项目从与客户初步建立起联系到贷款交易成功，要经历一

个十分复杂的过程，其间会有许多变数，例如，竞争对手强大的营销攻势可能会使借款人改变最初所选定的商业银行，而且借款人一般也会从众多商业银行中挑选出最符合其利益和要求的合作银行。因此，银行从一开始就要十分重视贷款营销的每一个环节，如果是要志在必得的项目更应如此。

当客户经理与借款人初步建立了联系并了解和掌握一些信息后，要向银行主管部门和主要负责人汇报情况，由于中长期商业贷款项目的复杂性，银行应该根据初步掌握的情况制订专门的营销方案或计划，包括项目负责人和组成人员，参与的部门及各自职责，总行与分支行的协调配合，信贷服务方案，拜访客户的时间、地点和内容安排等，总之，营销方案要解决好贷款项目营销的组织保障、服务方案、行动部署等诸多方面的问题。营销方案是营销行动的指南，按照营销方案一步一步向营销目标迈进。

贷款谈判是贷款营销中的一个重要环节，也是关系到贷款项目能否成功的重要因素。银行客户经理经常会碰到这样的情况：贷款项目前期做了大量工作，但由于谈判失败而前功尽弃。发生这样的事情对客户经理是一个很大的打击。贷款谈判主要是银行与客户通过面对面地交流来解决贷款结构安排及相关贷款条件的落实问题。贷款谈判必须要有充分的准备。客户经理不仅要了解银行的目标，而且要能够把这些目标准确地传达给客户，同时还应当了解客户的目标、贷款需求、财务状况及客户的其他相关情况，充分的谈判准备会使客户经理处于主动、有利的地位。贷款谈判必须重视交流技巧。有效地提出问题并且专注地倾听客户提出的问题，准确地理解彼此之间的共同点和分歧，及时解决冲突和矛盾，是达成双方能接受的贷款安排的必要条件。贷款谈判必须既有原则性又有灵活性。客户经理在谈判过程中应该始终把银行的利益放在首位，对于客户提出的条件，如果是不能让步的，例如贷款担保条件，则一定要坚持立场和原则；如果能够让步的，如贷款期限和利率，则可以和企业展开讨论，灵活变通。如果银行在所有的问题上锱铢必较，则可能使谈判失败，从而因小失大。

贷款谈判的基本目标是与客户达成最符合银行利益的协议。在谈判过程中，客户经理要用到许多实用技巧，例如，要懂得以什么样的方式和措辞提出问题，什么时候采取较为缓和的立场，什么时候要采取强硬的立场以及如何解决矛盾并最终达成合适的贷款协议等。谈判过程是一个提出问题和建议，解决矛盾和分歧，相互妥协的过程。客户经理应该记住处理矛盾要冷静而有耐心，解决分歧要分清主次，既要有原则性，又要以灵活性，妥协要讲究艺术。一个中长期贷款项目一般要经过反复多次的谈判，商业银行与客户之间才能达成一致意见，此时标志着谈判成功，谈判才能结束。

4.4.4 制作贷款文件，发放贷款

商业银行与贷款客户经过贷款谈判达成共识后，就可以整理、制作贷款文件了。贷款文件制作标志着中长期商业贷款营销过程已经进入最高潮，也标志着贷款交易成功，是最令客户经理激动的时刻。这一过程始于贷款项目信息搜集发现，然后要经历贷款面谈、信用调查、现场视察、财务分析、贷款谈判等步骤，商业银行客户经理历尽千辛万苦赢得了一个良好的结局。中长期商业贷款文件制作是非常复杂的，它以有法律约束力的书面形式规定了贷款项目下商业银行与借款人双方的权利和义务，包括“借款合同”、“保证合同”或

"抵押合同"等一系列法律文件及相关资料。由于中长期商业贷款项目的复杂性,除了"贷款合同"之类的主要法律文件外,不同的贷款项目会有不同的其他方面的贷款文件,因此,客户经理必须十分谨慎小心,不能有任何遗漏和差错;否则,可能会酿成大错。

所有贷款文件完成并达到银行发放的贷款条件后,银行就可以为借款人办理贷款手续、发放贷款了。从营销目标来看,借款人使用贷款才真正标志着贷款项目交易成功,商业银行才能真正从贷款交易中获得收益。

4.4.5 维护客户关系

商业银行给客户发放贷款后,并不意味着该项目营销工作已经结束,客户经理除了必须按照信贷管理制度要求做好贷后检查等方面的工作外,还必须从营销的角度加强与客户的联系与沟通,收集、分析客户对银行业务的现实需求和潜在需求的相关信息,根据客户的要求改变服务决策,开发新的金融服务产品,以满足客户新的需求,与客户保持长期的合作关系,为商业银行创造最大的综合效益。

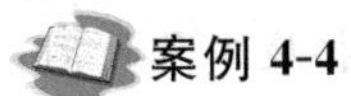案例 4-4

××商业银行SH集团业务营销案例

一、业务背景

1. 企业概况

SH集团成立于1995年10月23日,是以能源、交通为主导产业,跨地区、跨行业、跨所有制并跨国经营的特大型企业集团,是中央直管的44家骨干企业之一。该集团注册资本25.8亿元人民币,具体负责SFDS矿区及其配套的铁路、港口、电站的建设和经营。负责建设的SH工程,集煤矿、电厂、铁路、港口、航运为一体,是党的十四大报告中提出的跨世纪工程之一。

SH工程以开发SFDS煤田为基础,配套建设煤炭外运通道,包括包(头)神(木)铁路,"西煤东运"的第二大通道神(木)朔(州)黄(骅)铁路,煤炭出海港口黄骅港。至2001年年底,神朔黄铁路与港口贯通、黄骅港建成使用,SH集团逐步形成煤炭生产和销售4 000万吨/年、铁路运输专线1 000多公里、港口吞吐能力3 000万吨/年的第一步战略目标,形成一体化的综合配套能力,实际投入资金450亿元。到2005年,SH集团将形成煤炭生产、销售6 000万吨,实现国家规划目标;控股发电装机容量1 000万千瓦;油品生产能力250万吨,形成一个以煤炭为基础,以电、油为主要产品,"煤—电—路—港—航"综合经营,向国内外提供优质产品的跨行业、跨地区的具有国际竞争力的大型能源集团。

2. 业务需求

神朔铁路是SH工程的配套项目和我国西煤东运第二大通道的重要组成部分,西起SFDS煤田胜地的陕西神林县大柳塔镇,东至山西省朔州市与北同蒲线接轨,全长270公里,成为我国中西部地区南北大干线包(头)柳(州)铁路的重要枢纽站。神朔铁路为国家1级电气化重载铁路,总投资76亿元,设计年运输能力初期为2 500万吨,近期为4 000万吨,远期复线为6 000万~10 000万吨。1988年10月开工建设,1996年7月1日开通运营,2000年11月28日电气化载通。开通运营以来,运量连年翻番,运输收入成倍增长,截至2000年年底,累计完成货运量3 899万吨,收到了显著的经济效益和社会效益。神朔铁路复线建设西起陕西省神木县神木北站,东至山西省神池南,为新建第二线及电气化工程,动态投资估算为18.3亿元人民币,其中8.3亿元由企业债券解决,要求银行担保并提供配套金融服务。

二、××商业银行的营销拓展

××商业银行北京分行CA支行于2001年12月开业,开业初始支行领导班子经过认真分析,明确将SH集团有限责任公司作为重点客户进行开发。根据该行的特点和优势,并结合客户需求,CA支行制定了拓展SH集团业务的营销方案。

1. 搞好调研确定服务目标

支行首先对SH集团的经营状况、组织结构、经济效益进行了充分调研和论证,根据该集团的经营特点、存贷款结构、与各银行的合作现状,抓准市场定位,制订了切实可行的营销计划,从服务入手,以存款带动贷款,以贷款带动各项业务的均衡发展。支行负责人及业务拓展人员进行明确分工、各司其职,分别针对SH集团核心领导、部门主管、业务部门、机关处室进行了对口公关工作,并定期沟通,针对不同情况确定下一步拓展工作计划,持之以恒。

2. 找准突破口,有的放矢

SH集团为一个有实力、发展前景广阔的大型国有能源企业,早已是各商业银行营销的重点目标,众多商业银行已经与SH集团开展多种业务合作,仅各家商业银行给予该集团的基本授信额度就已经达到了125亿元人民币。××商业银行是一个总部在外省、规模不大、进京时间不长、知名度相对不高的小型商业银行,面对同业的激烈竞争,如何在市场角逐中脱颖而出?CA支行充分认识到仅仅依靠原有的个人关系是很不够的,客户需要的是优质全面的金融服务,以及为客户量身订制的金融业务品种。只有借助敏锐的市场判断能力、突出的业务创新能力,才能与客户建立起良好的银企合作关系。CA支行在竞争中扬长避短,在分行领导的大力支持下,抓住机遇尽快与SH集团签订了银企全面合作协议,并以此为切入点开展大规模的营销。根据SH集团信贷需求结构特点,以中长期信贷业务为突破口,向SH集团提供15亿元人民币的综合授信额度,率先与SH集团发生了实质性的贷款业务,使该行在众多银行的竞争中脱颖而出,为今后双方的进一步合作打下了坚实的基础。

3. 服务源自真诚

CA支行在与SH集团有限责任公司的业务联系中,包括行长在内的业务人员都倾注了大量的心血和精力,并取得了理想的效果。由于SH集团是国有大型企业,办事程序多,互相制约,一件事情需要疏通方方面面的关系,为了更好地突出××商业银行的竞争特色,CA支行制定了"做人要做事,做事先做人"的经营理念。一方面从业务入手,不断加大SH集团各项业务的拓展力度;另一方面注重感情培养,与客户建立起深厚的友谊,更好地进行沟通交流,从而更及时地得到各种信息。有一次,该集团一位部门老总患急性眼病,其家人又都出差在外,CA支行的两位行长助理,一位负责照顾,另一位天没亮就到同仁医院排队挂专家号,一直陪其就诊完毕后又安全护送回家,这种源自真情的服务,深深感动了 SH 集团的干部员工，该集团表示，在信贷战略资源分配及今后新增业务品种中，将首先充分考虑××商业银行的利益。

4. 运用产品组合营销拓展新业务

CA 支行在得知国家计委批准 SH 集团发行 10 亿元人民币企业债券用于神朔铁路复线建设的消息后，立即意识到这是充满机会的业务领域和深化银企合作的又一良好契机。支行在第一时间内与 SH 集团及发行债券的主承销商进行接洽，了解债券发行的金融服务需求。在向分行汇报并得到行领导的支持后，决定积极争取债券发行的担保业务，并迅速就该项业务展开信贷调查。针对客户需求，设计产品组合营销方案：围绕银行授信类贷款产品、担保产品、贸易融资产品、结算服务类产品的组合应用，向企业提供本外币不同期限贷款(以 3～5 年期贷款为主体)、发行债券担保、开立信用证、财务中心资金专户管理等服务，其中对企业发行债券的担保额度为 10 亿元，其余 15 亿元授信额度可用于流动资金贷款、中长期贷款、信用证等业务并可融通使用，满足企业在项目开发、设备引进、债券发行、资金管理等方面的金融服务需求。经过努力，该笔债券担保业务在不到一个月的时间内就完成了。高效优质的服务得到了 SH 集团及债券发行主承销商的好评。

三、综合效益

(1) 直接收益。根据有关债券发行担保费惯例，此笔债券担保业务由 SH 集团按下限支付万分之二的手续费，计人民币 20 万元。

(2) SH 集团及下属企业在该行开立 4 个账户，存款 34 000 多万元，且较稳定。

(3) SH 集团发行企业债券主办机构——SH 集团财务中心在该行开立债券发行专户，专款专用，债券的发行、运用、兑付也将在该行的监管下进行。

(4) SH 集团与山东省政府计划报请国家计划委员会，将神黄铁路从黄骅园延至山东龙口港，再开辟一条海上出口通道，此项工程仍采取发行债券方式筹集资金。SH 集团表示，其第二期债券将由该行参与分销。

(5) 有利于该行进一步拓展 SH 集团的其他潜在客户资源。2002 年，国家电力改革已初步确定一分为四的方案，其中 SH 集团所属北京国华电力有限责任公司为 1/4。该公司 1999 年 3 月 11 日正式成立，注册资本 42.11 亿元人民币，控股总资产 243.98 亿元，该公司将根据其经营范畴及规模在全国范围内重组，预计年内将挂牌成立，这是重要的潜在客户资源，对拓展电力行业业务有重要意义。

本章小结

中长期商业贷款业务是商业银行重要的信贷业务。本章首先对各种中长期商业贷款的具体内容予以阐述并进行了简单的比较分析，重点介绍中长期商业贷款业务的操作流程，所包含的多种风险，最后对中长期商业贷款市场营销的主要工作进行了介绍。与其他贷款比较，中长期商业贷款除了期限长、金额大外，还体现在贷款用途上，中长期商业贷款主要用于固定资产或不动产的购建。中长期商业贷款业务操作流程必须遵循《贷款通则》中关于贷款程序的基本规定，但也有自己的特点，如项目评估在中长期商业贷款业务操作流程中要占用和花费较多人力、物力和时间。中长期商业贷款是风险较大的资产业务，这些风险包括项目审查风险、资金落实风险、完工风险、经营风险、政策风险等，商业银行必须建立相应的风险控制对策，重要的对策是谨慎选择贷款项目、提高贷款审批水平和质量、合理安排贷款结构等。商业银行对中长期商业贷款具有浓厚的兴趣，市场营销竞争也十分激烈，在进行市场营销时，不仅要做好营销策划，力争获得希望拓展的贷款项目，更要重视目标市场和目标客户的选择、贷款谈判以及贷款文件制作等方面的工作。

思 考 题

1. 解释下列名词：

中长期商业贷款　财务效益评估　政策风险　贷款结构

2. 什么是中长期商业贷款调查，调查的基本内容包括哪些？

3. 项目评估分析的主要内容是什么？

4. 中长期商业贷款的风险有哪些？

5. 中长期商业贷款市场营销的内容是什么？

实 训 题

根据本章案例 4-3，完成以下任务：

1. 铁本事件中包含了哪些中长期商业贷款的风险？

2. 如何才能防范这些风险？

3. 通过各种媒体资料查找铁本项目的当前状况。

要求：每组提交一份 1 500 字左右的报告。

第 5 章

消费信贷与市场营销

学习目标

1. 了解个人消费信贷的概念及种类。
2. 熟悉个人消费信贷主要品种的业务办理程序。
3. 掌握个人消费信贷业务的风险点和主要的风险控制措施。
4. 掌握消费信贷业务的市场营销知识和一定的营销技巧。

5.1 消费信贷业务的概念与种类

课前思考与讨论

你或者你身边的家人、朋友是否有以个人名义向银行借款的经历？向银行借款的原因是什么？最后是否成功获得银行贷款？你对个人向银行借款的看法如何？请具体说明你的看法。

5.1.1 消费信贷业务的概念

消费信贷是由金融机构向消费者提供贷款资金，用以满足消费需求的一种信贷方式。通常来讲，消费信贷的贷款对象是个人，贷款用途是消费。消费信贷常常又被称为个人消费信贷。随着消费信贷的发展和衍生，个人投资经营贷款、助学贷款业务也纳入消费信贷的范畴。

消费信贷是在第二次世界大战后发展起来的，在美国、西欧等国家，消费信贷在整个信贷额度中所占的比重越来越大，一般为20%～40%，有的甚至高达60%。我国消费信贷起步于20世纪80年代中期，1999年3月，中国人民银行发布了《关于开展个人消费信贷的指导意见》，各大商业银行开始积极拓展消费信贷业务，消费信贷进入快速增长轨道，不仅总量迅速上升，品种也日益增多，规模不断扩大。根据中国人民银行的最新统计，截至2013年11月，我国消费信贷总额达12.82万亿元人民币，在商业银行人民币贷款总额中所占比例为17.95%[①]，由此可见，消费信贷已经成为商业银行新的业务和利润增长点。

---

① 金融机构人民币信贷收支表(按部门分类). 中国人民银行网站，http://www.pbc.gov.cn/publish/html/kuangjia.htm?id=2013s03a.htm，获取时间：2013-12-29.

5.1.2 消费信贷业务的种类和作用

1. 个人消费信贷的种类

消费信贷实际是私人授信业务的一大类别，占了私人信贷业务绝大比重，有的金融机构将私人信贷业务等同于消费信贷业务，其实，消费信贷主要强调的是以消费为目的的贷款。近年来，我国消费信贷品种呈现多元化发展的趋势，从消费领域来看，分为住房贷款、助学贷款、汽车贷款等；从信贷工具来看，分为信用卡、存单质押、国库券质押、房产抵押等消费信贷。下面主要从消费领域分类来介绍消费信贷业务种类。

（1）以住房贷款为核心的个人消费信贷业务包括以下三点。

① 一手房按揭贷款。一手房按揭贷款是指商业银行向借款人发放的，用于借款人购买一手房[①]，并以该住房作为抵押物，分期还本付息的一种消费信贷。根据还款方式的不同，还可分为等额还本付息和递减还本付息两种按揭贷款。

② 二手房按揭贷款。二手房按揭贷款是指商业银行向借款人发放的用于借款人购买二手房[②]并以所购二手房作抵押，分期还本付息的一种消费信贷。

③ 加按揭贷款。加按揭贷款是指在原个人住房按揭贷款的基础上，经办银行向合格的借款人追加贷款额度或期限的一种消费信贷。

以上三种住房按揭贷款还可衍生出转按揭贷款、公积金组合贷款、个人住房贷款延期业务、个人住房贷款缩期业务等。

（2）个人汽车消费贷款。个人汽车消费贷款是指商业银行向需要资金用于在商业银行特约经销商处购买汽车的个人发放的一种消费贷款。目前此类贷款的业务量仅次于个人购房贷款的业务量，是第二大消费信贷品种。

（3）个人住房装修贷款。个人住房装修贷款是指商业银行向借款人发放的用于装修自有住房的贷款。期限一般不超过 5 年，金额不超过装修总预算的 70%。

（4）个人助学贷款。个人助学贷款是指商业银行向接受非义务教育的学生发放用于学习或生活的人民币贷款。包括国家助学贷款和一般商业性助学贷款。国家助学贷款是指由国家财政给予部分贴息的贷款[③]，主要适用于我国境内高等学校中经济确实困难的全日制本、专科学生，其资金只能用于学生在校期间的学费和日常生活费；一般商业性助学贷款是指各商业银行发放的、财政不贴息的商业性助学贷款。

（5）个人其他耐用消费品贷款。个人其他耐用消费品贷款是指商业银行对需要资金用于在商业银行特约商户处购买除汽车、住房、装修材料外的其他耐用消费品[④]的个人客户发放的一种消费贷款。耐用消费品贷款具有金额小、期限短的特点。目前这类贷款有

---

① 一手房是指房地产开发商依法取得土地使用权后，在土地上建造并取得政府批准销（预）售的商品房。

② 二手房是指售房人已取得房地产权证、具有完全处置权利、能够在房地产市场上进行合法交易的商品房。

③ 助学贷款财政贴息，即国家“利息补贴”。国家助学贷款实行借款学生在校期间贷款利息 100% 由财政补贴、借款学生毕业后自付利息的政策。

④ 耐用消费品是指正常使用寿命在 2 年以上的家庭消费品，如家用电器（电视机、冰箱、洗衣机、音响等），计算机、家具、健身器材、乐器等物品。

被信用卡透支消费取代的趋势。

(6) 个人旅游消费贷款。个人旅游消费贷款是指商业银行向个人及其家庭成员发放的用于参加特约旅行社旅游消费的贷款。

(7) 其他个人贷款。其他个人贷款主要有个人创业贷款、个人商用房贷款、经营用车贷款、个人住房车位贷款、个人建房贷款等。这些个人贷款的用途并不是用于严格意义上的消费,但很多商业银行仍将这些贷款品种纳入个人贷款业务,等同消费信贷管理。

2. 个人消费信贷的作用

个人消费信贷发展多年来,在促进消费、扩大内需以及提高人民生活水平等方面发挥了重要作用,主要体现在以下三个方面。

(1) 增强了消费者的购买力,改变老百姓的消费观念,提高人民群众的生活质量。个人消费信贷打破了我国消费者多年来的传统消费习惯,利用消费贷款,消费者可以合理安排即期与远期消费,实现多层次消费需求,切实提高生活质量。

(2) 扩大内需,拉动经济增长。消费信贷一方面通过增加最终消费品需求,扩大消费,拉动经济增长;另一方面通过促进产品销售,刺激投资,扩大投资乘数效应,带动经济增长。消费信贷业务的迅速发展,在一定程度上也带动了住房、教育、汽车等相关产业的发展。

(3) 改善商业银行信贷资产结构,分散信贷风险,提高信贷资产质量。一方面,个人消费贷款还款来源主要建立在个人收入基础上,其中很重要的部分是工资收入,基本是采用按月还本付息的方式,降低了还款风险;另一方面,消费信贷分散在众多家庭单位,我国私人借款的还款意识较强。近年来,我国社会政治稳定、经济繁荣、国民收入不断提高,也给商业银行收回贷款提供了良好的环境。

5.2 消费信贷业务操作流程

> **课前思考与讨论**
>
> 以下两题任选一题:
>
> 1. 你是否有被银行拒绝贷款的经历?银行对你提出的拒绝理由是什么?你认为是否合理呢?
>
> 2. 你认为银行对消费信贷申请会重点审查哪些方面的内容?如何来落实这些审查内容呢?
>
> 请用纸记录你们小组的想法,学习完后面的内容再进行补充。

5.2.1 基本操作流程

不同种类的个人消费信贷业务流程大体相同,但由于每一类消费信贷业务有其不同的特点,因而在办理具体业务时,客户经理在资料准备、贷款调查的重点等方面会有所不同。下面逐一介绍几类主要的消费信贷业务的基本操作流程。

1. 住房消费信贷业务的基本操作流程

这里主要介绍个人购买一手房按揭贷款消费信贷业务的流程，其他相关的住房消费信贷只作概述。一手房按揭贷款业务需要经过以下步骤。

(1) 第一阶段，商业银行给房地产发展商核定按揭总额度。房地产开发商与商业银行就具体楼盘项目洽商办理按揭业务，商业银行应审查开发商和相关项目是否具备以下基本条件。

① 政府主管部门核定的开发资质等级证明。

② 项目“五证”齐全，即“建设用地规划许可证”、“建设工程施(开)工许可证”、“建设工程规划许可证”、“国有土地使用证”和“商品房销(预)售许可证”。

③ 项目资本金不低于项目总投资的30%，并先于贷款发放全部投入项目建设。

④ 开发商在贷款行开立结算账户和售房专用账户。

在具备上述基本条件后，才能为该开发商提供按揭业务。商业银行需要开发商提供以下材料并加以审核。

① 公司基本资料：包括房地产开发企业法人的营业执照复印件、企业法人代码证书复印件、法定代表人证明书、公司章程、验资报告、财务报表、资质等级证书、授信申请、公司为按揭借款人承担阶段性连带保证责任的承诺。

② 按揭项目资料：项目立项批文及可行性研究报告及“五证”。

③ 项目总投资、资金来源及落实情况。

④ 项目为期房销售的，要提供施工进度表及资金落实情况；项目为现房销售的，开发商要提供房屋验收合格证书。

商业银行通过对开发商进行调查、审查和审批同意给予项目按揭总额度后，与开发商签订贷款合作协议，协议中明确规定在借款人取得房屋产权并办妥抵押登记手续以前，开发商必须为借款人提供保证回购担保，并在贷款行存入一定比例的回购保证金。

(2) 第二阶段，商业银行受理购房人借款申请。

借款人申请贷款应具备以下基本条件。

① 具有有效居留身份。

② 具有稳定的职业和收入，信用良好，有偿还贷款本息的能力。

③ 具有购买住房的合同或协议。

④ 支付不低于购房全部价款20%的首期付款。

借款申请人应向商业银行提供以下资料。

① 身份证件及婚姻状况证明。

② 与开发商签订的购房合同和首期款交款证明。

③ 借款人家庭财产和收入证明。

④ 商业银行要求的其他资料。

(3) 第三阶段，商业银行发放贷款。

商业银行同意给予借款人贷款后，要求办理如下手续。

① 交纳首期付款并划入指定账户。

② 签订个人购房按揭贷款合同。

③ 办理房屋保险、公证和抵押登记手续。

④ 办理贷款发放手续并将资金直接划付给开发商。

2. 汽车消费信贷业务的基本操作流程

(1) 第一阶段,申请。申请人到商业银行个人授信部门提出申请,并提供以下资料。

① 有效身份证明,已婚者还应提供配偶的有效身份证明。

② 申请人个人收入证明。

③ 申请人与商业银行的特约经销商所签订的购车合同或协议。

④ 申请人向商业银行提供商业银行认可的担保或抵质押物。

⑤ 申请人将购车首期款足额存入商业银行与特约经销商指定的账户,并出示存款凭证。

⑥ 商业银行所需的其他资料。

(2) 第二阶段,商业银行受理客户申请并进行相关调查与审核。商业银行受理了借款申请人的贷款申请后,要对借款人和保证人的资信情况、材料的真实性、偿还能力等进行调查,重点审查以下内容。

① 借款人所提供的资料是否齐全。

② 借款人所提供的材料原件是否真实有效,原件与复印件是否吻合,材料之间是否一致。

③ 借款人的资信及收入状况如何,是否能按时偿还贷款本息。

④ 保证人是否具有保证能力。

⑤ 抵押物或质押物是否足值、有效。

(3) 第三阶段。办理放款手续。商业银行相关部门审查合格并同意给予贷款后,即要求购车人和商业银行签订“借款合同”,并办理贷款的担保及保险手续。如果保险公司同意为借款人购买个人购车贷款分期还款提供保证保险,购车人要购买保证保险,保险收益人为商业银行。

(4) 第四阶段,客户提车。商业银行与购车人签订的各种法律文件和放款手续完善后,商业银行信贷部门便可发放购车贷款,并受借款人的委托直接将贷款划至商业银行与特约经销商指定的账户,而后向经销商出具“个人购车贷款通知书”,经销商在收到“个人购车贷款通知书”并确认车款到账后,购车人便可以在经销商处提车。经销商在规定的时间内将购车发票、各种交费凭证原件及行驶证复印件直接交给经办商业银行。

3. 个人住房装修贷款业务的基本操作流程

(1) 第一阶段,申请。借款人与商业银行指定的装修公司签订“家庭居室装饰装修施工合同”后,填写“个人住房装修贷款申请表”,并向商业银行提交以下资料。

① 有效身份证明,已婚者还应提供配偶的有效身份证明。

② 申请人个人收入证明。

③ 申请人与商业银行指定的装修公司所签订的装修合同及装修设计预算。

④ 申请人向商业银行提供商业银行认可的担保或抵(质)押物。

⑤ 住房权属状况证明。

⑥ 商业银行所需的其他资料。

(2) 第二阶段,商业银行受理客户申请并进行相关调查与审核。商业银行经办部门应核实借款人提供材料的真实性和准确性,对贷款风险和偿债能力作出评价,主要核实以下内容。

① 查验身份证件的真实性,了解借款人的品行、家庭状况和婚姻状况。

② 调查了解借款人的收入(或家庭收入)来源、负债状况、收入稳定性,以判断其偿债能力。

③ 以存单质押或国债作为质押的,要核实质押物的真实性和有效性;以财产作为质押的,要实地了解质押物的情况。

④ 实地踏勘住房装修的面积、用料、装修档次,对装修预算金额作出评估,并提出贷款金额建议。

⑤ 审核借款人提供的担保或还款保险的有效性。

(3) 第三阶段,签订借款合同,完善贷款的法律手续。

(4) 第四阶段,发放贷款,实施装修。

4. 个人助学贷款业务的基本操作流程

商业银行选择合适学校并与其签订"银校合作协议书",只有签订了合作协议书的学校的在校生才可以申请该类贷款。具体程序如下。

(1) 第一阶段,申请。学生本人或其亲属、法定监护人到家庭所在地或学校所在地的商业银行提出申请,填写"个人助学贷款申请书",并提供如下资料。

① 有效身份证明(身份证、户口簿、学生证等)。

② 学生所在院校出具的学生鉴定材料,如学籍证明、品德证明等;如果申请信用助学贷款的,还要提供贷款介绍人的相关证明。

③ 学校开具的学生学习期间所需生活费、学杂费以及与学习有关的相关费用的证明。

④ 申请贷款学生的家庭情况证明材料,包括父母工作单位、身份证明、家庭住址、联系方式。

⑤ 商业银行要求提供的其他资料。

(2) 第二阶段,审查。商业银行认真审查借款人提交的资料并逐一调查其真实性,特别要调查学生提供资料是否准确无误,评估其资信情况,以确定其是否有还本付息的能力。

(3) 第三阶段,发放贷款。商业银行审查同意放贷后,借款人就要和商业银行签订"个人助学贷款借款合同",申请担保助学贷款的还要视不同情况分别签订"抵押合同"、"质押合同",采用保证担保方式的,保证人要签订"保证合同"。手续完善后即可给学生发放贷款。而后,商业银行还要将审批同意的助学贷款申请表副联提交给学生就读学校的有关管理部门，学校要将此表存入学生的档案。

目前，助学贷款多为国家贴息贷款，且一般由学校提供担保保证，由学生毕业后还款。

5. 个人耐用消费品贷款业务的基本操作流程

只有在商业银行的特约商户处购买耐用消费品的消费者，才可以向商业银行申请耐用消费品贷款，且一般要支付不低于所购商品价款20%的款项。具体程序如下。

(1) 第一阶段：提出申请。消费者填写《个人耐用消费品贷款申请书》，并向商业银行提供有效身份证明、收入证明、个人与商业银行的特约商户所签订的购买耐用消费品的协议或合同等资料。

(2) 第二阶段：商业银行审查。重点对借款人和保证人的资信状况、偿还能力以及资料的真实性、合法性进行调查。

(3) 第三阶段：办理手续。商业银行审查所有材料合格并审批同意贷款后，消费者即可与商业银行签订《个人消费贷款借款合同》。

(4) 第四阶段：发放贷款。完善借款手续后，商业银行将贷款资金连同消费者存入的首付购货款一并划转到特约商户的账上；消费者凭商业银行出具的"个人(耐用消费品)贷款支付凭证"、经审批的《个人耐用消费品贷款申请书》副联和本人有效身份证明到特约商户处办理提货手续。

6. 个人旅游消费贷款业务的基本操作流程

个人旅游消费贷款遵循"定旅行社、自筹首期、有效担保、专款专用、按期偿还"的原则。首先商业银行和旅行社签订合作协议，而后办理个人旅游消费贷款业务。主要程序为：

(1) 第一阶段：提出申请。在商业银行或指定的旅游公司进行业务咨询，确定旅游路线和旅游费用，提出贷款申请并提供相关资料：

① 有效身份证明、户口簿或其他有效居住证明；

② 收入证明；

③ 担保资料。

(2) 第二阶段：商业银行受理客户贷款申请并组织调查、审核和审批。

(3) 第三阶段：签订借款合同。

(4) 第四阶段：商业银行发放贷款划入指定旅游公司账户，旅游公司按协议提供服务。

7. 其他个人消费贷款业务的基本操作流程

除上述消费贷款外，还有一些由上述贷款种类衍生出来的个人消费贷款业务，业务基本流程与原相关的贷款业务流程基本相同。下面就其中不同之处进行阐述。

(1) 个人住房转按揭贷款：个人住房转按揭贷款是指借款人将已办理按揭、并正在还款中的所购房屋转让给新购房者，新购房者在付清原借款人已偿还的贷款后，向贷款行申请按揭贷款，贷款行将原借款人的剩余贷款转到新购房者名下，由新购房者继续履行还款责任的贷款。其特点是：售房人不必先筹措一笔资金用于偿还未清偿贷款本金，贷款行对新购房者重新审查、审批后发放贷款。新购房者可以继续选择原业主的贷款额度和期限，也可以重新选择贷款额度和期限。具体程序如下。

① 新购房人向贷款行提供贷款申请和资料。

② 贷款行对新购房人资料进行审查、审批。

③ 新购房人将原借款人已购房款存入贷款行指定的账户。

④ 贷款行与新购房人签订贷款合同和“划款扣款协议书”。

⑤ 新购房人办理房屋保险、公证和抵押登记。

⑥ 新购房人办理放款手续，商业银行根据“划款扣款协议书”，将贷款划付原购房人。原购房人只有在将售房款用于偿还未清贷款本息后，才能动用余额部分。

(2) 个人住房公积金委托贷款：个人住房公积金委托贷款是指商业银行根据住房资金管理中心的委托，以住房公积金为资金来源，按规定的要求向购买住房的个人发放的贷款。其特点是：由住房公积金管理中心提供资金，确定贷款对象、金额、期限、利率，承担贷款风险，受托行负责办理贷款手续及协助收回贷款本息，并按规定收取手续费。具体程序如下。

① 住房资金管理中心与受托行签订委托贷款协议。

② 借款人直接向住房资金管理中心提出贷款申请，并由住房资金管理中心审核、审批。

③ 住房资金管理中心审批同意后，与受托行签订委托贷款合同。

④ 受托行按照委托贷款合同约定，与借款人签订借款合同，办理借款手续。

⑤ 受托行将贷款直接划入售房方在受托行开立的指定账户。

5.2.2 个人信用调查方法

个人信用调查是开展个人消费信贷业务的重点环节，因为借款人个人信用情况反映其偿还贷款的能力，也直接影响商业银行是否给予借款人贷款、给予额度的多少等。目前我国的个人征信制度刚建立不久，诚实守信的观念仍在推广宣传过程中，信用制度还未完善，个人资产、债务状况和个人的信用记录还需要从多方面展开。个人信用调查一般从以下几个方面入手。

(1) 行业。一般来说，行业背景较好的单位工作人员收入较高，还款来源相对充足。对一些发展快、前景好、高科技、有垄断性的行业员工，或在社会上较有影响的单位员工，如国家公务员、金融、电信、保险、较好的上市公司员工等，可考虑给予一定额度的信用贷款，其他申请者则要求提供抵押或质押物。

(2) 职业。在社会发展的不同时期，不同职业的收入高低也不同，商业银行审查人员可根据社会常识判别借款人的收入情况，考察其还款能力。

(3) 职务。了解借款人所在单位的职务，并将其提供的收入证明与其他单位类似职务人员的收入相比较，借以判断其收入的真实性。

(4) 财产状况。商业银行客户经理在对贷款申请者进行调查时，可依据申请人拥有的住房、私车等财产来判断其收入状况。

(5) 申报资料。商业银行还可通过借款人填写的收入状况表和所在单位出具的收入证明判断收入者的实际收入情况，税务机关提供的纳税证明也是有效的证明。

(6) 历史记录。商业银行审查人员还可通过对借款人的历史借款记录、信用卡使用情况、社会情况记录等方面的查询，了解借款人的信用是否良好。

商业银行信贷人员取得个人对象的调查资料后，再对申请者进行评分，以全面评估其资信等级。评分的主要要素及原则如下。

(1) 年龄。个人授信的对象年龄为18～60岁，一般年龄越大，评分相对较高，但有一个上限。

(2) 学历。学历较高者一般评分较高，因其就业机会一般较多；在同一行业中的学历越高者，通常收入也越高。

(3) 性别。通常认为女性的风险较小，评分较高。

(4) 婚姻。已婚者生活相对稳定，比单身的风险要小，评分较高。

(5) 行业。行业发展稳定和前景较好的单位评分要高些。

(6) 职业。风险低的职业评分高，反之低些。

(7) 就业稳定性。在目前单位工作时间越长，评分相对越高。

(8) 财产情况。对有一定的金融资产、不动产、保险保障资产实力的人，评分高些。

(9) 身体状况。身体好坏评分不同，有较多疾病者得分要低些。

(10) 收入来源。要多选择能掌握其收入来源的客户，月收入越高得分越高。

(11) 家庭开支。要了解借款人的家庭情况，掌握其月开支情况，对借款人偿还贷款的月供一般不能超过其月收入的一半，月还款所占收入比例越低评分越高。

(12) 保险保障因素。有购买保险的借款人评分要高于未买保险者。

商业银行一般要根据上述内容制定一个详细的评分系统，以科学确定个人消费者的信用状况，从而决定贷或不贷、贷多少、具体担保条件等。

阅读材料 1-1

如何提高自己在银行的信用等级——来自银行的建议①

一般来说，提高个人信用等级的方式就是尽量满足银行信用评级之中主要的考量标准。

1. 提高学历。对银行来说，一个人接受教育的程度越高，信用等级就越高。

2. 拥有技术职称。一个人的专业技术职称是其工作能力得到认可的凭证，因此有工程师、经济师等职称的借款人，其社会地位高、声誉好，往往能得到信用加分。

3. 拥有一份稳定的工作。借款人单位的性质和效益是一笔巨大的无形资产，对公务员、教师、医生以及一些效益好的企业员工，银行一般都给予适当的信用加分。

4. 拥有个人住房。自己有住房，表明个人有一定的经济基础(租房往往表明贷款人生活易变动、稳定性差，这方面的加分就难以实现)。

5. 银行历史记录。借款人过去在银行开有账户，且经常有资金进出的，其存折上就会反映出过去存款的积数，而对于过去支持其发展的客户，银行也会酌情考虑给予加分，尽量满足客户的消费需求。

---

① 本书编委会.零售银行创新——深圳发展银行的理解与实践.北京：中国传媒大学出版社，2010.

6. 有完满的婚姻。已婚且夫妻关系好的客户,往往会比单身者更具有稳定性,不易产生信贷风险,更能得到银行的青睐。

当然,最好的办法就是创建个人信用史:首先,要积极地在各商业银行办理实名存款业务,让银行对你个人的基本经济状况和经济活动有所了解;其次,要踊跃申办和使用银行信用卡,信用卡是商业银行发给资信情况较好的消费者以方便其购买商品或取得服务的信用凭证,因此使用信用卡的过程,也就是一个创建个人信用史的过程;最后,尽量不要对银行提出超自身偿还能力的贷款申请,因为银行在收到此类申请的时候,必然会对申请人的还款意愿产生不必要的怀疑。

5.2.3 与房地产开发商的业务合作

房地产开发商的等级是否优良、与商业银行合作程度的高低是商业银行个人购房消费信贷业务开展得好坏的关键点之一。商业银行应选择信用等级优良、资金实力雄厚的发展商进行重点合作,对其进行全面评估和评审后,根据实际情况给予按揭额度,并签订"合作协议"。对重点合作的开发商,应作为业务发展的重点,可提供从开发贷款到按揭贷款"一条龙"服务,加大营销力度。

案例 5-1

杭州广发银行的滚动开发①

杭州广发银行给予某房地产公司贷款授信 2 亿元,期限 3 年,封闭操作,贷款用途为根据工程进度支付该公司上游建筑企业的工程款。接着,杭州广发银行从这家房地产企业"滚动"到他的售楼客户的按揭,银行给予该房地产开发项目授信 2 亿元的按揭额度,对符合银行按揭贷款政策的个人发放按揭贷款。根据合同约定,该项目房屋销售款全额回笼到这家房地产企业在杭州广发银行的项目监管账户上,优先用于归还杭州广发银行的项目贷款。

通过对授信的设计,让关联企业、客户和项目在"一个银行"的范围内完成它们的关联资金交易,整体控制了资金的安全,也无形中强化了杭州广发银行的业内竞争能力。

5.2.4 与经销商的业务合作

对于汽车消费贷款、耐用消费品贷款等消费信贷,经销商的信誉以及经销商与商业银行的合作程度非常重要。商业银行应选择与经济实力强、在当地市场影响较大的经销商合作,在对经销商进行全面评估和审核后,根据实际情况给予一定的内部授信额度,并签订"合作协议",巩固合作关系。对重点合作的经销商,可提供购销结合的贷款服务,适当加大营销力度。目前在消费信贷业务中占第二大比重的汽车消费信贷,多数借款客户是在购车时由经销商向银行推荐的,对于这类客户,商业银行一方面要重视,做到高效率、优质服务;另一方面又要稳健对待,认真审查购车人的真实身份和还贷能力,防止"假按揭"购车骗取商业银行贷款资金,坚决拒绝资信不合格申请人的贷款申请。

---

① 周时奋,陈琳. 把钱贷给谁. 北京:中信出版社,2011.

市场链接 5-1

国内汽车消费信贷中的直客式、间客式和冀东模式①

1. 直客式

直客式是指由银行、律师事务所、保险公司三方联合，银行为信用管理主体，委托律师事务所完成资信调查，保险公司提供保证保险。在这种模式下，消费者除承担银行利息外，还要承担保证保险、代理费等各项支出。国内最早提出 直客式模式的是上海浦东发展银行，之后各家商业银行纷纷效仿，虽然提供服务的具体方式不同，但都是采用银行、保险公司、担保公司和汽车经销商合作的模式。

2. 间客式

间客式是指由银行、保险公司、经销商三方联手，资信调查和信用管理以经销商为主体，保险公司提供保证保险，经销商承担连带保证责任。这种模式一方面给消费者带来了较大便利；另一方面也增加了消费者的负担。其代表是北京亚飞汽车连锁店，由于经销商在贷款过程中承担了一定风险并付出了人力、物力，所以通常要收取2%～4%的管理费。间客式模式为银行提供了方便，同时也为消费者提供了"一条龙"服务，但由于存在汽车经销商的道德风险，实际上给商业银行汽车消费信贷风险管理埋下了隐患。

3. 冀东模式

冀东模式就是由汽车经销商来控制用户的贷款风险，由经销商帮助用户申请贷款、办理选车上牌手续、帮助银行收缴贷款本息、为客户提供全程担保。它实际上是间客式汽车消费信贷的一种特殊模式。这种模式在1999年冀东物贸集团与中国银行唐山分行联手推出后，在5年多的汽车消费信贷业务中，累计发放汽车消费贷款120亿元，不良余额1 520万元，不良率不足0.13%，银行方面欠款为0。2004年，我国车市进入结构性销售低潮时，冀东物贸集团逆市而上，共销售汽车13.75万辆，其中，利用消费信贷销售3.28万辆，无一例拖欠贷款和恶意逃逸事件发生。

5.3 消费信贷业务风险及其控制与防范

总体来说，目前我国消费信贷业务的风险主要表现在借款人信用风险、法律不健全、商业银行内部操作道德风险等方面。每一类消费信贷业务具有不同的特点，因此风险也存在差别，下面就不同消费信贷业务的风险进行分析。

5.3.1 住房消费信贷业务风险及其控制与防范

1. 住房消费信贷业务的主要风险分析

(1) 借款人违约风险

借款人违约风险包括非故意违约风险和故意违约风险两大类。非故意违约风险是指

① 穆乐华，童晓燕，俘翠英. 商业银行汽车消费信贷业务发展模式研究. 2011北京两届联席会议高峰论坛文集. 北京市科学技术协会北京市社会科学界联合会主办，2011.

借款人有还款意愿，但因客观原因丧失按期还款能力。对于住房贷款项目，借款者的贷款期限长短、年龄大小、居住地、家庭情况等因素均会影响其还款能力和还款意愿。从住房贷款的期限看，相同贷款金额，期限越短，月还款金额就越大，违约风险也增大；而期限太长又会增加不确定性；从借款人的年龄结构来看，30 岁以下的年轻人和未结婚的年轻人，工作单位变动可能性较大，对家庭对社会的责任感意识相对较低，还款较容易出问题；从借款人的居住地来看，外地在本地买房的人，比较容易出现违约；从借款人自身状况及家庭情况看，如果家庭成员出现重大疾病、意外事故、伤残或死亡，借款人丧失工作能力都会影响还款来源。借款人的违约风险具体表现在以下两个方面。

① 借款人的资信状况差而导致无法还款。借款人资信状况包括还款能力和还款意愿。根据借款人不同职业，政府公务员和大型企事业单位的职工，有稳定的工作环境和收入水平，而且具有较强的信用意识，违约情况相对较少；而私营小业主、小私企管理人员和无正式职业者，职业和收入不稳定，资信状况相对较差，违约风险也较大。

② 借款者盲目投资，当房地产市场发生不利变化时，无力偿还银行贷款。从购房的动机来说，购房自住或理性投资者的还款意识和还款能力会强一些。而盲目投资者，投资和投机失败可能性大，违约的概率就相应大些。例如“多头按揭”，购房者利用商业银行间信息沟通渠道的不畅通，同一人在多处购买房屋，从不同的商业银行获取按揭贷款，实际获得的贷款总额远远高于各商业银行对其限定的贷款额，月还款金额也远远超过其实际的月收入，这样一来，各商业银行的贷款风险就会倍增。有的购房者计划靠出租所购房来供房，一旦市场上的租房租金下降或出租率下降，就会直接影响其每月收入来源，导致拖欠银行贷款的偿还。

(2) 房地产开发商和楼盘项目风险

① 房地产开发商自身经营风险：开发商资金实力较弱、影响项目开发因素的不确定性大，这是导致商业银行住房消费信贷风险上升的重要原因。我国土地市场一度较为混乱，许多根本不具备开发实力的公司通过各种关系拥有了大量土地，这些中小房地产开发商资金来源较单一，自有资金严重不足，主要依靠银行贷款以及商品房预售的预收款，抵御市场风险的能力差，特别是以前可以做楼花按揭的时候，一旦碰上宏观调控或其他突发事件，资金就会短缺，楼盘就成了烂尾楼，业主无法如期入住，商业银行按揭款自然也回收困难。

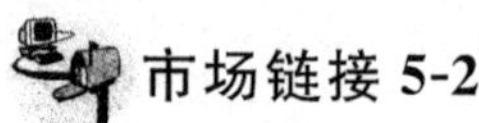

市场链接 5-2

温州第一烂尾楼纠纷案①

2013 年 2 月 20 日，“温州平阳泰宇花苑”（下称“泰宇花苑”）的债权人——安信信托公司（上海）、某银行温州分行（下称“温州某行”）及相关律师等各方代表同时出现在上海第二中级人民法院进行协商，焦点是涉及逾 13 亿资金的烂尾工程的处置难题。

泰宇房地产开发公司（下称“泰宇房开”）于 2002 年通过挂牌出让方式竞拍获得鳌江

---

① 根据以下文章整理：李伊琳. 温州政府垫资续建 13 亿烂尾工程 开发商因借贷崩盘跑路. 21 世纪经济报道，2013-02-21；滕晓萌. 温州第一烂尾楼纠纷：问题地块确认建行抵押物. 理财周报，2013(216).

旧城五期区域外2号地块，共计49 400平方米；2007年，泰宇房开将项目分为两期开发，其中占地面积8 000多平方米土地于2006年抵押给温州某行，获得贷款1.5亿元。自2009年到2012年，4、5、6号楼相继开盘销售，其中4号楼和6号楼销售情况火爆，基本都已经售罄，大部分购房者均在温州某行办理了按揭贷款。但楼盘于2011年年底因开发商无法支付工程款停工。2012年5月份，鳌江镇政府成立了专门的工作组负责该事件。调查发现开发商从民间借入高利率资金运转，大致利率为月息2～3分，最终导致崩盘。

一般而言，房地产商在开发期间，都会将土地和在建工程抵押给银行，然后在购房者付款之后，将购房款用于偿还银行贷款注销抵押，在土地解除抵押后，购房者才有可能办产权证。2011年7月，泰宇房开负责人神秘"失踪"，同时还带走了原本存在银行账户里的4亿元预售款保证金，但通过什么方式提取，当地政府、银行等机构均不愿提及。由于开发商没有偿清银行贷款，尽管购房者已经办理完按揭手续，相当于付了房款，但仍然无法取得房产证。温州某行此前已经向泰宇花苑业主们表示，按照相关规定，即便泰宇花苑项目烂尾、预售款被卷走，但是按揭贷款合同仍然有效，引起业主反弹抗议。在业主压力下，该行已经配合当地政府提出，通过免息、提供优惠贷款等多种方式，支持项目续建完成。

经初步审计，泰宇花苑的开发商一共负债近13亿元，其中欠金融机构债务总计4.7亿元(安信信托4亿元，建设银行7 000万元)，民间借贷初步确认是4.9亿元，购房者购房款约3亿元。此外，截至2012年9月，其欠缴税金总计887万元，拖欠施工单位工程款大致3 300万元。如果泰宇走破产清算程序，目前仅剩7万平方米左右的楼面，按楼盘价测算，资金缺口会很大。假如楼盘得到进一步注资并正常复工，将还未取得预售权的房屋销售出去，并且销售情况良好，预计项目将可能产生9.2亿元左右的收益，那么资金缺口也会在3.8亿左右。

② 开发商与购房者的矛盾。在房屋销售和使用过程中，购房者可能会与开发商产生纠纷，如服务质量未达标、房屋面积缩水、物业管理水平差等，一旦购房者发生断供，也就殃及放贷银行了。

③ 周边环境变化或市场整体变化导致楼盘贬值。市场变化导致房价整体下跌，或者由于城市规划导致地段价值发生变化。一些高档住宅对周边环境变化非常敏感，一旦出问题，楼价下跌幅度大，有可能影响到借款者的还款能力。

④ 开发商以虚假按揭套取银行资金。某些开发商以本单位职工及其他关系人冒充客户作为购房人，通过虚假销售(购买)方式，套取商业银行贷款的行为。通常采用的方式是，开发商虚拟若干购房人，并以这些购房人的名义与自己签订不真实、虚假的购房合同，再以这些虚拟的购房人申请按揭贷款，从而套取商业银行资金。有的开发商在通过虚拟购房人取得商业银行贷款后，再将房屋卖给真实的购房人取得资金后才偿还商业银行贷款，但有的开发商因无法将房屋卖出则干脆携款潜逃。虚假按揭的主要特征是按揭抵押的房产多为开发商积压或销售前景不好的房产，目的就是骗取商业银行信贷资金。

市场链接 5-3

中国银监会进一步加强对银行房贷的管理[①]

2008年5月26日，中国银行业监督管理委员会下发《关于进一步加强房地产行业授信风险管理的通知》（以下简称《通知》），重点提出要对房地产贷款中的“假按揭”、“假首付”、“假房价”等违规行为进行严厉查处。通知中提出，近年来一些资质较差的房地产开发企业通过虚构售房合同、伪造借款人签名等手段办理“假按揭”，骗取银行贷款；或为解决资金短缺问题，利用预售环节以分期首付或为购房者垫付款等手段违规为借款人办理“假首付”，将风险转嫁给银行；或通过虚高房价更多地套取银行贷款，以及通过虚假合同、虚增交易量粉饰销售情况，误导银行判断并套取银行贷款等问题。

《通知》提醒商业银行注意防范风险，并提出具体措施加强监管，加大违规惩戒，严肃查处违法违规行为。要求商业银行通过实地暗访等方式掌握借款人首付款的真实情况，防止开发商降低首付比例或垫付首付款等“假首付”行为。通过查证政府相关管理部门信息摸清房屋销售的合理价格范围以及开发商的真实销售情况，警惕开发商通过虚高房价更多地套取银行贷款以及通过虚构合同、虚增交易量粉饰销售情况误导银行判断等问题。并要求各商业银行一旦发现房地产企业存在“假按揭”、“假首付”、“假房价”等问题，一律停止向其发放个人住房贷款和开发贷款，同时应重新对房地产企业所在集团进行信用评级，调整授信额度；涉嫌违法犯罪的要移送司法机关查处。要加强同业合作、充分利用银监会客户风险系统，严密监测客户违约以及交叉违约情况，对存在“假按揭”、“假首付”等违规行为的房地产开发企业，要建立“黑名单”制度，并及时向当地监管部门和银行业协会报告，由同业协会定期向辖内银行业金融机构通报。

各商业银行一旦发现借款人个人填报虚假信息或单位出具虚假证明的，要严格执行银发《关于加强商业性房地产信贷管理的补充通知》（银发[2007]452号）文件要求，停止授信并不予采信其证明，加大对失信个人和单位的市场约束；对房地产中介机构进行虚假评估和出具虚假证明的，要报告其主管部门列入市场禁入名单，情节严重的要追究法律责任；对商业银行内部工作人员与外部不法分子勾结、合伙骗贷的，一经查实，要严肃追究责任。

⑤ 开发商抬高房价非法融资。典型的方式是返还溢价，开发商以高出同地段住房成倍的价格出售物业，而在随后的一定时期内偿还溢价部分的一种非法融资行为。在这种按揭中，业主实际上已经偿付了全部房款，开发商以提高房价的方式，通过业主从商业银行获得贷款，取得非法融资，用于经营周转，然后再陆续分期返还给业主。业主归还商业银行贷款大多都依赖返还溢价，同时获得高利息收益。一旦开发商资金周转出现问题，则可能导致业主无法还款，加上抵押物价值高估，变现能力差，商业银行贷款就有可能遭受很大损失。如开发商还配合使用前述第四种方法来骗取商业银行资金时，银行的风险就非常大了。

---

① 中国银行业监督管理委员会.关于进一步加强房地产行业授信风险管理的通知.2008年.

案例 5-2

亿元假按揭如何突破"最严审核"①

一个名不见经传的小房地产商——中山市吉雅房地产有限公司(以下简称吉雅公司),通过虚构房屋或商铺的销售事实,在近3年的时间里,陆续在某银行中山分行(以下简称中山某行)办理了363笔虚假按揭,骗取贷款1.47亿元。近日该虚假按揭窝案的民事诉讼在广东省中山市陆续开审。号称"最严审核"的房贷审批缘何挡不住亿元虚假按揭?

1. 无辜"被贷款"还是"协同骗贷"

广东开平市农民关某某提供的法院判决书显示,法院认定她于2007年在中山某行按揭购买了吉雅公司开发的两套商铺,共贷款1.48万元,法院判决抵押贷款合同无效,她和吉雅公司及其股东张某、梁某某共同赔偿未还清的余款及利息。然而,据关某某透露,在接到银行的催款函之前,她及其家人并不知道自己买了房,也不知道自己贷了款。中山某行提供的"个人商业用房抵押贷款合同"显示,贷款合同的尾页借款人处签有"关某某"字样,并按有一个指模。关某某说:"借款合同上的签名不是我的,我从来就没有签过什么名,也没有按过指模,莫名其妙'被买房'。"广东省高级人民法院2011年7月的一份终审刑事案件裁定认定,2004—2007年,吉雅公司借用他人身份证,伪造相关证明材料,通过虚构房屋或商铺的销售事实,在中山某行办理商品房、商铺买卖按揭贷款数百笔。法院查明,其中部分身份证出借人从吉雅公司拿到了数千元不等的好处费。

2. 部分借款合同"被签名"

中山某行的另一个借款人樊某某提出,中山某行提供的"个人商业用房抵押贷款合同"甲方借款人签字处"樊某某"的署名不是他本人签署,并申请了司法鉴定。鉴定意见显示,借款合同上借款人签字处"樊某某"署名字迹与樊某某本人的样本签名不能认定是同一人所书写。知情人士透露,相当部分借款人在法庭上提出借款合同的签名均不是借款人本人所签。媒体就"被签名"案件的数量及涉及贷款金额向中山某行核实,但该行有关人士表示不方便透露有关情况。

3. 借款人调查涉嫌"走过场"

根据银行贷款相关规定,银行贷款调查内容应当包括:借款人基本情况、借款人收入情况、借款用途、借款人还款来源、还款能力及还款方式等。"借款人"关某某以前在乡下种地,近几年在餐馆里当洗碗工,每月收入1000元左右。她说:"从来没有什么中山某行的人问过我贷款用途、收入情况、还款能力,电话都没有过。"中山某行也始终未提供对这363笔虚假按揭贷款曾进行前述调查的相关证据。

4. 现场调查"不调查"

根据法院开列的虚假按揭清单,在中山某行办理的363笔虚假按揭贷款中,有300多笔是按揭购买三乡镇中心综合市场的商铺。在关某某的按揭合同中描述的商铺地址却找不到按揭合同描述的C64、C65号铺位,所在地的商铺位均没有编号,拥有数百个铺位的

① 欧甸丘.广东中山虚假按揭窝案调查:亿元假按揭如何突破最严审核?.伴你同行,2013(10).

市场里三分之二以上都是无人打理。当媒体要求中山某行有关人士指明前述商铺的具体位置，中山某行至今未予答复。一位物业管理人员告诉记者："这里的铺位绝大多数都是无人认领，银行针对某个铺位放贷了，却不知道具体铺位的位置，只能说明根本就没有来现场了解过所要放贷的项目。"

(3) 宏观经济风险

房地产行业与宏观经济形势高度正相关。宏观经济回升会带动房地产行业的景气上行，但一旦宏观经济走低时，必然导致房地产市场降温；另外，在经济不景气时，失业率上升，从历史经验看，随着失业率的上升，居民实际收入和预期收入降低，居民支付能力不足将增加住房消费信贷的风险，坏账率和坏账金额都会相应上升。

(4) 商业银行内部管理风险

① 贷前审查不严。在当前商业银行竞争较激烈的情况下，商业银行之间为抢占市场份额，可能会放松对项目的审查，使部分贷款投向质量较差、配套设施不齐全的楼盘。在借款人信用审查时，片面追求规模扩张，经办人员仅对借款手续进行合规性审查，而未深入地认真核对借款人收入和信用状况真实性。

案例 5-3

北京森豪公寓骗贷 7.5 亿案：中行三职员失职获刑①

2007 年 9 月北京森豪公寓骗贷案在北京第二中级人民法院开庭。根据北京市检察院二分院指控，2000 年森豪公寓的 200 多名"购房人"均是"零首付"，全部按揭贷款，贷款人收入情况与实际不符，华运达房地产公司老板邹庆等人涉嫌操纵假按揭骗取银行贷款达 7.5 亿元。一审宣判，参与放贷造成银行损失的××银行北京分行三职员被以国有企业人员失职罪判刑。两名负责审核贷款者资质的律师为虚假购房人出具 161 份虚假文书，犯出具证明文件重大失实罪获刑。

法院根据检察机关提供的证据查明，2000 年 12 月至 2002 年 6 月，这三名被告担任中国银行北京市分行贷款业务部门的工作人员，负责审批北京华运达房地产公司开发的"森豪公寓"项目及华庆时代投资集团开发的"华庆公寓"项目个人住房贷款发放的过程中，严重不负责任，没有认真执行银行关于个人住房贷款的有关规定，先后向 257 名虚假贷款申请人发放个人住房贷款 7.5 亿余元，造成中行北京市分行贷款本金损失 6.6 亿余元。法院审理此案时，三人均否认失职，以银行管理有漏洞为由进行辩护。法院在判决意见中驳回了三人的辩护，认为三人已构成检察机关指控的国有企业人员失职罪。

② 对个人业务缺乏有效的管理手段。由于我国个人诚信体系尚未建立，商业银行信贷人员无法准确把握借款人真实的信用状况，更缺乏先进的信贷管理信息系统对借款人的信用进行综合评价和后续管理。

③ 对抵押物风险估计不足。商业银行通常认为按揭贷款以住房作为抵押，贷款偿还有保证，因此放松对借款人现金偿还能力的审查。实际上，经济环境、市场需求等因素的

① 陈俊杰，王静. 北京森豪公寓骗贷 7.5 亿案：中行三职员失职获刑. 新京报，2007-09-08.

变化很可能导致抵押物价格下降，而且我国消费品二级市场尚处于起步阶段，交易秩序尚不规范，交易法规也不完善，各种手续十分烦琐，交易费用偏高，一旦消费贷款发生风险，银行难以将抵押物变现，或者处置后所获价款不足以偿还银行按揭贷款本息，抵押物担保形同虚设。

2. 住房消费信贷业务的风险控制与防范

(1) 选择优良的客户群。从目前情况看，商业银行住房消费信贷应向经济发达、信贷风险较低的城市和地区倾斜。在客户选择上，要优化客户信贷结构，选择风险低、潜力大、信用好的客户群进行重点营销。对于重点投入地区要加强风险监控和系统化管理，避免不良贷款与新增贷款同步增长。对于经济环境差、业务规模小、信贷风险较高的地区，应谨慎审批和发放住房消费贷款。

对如下申请人的贷款申请，银行应从严把关。

① 借款人家庭月收入低于当地平均水平者。

② 外地人员或外籍人员申请的贷款。

③ 借款人职业不固定，或借款人所从事的行业前景暗淡者。

④ 期限短于1年或超过20年的贷款。

⑤ 申请信用或保证担保方式发放的贷款。

⑥ 个人商用房贷款及大幅度超过当地平均水平的高档住宅。

(2) 建立和完善个人信用评级体系。商业银行应根据自身业务特点和发展战略，建立个人信用评级体系，认真核查借款人的信用等级，将信用评分结果作为审批贷款的主要依据，从源头上控制和防范信贷风险。

(3) 选择实力雄厚、资信良好的开发商和销售前景良好的项目。在开发商的选择上，要注意分类区别对待，在新增消费信贷额度上要实行差别化政策，对有实力的重点客户要作为重点发展对象；对有销售前景的项目、但实力一般的开发商，只给按揭额度不给予其他贷款；对限制淘汰型的开发商，原则上不再进一步合作。对后两者开发商推荐的按揭客户，一定要谨慎调查，防止开发商套现而制造"假按揭"事件。

在具体项目的选择上，要把握好消费贷款投入时机，对单个楼盘、价格较高的楼盘的按揭一定要严格审查，关注城市规划对房地产项目的影响。认真按照国家和中国人民银行的政策办理消费信贷业务，比如目前要求开发商启动开发时至少已落实项目总投资30%的资金；所建房屋全部封顶后才可进入预售阶段，才能办理按揭业务。

(4) 加强商业银行内部管理，防范道德风险。从跟踪、监控入手，建立一套个人住房贷款的风险预警机制，加强贷后的定期或不定期的跟踪监控，掌握借款人动态，对借款人不能按时偿还本息情况，或者有不良信用记录的，要列入黑名单，加大追收力度，并拒绝再度贷款。

要进一步完善住房消费贷款的风险管理制度，做到分级审查审批、集中检查、审贷分离。在贷前调查、贷时审查、贷后检查的每个环节，都要通过制度明确职责，规范操作，相互制约，防范商业银行内部人员道德风险。

5.3.2 汽车消费信贷业务风险及其控制与防范

1. 汽车消费信贷业务主要风险分析

(1) 借款人风险：主要有借款人提供虚假文件或资料，骗取商业银行贷款购买车辆；还款意愿差，故意或有意拖欠应付贷款本息；未经商业银行同意，私自将所购车辆出租、转让、变卖、馈赠或重复抵押出去；因疾病、事故、退休、离婚、自然灾害等原因，失去还款能力。

(2) 特约经销商风险：这里的特约经销商是指与商业银行签订了“个人购车贷款合作协议”的汽车经销商。目前有部分汽车消费信贷业务是采用由汽车经销商提供担保的方式，具体的做法是：由商业银行选择资信良好的经销商，审核后予以授信额度，在该额度内，商业银行可向在该经销商处购买汽车的购车人发放贷款，如果发生借款人不能按期还款的情况，则由经销商提供赔款还清贷款。经销商是否具备担保能力是关键，其资金实力、资信情况如何决定风险的高低。

(3) 商业银行内部风险。商业银行贷前审查不严，甚至内外勾结，是造成车贷风险的重要因素。特别是当保险公司愿意为购车人提供“履约保险”时，商业银行过多地相信保险公司的履约担保，放松了对借款人还贷能力的审查，出现了不少采用虚假资料恶意骗取“履约保险”，从而骗取商业银行贷款购车，最后不还款也找不到人和车的恶性案件。

2. 汽车消费信贷业务的风险控制与防范

(1) 选择资信良好的经销商合作。汽车经销商的选择重点放在资金实力雄厚、代理品牌好的一级代理商，有良好销售业绩、对购车人有一套完整的资信评估；对于经销商担保的车贷，应要求经销商在商业银行存入一定比例的保证金。

(2) 加强借款人还贷能力的审查，确保有较好的经济来源。在目前信用体系不完善的情况下，商业银行只能对收入稳定、职业良好的借款对象发放信用贷款，否则最好采用抵押担保的方式发放汽车消费贷款。

案例 5-4

银企联手控制汽车贷款业务风险模式的成功实践[①]

个人汽车贷款(尤其是商用货车)的贷款人条件较差、抵押物流动性大、走司法程序难点多等诸多问题直接影响银行贷款风险。中国银行河北省分行(以下简称省中行)和河北庞大汽贸集团有限公司(以下简称庞大集团)的成功合作提供了一个很好的实践案例。

省中行自1999年开始与国内首家上市的汽车贸易公司——庞大集团合作开展个人汽车贷款业务。双方确立了以控制风险为前提，加快双方业务发展的指导思想，设计了以省中行为主导、庞大集团为辅助，共同发展业务、合力控制风险的业务模式及业务流程。省中行方面派出专业人员现场跟踪商用货车业务的整个流程，了解服务方面的各种问题；

① 史征.银企联手控制汽车贷款业务风险模式的成功实践.河北金融，2011(10).

庞大集团也向省中行派出常驻联络员，及时沟通情况，解决问题。

1. 银行方面

(1) 银行负责总体指导监督。在银行的指导下，经过业务培训，庞大集团建立一支前期调查审核队伍，深入每个贷款人家庭现场调查审核，让购车人填写有关材料，并将有关资产情况拍照备查。

(2) 银行协助庞大集团建立专门的清欠队伍。银行在业务上给予指导，庞大集团在人力和物力方面给予保障，并协助银行将逃避银行债务的贷款人诉诸法律。

(3) 银行积极为庞大集团的个人商用货车业务提供贷款支持。庞大集团为所有贷款人提供不可撤销的全程担保，并在银行开立相当于贷款额百分之五的保证金账户，授权银行在发生不良贷款时可随时扣划。

2. 企业方面

(1) 庞大集团投资建立起覆盖全国的GPS管理中心，强制为每一辆贷款车辆安装GPS机具，基本实现了不管车辆走到全国任何一个地方，都能马上跟踪监督到车辆的行驶和停止状况，极大提高了风险控制能力，较好地避免了以往进村追车经常发生的各种冲突。

(2) 推行风险统计表制度。按照各个地区的不同情况、车辆的类型、本地运输或外地运输、本人驾驶或雇人驾驶等情况，设置权重，计算分数。超过一定分值不予受理。

(3) 建立二手车市场。当追回车辆达到一定条件时，立即在二手车市场处理，尽快回笼资金，用于补足在银行的保证金账户，及时归还银行贷款。

(4) 加大激励考核力度。把年初下达不良余额标准，超过标准按不良余额的50%扣减公司的利润。同时，将客户经理和清欠队伍捆绑考核，实行全程责任追究。

十几年来双方合作获得了丰厚利润，银行方面基本没有不良贷款，业务翻番，也为银行个人消费信贷业务做大做强提供有效模式参考；企业方面，庞大集团在市场上树立了良好的企业形象，业务连年跨越式发展，为以后的成功上市奠定了良好坚实的基础。

5.3.3 其他消费信贷业务风险及其控制与防范

1. 个人二手房按揭贷款

二手房按揭多以从房地产三级市场[①]购买的房屋作抵押，向商业银行申请的用于支付部分购房款的消费贷款。主要风险及防范措施如下。

(1) 交易的房屋必须是具有完全产权且经有权批准部门批准上市交易的房屋。

(2) 要对交易房屋价格进行评估或委托评估机构进行评估，防止价格过度偏离市场价格。

(3) 交易合同必须经过权威部门鉴定，注意房屋买卖的真实性，防止用闲置房屋

① 房地产分为三种市场类别：一级市场是土地使用权出让市场；二级市场是土地使用者开发建设后将房产出售和出租的市场；三级市场是购买房地产的单位和个人，再次将房地产转让或租赁的市场，也就是房地产再次进入流通领域进行交易而形成的市场，也包括房屋的交换。

套现。

(4) 必须在办妥房屋抵押登记手续和房屋保险,完善所有贷款规定手续之后,才能发放贷款,原则上贷款要直接转划至卖房人账上。

2. 个人住房加按贷款

个人住房加按贷款是为解决借款人因收入发生变化不能按期归还贷款的一种追加贷款,对于原先尚未达到贷款行规定的最高成数或最长贷款期限的个人住房贷款而增加的贷款。加按贷款分为提高贷款成数的加按贷款和延长贷款期限的加按贷款。其主要风险及防范措施如下。

(1) 重点审查借款人加按后的还款能力。

(2) 注意加按的额度和期限控制:加按的贷款最高额度为加按时住房市场净值乘以最高按揭成数减去未偿还贷款本金;延长后的还款期限不超过最长贷款期限减去已偿还贷款期限。

(3) 审查抵押物是否足值、房屋抵押登记期限是否与加按后的期限相符。

(4) 严格审查借款人信用状况,是否有拖欠贷款本息的不良记录。

3. 个人住房转按揭贷款

个人住房转按揭贷款是指借款人将已办理按揭、并正在还款中的所购房屋转让给新购房者,新购房者向贷款行申请按揭贷款,获准后贷款行将原借款人的剩余贷款转到新购房者名下,由新购房者继续履行还款责任的贷款。其主要风险及防范措施如下。

(1) 办理现房转按时,若以所购住房作为担保,需要办理房屋过户和变更抵押登记手续,抵押人由售房人转为购房人后,贷款行才能发放贷款;原则上不能对期房进行转按揭。

(2) 原贷款为保证担保或质押担保的,新购房人必须提供贷款行认可的担保形式,只有在新的担保成立之后,原担保才能撤销。

(3) 新贷款人必须重新购买房屋财产保险。

(4) 购房人和卖房人、商业银行要签订三方协议并公证。按照国土部门的规定,过户和重新抵押登记时,原抵押登记要撤销,在还未正式办理新的抵押登记手续前,要防止该房产因借款人的其他纠纷而被查封,导致还未清偿部分贷款悬空。一般来说,在转按过程中要求原借款人提供商业银行认可的担保。

4. 个人住房装修贷款

风险防范的措施主要有:审查借款人的还款能力,落实还款来源;个人住房装修贷款单笔贷款额度最高不超过"家庭居室装饰装修施工合同"装修总额的70%;注意审查合同价款的合理性,跟踪贷款用途,要求根据装修进度使用贷款,以保证资金用途确实用于装修,防止被挪作其他用途。

5. 个人耐用消费品贷款

个人耐用消费品贷款业务风险和控制主要有:重点审查借款人的还款能力和落实还

款来源；确认贷款用途的真实性；要选择有一定经营规模和有较好社会信誉的商业企业为特约经销商。如出现借款人违约的现象，应以申请支付令为主、打官司为辅的追讨办法，以节约成本和加快效率。

6. 个人助学贷款业务

个人助学贷款业务目前多为政策性贷款，商业性助学贷款数量相对较少。对于政策性助学贷款，一般要求学校进行担保，风险控制措施主要是加强贷后管理和催收清偿，及时落实贷后管理措施，特别是借款学生毕业后的去向跟踪和与其新工作单位的联系，保证借款人及时清偿贷款。对于商业性助学贷款，一般要求落实足额的抵（质）押物或提供有较强实力的保证，从严控制贷款的额度和用途。

5.4 消费信贷业务市场营销

课前思考与讨论

选择一类消费贷款，根据前面学习的这类消费贷款的特点、风险点思考：若你作为这类产品的信贷人员，你将如何展开营销工作，请举例说明你的想法。

5.4.1 消费信贷业务市场营销思路

消费信贷业务在我国发展时间较短，在市场营销方面还有许多不足之处，需要不断探索和总结经验。目前来说，我国商业银行业发展消费信贷业务的思路主要有以下几点。

1. 重点发展住房消费贷款

住房贷款在消费贷款业务发展中占有较大比重，是消费信贷发展的重点。①完善管理，在切实防范住房贷款风险的基础上，严格按照贷款条件和央行的规定发放住房贷款，严禁采用降低贷款条件发放“零首付”贷款等手段来争取住房按揭贷款。②在贷款对象上适当倾斜，重点营销经济适用型住房等中低档住房贷款。

2. 大力发展汽车消费贷款

汽车产业是我国当前重点发展的十大支柱产业之一，虽然汽车消费贷款已经是除住房消费贷款外的第二大个人消费信贷品种，官方数据显示，截至2008年年底，中国各金融机构发放的汽车消费贷款余额超过1 500亿元人民币。尽管如此，我国汽车消费信贷业务仍然具有较大的上升空间。在欧美日等发达国家，70%～80%的整车销售是通过消费信贷的方式实现的，而我国2008年年底这一比例仅为8%。[①]

---

① 浙江理财网，www.zjmoney.com，2009-01-16.

3. 重视发展耐用消费品贷款

耐用消费品是指价值较大、使用寿命相对较长（一般定义为2年以上）的家用商品，包括家用电器、计算机、家具、健身器材、乐器等，但汽车和住房除外。耐用消费品市场潜力巨大，为商业银行开办耐用消费品信贷业务提供了广阔的空间。商业银行应积极与有实力、有规模的商家合作，开展多种形式的耐用消费品贷款。

4. 改进金融服务，积极开展消费信贷业务

①商业银行要树立消费信贷营销意识，鼓励信贷人员围绕消费需求，开发新的消费品种，发展新客户。在建立对信贷人员约束机制的同时，研究制定对信贷人员发放、回收消费贷款的综合考核办法，健全激励机制。②要改进服务，加强管理。商业银行应根据消费信贷业务单笔金额小、贷款次数多等特点，逐步建立相对简便的评估程序和贷款手续。

5.4.2 消费信贷业务市场营销要点

消费信贷业务市场营销的最终目标是将消费信贷产品转化为个人客户的现实需求，根据个人客户的需求提供优质、高效的现实服务，使个人消费信贷产品和个人客户需求实现完美的统一。根据个人消费信贷业务的特点，其营销要点包括以下几点。

1. 对目标客户的定位

个人消费信贷业务营销的目标客户定位为具有良好个人信誉的中高收入阶层，现阶段表现为城市中收入较高、消费频繁、投资欲望较强的中青年客户群体。具体对象主要包括但不限于以下群体。

(1) IT、证券、保险、商业银行、电信、电力、烟草、邮政等行业从业人员。

(2) 行政事业单位中高层行政管理人员及中级职称以上的科教人员、职员。

(3) 效益和发展潜力突出的优秀企业管理人员。

(4) 经营效益显著且具有一定生产规模的信用状况良好的个体工商户、个人独资企业和合伙人企业实际出资人。

2. 营销重点的选择

(1) 区域重点：选择营销地点时应主要考虑目标客户是否集中，如选择目标客户生活的高档社区，目标客户工作的高档写字楼，目标客户消费的中央商业区等作为营销重点区域；还应与中间商及相关展览会、推介会相结合，如在合作楼盘、合作的经销商及房展会、车展会上进行营销等。

(2) 产品重点：总体而言，从目前实际情况看，现阶段个人消费信贷应以个人住房贷款（含一手房、二手房按揭等）和个人汽车消费贷款为主打产品，以个人住房装修贷款、旅游消费贷款、耐用消费品贷款为辅助产品，全面向目标客户推介产品。同时，要根据当地实际，把握市场重点，明确和形成自己的特色产品。

市场链接 5-4

建设银行联合车商办理公务员团购①

建设银行是第一家推出汽车团购的银行，即联合汽车生产企业、保险公司，推出面向集团客户员工提供购车全程服务合作的模式，参与合作的三方分别在汽车销售价格、汽车消费贷款、车辆保险等方面给出一定的优惠政策。对于银行来说，大客户集团员工团购的优势在于有大型企业的隐形信用担保，而这也正是银行在做汽车消费信贷时考虑的首要因素。教师、公务员以及国有大型企业的员工一向被看做低风险的优质个人客户群，成为信贷团购业务的主要客户。

目前，建行公务员团购使用龙卡信用卡进行分期付款，业务主要有六大亮点：①手续便捷，免抵押免担保，无须办理烦琐的车辆抵押担保手续；②优惠费率，合作汽车厂商贴息，0利息、最优0手续费率；③上牌地域无限制，可本地分期付款买车，异地上牌；④贷款期限灵活，最长36月分期还款；⑤轻松理财，增加流动资金，购车理财两不误；⑥优惠赠礼，在某限定日期前办理享团购，申请者还可以额外获赠建行加油卡，并可参加抽奖，赢得iPad、MINI、银条等大奖。

3. 营销策略的应用

(1) 联动营销策略。个人消费信贷业务的营销推广要实现三个层次的联动：①个人信用业务与公司、同业业务联动，交叉营销，并以批发运作为主；②与个人负债业务、个人中间业务联动，以个人信用业务为切入点，通过捆绑式的个人金融服务，提高个人信用业务的综合效益；③总分行上下联动，分行间交流，并有效推进行际间合作，形成内部合力。

(2) 差异化营销策略。通过细分市场，根据客户对本行的效益贡献，对客户提供差异化服务。例如，对于与银行合作密切，具有联动效应和促进作用的对公单位的员工可以提供由原单位担保的个人消费贷款；对代发工资单位员工配套个人自动授信贷款业务等。

经济发达中心城市的商业银行，要积极与全国性保险公司授权分支机构开展贷款保证保险合作，并积极尝试和营销不指定经销商的汽车消费贷款模式，实现一站式客户服务。

(3) 持续营销策略。营销工作贵在经常，贵在持久，只有长期的营销工作，才能锻炼营销队伍，积累营销经验，推广营销声势，提高营销实效。

案例 5-5

四大国有商业银行住房消费贷款的"营销牌"

四大国有商业银行住房消费贷款各出各招，形成了一整套比较完善的住房消费贷款营销流程。

---

① 建设银行联合车商办团购服务公务员群体.东方网，http://www.0000m.com/Thread/view/id-96，获取时间：2013-06-25.

1. 农行“金钥匙”住房贷款品牌

广东农业银行推出的“金钥匙”住房信贷品牌类型多样，服务标准统一，还款方式灵活便捷，已经逐渐成为广东地区住房贷款的品牌。其在原有一手房按揭、二手房按揭、房改房贷款、公积金委托贷款和组合贷款五大类业务品种的基础上，近期又推出了以下新品种：以借款人拥有完全产权的旧住房做抵押物，用于支付新购房首付款的押旧买新首付款贷款；加按贷款、转按贷款、小城镇个人购建房贷款等。农行可向城乡居民提供十大类19个业务品种的个人住房贷款，充分体现了业务创新的优势。

2. 工行“个人家居组合贷款”灵活方便

中国工商银行近年来积极调整信贷结构，以发展个人住房消费信贷为切入点，加大住房信贷投放力度，在全行的信贷规模中，扩大商品房按揭、商品房开发的信贷支持规模。近期，工行不断创新业务品种，于现有的12个住房贷款业务品种之上，推出了“个人家居组合贷款”等4项新的业务品种。同时，还建立了个人信用档案，对信誉良好的高收入群体，积极推荐“个人住房装修贷款”、“个人住房抵押消费贷款”等业务，并为其提供长期金融服务。“个人家居组合贷款”业务与以往的住房抵押贷款不同的是，该业务取消了原有以住房抵押贷款时对贷款用途的限制，根据借款人的要求，将贷款划入其在工行开立的储蓄账户中，较为方便市民购买大宗家居用品，受到了市场的普遍欢迎。

3. 建行“安居乐”方便快捷

近年来，中国建设银行在有效控制风险的前提下，最大限度简化手续，连续推出数个个人住房贷款品种，目前在品种上已形成了政策性和商业性两个系列十余个品种的个贷系列产品，既有一手房按揭，又有二手房按揭；既有公积金个人住房贷款，也有自营性个人住房贷款，还有组合贷款；既有单纯的购房贷款，也有购房与购车组合、购房与装修等的组合贷款，多层次、全方位地满足了客户的不同需要，大大提升了住房贷款业务的竞争活力。

4. 中行“安居寻常百姓家”

最近，中国银行打出个人住房贷款“安居寻常百姓家”新形象广告，加大力度发展个人住房贷款。目前，中行已形成了一手房贷款、二手房贷款、公积金贷款三大类，个人自建房贷款、车位抵押贷款、“加按”、“重按”、“转按”住房贷款、个人组合公积金贷款等十多项个人住房贷款业务。针对竞争激烈的状况，该行还与各大楼盘合作，推出住房按揭送律师费、免费享受赠送CDMA等新优惠措施，取得了较好的效果。

5.4.3 消费信贷业务客户开发技巧

1. 与客户打交道的技巧

人的类型、品味百人百样，不同的人有不同的交往方式。商业银行客户经理在营销个人消费信贷时，应根据客户的不同类型选择不同的应对技巧，采用不同的谈话方式。

(1) 对沉默寡言的人。对这类人应尽量少说，保持足够的耐心。这类人有时反而最容易成为忠实客户。

(2) 对喜欢炫耀的人。这样的人最爱听恭维、称赞的话。要是对普通的客户称赞五次就够了，对这种人则要称赞十次以上。对他自己所热衷的炫耀，需要有相当的耐心去聆听。听得越充分，称赞越充分，所得到的回报就会越多。

(3) 对令人讨厌的人。这类人往往是由于难以证明自己，希望得到肯定的愿望尤其强烈，与这种人打交道的关键是自己不能卑下，必须在肯定自己尊严的基础上给他以适当的肯定。

(4) 对优柔寡断的人。客户经理要牢牢掌握主动权，充满自信地运用公关语言，不断地向他做出积极性的建议，多运用肯定性用语，直到促使他做出决定，或在不知不觉中替他做出决定。

(5) 对知识渊博的人。客户经理不要放弃机会，多注意聆听对方说话；同时，还应该给以自然真诚的赞许。这类人往往宽宏、明智，在说服他们时，只要抓住要点，不需要太多的话，也不需要用太多的心思。

(6) 对爱讨价还价的人。对这类人，客户经理有必要满足一下他的自尊心，在口头上做一点适当的妥协。

(7) 对慢性的人。对于这类人，客户经理千万不能急躁、焦虑或向他施加压力，应该努力配合他的步调，脚踏实地地去证明、引导，慢慢就会水到渠成。

(8) 对性急的人。首先要精神饱满，清楚、准确又有效地回答对方的问题，说话应该注意简洁、抓住要点，避免扯闲话。

(9) 对善变的人。这类人容易做决定也容易改变决定。如果他已与其他商业银行开始合作，你仍有机会说服他与你合作。

(10) 对疑心重的人。这类人容易猜测，容易对他人的说法产生逆反心理。说服这类人合作的关键在于让他了解你的诚意或者让他感到你对他所提的疑问很重视。比如："您的问题真是切中要害，我也有过这种想法，不过要很好地解决这个问题，我们还得多交换意见"，等等。

(11) 对大方型的人。这类人很会说话，也很爱说话。应对这种人，要自始至终保持冷静机智；要适时运用幽默技巧来旁敲侧击，点到为止；要多拜访，找突破口，以真诚之心来打动他，使他折服。

2. 开发客户的方法

面对激烈的银行竞争，传统的、低层次的营销方式已经落伍，商业银行客户经理应该积极运用新的营销手段。

(1) 服务营销。通过提供比竞争对手更好、更全面、更富特色的服务与竞争对手拉开距离，显示不同，赢得客户。

(2) 超值营销。在营销的各个环节上，设计和提供超过客户期望值或优于竞争对手的额外价值，赢得客户。

(3) 快速营销。在营销的各个环节上，要以快速出击、捷足先登等方式，比竞争对手先行一步，赢得客户或其他资源。

(4) 质量营销。以提供超越客户期望的优异产品和服务质量，使客户感到异常满意。

(5) 口碑营销。在营销的各个方面都努力保证客户满意，使之在自觉或不自觉中向其他潜在客户宣传本商业银行的优点。

(6) 变化营销。以充分认识市场环境和自身条件的变化为前提，以变应变，以变求新，以新为变，不断推出新观念、新产品、新技术、新服务。

(7) 选择营销。注意市场特点和动态，根据客户的不同特点有选择地推荐产品和服务，满足客户个性化需求。

(8) 组合营销。对同一市场群体、同一客户系统、同一客户要深度复合开发，将商业银行多项业务与现有的每一个客户进行全面黏合，增强相互依存度。通过对优质客户实行信贷营销，实现资产负债有效联动；通过对公司客户的二次开发，寻找高层次消费信贷客户；依托储蓄资源，实行银行卡、消费信贷、投资理财业务的立体营销；与保险公司、证券公司建立战略合作伙伴关系，开展兼业营销，捆绑经营，成批量地发展和锁定一批黄金客户。

(9) 特色营销。立足于本单位所处的区域经济环境，面向主要目标市场走特色经营之路，进行深度开发，形成稳定的客户群体。

(10) 关系营销。建立和巩固与客户长期、信任、互利的合作关系，创造稳定的有价值的客户。

案例 5-6

民生银行的营销观

1. 营销无止境

民生银行提出“快乐营销”新理念。民生银行强调，银行在产品设计及营销过程中，始终贯穿“人性化”理念，即产品要针对客户的需要，从方便客户的角度来设计。而对于营销人员而言，是民生银行的特有产品，是贴近市场需求的“人性化”的产品，因此，就会充满信心，在营销过程中才会有成就感和快乐感，不是生硬被动地去“拉客户”，而是向客户提供一整套解决问题的方案，推荐更新、更好的产品和服务。这种基于银行和客户双赢的合作，使民生银行的业务人员真正感受到了营销的快乐。

“哑铃型”的营销管理模式。近年来，民生银行针对实际情况，将个人消费贷款的重点放在了住房按揭方面，并提出了“哑铃型”的营销管理模式，即住房按揭产品研发是哑铃的一个头，按揭产品的营销是另一个头，民生银行的按揭中心就是这个哑铃的把手。按揭中心更多的是起到组织、协调、管理等作用，最大限度地利用社会资源。针对我国楼盘销售主要以开发商销售和代理商销售为主的情况，民生银行把按揭业务委托给有实力的房地产经纪公司，把按揭业务社会化，由它们向民生银行介绍住房按揭房源，民生银行给予一定比例的佣金。这种模式较好地利用外脑搞好产品开发，整合社会资源做大市场营销，不但节约了银行自己的资源，更促进了住房按揭市场的健康发展，从而实现银行低成本扩张，走出了一条小银行创出大市场的新路子。

2. 超越客户需求

“超越客户”是银行营销的较高层次营销手段，就是银行主动为客户提供金融服务综合解决方案。如民生银行将住房按揭产品进行了整合，提出了“民生家园 1＋3”个人住房按揭金融服务套餐，为百姓买房提供量身定做的产品。只要客户在民生银行贷款买了房，房屋的装修、车位,还有以后房子以小换大、以大换小,以及房产抵押贷款等,与住房贷款有关的系列金融服务全都想到了,这就是所谓的"一笔民生款"带来"一生好住房"。

在住房按揭业务方面,为了保证客户能够享用民生银行"以销定产"和"超越客户"的金融产品,民生银行在进行产品研发设计时,就将营销贯穿于产品创新的始终,主要依靠三项保证措施。

一是服务"快"。民生银行通过高科技手段引导内部信贷流程的再造,提高效率。民生银行如今可以通过移动办公,在售楼处直接受理业务,将客户申请资料直接录入或扫描,然后快速传递送入内部审批流程,快的一日就妥,实现真正的高效快捷。

二是产品"新",真正做到"人无我有、人有我优、人优我惠"。目前,在大部分银行住房按揭的还款方式只有等额本金法和等额本息法时,民生银行引进并创新了一个住房按揭新系统,可以让一个刚毕业的大学生,能很快住上属于自己的高品质住房。民生银行为他们量身定做了一个方案,如果按揭15年的住房,前5年可以只还利息,后10年再还本息。这样,一个刚毕业的大学生就可以提前享受高品质生活。另外,民生银行还可以根据客户的具体情况,提出十几种个性化的解决方案,帮客户实现梦想。

三是为客户提供"低成本购房"方案,也就是省钱方案。民生银行设计了个人业务捆绑方案,如果客户使用该行个人业务的产品越多,他的积分就越多,将来买房买车等就可以一次或分期获得优惠。比如,个人在用民生卡刷卡消费时,他的消费金额会积分,记在他的账上,累计起来,等他买房的时候,可以抵扣房款。

本章小结

本章首先介绍了个人消费信贷的概念和种类以及个人消费信贷主要品种的业务办理程序。从目前各商业银行个人消费信贷业务的开展情况来看,住房按揭贷款和汽车消费贷款是占比最大的个人消费信贷品种。在办理业务时,商业银行必须谨慎选择合作对象、完善各项法律手续,切实加强对贷款客户的管理,避免发生风险。个人消费信贷业务是与形形色色的人打交道,非常讲究营销技巧,在进行个人消费信贷市场营销时必须找准目标客户,并有针对性地开展营销活动。

思考题

1. 什么是个人消费信贷?消费信贷有哪些种类和作用?
2. 简要说明个人住房消费贷款的办理程序。
3. 简要说明个人汽车消费贷款的办理程序。
4. 分析办理个人住房消费贷款业务的风险点和风险控制措施。
5. 分析办理个人汽车消费贷款业务的风险点和风险控制措施。
6. 案例分析题

2007年年底美国爆发大规模次贷危机,对欧美金融体系及全球资本市场造成重创。所谓次贷,即次级抵押贷款,是相对于"优惠级"贷款而言的,指一些贷款机构向信用程度较差和收入不高的借款人提供的购房贷款。这类贷款一般不用首付,贷款利率较高,但还款违约率也较高。危机爆发前的几年,美国人对房地产市场普遍乐观,房价不断走高,加上低利率,次级房贷市场规模迅速膨胀,美国政府的数据显示,从2003—2005年,次级贷款占总抵押贷款的比例从不到10%上升到30%左右。然而,2004—2006年6月,美国联邦储备委员会连续17次提息,将联邦利率从1%提升到5.25%。利率大幅攀升加重了购房者的还贷负担,美国住房市场开始大幅降温。随着住房价格下跌,购房者难以将房屋出售或者通过抵押获得融资。很多次级抵押贷款市场的借款人无法按期偿还借款,次级抵押贷款市场危机开始显现。美国抵押银行家协会2009年3月公布的统计数据表明,截至2008年年底,全美有540万抵押贷款购房人出现至少一个月以上还款延期或进入止赎程序(因拖欠房贷,银行等机构将没收或已没收抵押房产),这一数字达到历史新高。而使用次级抵押贷款或浮动利率抵押贷款的房屋业主中,有48%的人已经出现还贷延期问题或进入止赎程序。平均每8个贷款买房的美国人中就有1个出现财务问题,房产难保。

美国次级抵押贷款市场危机的出现,首先受到冲击的是一些从事次级抵押贷款业务的放贷机构。众多次级抵押贷款公司遭受严重损失,甚至被迫申请破产保护,其中包括美国最大的储蓄银行华盛顿互惠银行和美国第二大次级抵押贷款机构——新世纪金融公司。2008年年底,美国财政部救助并最终接管房地美(Freddie Mac)和房利美(Fannie Mae)。"二房"公司是由美国国会出资和特许的主要以从事按揭业务为主的规模超大的金融机构。由于放贷机构还将次级抵押贷款合约打包成金融投资产品出售给投资基金等,一些买入此类投资产品的美国和欧洲投资基金也受到重创,美国五大投资银行雷曼兄弟宣布破产,贝尔斯登、美林被收购,仅剩高盛和摩根斯坦利也变身为银行控股公司。全球最大的保险公司美国国际集团(AIG)被美国政府接管。危机继续扩大至其他金融领域,银行普遍选择提高贷款利率和减少贷款数量,致使全球主要金融市场出现流动性不足危机,次级抵押贷款市场危机呈愈演愈烈之势,并向实体经济蔓延。

2008中国首席财务官论坛在北京召开,会上美国前财政部部长约翰·斯诺详细解释了造成美国次贷危机的原因,并称在银行借贷方面,美国银行犯了很多错误,同时表示美国相关金融监管工作在出现次贷危机之前没有做到位。

以下为约翰·斯诺的部分讲话:

"……从基本上来说,很多年以来,美国人似乎总是可以非常轻易地拿到信贷,利率是非常低的。不管是收益曲线的后端还是前端都是如此。结果,资产的价值就会上升,这在房地产方面体现得最明显,不动产成为最多的资产,这在美国的经济上是第一次。

不动产方面所带来的收入,似乎构造ATM机一样,也就是从自己的不动产中取钱,然后进行消费,似乎是利用自己的房子消费,跑到银行说,现在这个房子的价值上升了,我有了更多的抵押了,那么这个房价在上升,我抵押就更高了,在此基础上,你要给我更高的贷款了。银行就说'好的好的',说了很多'好的',却忘记了审视这个贷款者还贷的能力。其实,任何一个放贷人员,要问的第一个问题就是,你是否要按照自己的能力,哪怕是在极其困难的情况下,也能够偿还起这个贷款,而我们的银行忘记了这个最基本的问题。

而之所以忘记,是因为他们认为房地产的价值会永远地上升,就像是以为房地产是一棵年轻的小树一样,永远都会长成大树。正是由于有了这样的错误观念,银行的借贷者就用了一个错误的经济模式,前提是房地产的价格会永远地上升。所以,哪怕说信贷的比例现在看起来似乎有一点怀疑的地方,但是银行总会觉得,一两年之后,房子的价格会进一步上涨,所以即使现在这样一个借贷比例,仍然是可以做到的,却忘记了做最必要的信贷审批。

在美国,我们把这一部分贷款给没有收入、没有工作的人,只要他有一个比较好的房子,看起来房子的价格还会上涨,那么这样的人就会获得进一步的贷款,同时房子就越建越多。由于供求关系的影响,现在的房价在急剧地下降。而所有的借款已经发出去了,甚至有一些借贷的关系又在证券市场上进行了再次证券化的工作,就使得整个的情形更加复杂。

而所涉及的就是数以十亿、数以百亿的被冲销了的资金。银行另一方面面临的问题就是,它们需要有新的资本的注资,钱不够了。我相信,像中国也有很多的监管部门,像证监会,在不断地监管银行在贷款方面,以及利用房贷所做的其他的再融资的工作,那么美国也在监管相关的工作,但是在出现此次次贷危机之前,这方面的工作没有做到位。

我个人的观点是,在银行的借贷方面,美国的银行犯了很多的错误,创立出了太多的所谓的金融工具、衍生工具。通过这些衍生工具的衍生,使得一些明明是次级贷款的被评为A级。还有一些金融机构创立出了新的模型,似乎通过这些模型和所谓的衍生工具,就可以把其中所涉及的贷款危机和风险下降。这些金融工具听起来太好了,好到几乎不再真实。而人们所买的只是一些文书而已,只是一些信息而这些信息又在美国的银行流入到了资本市场,甚至流入到了世界上的其他的资本市场。而其背后所代表的价值却并不存在,这就会带来一个宏观经济最终的影响……"

根据上面的资料分析:

(1) 美国次贷危机爆发的主要原因是什么?约翰·斯诺提到的"在银行借贷方面,美国银行犯很多错误",这些错误具体表现在哪些方面?

(2) 我国商业银行住房消费信贷业务中应该注意哪些问题?可以采取哪些措施防范风险?

实 训 题

由教师对学生进行适当分组,学生以小组为单位选取一家商业银行作为任务对象,通过该银行的网站、宣传资料、相关书籍,收集该银行的消费信贷业务信息。

1. 了解该商业银行目前开展的个人消费信贷业务情况,包括个人消费信贷业务的主要种类、产品内容和产品特色。

2. 分析该商业银行消费信贷产品的营销重点、营销特色,思考在个人消费信贷业务营销工作中可以采取哪些方法突出本行的产品特色,提升营销效果。

各小组将收集到的以上资料进行汇总,写成一份研究报告,在全班进行展示,报告形式各组自定。最后全班讨论:目前全国商业银行个人消费信贷业务的竞争热点和营销重点。

第6章

信用卡业务与市场营销

学习目标

1. 了解信用卡的有关背景知识、信用卡的分类以及不同类型信用卡的基本特征。
2. 掌握信用卡的基本运作、信用卡业务的特点。
3. 了解信用卡业务的主要风险点，树立信用卡业务风险防范意识。
4. 熟练掌握信用卡市场的构成。
5. 重点掌握持卡人市场的营销要点，能根据市场需要灵活运用营销方式并有所创新。

6.1 信用卡的概念与种类

课前思考与讨论

打开你的钱包查看：
你有银行卡吗？
你的银行卡是信用卡吗？
银行卡需要具备哪些特点才能称为信用卡呢？
若你拥有一张以上的信用卡，每张信用卡有什么不同之处？
为什么你可以拥有(未能拥有)一张信用卡呢？

6.1.1 信用卡的概念

信用卡又称贷记卡(credit card)，是银行、金融机构向信誉良好的单位、个人提供的，能在指定的银行网点提取现金，或在指定的商店、饭店、宾馆等商户购物和享受劳务时进行记账结算的一种信用凭证。其基本形式是一张附有证明的卡片，通常用特殊塑料制成，其标准为：卡片长85.72mm，宽53.975mm，厚0.762mm(国内标准与国际标准一致)，上面印有发卡银行的名称、有效期、号码、持卡人姓名等内容。

信用卡是一种多功能的金融工具，不仅可以凭卡在全国各地大中城市的有关银行提存现金，或在同城、异地的特约商户购物和消费；也可以代替支票、汇票等结算工具办理同城、异地的结转业务，具有银行户头的功能；信用卡的持卡人取现或消费时还可以在银行核定的透支额内先用款，后还钱，由银行计收透支利息。

信用卡最早起源于美国。20世纪80年代以后，信用卡在亚太地区得到了迅速发展。在我国，中国银行1986年发行了国内第一张信用卡——人民币长城信用卡。随着“314”工程[①]的顺利完成和金卡工程[②]的进一步深入，我国商业银行的信用卡业务已经步入快速发展阶段。据中国银行业协会的统计，截至2013年第三季度，中国市场“信用卡累计发卡量3.76亿张……全国人均持有信用卡0.28张”[③]，VISA国际组织近年的调查报告中将中国列为全球信用卡发展潜力最大的市场。

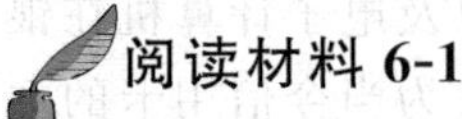
阅读材料 6-1

世界上第一张信用卡[④]

1915年，美国商人弗兰克·麦克纳马拉在纽约招待客人，就餐后发现自己没带钱包，深感尴尬的麦克纳马拉不得不打电话叫妻子带现金来饭店结账。由此，麦克纳马拉产生设计一种能证明身份及具有支付功能的卡片的想法。1950年，他与其商业伙伴在纽约创立了“大莱俱乐部”，即大莱信用卡有限公司的前身，并发行了世界上第一张用塑料制成的信用卡——大莱卡。

由于我国信用卡发展的特殊历程，信用卡的实际含义在我国也经历了一个由宽变窄的过程。1999年以前，凡是能够为持卡人提供信用证明、持卡人可凭卡购物、消费或享受特定服务的特制卡片都称为信用卡，这是广义的信用卡，包括贷记卡、准信用卡、借记卡、储蓄卡、提款卡(ATM卡)、支票卡及赊账卡等。1999年，中国人民银行出台了《银行卡管理办法》，将由商业银行(含邮政金融机构)向社会发行的具有消费信用、转账结算、存取现金等全部或部分功能的信用支付工具定义为银行卡。银行卡按照能否提供消费信用分为信用卡和借记卡两类。为与原来所称的信用卡有所区别，又同时提出了贷记卡的概念及有关规定。狭义地讲，信用卡就是贷记卡，即无须预先存款就可贷款消费的信用卡，先消费后还款，信用卡业务的实质是一种消费贷款，是发卡银行提供给持卡人的一个明确信用额度的循环户，持卡人可以在不超过账户额度的范围内任意支取，偿还借款后，额度自动恢复。本书所指的信用卡属狭义概念。

6.1.2 信用卡的种类

按照不同的标准，可以将信用卡划分成不同的类别。

1. 按发卡机构的性质分为非银行信用卡和银行信用卡

(1) 非银行信用卡。非银行信用卡(commercial card)主要有商业信用卡、旅游信用

---

① 300个城市银行卡联网通用、100个城市银行卡跨行通用、40个城市推行异地跨行的“银联”标识卡。

② 金卡工程是由国务院于1993年6月启动的以发展我国电子货币为目的、以电子货币应用为重点的各类卡基应用系统工程。它以计算机、通信等现代科技为基础，以银行卡等为介质，通过计算机网络系统，以电子信息转账形式实现货币流通。

③ 中国人民银行.2013年第三季度支付体系运行总体情况，2013-11-26.

④ 岳国锋，王阿林.银行卡业务营销技巧与案例分析.北京：清华大学出版社，2012.

卡(travel and entertainment card)等。其中,商业信用卡由零售百货公司、石油公司等单位发行,持卡人凭卡可以在指定的商店购物或在汽油站加油等,定期结算,是最早的信用卡形式。旅游信用卡一般是由航空公司、旅游公司等发行,用于购买火车票、飞机票、船票以及用餐、住宿、娱乐等,如美国的运通卡(American Express Card)和发现卡(Discover Card)以及日本JCB信用卡即属于此类信用卡。

(2) 银行信用卡。银行信用卡(bank card)是由银行发行的信用卡。银行信用卡的出现虽然比商业信用卡晚了几十年,但随着当代科学技术的迅猛发展以及电子计算机在银行的广泛运用,银行信用卡发行量急速增加,使用范围迅速扩大,已成为当今信用卡的主流。全球最大的两家信用卡集团万事达集团和维萨集团发行的万事达卡和维萨卡就属于银行卡类别。本章以下的内容主要讨论银行信用卡。

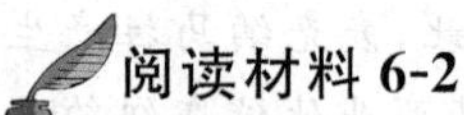

阅读材料 6-2

信用卡品牌

1. 维萨国际组织(VISA International):目前世界最大的信用卡组织,成立于1974年,1977年正式起用"VISA"标志,总部设在美国洛杉矶,目前VISA卡是全球市场占有率最高的信用卡品牌。

2. 万事达卡国际组织(MasterCard International):目前世界第二大信用卡国际组织,1969年正式更名并统一信用卡标志为"万能支付卡"(Master Charge),总部设在美国纽约。

3. 美国运通公司(American Express Co.):目前全球最大的一家独家经营信用卡业务的公司。1958年开始发行信用卡,总部设在美国纽约。运通卡主要定位于高级商界人士。1996年开始向其他金融和发卡机构放开网络。

4. JCB信用卡公司(Japan Credit Bureau):即日本信用卡株式会社,目前日本最大的信用卡公司。1961年成立,总处理中心设在日本东京。JCB信用卡的种类为世界之最,达500多种。

5. 大莱信用卡公司(Diners Club International):世界上最早的信用卡公司之一。1950年,其前身"大莱俱乐部"(Diners Club)开始发行信用卡。1981年,被花旗银行收购,成为花旗银行的附属公司。总部设在美国芝加哥。大莱卡的主要发卡对象也多针对高端客户。

6. 中国银联:全称为中国银行卡联合组织(China Union Pay Co.,Ltd.)是由中国国内八十多家国内金融机构共同发起设立的股份制金融机构,于2002年3月26日成立,总部设在上海。该公司建立和运营中国银行卡跨行信息交换网络,基本实现银行卡全国范围内的联网通用,目前境外受理网络达到141个国家和地区。目前,加入银联的境内外发卡机构已达300多家,银联品牌在中国国内认知度为100%。

2. 按信息载体不同分为磁性卡和芯片卡

(1) 磁性卡。磁性卡(magnetic card)即表面贴有(或镶在内部)磁条纹码或磁带的信用卡。磁条或磁带中记载着持卡人的有关资料。应用时,磁卡在读卡机上滑过,由磁头读出这些信息,通过这些信息标识出发卡行和客户在该行的开户号以及对卡的服务限制,如服务内容、是否允许透支、个人密码有关信息等。从卡的尺寸、物理特性、凸印符号等到磁条的尺寸、位置、读写性能以及各磁道的数据格式等,都由国际标准化组织统一制定标准。我国目前大部分银行发行的信用卡为磁性卡。

(2) 芯片卡。芯片卡(integrated circuit card,IC 卡)又称智能卡、聪明卡、灵巧卡等。芯片卡是相对于传统的信用卡而言的,1974 年产生于法国。芯片卡是在普通卡体上嵌入微型芯片,每一张卡片就像一台微型的个人电脑,芯片可以同时存储和处理多种功能,并借助多重安全系统,在保护交易信息的同时,实现"一卡多用"。芯片卡是我国"314"工程的主导产品,也是世界信用卡的主要发展方向。为了确保交易的安全性和卡片、终端的互通互用,Europay、MasterCard 和 Visa 三大国际支付卡组织联合制定了基于芯片的金融借贷记支付国际标准,简称 EMV 标准。根据万事达卡国际组织公布的数据,截至 2007 年年底,全球有超过 800 万个场所可以进行芯片卡交易。2005 年,中国工商银行与万事达卡国际组织合作推出我国大陆地区首张 EMV 标准信用卡。

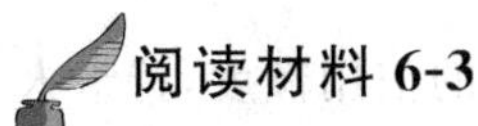
阅读材料 6-3

芯片卡的优势

同普通磁卡相比,IC 卡具有明显的优势。

(1) 信息储存容量大。能够详细记录授权额度和交易日志,IC 卡集成了储蓄卡、专用卡、联名卡等几乎所有磁卡的功能,真正做到了一卡多用。

(2) 安全性。IC 卡系统软件有多级密码保护,只有正确输入密码,才能进行读写,一旦受到外部非法读写或探测时,芯片内的保险熔丝会自动熔断,卡片作废。数据存储和通信安全可靠。

(3) 可授权进行脱机离线支付。可以实现在不访问主机系统的情况下完成卡片交易的授权,减少交易成本,简便交易程序。

3. 按使用对象分为单位卡(商务卡)和个人卡

(1) 单位卡(商务卡)。单位卡(corporate card)的发行对象是企业、机关、团体、部队、学校等法人组织,以这些法人组织的名义申领并由其来承担信用卡中的责任。在我国,凡在中华人民共和国境内金融机构开立基本存款户的单位可申领单位卡,单位卡可申领若干张,持卡人资格由申领单位法定代表人或其委托的代理人书面指定或注销。我国 1999 年颁布的《银行卡管理办法》对单位卡的外观也作了明确的规定,要求单位卡应当在卡面左下方的适当位置凸印"DWK"字样。

(2) 个人卡。个人卡(personal card)的发行对象是个人,面向居住在城镇的工人、干部、教师、科技工作者、个体经营户以及其他成年的、有稳定收入的居民。个人卡的主卡持卡人(principal cardholder)可为其配偶及年满 18 周岁的亲属申领附属卡(supplementary card),附属卡最多不得超过两张,附属卡的所有交易款项均计入主卡户,主卡持卡人有权要求注销其附属卡。

4. 按信誉等级分为普通卡和金卡

(1) 普通卡。普通卡(classic card)是普通信用等级的信用卡。发卡对象为经济实力、资信状况普通的人士，这类信用卡的授权限额起点、服务费用等要求不高。

(2) 金卡。金卡(gold card)，顾名思义，是信用等级高的信用卡。发卡对象为经济实力强、社会地位高、信誉良好的人士，授权限额的起点较普通卡高，但有关的服务费用等要求也相应较高。

有的发卡行对信用卡的信誉等级进行了更为细致的划分，如万事达信用卡的信用等级划分为万事达普通卡(classic MasterCard)、万事达金卡(gold MasterCard)、万事达白金卡(platinum MasterCard)。美国运通公司的信用卡分为绿卡、金卡和白金卡三个级别。还有的发卡行将信用卡的信用等级划分为一、二、三、四、五级。发卡行根据自己的标准，将信用卡划分为不同级别，并赋予不同级别信用卡以不同名称。

5. 依据是否向发卡银行交存备用金分为贷记卡和准贷记卡

(1) 贷记卡。贷记卡(credit card)是指发卡银行给予持卡人一定的信用额度，持卡人可在信用额度内先消费、后还款的信用卡。这种贷记卡的概念与国际上通用的信用卡的含义是一致的。它与其他银行卡和支付工具(如票据、现金等)最大的区别在于，它在为持卡人提供支付手段之外还提供了发卡银行的消费信贷。

(2) 准贷记卡。准贷记卡是指持卡人须先按发卡银行要求交存一定金额的备用金，当备用金账户余额不足支付时，可在发卡银行规定的信用额度内透支的信用卡。准贷记卡给予持卡人的透支额较小，且规定透支款项只能用于消费。我国1999年出台的《银行卡管理办法》中提出这一分类方法。

6. 依据流通范围不同分为地区卡和国际卡

(1) 地区卡。地区卡(regional card)是在发行国国内或一定区域内使用的信用卡。如中国银行发行的人民币长城万事达卡、中国工商银行发行的人民币牡丹卡、中国农业银行发行的人民币金穗卡都属于地区卡。

(2) 国际卡。国际卡(universal card)是由发卡机构联合国际信用卡组织发行的信用卡，可以在中国境内以及境外使用，使用范围由卡片所联合的信用卡组织网点所决定。目前，大多数商业银行都开办了国际信用卡业务。

2002年6月，中国银联先后加VISA、MasterCard国际组织，不仅使国外持卡人可以方便快捷地在中国刷卡消费、取现，而且使国内的VISA、MasterCard国际卡持卡人可以在两大国际组织遍布全球的特约商户和ATM上方便使用，并享受优质服务和相应的折扣优惠，极大地改善了我国国际卡受理环境。

另外，随着银行结算业务的不断发展以及国际化趋势的不断加强，信用卡结算币种多元化的趋势不断加强。依据信用卡结算的币种不同，还可以将信用卡分为人民币卡和外币卡。目前，大多商业银行都发行了集人民币和外币结算为一体的双币种或多币种信用卡。

市场链接 6-1

中行联合 Visa 发全币种国际卡[①]

中国银行联合 Visa 近日共同发行了长城“全币种”国际芯片信用卡。相比工行去年推出的多币种信用卡，中行的“全币种”信用卡国际化更进一步，不但是可以免去任何币种的刷卡外币转换费，而且采用国际通行的 EMV 芯片卡标准。

据了解，除了新品卡可显著降低防伪盗用风险外，该卡最显著的特点是免除货币转换费，并能处理所有币种的交易要求。传统信用卡在境外刷卡时就会碰到刷卡货币与账户货币不一致的情况，因此在不同货币之间转换就会产生货币转换费，而此次推出的产品特别将这笔费用免除，从根源上解决了这一问题，可以说一卡搞定“全币种”。对于没有美元收入的持卡人来说，开通此卡特设的全球单一人民币还款功能后，无论在何地消费，回国后均可直接用人民币还款，免除购汇手续费。

6.2 信用卡业务操作流程与特点

6.2.1 信用卡业务的主要当事人

利用信用卡组织和信用卡公司的网络，信用卡业务的开展和进行主要通过持卡人、发卡机构/发卡行、特约商户、收单行的具体操作来完成。

1. 持卡人

持卡人(card holder)是获得商业银行核准，在银行成功开立信用卡账户、持有信用卡、可以使用信用卡的当事人。信用卡的持卡人可以是单位或者自然人。在我国，人民银行 1992 年发布的《信用卡业务管理办法》对持卡人的资格作出了基本规定[②]，在此基础上，商业银行根据申请人的具体条件自行决定是否接受申请给予发卡。持卡人可以在商业银行给予的信贷额度内使用信用卡，按期向银行归还款项。

2. 发卡机构/发卡行

发卡机构(issuer)即发行信用卡的金融机构。在本书中主要指经中国人民银行核准进行信用卡业务的商业银行，即发卡行。发卡行是本行信用卡及信用卡业务的管理者，主要负责信用卡产品的开发和设计，信用卡营销，信用卡账户管理(包括用卡额度的审批、信用卡账户管理、款项催收、客户服务等业务环节)。发卡行一方面给予持卡人信贷额度、定期获得持卡人还款；另一方面要完成对持卡人授权交易的偿付。

---

① 晨报讯. 中行联合 Visa 发全币种国际卡. 新闻晨报，2013-06-06.

② 中国人民银行 1992 年颁布的《信用卡业务管理办法》第四章第三十三条规定：“凡在中华人民共和国境内金融机构开立基本存款账户的单位可申领单位卡。单位卡可申领若干张，持卡人资格由申领单位法定代表人或其委托的代理人书面指定和注销。凡具有完全民事行为能力的公民可申领个人卡。个人卡的主卡持卡人可为其配偶及年满 18 周岁的亲属申领附属卡，附属卡最多不得超过两张，主卡持卡人有权要求注销其附属卡。”

3. 特约商户

特约商户(merchant)是接受信用卡付款、为持卡人提供产品消费和服务的单位。信用卡消费方式方便客户购物，增加商户扩大销售机会，并且有银行信用作保证，所以大多数经营单位乐意成为特约商户。特约商户需要向信用卡组织和发卡行缴纳一定费用获得信用卡结算资格。

4. 收单行

收单行(acquirer)主要负责特约商户的推广、POS机的安装、管理和资金清算，即帮助商户向发卡行收取结算金额。收单行可以是特约商户的开户银行，也可以是单独的收单机构。信用卡发卡银行和收单行可以为同一家银行。

6.2.2 信用卡业务的操作流程

无论是商业银行通过营销寻找到的客户，还是主动找上门的客户，在办理信用卡时，都必须经过以下程序：①由申请人向发卡银行提出申请；②由发卡机构对申请人的基本条件、资金、信誉、担保等进行全面调查及审核，包括对申请表内容的真实性、完整性以及证明材料及附件的真实性、完整性的审查，对申请人的资信状况做出综合分析和评估；③由发卡机构确定申请人的信用等级，并决定提供给该申请人的相应的信用卡额度。额度的真正使用发生在持卡人使用信用卡，发卡银行通过对特约商户、经办行及受理网点的信用卡使用授权来直接参与每一笔交易的过程。以上操作程序可用图6-1表示。

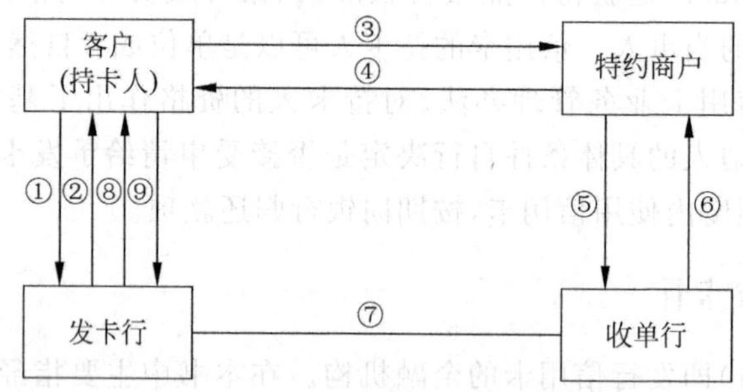

图 6-1 信用卡业务操作流程图

① 客户向银行申请信用卡。
② 银行核准发卡(包括持卡人身份验证、资信调查以及评分决策过程)。
③ 持卡人用卡消费(经由发卡行或卡中心授权)。
④ 特约商户向持卡人提供商品或劳务。
⑤ 特约商户向收单行提交持卡人签名的签购单。
⑥ 收单行向特约商户付款。
⑦ 收单行与发卡行进行资金清算。
⑧ 发卡银行向持卡人发送付款通知书。
⑨ 持卡人向发卡银行归还信用卡贷款。

6.2.3 信用卡业务的特点

从总体上看，信用卡业务呈现以下的特点。

1. 信用卡业务是融银行资产、负债、中间业务为一体的综合性业务

信用卡业务是银行业务中较为复杂的一种特殊业务。信用卡本身同时具备信贷和支付两大功能。①信贷功能，它为持卡人提供了“先消费、后存款”的便利，持卡人通过使用信用卡获得发卡机构一定额度的贷款，这属于商业银行的资产业务。②支付功能。持卡人可以通过刷卡的形式购买商品或享受服务，在这里，银行提供了中间结算服务，从特约商户收取结算手续费[①]。另外，信用卡业务也为银行带来了存款，交易过程中的沉淀资金、特约商户存入的签购单，这些又属于银行的负债业务范围。所以，信用卡业务不同于单一的信贷业务，其业务环节还涉及银行的中间业务和负债业务领域。在实际工作中，常常将信用卡业务细分为信用卡信贷业务与信用卡结算业务，同时信用卡信贷业务也需要结算部门的大力支持和配合。

2. 信用卡业务的服务对象非常广阔

信用卡业务属于消费信贷的一种，是典型的零售业务，服务对象十分广泛，持卡人既包括自然人，也包括法人。

在信用卡发展初期，银行多注重发展高收入阶层、受教育较多和积极消费的人群。现在，高收入阶层的信用卡业务基本已经饱和，中低收入阶层也开始成为银行信用卡的目标市场。在西方国家，信用卡不再是富人的标志，已经成为社会各阶层人士生活中不可缺少的支付工具，只要有良好的信用，都可以向银行申请适合自己的信用卡。发卡标准的“平民化”成为近年来大多数发卡银行的趋势。在我国，信用卡的服务对象囊括了社会各个领域，涉及企业、机关、团体、居民个人，服务范围不仅覆盖经济发达城市，也深入到广大乡镇，服务对象涉及所有行业，这一特点是其他任何一类银行业务无法比拟的。

另外，除了一般的个人，发行面向企业的商务卡也是近年来信用卡业务开拓的重点。美洲银行是美国最大的小型企业发卡商，据该行调查发现，小型企业每年信用卡消费额比一般个人多出1倍以上，而且信用记录也比个人持卡人的总体记录好，透支坏账率相对较低。由此看来，向企业发行商务卡是发展信用卡业务另一重点。

3. 信用卡业务具有多样化、个性化的要求

信用卡产品的个性和服务内涵，使得银行信用卡业务由原来的趋同化、大众化转向细分化、多样化、专门化。这是市场竞争的结果。在竞争中，每个发卡行希望自己发行的信用卡能被市场认同为具有高品位、能为持卡人带来独有利益的产品，纷纷针对不同的市场

① 根据《银行卡管理办法》，我国商业银行办理银行卡收单业务向商户收取结算手续费的标准为：宾馆、餐饮、娱乐、旅游等行业不低于交易额的2%；其他行业不低于交易金额的1%。并明确规定，若手续费率标准低于该办法规定标准，银行与特约商户之间签订的受理合约将不受法律保护。

需求发行多样化的信用卡产品，持卡人除了可以获得标准信用卡所具有的各种功能，还能享受个性化信用卡提供的特别服务和优惠。信用卡业务的这一特点使得我们在信用卡营销中必须注重和突出卡产品的个性化特征，提供多样化的服务方式。

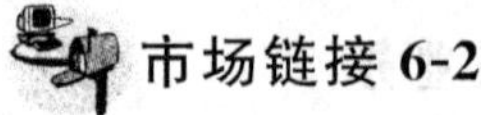

市场链接 6-2

个性化银行卡集锦

银行卡市场不再仅仅以功能多而全作为对卡产品的唯一要求，对个性化服务的追求，已经成为新的趋势。广发、华夏银行的女性银行卡；光大银行上海分行的公益性联名卡——“阳光爱心卡”，目标对准青少年；广发银行的车主卡，持卡人不仅可以享受 100 公里免费道路救援服务，为持卡人解决行车中的突发问题，而且可以获得刷卡加油 5 倍积分或 1% 现金返还等优惠；中国银行推出的针对企事业单位的公务卡，帮助企事业单位加强对公务支出的监控，保证公务支出的安全、便携性。此外还有教师卡、天使卡、奥运卡、世界杯足球卡、生肖卡系列甚至以姚明命名的“姚明信用卡”。细分市场的营销方式针对不同客户群的不同需求，显现出诱人的市场前景。

4. 信用卡业务当事人法律关系复杂

单一的信贷业务一般仅涉及债权方（银行）和债务方（借款人及担保人）两方。信用卡业务却涉及银行、持卡人、特约商户等多方关系人。银行通过向持卡人发卡，为持卡人提供信贷额度，赚取相关收入。持卡人持有和使用卡片，获得发卡行的信贷支持和支付手段。特约商户通过接受信用卡的使用获得一种信用促销方式，而且商家自己可以直接从银行收回货款，并不承担信贷风险。可以说信用卡为各方都带来了实质收益。但同时，信用卡功能的多样性以及结算和清算方式的复杂性也决定了其法律关系的多样性和复杂性。信用卡业务当事人之间的法律关系包括：发卡机构与持卡人之间的借贷关系和代理关系，发卡机构与收单机构之间的代理关系，持卡人与特约商户之间的买卖关系，特约商户与收单机构之间的代理关系等。

案例 6-1

信用卡被盗用，责任谁承担

从中国推出贷记卡之初，相关的结算机构就采取了与国际接轨的操作模式，国内大多数的贷计卡消费时只要客户在签购单上签名即可。但在实际操作中，消费网点的营业员无法对签名的真伪进行专业鉴定，只要持卡消费者签名与卡上的预留签名差不多也就可以消费了，信用卡被盗用的案件屡见不鲜，而一旦发生透支，消费者的权益及责任归属并没有一个明确的规定。

以下是上海市消费者协会提供的一个案例。上海×先生不慎遗失了信用卡，三天后×先生在挂失和报案时发现该信用卡已被盗用两次，盗用消费金额达一万元。虽然两次消费都有持卡人签名，但对于尚待提高意识的收银员来说，签名更像是一个必经的过程而不意味着安全。信用卡轻易就被盗用了。

上海市消费者协会曾召开“银行卡被盗用，责任谁来承担”的研讨会。但银行界与法律界意见分歧，责任归属并无定论。

银行界认为，按照银行与商场(特约商户)之间的约定，特约商户必须在确认顾客在签购单上的签名与信用卡签名相同的情况下，才可接受该卡在联网POS机上使用。对这种签名不符的疏忽，特约商户是有责任的。

法律界专家却认为，首先银行与商场(特约商户)之间的关系是代理关系，代理行为的最大特点是代理行为的后果能在被代理人和第三者之间建立一种法律关系，即被代理人应承担代理人代理行为的后果，银行作为被代理人应该就代理人的行为承担责任。所以，持卡人第一应该向银行索赔，然后银行再向商场追偿。

5. 信用卡业务已经演化为跨银行甚至跨行业的综合业务平台

(1) 发卡银行之间的合作。信用卡业务的发展要求各发卡行之间通过共享商户和终端，减少投资和资源上的浪费，并通过合作建立起一种良性竞争关系，这种竞争关系寻求的不是单方面的获利，而是互利和双赢，银行间的合作推动我国信用卡业走向繁荣。从我国的实际来看，通过“314工程”的实施，银行卡的联网通用改进迅速，“一卡在手，走遍神州”成为现实。根据中国人民银行的有关规定，从2004年1月1日起，发卡银行不再发行非银联卡，即日起原有的非银联卡也不再进入联网通用领域。毫无疑问，此举目的除了加强监控与扩大通用范围，同时在于形成统一标识的国内银行卡品牌，增强国内商业银行银行卡业务的国际竞争力。

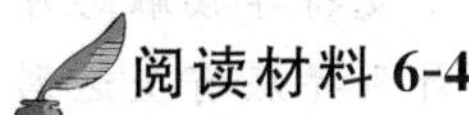

阅读材料 6-4

美国信用卡业的发展历程

作为一个用卡大国，美国信用卡业的发展历程具有代表性。美国银行业发行信用卡始自1952年，至1959年年底，参与发卡的银行达到150多家。为解决独立发卡行过多造成的混乱，从1960年始，美国的银行之间逐渐走上联合之路，最终形成了维萨和万事达两个世界上最大的信用卡组织。美国信用卡业的发展历程充分证明：合作才是信用卡业求得发展的最佳途径。

(2) 银行和其他非银行企业的联合发卡。主要分为联名卡和联合卡两种方式[①]。20世纪90年代起，随着信用卡行业的日趋成熟与完善，信用卡发卡行的业务也超出传统的行业界限，银行与非银行机构合作发卡的做法已经相当普遍。像美国电报电话公司、通用汽车、壳牌石油、美洲航空公司等名声良好的大公司也相继与银行合作，发行联名卡进入信用卡市场。而作为信用卡的发卡机构，通过与知名企事业单位的联系与合作，针对其他行业企业的某些业务品种联合发行特种银行信用卡，捆绑更多其他行业的产品服务，使

---

① 联名卡是发卡行与信誉良好的盈利性机构合作发卡，持卡人在联名公司管辖范围内使用联名卡可以享受折扣或其他优惠。

联合卡又称为认同卡，是发卡行与非盈利性机构合作发卡。持卡人在消费刷卡时，发卡行会将消费金额的一定比例作为向慈善机构、公益团体的捐款。

信用卡具有综合功能，扩大了信用卡的销售。联名信用卡的市场营销工作一般由双方共同开展，宣传推广费用由联名双方协商解决，而联名信用卡的年费、交易手续费、挂失费、工本费、利息收入等联名信用卡项下产生的各项收入均归发卡银行。这种发卡方式成为目前信用卡业务批量占领群体客户的最好手段之一，也是目前信用卡业务竞争最激烈的领域。

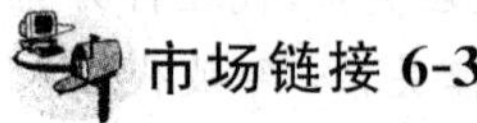

市场链接 6-3

全国首张手机信用卡在深推出①

2012 年 9 月 24 日，中国工商银行、中国联通、中国银联、深圳市政府在深圳共同举行牡丹联通信用卡暨手机信用卡快速支付业务发布仪式，推出全国首张“手机 SIM 卡＋PBOC2.0 贷记卡”标准的手机信用卡，开展手机快速支付业务试点。

这种手机信用卡实际是“手机 SIM 卡＋金融 IC 卡”，看起来与普通手机 SIM 卡无异，市民把这张卡装进手机，可以正常打电话、发短信。不同的是，持有者在商家的 POS 终端（有银联标识）前将手机轻轻一挥便可完成支付，无须输入密码，所有支付结算款项直接通过工行信用卡完成，对账、还款与现有信用卡完全相同。刷手机消费额度最高为 1 000 元，可分一笔或多笔刷，用完后可再次恢复 1 000 元的额度。该类手机用户可以设定每次消费的最高限额，也可设定每当累计消费 1 000 元后，将信用卡的额度自动转换用于再次刷手机支付。

目前，该手机信用卡可在深圳书城等各商家连锁网点的 2 000 多个支持非接触芯片卡的 POS 终端上消费。工行有关负责人表示，可刷卡的 POS 终端预计到年底有望达到 1 万台，今年年底明年初工行借记卡用户也有望使用该项服务。今后手机信用卡还有望与“深圳通”、中国香港的“八达通”兼容互通，并可用来给水电煤气缴费，逐步涵盖到市民衣食住行各方面。

6. 信用卡业务独立于一般银行业务，自成一体

由于信用卡业务的复杂性和跨地域性，附属于银行零售部门的信用卡业务也逐渐从原来的零售和金融机构中分离出来，成立相对专业、独立的信用卡中心。从国际成熟市场的经验看，无论是美国的银行或者是金融甚至非金融行业，凡经营信用卡，一般都设有专门的经营机构，即业务单独运作，资金独立核算。这样的模式，便于信用卡业务实现垂直管理、统一战略以及业绩监控的专业化经营。例如，花旗集团、JP 摩根一大通银行都设有独立的信用卡中心，其经营管理是与银行其他部门分开的。信用卡中心与房屋贷款、汽车贷款、零售存款以及传统个人消费贷款的部门，各自经营不同的金融产品，属于消费银行中的分部门（或分中心）。它们的组织管理机构是分开的，利润亏损独立核算，对自己经营的业务享有所有权。这些部门（中心）可互相享用其他部门的客户数据库来开发自己的市场，进行交叉销售。集中进行信用卡的营销和运作，能够提高信用卡部门的盈利能力和抗

① 中国工商银行网站，2012-09-25.

风险能力。

我国信用卡业务虽然起步较晚，但也有不少银行已经调整步伐，与国际潮流同步，顺应信用卡业务的自身发展的要求，独立经营、独立核算。专业化操作的信用卡中心走公司化经营的路线也成为信用卡业务管理的一个发展方向。

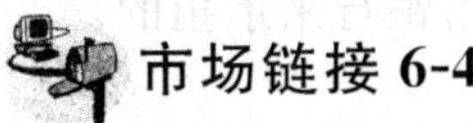

市场链接 6-4

商业银行的信用卡中心

2001年12月，招商银行信用卡中心从个人银行部独立出来，并于2002年迁址上海，该中心在招行内部实行全面成本核算，拥有比一级分行大得多的授权，在人、财、物方面相对独立。2002年1月，中国农业银行银行卡营运中心成立。2002年5月，中国工商银行牡丹卡中心在京成立，并在全国主要的大中城市设立信用卡分中心，在业务考核、费用与人力资源调配等方面，实行统一调度、内部独立核算、垂直管理和专业化经营，信用卡中心和银行的分支机构之间形成一种相互代理、相互计价关系。2003年1月，建设银行信用卡中心在上海开张，推出建行第一张龙卡信用卡，该信用卡中心作为中国建设银行总行内部相对独立核算的专业化经营机构，采用集中经营、集中运作和集中管理模式，遵循集中式、专业化业务处理要求。2007年1月，中行与苏格兰银行合建了一个独立的信用卡业务单元，以进一步推进其信用卡业务，双方约定由前者在人才、技术方面对中行信用卡业务进行支持，并在监管条件允许的时候，成立一家独立的银行卡公司进行运作。2008年年初，民生银行提出了成立民生银行全资控股的信用卡公司的构想，预计注册资金16亿元。

信用卡业务的特点适应了现代银行发展的需要，信用卡业务越来越成为银行利润的主要部分，成为银行业务的龙头领域。在发达国家，70%的居民消费是通过信用卡实现的。在美国，87%的居民消费是通过信用卡实现的，而银行55%的利润是通过信用卡及其相关业务实现的。在规模方面，信用卡是银行业务增长最快的一部分。从中国国内的信用卡市场来看，信用卡规模也是爆发式增长，从2003年的300万张发展到2013年达到了3.76亿张。

6.3 信用卡业务的风险及其控制与防范

课前思考与讨论

请根据前面对于信用卡业务的学习，思考并分组讨论：信用卡业务哪些环节可能存在风险点？这些风险是什么？如何操作可以避免这些风险的发生？

6.3.1 信用卡业务的风险分析

信用卡业务本身的特殊性决定了信用卡业务风险的复杂性。信用卡业务流通环节多，结算涉及发卡机构、代理行、取现网点、特约单位、特约单位开户银行等部门，任何一个环节出现问题，都有可能给信用卡业务带来风险。信用卡业务发展要求扩展信用卡流通市场，增加持卡人数，而众多的持卡人和广泛的信用卡流通范围无疑也增加了信用卡业务的总体风险。从国际现实情况看，发卡机构每年所遭受的信用卡诈骗、坏账损失在美国约占贷款额的5%，西欧国家为6%，而在大多数情况下，这些损失都是由银行来承担的。

对于发卡银行来说，信用卡业务的风险主要分为以下三大类。

1. 信贷风险

一方面，信用卡信贷和一般消费信贷都是客户使用发卡银行或放贷银行核批的信用额度，对自身消费行为的一种支付。只要是在批准的信用额度内用款，客户就会得到银行的支付保障，并且这种支付保障是循环使用的。另一方面，信用卡比一般消费信贷更为灵活、简便，更能满足客户经常性的消费需要，给客户以随机性支付的保障。但作为发卡银行，在向持卡人提供这些优惠、便利信贷方式的同时，隐含着较大的信贷风险（credit risk），主要表现在以下几个方面。

(1) 信用卡业务大多是无抵押、无担保贷款。正如目前大多数商业银行推广信用卡业务的宣传一样，信用卡申请无须抵押、无须担保，所以信用卡贷款大多是一种无抵押的信用贷款。持卡人在申请信用卡时，发卡银行一般不要求申请人提供任何资产抵押，因此，当持卡人财务出现问题时，发卡银行不可能通过变卖抵押品或追索担保人获得补偿。一旦持卡人申请破产，发卡银行就无法向其追偿欠款，只能列为坏账，最终大多只有冲销，"申请破产"常常成了图谋不轨者欠款不还的"保护伞"。据统计，美国消费者人均拥有6张信用卡，每个家庭平均负债逾1.2万美元，2008年爆发金融危机，美国居民的财务状况持续恶化，信用卡拖欠比率上升，根据美联储公布的资料显示，截至2008年10月，美国信用卡欠账已经高达9 517亿美元，信用卡发放机构在2008年上半年已经被迫冲销了约210亿美元的信用卡坏账。

(2) 信用卡循环使用的授权额度增大了银行的风险总额。由于信用卡还款是弹性还款方式，持卡人可选择部分或全部还款，只要持卡人按最低还款额如期还款，且贷款的数额又未超过发卡银行核定的信用额度，持卡人就可以继续用卡消费。此外，发卡银行对持卡人最低还款之外的大部分欠款没有一个固定的回收时间，持卡人的财务状况随着时间及其经济活动不断发生变化，所以从贷款的角度看，时间愈长信贷风险愈高。

另外，Mark-up机制也进一步增加了银行的风险额。所谓Mark-up，是指在发卡银行核批的信用额度之外，再给予持卡人一定范围、一定金额的临时用款浮动，进一步方便持卡人的消费活动。但Mark-up使得发卡银行的风险承担总额实际不仅局限于信用额度内的损失。

(3) 信用卡申请资料日趋简单增加了发卡机构的信用风险系数。信用卡申请的审批是通过对持卡人情况的审查和判断来确定的。从信用卡业务的发展现实来看，因为竞争的需要，各发卡银行为了大力抢占市场，多采取更加简便的申领手续，要求申请者提供的财务和其他信贷资料愈趋简单化，导致在审批时，难以掌握全面、准确、安全的尺度，其后果自然是风险系数增加、骗领信用卡、失卡案件增多、追索难度加大。

(4) 持卡人状况发生变故导致出现违约风险。首先,有些持卡人的透支虽属于善意透支,但由于持卡人发生变故,难以按期归还透支款。比如有些持卡人在领用信用卡后,由于其职业、收入、财产、社会地位等经济因素发生变化,导致其无力偿还信用卡透支。其次,银行与持卡客户及其担保人的联系依据大多是持卡人申请信用卡时提供的工作单位、住宅地址等资料。由于城市改造,许多居民区成片迁移,有的居民购买新房,使得他们的家庭地址和电话号码改变;随着时间的推移,有些人调离原单位或辞职,甚至出国、死亡等,如果银行不能及时获知这些情况,将造成与持卡人的联系中断,无法控制其信用卡的使用。最后,如果申请单位卡的企业倒闭、被拍卖、被兼并或分设,或者持卡人的财产被冻结或诉讼保全,都有可能使这些单位无法及时和足额偿还其信用卡透支,给银行的资金安全带来很大的不确定性和风险。

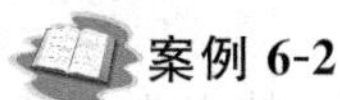**案例 6-2**

韩国信用卡危机①

"在缺乏信用基础设施的背景下,盲目追求规模的扩张,导致韩国的信用卡行业陷入危机。"

2003 年 11 月 21 日,韩国最大信用卡公司——LG 信用卡公司宣布由于缺乏流动资金,当天中断现金提取服务三小时,22 和 23 日又在所有银行中断了现金提取服务。现金提取服务是信用卡公司向持卡人提供的最基本的功能之一。LG 公司被迫中断现金提取业务,表明公司已经陷入了流动性危机之中。同时,韩国九家主要的信用卡公司都遇到了类似的流动性问题。

此次危机一方面源自韩国独立信用卡公司单一的业务结构和融资方式使其抗风险能力较低;另一方面,更加直接的原因是庞大的违约群体。截至 2003 年 10 月月末,360 万韩国人未能按期还款,占韩国工作人口的 16%。

韩国的信用卡公司为抢占市场,迅速扩大顾客基数,摊销自身信用卡体系的固定成本,匆忙上阵揽客,而将风险控制抛到脑后。韩国的银行和信用卡公司在消费信贷鼓励政策下往往没有充分调查个人资信状况就把信用卡发出去了。韩国的成人平均每人拥有 4.5 张信用卡。其中相当一部分是"上门推销"的,发卡行甚至不审核申请人的收入状况和信用记录。信用卡市场的激烈竞争还使得各家信用卡公司争相提高信用额度,并降低欠款利息。

据当时的韩国《朝鲜日报》报道,估计韩国有近 100 万"以卡养卡族",这些人同时持有多张信用卡,通过拆东墙补西墙、借新债还旧债的方法维持个人信用余额,虽然在单个信用卡公司看来这批"以卡养卡族"违约记录并不高,但对整个信用卡行业来说却隐藏着巨大的风险。韩国国际金融研究中心金大伟研究员表示,信用卡新增贷款的月拖欠率高 30%,而这些新贷款很大一部分是用来偿还原有拖欠的。

由于只注重客户规模增长而忽视风险控制和收入结构合理化直接导致了危机的爆发。

---

① 余永帧. 韩国信用卡危机. 财经,2003(24).

信用卡业务是一项规模效益明显的业务，其前期的固定投入相当高，但是当发卡量达到一定临界点后，利润就会迅速增加。所以，在开展信用卡业务时，一些发卡机构在追逐市场份额时忽视了所有业务之本——风险防范。案例中提到韩国信用卡危机产生的一大原因是“庞大的违约群”，这表明发卡机构在发卡时，无视持卡人的信用状况，使得信用风险凸显。通过“提高信用额度，降低欠款利息”来提高竞争力的举措，无疑又增加了发卡银行和公司自身的风险，这是典型的短视行为。发卡对象即持卡人的信用高低直接决定了每一笔信用卡业务信贷风险大小，谨慎选择发卡对象是风险控制的第一关，也是具有全局意义的。单一笔业务风险也许不会给发卡银行带来太大损失，但类似损失的频繁发生会引发致命的后果。

2. 信用卡伪冒风险

信用卡伪冒(fraud risk)是因信用卡诈骗所产生的风险。主要是交易非持卡人授意或使用，其中包括信用卡冒用、信用卡伪造等方式。卡片及卡片上信息被盗用后，损失一般由发卡行承担，这是信用卡业务的另一大风险源。

(1) 失卡冒用。失卡一般有三种情况：一是发卡银行在向持卡人寄卡时丢失；二是持卡人自己保管不善丢失；三是被不法分子窃取。冒用者通过伪造持卡人签名得以实施遗失卡的消费行为。

(2) 假冒申请。诈骗人利用他人资料或者编造虚假身份申请信用卡。最常见的是伪造身份证，填报虚假单位或家庭地址。

(3) 网上冒用。发卡银行为了提高产品的科技含量，为持卡人提供增值服务，相继增加了商品邮购、电话订购、网上交易等功能，由于这些交易都是非面对式，安全性相对较低，信用卡资料(卡号、密码等)很容易被不法分子盗取和冒用。而且，随着此类交易的增多及用途的日益广泛，风险案件也随之增多。

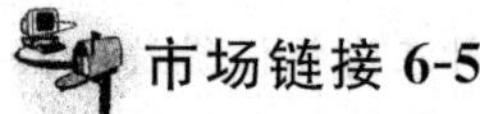

信用卡资料泄密案①

随着信用卡业务量的大幅增加，信用卡犯罪数量也随之攀升，犯罪手法、技术更是层出不穷。2012年年初，全球最大的两家信用卡组织万事达和VISA又被置于舆论风口。3月底，专门为VISA、万事达、美国运通等国际卡机构处理信用卡交易的美国环汇公司(Global Payments)表示，怀疑其客户资料3月初被黑客入侵，已实时通报执法机关，现由联邦特勤局统筹调查。随后，VISA与万事达就这一事件向各家银行及发卡商发出通知，旗下信用卡账户信息可能遭窃，可能导致150万客户账户受到影响。

VISA全球企业风险官艾睿琪称，黑客这次的袭击非常精明，“袭击者使用了非常先进的工具，他们进入这个系统之后对自己进行了加密，所以别人看不出来他们已经进去了。以前我们一致认为加密是我们自我保护的手段，没想到也被犯罪分子利用了”。

① 丁玉萍. 涉及150万账户　VISA回应信用卡数据泄密事件. 21世纪经济报道，2012-04-18.

早在2005年，同样也是因为第三方服务提供商被黑客侵入计算机系统，导致4 000万张信用卡的资料被盗。凭借这些资料，黑客能制造伪卡，大肆刷卡，这是有史以来最大的隐私泄露案，有人戏称可以进入《世界吉尼斯纪录大全》了。

(4) 伪造信用卡。国际上的信用卡诈骗案件中，有60%以上是伪造卡诈骗，其特点是团伙性质，从盗取卡资料、制造假卡、贩卖假卡，到用假卡作案是"一条龙"式的。他们利用一些最新的科技手段盗取真实的信用卡资料，当诈骗分子窃取真实的信用卡资料后，便批量性地制造假卡、贩卖假卡，大肆作案。

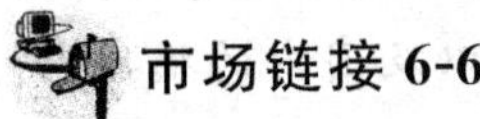

市场链接6-6

信用卡伪造"新动向"①

近年来，盗刷他人信用卡、伪造信用卡套现等案件频发，涉案金额巨大，并且呈现出规模化、批量化的特点。2011年，上海警方侦破了"3·2"特大系列制售、伪造外国信用卡诈骗案，缴获7 000余张未及时出售的伪卡、100余张用于作案的身份证，还发现了10万多条信用卡信息。上海警方通过与VISA、JCB、银联、万事达、大莱卡、美国运通等6大国际发卡组织建立了信息交换渠道，通过与正版的比对及时发现伪卡。但上海警方也发现信用卡伪造方式出现新的发展趋势。比如芯片正取代磁条，成为信用卡的核心；又比如，无卡交易正取代POS机取现等传统交易方式；甚至，"根本找不到那张包含线索的伪造信用卡"。新的犯罪方式其实已经出现。例如某嫌疑人利用黑客技术，从一些日本的购物网站窃取他人的信用卡信息，随后借此在多家网站购物，并派同伙到日本收货、销赃——整个过程中并未制作和使用物理伪卡。

(5) 来自特约商户的不法行为。持卡人签名的签购单是特约商户与发卡机构进行结算的基本凭证。大多数特约商户都能够严格按照相关的规定认真处理签购单据。但在实际的操作中，仍然有特约商户的经办人员，通过伪造持卡人的签购单和利用POS机虚拟交易来诈骗发卡机构的钱财。

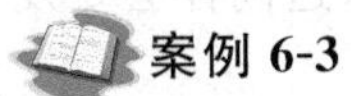

案例6-3

信用卡恶意透支案②

2008年3月30日，以美籍华人徐某某为首的13名国际信用卡诈骗犯罪嫌疑人被提起公诉，代号"KP"的国际信用卡诈骗专案正式告一段落。

据专案组民警介绍，这是一起有组织、有计划、境内外勾结的高智能诈骗犯罪活动。以徐某某为首的犯罪嫌疑人先出资购买了用于伪造国际信用卡的制卡机、打卡机、烫金机等一系列设备。接着，他们通过非法途径秘密窃取了境外持卡人的数据资料后，加工伪造成大批国际信用卡。然后，该犯罪集团积极通过中间人，联系了北京、深圳、新疆、哈尔滨等地的合作商户，约定持伪造的国际信用卡进行虚假消费刷卡套现，并许诺刷卡消费后返

① 沈竹士. 发起"信息战"护卫信用卡. 文汇报，2012-05-07.

② 郭宏鹏. 福建"KP"专案警示奥运前夕信用卡诈骗风险. 法制日报，2008-04-27.

还的现金按 4:6 比例分成,共同进行国际信用卡刷卡消费套现、瓜分赃款。2006 年 12 月 11 日开始,由陈某等人持伪造的国际信用卡在约定的商户疯狂作案,不到一天,该犯罪团伙便"刷卡消费"11 笔套现,合计 647 500 元。此前,该犯罪团伙已诈骗得逞 40 多起,金额达百万元之巨。

由于 POS 机与银行之间的系统和 POS 机与机场的系统是两套完全独立的系统。客户与商户间进行的 POS 机交易是否真实,完全取决于拥有 POS 机的商户的自律行为。POS 机的使用和管理上存在的疏漏,使得犯罪得逞。据初步统计,2005 年 6 月以来,该犯罪集团纠集韩国、瑞典、日本等国以及国内的不法分子,策划伪造了国际信用卡并以此进行诈骗,先后在韩国、日本、法国、中国香港、中国澳门等国家和地区以及国内的福建、新疆、北京、广东、广西、山东、黑龙江等省、市、自治区频繁刷卡消费套现。至案发,该犯罪集团共制造各种信用卡数百张,严重破坏了信用卡管理秩序,损害了发卡行、持卡人的利益。

3. 操作风险

信用卡信贷业务是与信用卡结算业务紧密相关的,信用卡业务风险也常常由于信用卡操作不当引致。在受理信用卡时,银行、特约商户的有关操作人员应当严格按照有关的规章制度办事,否则会给信用卡的有关当事人造成一定的风险或损失。例如,收款员没有按操作规定核对止付名单、身份证和预留签名,接受了本应止付的信用卡,造成经济损失;收款员在压印签购单时,没有将信用卡的卡号压印在有关单据上,造成"无卡号单",使发卡人无法进行结算;持卡人超限额消费时,收款员不征询授权而采取分单压印逃避授权,导致信用失控。

另一种较为突出的操作风险(operation risk)是代授权交易中的隐含风险。在信用卡交易中,大部分卡交易都必须通过发卡银行的授权系统取得授权号码,有些发卡银行出于竞争或服务的需要,为了避免因线路问题影响交易进行,以及考虑到提高小额交易的交易效率,发卡银行会在其授权系统未能接通或交易在一定额度内,由授权国际组织代为批出一定金额的交易。由于国际组织难以检查持卡人户的可用金额和状态,因此,这种代理授权极有可能造成超额透支或是账户取消后,持卡人仍可用信用卡进行交易,这同样会令发卡银行承担信贷额度以外的风险。

6.3.2 信用卡业务的风险控制与防范

根据信用卡业务的特点及风险表现,可采用如下风险控制与防范措施。

1. 加强贷前信用管理

信用卡的发放正如同一笔信用贷款的发放,银行信用卡项目必须遵循银行的总体信贷原则。许多案例都表明,信用卡的风险常常开始于信用卡的申请,要将风险消灭在萌芽状态,就需要在发卡时严格把关,稽查资料的真实性,严格持卡人的资信审查,合理发放信贷额度,将之作为控制信用卡风险的重要环节。在接受客户信用卡申请时,一方面,重视对申请人提供信息的核实和评估,重视调查申请人的职业、收入、家庭和银行信用往来记录;另一方面,通过电话、走访、信函以及相关信息库查询等方式多渠道了解申请人资信情况。在对单位卡的资信审查中，最为复杂的是对企业的信用评估，这是掌握企业资信状况的主要途径，并成为是否接受为银行持卡人的重要条件。在广泛深入调查、准确分析的基础上，对影响企业的诸因素进行综合评价，确定其信用等级，并按等级确定相应的等级系数，测算企业风险度，最后根据授信标准，授予合理的信贷额度。

在国外，持卡人非常注重自身的信誉状况，一旦出现不良记录，就会被列入银行共享的黑名单，直接影响个人社会信用，以后再想取得银行信用支持将非常困难。我国的个人信用体系也在建设中。2000 年，全国首家征信机构——上海资信有限公司成立，并于当年 6 月 28 日建成了上海市个人信用联合征信系统，出具了我国第一份个人信用报告。借鉴上海的经验，深圳、北京、重庆、成都等城市都已陆续开展了个人信用体系的建设工作。在此基础上，中国人民银行也专门成立了征信管理局，并于 2004 年开始组织商业银行建设全国统一的企业及个人信用信息基础数据库。2005 年，人民银行发布了《个人信用信息基础数据库管理暂行办法》，并相继出台配套制度，保障了个人信用信息基础数据库的建设和运行，规范了商业银行报送、查询和使用个人信用信息的行为。截至 2012 年年底，个人信用信息基础数据库为 8.2 亿自然人建立了信用档案，收录的自然人信息数量居世界各征信机构之首。① 中国银联也已经推出类似不良记录黑名单的共享信息，这些信息将成为商业银行发放个人信用卡的重要参考。

2. 注重对信用卡客户的日常管理

及时监控、分析信用卡日常交易，了解持卡人的真实状况，及时发现异常交易信号与苗头。如果发现一个账户出现大量现金透支、或者透支额度用尽、要求增加额度过高过频、逾期多次、消费种类与平时相比突然变化等情况时，需要及时与客户沟通，采取措施，预防和减少坏风险。根据交易记录定期重新评估持卡人的资信，相应调整信用额度。具体措施有以下几条。

(1) 建立、健全持卡人档案资料，定期对持卡人的资信状况进行复查，及时对持卡人及其担保人的资信情况进行综合分析和评估；根据退回的对账单等信函，或打不通持卡人电话等情况，了解客户的地址、电话、工作单位等是否发生变化，尽量取得新的资料，以保证使持卡人资料的真实性。

(2) 每天打印各类透支清单及还款清单，及时掌握新增、新减的透支户和重点户。

(3) 加强对透支的控制，每日认真分析透支户报告表。按透支用途、期限、金额及透支人的经营状况、资信状况等进行整理、分析，按照轻重缓急，有步骤、有针对性地采取有效的催收措施。

3. 加强对逾期款的管理和债务催收

关注逾期款项，尽早采取措施，降低损失。对于不同程度或性质的逾期款项，采用不同的催收形式。

(1) 对于早期或非恶意未缴最低应付额客户，及时发出催收通知，进行“账务提醒”，

---

① 中国人民银行《中国征信业发展报告》编写组. 中国征信业发展报告(2003-2013). 2013 年.

包括电话提醒、手机短信、单信息或信函方式，告之透支日期和金额；对于新增透支户，应通过电话反复催收，并将催收情况记录在案。

(2) 对大额透支或透支时间超过一个月的，发卡机构要以电话或电子邮件形式催促持卡人还款，或者与持卡人取得联系，敦促其立即归还透支款，同时还可与担保人取得联系，通过担保人催促其还款。银行还可以要派专人上门拜访，请其归还透支款。对于透支后仍继续不断取现、消费或透支额较大、透支时间较长以及有意回避银行追索的客户，应及时停止该卡的使用，列入止付名单。

(3) 对于晚期或恶性未还款客户，列入恶意透支名单，采用相对强制的催收办法，如外访催收、发律师信函、诉讼通知或其他法律途径，同时在银行同业间公布恶意透支者名单，同业联动制裁恶意透支。

案例 6-4

信用卡"恶意透支"要追究刑事责任①

最高人民法院、最高人民检察院联合发布了《关于妨害信用卡管理刑事案件具体应用法律若干问题的解释》(以下简称《解释》)，于 2009 年 12 月 16 日起施行。《解释》规定了相关信用卡犯罪的量刑标准，明确信用卡"恶意透支"将被追究刑事责任。依照《中华人民共和国刑法》第一百九十六条的规定，"恶意透支"属于信用卡诈骗的犯罪行为。这次"两高"司法解释对"恶意透支"构成犯罪的条件作了明确的规定。

第一，对"恶意透支"增加了两个限制条件：一是发卡银行的两次催收；二是超过三个月没有归还。

第二，"恶意透支"信用卡诈骗犯罪是故意犯罪，主观上具有非法占有的目的。司法解释中对"以非法占有为目的"，结合近年来的司法实践列举了六种情形，比如明知无法偿还而大量透支的不归还；肆意挥霍透支款不归还；透支以后隐匿、改变通信方式，逃避金融机构的追款等。这些情形都是"以非法占有为目的"的表现。

第三，明确了"恶意透支"的数额。"恶意透支"的数额是指拒不归还和尚未归还的款项，不包括滞纳金、复利等发卡银行收取的费用。在金额方面，"恶意透支"1 万元以上不满 10 万元的，认定为"数额较大"；10～100 万元的，认定为"数额巨大"；超过100 万元，认定为"数额特别巨大"。

4. 加大技术投入，提高信用卡的技术含量，积极推进智能卡的转换计划

智能卡的安全性来自于芯片的安全技术，卡片难以仿制，而且计算机芯片的应用使得卡片的真实性在特约商户的自动授权机终端就能够得以调查和验证，可以从根本上解决伪造卡的问题。法国曾是欧洲信用卡伪冒犯罪最严重的国家，1992 年开始全面开展以智能卡代替磁条卡的工作，在后来的四年中，法国信用卡年欺诈率下降了 70%多。马来西亚在 2005 年年底完成了其国内所有磁条卡向 EMV 芯片卡的升级迁移，芯片技术的有效保护，几乎杜绝了针对其境内发行的 VISA 卡的伪造和欺诈现象。马来西亚最大的

① 叶勇，邹靓. 信用卡"恶意透支"将被追究刑事责任. 上海证券报，2009-12-16.

银行集团 Maybank 有关人士估计，在芯片卡技术应用之前，马来西亚每年因伪卡和欺诈造成的损失可能高达 2 亿元，而实现 EMV 芯片卡迁移后，这种损失已经下降到 200 万元以下。虽然智能卡转换计划需要一定的时间和相当的投入，但其发展前景是毋庸置疑的。

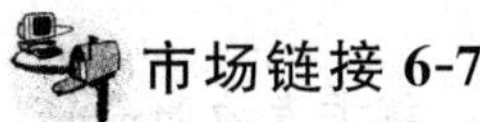

市场链接 6-7

中国人民银行全面推进金融 IC 卡①

2011 年 3 月 15 日，中国人民银行发布《中国人民银行关于推进金融 IC 卡应用工作的意见》(以下简称《意见》)，决定在全国范围内正式启动银行卡芯片迁移工作，“十二五”期间将全面推进金融 IC 卡应用，以促进中国银行卡的产业升级和可持续发展。

《意见》指出，“十二五”期间推进金融 IC 卡应用的总体目标是：加快银行卡芯片化进程，形成增量发行银行卡以金融 IC 卡为主的应用局面；推动金融 IC 卡与公共服务应用的结合，促进金融 IC 卡应用与国际支付体系的融合，实现金融 IC 卡应用与互联网支付、移动支付等创新型应用的整合。

《意见》就金融 IC 卡受理环境改造、商业银行发行金融 IC 卡提出了时间表。在受理环境改造方面，在 2011 年 6 月底前直联 POS(销售点终端)能够受理金融 IC 卡，全国性商业银行布放的间联 POS、ATM(自动柜员机)的受理金融 IC 卡的时间分别为 2011 年年底、2012 年年底前，2013 年起实现所有受理银行卡的联网通用终端都能够受理金融 IC 卡。在商业银行发行金融 IC 卡方面，2011 年 6 月底前工、农、中、建、交和招商、邮储银行应开始发行金融 IC 卡，2013 年 1 月 1 日起全国性商业银行均应开始发行金融 IC 卡，2015 年 1 月 1 日起在经济发达地区和重点合作行业领域，商业银行发行的、以人民币为结算账户的银行卡均应为金融 IC 卡。

6.4　信用卡业务市场营销

从理论上讲，商业银行的信用卡业务分为发卡业务和收单业务②，信用卡市场营销也应该包括持卡人市场营销和特约商户市场营销。但从国际信用卡市场来看，收单市场往往由少数几家大型机构垄断。在我国，银行卡市场逐渐走向使用银联卡的统一标准，由银联下属的专业化公司统一进行特约商户市场的营销、管理也成为一个趋势，所以我们这里只讨论持卡人市场营销。

持卡人是信用卡消费市场的主体，持卡人规模的大小，决定了信用卡市场的效益、规模。持卡人市场营销对于信用卡项目的成功推出、持续发展和稳定获利起着至关重要的作用。目前，银行信用卡的营销方式可谓五花八门。

---

① 中国人民银行科技司. 中国人民银行全面推进金融 IC 卡应用工作，2011-03-28.

② 发卡业务：银行作为持卡人的账户行提供信用贷款、支付结算等金融服务。收单业务：银行作为接受信用卡结算的商户的账户行所提供的资金清算等金融服务。

市场链接 6-8

女性信用卡市场大战①

女性消费能力众所周知，各家银行都把城市中青年女性作为信用卡开发最理想的目标群体，这个战场从来都是硝烟弥漫又充满趣味。

第一张女性卡：广发银行发行了第一张女性卡——广发真情卡。该卡专为高品位、高收入且具消费实力的现代白领女性而设，服务包括：特约商户折扣优惠、广发真情卡网站地区，可以在全球300多个国家和2 000多万家特约商户消费和现钞提款等。该卡赢得了万事卡国际组织营销大赛的“最佳女性卡”银奖。

美丽“花蝴蝶”：民生银行发行了“蝶卡”和“女人花卡”。蝶卡定位“打造以精致为特点的女性金融服务”，专门为都市高端女性客户提供理财、消费服务。女人花卡在卡面制作上下工夫，除了主卡更加亮丽外，还增加了异形卡，一朵美丽的花突出在卡上方，格外诱人。

伊人卡“四季如春”：光大银行伊人卡设计别致，以一年四个季节为主题，推出四款不同的卡面，每个季节卡还配有不同的名字“春晓、夏梦、秋水、冬雪”，满足不同女性对季节和色彩的选择。

迷你卡：招行发行的袖珍信用卡由一张大卡和一张小卡组合而成，小卡体积仅为传统卡片的一半，且左下方有一个独特的流行孔眼，持卡人可将它与手机、项链等配件结合。别致、新颖的设计深受时尚女青年的喜爱。

左右都市卡：中行的都市卡，男性卡叫左卡，女性卡叫右卡，男左女右，体现中国传统习惯，特别吸引情侣。

信用卡持卡人市场营销就是指通过激发和挖掘人们对信用卡商品的需求，设计和开发出满足持卡人需求的信用卡商品，并且通过各种有效的沟通手段使持卡人接受并使用这种商品，实现经营者的目标。信用卡营销应当注意以下的内容。

1. 增加信用卡种类，大力发展个性化卡产品

随着信用卡市场的不断发展，商业银行不断开发出新的卡种，形成产品系列。信用卡市场非常广阔，但银行的经营资源有限，无目标地发行无特点的信用卡产品不利于当前的竞争。作为营销的第一步，在卡产品的设计上需要考虑本产品在功能上是否有独到之处？可以为持卡人提供哪些便利或优惠？产品设计上是否考虑到目标客户的有关特征？

增加信用卡品种，可以有针对性地为不同的客户群提供个性化的服务，使客户认为有持有一张或多张信用卡的必要。注重发展联名卡，为客户提供一站式金融服务，成为发卡银行占领市场的战略性营销选择。发卡银行应认真进行市场调查，研究不同层次消费者的用卡需求，积极与非银行部门合作，有针对性地推出联名卡，“锁定”顾客群，增加银行的发卡量，利用企业的销售渠道和优惠政策，增加银行的收益，深化和拓展银行信用卡的发

① 岳国锋，王阿林. 银行卡营销技巧与案例分析. 北京：清华大学出版社，2012.

展空间。另外,积极发行外币卡、国际卡是拓展信用卡国际市场、增加银行外汇结算和存款的有效途径。

2. 准确锁定优质客户

发展持卡人是扩大营销范围、拓展信用卡市场的立足之本。目标客户的选择体现在对产品市场的定位上,它与信用卡产品的设计是互为影响的。根据目标客户定位设计发卡标准,根据产品设计锁定目标客户。由于市场空间大,客户的选择性也大,只有根据银行的整体优势和以往客户群的素质,有针对性地锁定不同卡产品的目标客户,才能在市场竞争中处于有利地位。作为营销人员,要深入了解不同卡产品的产品组合。所谓了解产品组合就是要分析现有每个产品的特点,进行市场细分,由于每个产品的目标客户不同,相应的信贷政策不同,可以采取的推广政策也就不同。

另外,必须明确信用卡目标客户的选取标准。资信好的客户不一定就是"好客户"。"好客户"是能够为银行带来高利润回报的客户。信用卡业务的收入来源于对信用卡的使用。这样看来,一个有高收入但信用卡使用频率低(很少使用透支额度、消费签额低)的持卡人与一个目前收入不高,但用卡积极的持卡人相比,反而是后者能为银行带来更多的收入。所以在营销过程中要注意对潜在客户进行合理分析,通过对持卡人的收入状况、教育程度、社会地位、消费习惯等方面的具体分析,发掘真正有价值的客户。

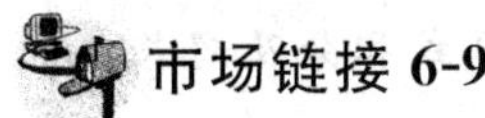
市场链接 6-9

台湾花旗银行的 VIP 营销策略

花旗银行台湾分行希望能从现有的 200 万客户中发展 6 万名 VIP(贵宾)客户,以求为企业带来更大的利润。开始,该行将 VIP 客户的标准定位为每月平均存款余额超过 80 万元新台币的客户。但计划实施后发现,这些高存款客户大部分只是将钱存入银行,对银行精心推出的各种促销方案并不关心,也不热衷各种金融产品,使得花旗银行针对这类客户制定与执行的信用卡行销方案徒劳无功。后来,该行在美国艾克公司帮助下重新定义 VIP,找出了活力能力最高的客户,根据这些客户的年龄、地区、职业情况推估这些客户进行其他投资的可能性,有针对性地制定新的营销策略,结果客户接受建议的比率提高了 7 倍。

3. 采取形式多样的价格优惠措施吸引目标客户

信用卡产品的价格主要包括四个部分。

(1) 持卡人年费。发卡行对于持卡人享受银行信用卡服务收取的费用。金卡的费用高于普通卡的费用。

(2) 利息。对信用卡持有人未结清的贷款余额收取的利息。

(3) 免息期。免息期是指从购物发生之日起到发卡行开始对此笔金额开始计收利息的这一段时间。免息期直接影响利息起算的日期,所以免息期的长短也成为价格构成之一。

(4) 其他附加费用。如对持卡人预支现金收取的费用以及其他形式的惩罚性收费。

在信用卡市场竞争中，信用卡客户尤其是新客户对价格敏感度较高，降低价格已经成为最基本的信用卡营销策略，一些发卡行在信用卡项目初期通过给予持卡人减免年费的优惠，以比普通利率低的先期利率优惠等措施拓展市场，或者直接采取现金回馈、赠送礼品的方式来吸引客户。

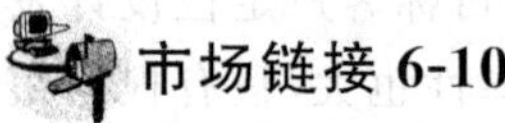

市场链接 6-10

形形色色的价格策略

免年费：发卡银行规定持卡人每年刷卡一定次数以上或者每年累计刷卡消费在一定金额以上，即可免除当年年费。

名店消费折扣优惠：在特定商家使用特定银行的信用卡可享受租车和消费折扣，还可以通过积分计划换取商家的现金礼券、旅游和奖金等优惠。

赠送礼品：发卡银行向银行信用卡的申请者赠送礼品，获得批准的客户可以获赠更高价值的礼品。根据持卡人一定时间内消费积分高低赠送相应的礼品，鼓励持卡人刷卡消费。

迎合追星族：迎合特定人群的"追星"心理，只要申请银行信用卡，银行向持卡人赠送某明星演唱会的门票、比赛门票、明星签名纪念品或者其他明星概念的礼品。

另外还有一些银行通过为持卡人优先订一些热门表演会门票、复式积分及超长免费还款期等价格策略来吸引客户。

4. 利用各种促销手段发掘潜在客户

信用卡的促销就是通过各种方式，成功地将设计的产品介绍给潜在客户，促进信用卡交易额增长的营销活动。在此过程中，发卡行需要不断地寻求具有创意和新意的促销方法来吸引目标市场。

信用卡的主要促销渠道包括以下几种。

(1) 广告宣传。广告宣传包括利用电视广告片、宣传传单、海报和报纸、杂志、户外等其他各种形式的广告物料对外宣传信用卡产品的优点和特点。

(2) 直接营销。直接营销又可细分为三种不同的方法。

① 直接信函(DM)。这是美国商业银行推销信用卡的主要方式，美国每年寄发的DM在50亿份以上。

② 电子邮件。这是近年来增长较快的营销方式。申请者可以在互联网上直接提交申请。

③ 人员直销。通过营销人员与潜在客户面对面的方式进行交流达到发卡目的。

(3) 电话行销和资料库行销。电话行销是通过电话呼叫中心的方式行销。资料库行销是以已有的客户资料为基础，进行差异化的营销。这两种方式都是主动的、个性化的销售方式。电话行销的大部分对象资料来自资料库；资料库行销又基本上是通过电话方式来进行的。

5. 注重老客户的维护和用卡频率的促销

拉客户重要，守住客户同样重要。发卡只是信用卡业务的第一步，而且获得新客户对于银行来说一般都有不菲的费用支出。不少发卡银行经过分析后发现，与吸引和发展新客户相比，保留自己的客户更为重要和有利。另外，大多数信用卡项目盈利与否主要取决于持卡人的信用卡使用情况，所以信用卡营销的另一任务就是提高信用卡的使用频率，注重已有客户的维护，发展新客户的同时进行老客户的新增信用卡增值服务。目前较为常用的方法包括以下几种。

（1）为持卡人提供优质服务。完善信用卡基本服务，为现有客户提供周到的服务，尽可能解决客户的一切问题，使持卡人能够感受到确实的方便，维持持卡人继续持有卡片的意愿以及激发持卡人刷卡消费的欲望。另外，还可与特约商户合作提供附加服务。如航空旅行中的贵宾礼遇服务、停车优惠服务、紧急救援服务等。

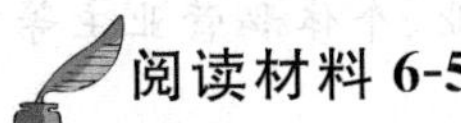
阅读材料 6-5

“祝你生日快乐”[①]

身为数学教授的夫人，约翰太太已经习惯了自己丈夫的忘性，因为除了专业范围内的数字他能够过目不忘，像孩子的生日、结婚纪念日，约翰教授从来是记不住的。

一天清早，花店的小伙子送来一大束红玫瑰，一张别致的小卡片插在花中，上面写着：“祝您生日快乐！您的丈夫约翰”。惊喜之余，约翰太太感到一丝温馨。今天是自己的生日，能收到丈夫的祝福是做妻子的感到最幸福的事情。上午，约翰教授打来电话，邀夫人共进晚餐为她祝贺生日。约翰太太十分兴奋，她精心打扮，准时赴约。酒店的布局极具情调，听到丈夫温柔的祝福，约翰太太激动不已，当丈夫送给她生日礼物时，她更不知说什么好。礼物是她喜欢的Gucci手袋，颜色、款式都是她的最爱。“我今天是世界上最幸福的人。”约翰太太情不自禁地对丈夫说。事后，约翰太太问丈夫是什么灵丹妙药让他长了记性，约翰教授笑着道出了原委。在生日的前一天，约翰教授收到一封自己信用卡发卡行寄来的信，信中提到明天是太太38岁的生日，并列举了约翰太太最喜爱的几种东西和最钟爱的品牌。约翰教授只是按图索骥，还真合了太太的心意。

（2）对长期持卡客户的特别优惠政策，留住客户。发卡银行可采用一些特别优惠的政策，留住长期持卡消费的客户。如银行可规定，凡持本行信用卡消费的客户，年费可逐年递减，使用年限越长，减得越多。同时，还可将留住客户与鼓励客户用卡消费结合起来，如规定每年累计消费达到一定金额，无不良信用记录，可以免年费或者增加信用额度等。通过这些方式，不仅可以留住老客户，还可以吸引部分新客户。

（3）适当开展促销活动，鼓励客户使用信用卡。比较普遍的做法如与特约商户共同推出的折扣优惠计划，只要客户使用信用卡支付，就可以享受折扣、优惠、红利积分，在一定的期限内，按积分累计数兑换礼品，礼品一般经过精心策划，具有很强的独创性和吸引

① 张积惠. 走近信用卡. 成都：西南财经大学出版社，2002.

力，刺激卡片的使用。

案例 6-5

兴业银行重庆分行推广“兴业康乃馨卡”

兴业银行重庆分行成功推出“兴业康乃馨卡”的案例值得我们学习。当年该卡的发卡量达 5.9 万张，其发卡量、卡内存款、卡交易量均居重庆市内各种联名卡之首。该信用卡的成功推出还推动了该分行各项业务的联动发展。

1. 营销背景

随着当代女性社会地位和经济能力的提高，女性客户群体逐渐成为一个资源丰富、潜力巨大的目标客户市场。兴业银行重庆分行锁定女性市场，与重庆海外旅业公司联合推出了重庆市首张专属于女性的银行卡——“兴业康乃馨卡”。

2. 目标客户

重点定位于政府机关、文化教育、医疗卫生等行业、合资、外资企业、个体私营业主等女性目标客户。

3. 产品个性化定位

以服务女性、尊重女性、关爱女性为主题。康乃馨卡在初期就为女性度身设计了“十大特别礼遇”：女士沙龙服务、享受尊贵礼遇、消费送积分、消费积分换奖品、“shopping 女神”超值大礼、刷卡送《新女报》、聘请“最尊贵会员”、会员专属服务、会员加盟专案等。

4. 营销实施

该分行围绕营销目标制定了一套翔实的营销计划和策略，在实施过程中根据实际情况进行适时评估和调整，并尽可能地利用各种营销渠道和资源，多种形式的宣传，加上主题特色营销活动的推动，提高了卡产品的知名度和在目标客户中的接受程度。

(1) 以产品包装创新、组合创新深入客户市场，稳定和扩大客户群

① 大力推广康乃馨卡会员单位。为了稳定和扩大客户群，该分行根据康乃馨卡“持康乃馨卡购物消费享受尊贵礼遇”功能，重点推介康乃馨卡购物消费享受优惠和折扣，与近 500 家单位签约，行业涵盖了百货、餐饮、宾馆、娱乐、旅游、房地产和汽车销售等诸多领域，并整理制作了精美的会员单位名单宣传手册。同时加强对会员单位履约及受理情况的监督，确保持卡人能够享受到实惠、优质的购物乐趣。

② 推出购房购车享受双重实惠的措施。为有效地利用康乃馨卡的特色，发挥业务联动的优势，分行将有信用往来的房地产及汽车经销商发展为康乃馨卡的会员单位，为康乃馨卡客户购房购车提供优惠和折扣，并将购房购车的交易额 5 元计 1 分为客户累计积分，促进了该卡交易量的增长。

③ 推出节日刷卡送积分活动。节假日是消费旺季，重庆分行在“三八”妇女节和“五一”劳动节期间推出了“刷卡消费送积分”的活动，年底又策划推广了“刷 10 000 送 100”刷卡消费送现金营销活动。为客户设计各种动心的省钱方案，在节日期间推出收到了良好的市场效应。

④ 推出“康乃馨卡＋财险＋寿险”组合。康乃馨卡与财险和寿险的结合，塑造了康乃馨卡关爱女性及其家庭的良好品牌形象。分行与华泰财产保险公司和新华人寿保险公司

合作，按照保费为10元、30元、50元等档次专门设计出6种以上的财险和寿险品种，客户可以用自己累积的消费积分换取其中的一种或多种保险项目。上述保险品种将具有种类多、操作性强、适合银行代理、客户乐于接受等特点。

(2) 加大媒体宣传力度，抓住契机举办多样化的营销活动

① 现场营销。在假日开展了较大规模的现场营销活动，以重庆市最繁华的解放碑中心商贸区为主要场地，采用歌舞表演、有奖问答、连续播放银行广告片等形式，与营销对象进行直接沟通和宣传，促进现场发卡。

② 媒体促销。采用了具有流动性强、传播面广的宣传载体，传播康乃馨卡品牌信息。媒体宣传除了在发行量大，专属女性的特色刊物《新女报》上刊登各种康乃馨卡的营销活动信息、刊发宣传文章、发布会员单位的资料以及各种获奖会员名单外，还通过报刊广告、车身广告、电视广告、电台广告以及捐资慰问患病大学生、命名重庆市新女性评选等方式扩大康乃馨卡的影响力。

③ 主题营销。根据康乃馨卡的特点，与知名度较高的美容院和影楼联合营销，推出持卡人消费享受优惠折扣活动，结合春节、情人节、妇女节、母亲节等多个特殊的节日，组织不同主题的特色营销，吸引重庆女性开卡、用卡。

④ 专题营销。在各大专院校、繁华商业区、大型企事业单位开展有针对性的专项营销活动，与目标客户面对面接触的方式既加强了和客户的交流，也有利于信息的反馈收集。同时结合重大节日如教师节、圣诞节、七夕情人节等，举办开卡送女士鲜花、送巧克力等小礼物的活动，营造特有的浪漫温馨氛围。

⑤ 科技营销。建立手机短信平台，通过手机短信向分行的既有客户以及广大的移动和联通用户发布促销信息，实现低成本的信息传递。

⑥ 其他的差异化营销措施。为提升康乃馨卡的影响力和美誉度，该重庆分行还推出了其他差异化营销措施，主要有：针对女性客户群体先后推出了"伊之都"商场贵宾卡优惠；与"金夫人"摄影公司推出会员优惠券；与自然美化妆品公司合作推出优惠活动；为不同时期新开卡的客户提供特惠礼券促进开卡量；为83位尊贵持卡人订阅《新女报》；持久推介"持康乃馨卡购物消费享受尊贵礼遇"活动，向客户传达商家提供折扣的信息；在学校开学时，迎合流行时尚、选用儿童喜爱的卡通形象，为参与持卡消费的客户订制蓝猫玩具大礼包；特别为家庭设计了充满温馨、关爱的积分换礼品小额保单——"贴心保单护全家"等宣传营销活动。

(3) 完善服务手段，设立客户服务中心

为了为客户提供规范、系统、专业的业务咨询，建立与客户及时沟通、处理服务投诉的渠道，同时方便地推广和传播金融产品，收集客户反馈信息，重庆分行设立了客户服务中心，服务中心成立后，首先对5万～20万元以上客户和458家康乃馨卡会员单位进行电话回访，建立起有效的双向沟通机制。

康乃馨卡市场营销活动持续、全面开展，最终使重庆的广大女性客户从怀疑到认同，从认同到接受，从接受到使用康乃馨卡，使康乃馨卡成为重庆市家喻户晓的银行卡品牌。

本章小结

作为现代商业银行“窗口业务”之一，信用卡业务近年来在我国获得了迅猛发展。根据信用卡不同的发卡机构、不同的卡片质量、不同的发卡标准等可以将信用卡分为不同的种类。信用卡产品的多样性带来了信用卡业务的复杂性和多样性。信用卡业务不仅是一项信贷资产业务，还同时涉及银行的负债业务、中间业务，具有广泛的客户对象。随着市场竞争的逐步升级，信用卡业务已经从原来的“大一统”转向追求个性化。信用卡业务的涉及面也不仅仅包括银行和客户两方，还有提供消费场所和消费产品的特约商户。信用卡业务的风险是从信用卡销售出去的那一刻开始的，主要风险来自信用卡诈骗以及信贷风险。由于信用卡一般没有抵押和担保，而且信贷额度是可以循环使用的，贷款的用途也不受限制，所以，信用卡信贷风险又不同于一般的消费信贷风险。发卡银行必须从信用管理、账户管理、坏账催收等几个方面加强信用卡业务的风险管理。信用卡营销不仅在于推广新客户，也包括对已有客户的用卡促销和维护。信用卡的营销手段随着市场竞争的加剧向多样化、专业化的方向发展。

思考题

1. 什么是信用卡？再次打开你的钱夹，若你持有信用卡，它属于哪一类信用卡？仔细观察一下它的外观，总结并讲述信用卡的外观特点，根据以往的刷卡经验、本章有关内容并查找相关资料，总结信用卡的使用及注意事项。

2. 信用卡业务的特点有哪些？业务的风险点在哪里？如果你将从事信用卡业务的营销工作，你有何考虑？

实训题

1. 信用卡业务训练

(1) 教师将学生分组，各小组分别收集一家银行的信用卡相关资料。下载该卡的申请表格，以个人身份，填写个人卡申请表格，了解申请表格的相关内容。

(2) 各小组分组讨论，总结出该信用卡的特点、对申请人的要求，向其他组介绍该信用卡。

2. 信用卡营销实战

近年来，金融部门纷纷看好高校这一市场。高校的教职员工一般具有高学历的背景，高校教职员工的收入处于上升趋势；高校学生也是一个消费活跃、潜力巨大的群体，特别是他们是未来的专业人士和可能的中产阶级，现在与他们建立一定的联系，对将来业务拓展意义重大，所以高校被公认为是一个庞大、有潜力的市场。建行向广东高校教师推出了建行“公务员”信用卡。只要携带身份证件和相关职业证件，就可申领。当年刷卡三次免次年年费，凭此公务员卡，可以在整个广东省内享受VIP待遇。汇丰银行对大学生信用卡采取免缴首年年费，申请时赠送小礼品的策略。东亚银行专门针对香港大学生及教职工发行“港大职能卡”，可以兼作学生证、教职员证，为持卡学生提供数项与在港大生活、学习密切相关的优惠，如可直接申请体育中心会员证、免缴学生会终身会籍费800元，节省办理图书证500元押金等。另外一些银行为学生持卡人提供优惠机票等。

某商业银行决定在近期也发行一款面向高校师生的校园卡。请同学们分组进行该信用卡的营销活动。在营销设计中可以面向所有高校，也可以仅仅针对某一高校，与该高校联合发卡。具体要求如下。

(1) 4～6人为一组，为你们的校园卡取名，设计营销方案。

(2) 以小组为单位提交1 500字左右的营销计划书。

(3) 模拟推广你们的校园卡，注意介绍它的个性化特征。

第 7 章

国际贸易融资业务与市场营销

学习目标

1. 了解国际贸易融资的基本种类。

2. 掌握不同种类国际贸易融资的方式、流程和相关价格、费用构成。

3. 掌握国际贸易融资的业务特点和主要业务风险点，树立风险防范意识，能够进行风险的识别和判断。

4. 准确把握国际贸易融资的营销要点，能根据业务需要灵活运用营销方式并有所创新。

国际贸易融资是银行对进行国际贸易的进口商或出口商提供的信贷支持，以解决其贸易过程中的资金占用问题，使进出口贸易得以顺利进行。国际贸易融资与相关的贸易环节和具体的贸易结算方式息息相关。因此，在学习本章内容之前，需要对国际贸易和国际贸易结算方式基本环节有一定的了解。

商业银行的国际贸易融资是银行贷款客户综合授信下除普通贷款外的主要组成项目。如同发放贷款一样，信贷部门要根据客户的资信状况、经营管理水平、偿债能力、市场环境、履约记录、发展潜力、抵押品等情况签订贸易项下综合授信额度，总体额度下又根据融资品种进行细分，如进口开证额度、信托收据额度、出口押汇额度、打包放款额度等。当客户发生具体的贸易融资要求时，由操作部门在额度内具体执行。在一个信贷周期内，客户可以循环使用额度。

7.1 国际贸易融资业务的种类

课前思考与讨论

好运来公司是一家小型的贸易公司，最近经朋友介绍，准备从澳大利亚进口牛皮转销国内，若生意做成，可以建立长期的伙伴关系，发展前景十分乐观。但公司自有资金规模小，无法独立承担进口贸易的资金要求。

精丽时装贸易公司的海外服装销量稳步增长，订单连续，但出口货款回收周期比国内贸易要长，造成了公司的流动资金不足，公司多使用跟单托收和信用证方式进行结算。

根据银行信贷的原理和国际贸易结算的相关知识，你认为银行可以如何帮助这些企业呢？贸易中有哪些资产或者信用关系可以作为银行融资给企业的还款保证呢？相对应的，银行对企业的融资又会有哪些考虑呢？

国际贸易融资几乎贯穿于国际贸易的整个环节。从商品的采购、打包到仓储、出运以及与商品进出口相关的每一贸易环节和不同的结算方式，都可以相应设置信贷类型。国际贸易融资按照结算方式不同可分为信用证融资、托收或代收融资等；按照融资对象不同可分为对进口商的国际贸易融资和对出口商的国际贸易融资；按照融资期限不同可分为短期贸易融资和中长期贸易融资。本章按照第二种分类方式逐一进行阐述，重点讨论与国际结算业务紧密联系的相关品种。

7.1.1 进口贸易融资方式

按进口贸易方式不同，进口贸易融资方式有以下四种。

1. 开证授信额度

信用证是银行(开证行)应申请人(进口商)请求向受益人(出口商)做出的付款承诺，在满足信用证条款要求的条件下，开证银行将承担第一性的付款责任。所谓第一性的付款责任，是指当出口商按照信用证的要求提交了全套合格单据，开证银行必须对其付款，而无论进口商的意愿如何。所以，开立信用证其实是在商业信用的基础上加以银行信用作为进口商付款的保证，是银行为进口商提供的一种信用支持，开证授信额度(limits for issuing letter of credit)是商业银行对进口商授信的一个重要项目。银行会根据企业的信用状况、抵押品以及贸易背景确定授信额度。在开设额度时，主要对申请人的资信和进出口资格作审查。具体到每笔业务时，凡在额度以内开证一般不收或者少收押金(margin)，超过额度的开证申请则如同一笔单独的信贷业务，要求进行独立的风险调查，提供相应的风险担保。

开立信用证额度可分为以下两类。

(1) 普通开证额度(general L/C limit)。订立额度后，客户(进口商)可在银行规定的额度使用期限内无限次委托银行开立信用证。额度可以循环使用，即用开证额度开立的信用证使用完毕或在信用证注销、撤销或减额后，可相应自动恢复额度。同时，银行可以根据客户的资信变化和业务需求变化随时对额度作必要的调整。

(2) 一次性开证额度(one time L/C limit)。主要针对非银行信贷客户或未取得银行普通开证额度的客户办理单笔开证业务而设立的开证额度；或者是已在银行取得普通开证额度但需要针对某一特殊或大额开证时的客户也可以申请一次性开证额度。这种额度安排要求独立的风险调查，申请企业要提供相应的风险担保，核准后一次有效，不能循环使用。

2. 进口押汇/进口买单

开证银行开出信用证后，出口方将根据信用证的要求出货、制单，单据提交到开证银行，如果单证相符，或虽有不符点但开证行同意接受，开证行在偿付议付银行或交单银行后，进口商应立即付款赎单。若进口商出现短期资金困难，无法立即付清货款，可以以该信用证项下的货权作抵押，要求开证行先行垫付资金。这种融资方式称为进口押汇(advance against inward documentary bills)。由于进口押汇在形式上又表现为银行购买对应贸易项下的单据，所以又被称为进口项下的银行买单(import bills purchase)。

显然，以托收方式进行的贸易结算也可以作进口押汇，出口商委托银行将单据寄往进口方所在国家或地区的代收行，代收银行接收委托通知进口商付款或承兑赎单，如果进口商提出进口押汇申请，代收银行可以为其提供资金融通，用以对外付款赎单。但要注意的是，由于结算方式不同，银行的风险内涵也不同，额度设置上也有区别。信用证下的进口押汇是建立在银行负有第一性付款责任的信用证开证业务基础上，理论上如果单单相符、单证一致，即使开证申请人不付款，开证行也必须履行对外付款的义务，信用证下的进口押汇可以说是银行以开证方式为进口商提供信用担保的一个深化，所以，一般银行信用证的进口押汇额度是直接包含在开证额度下的。而进口托收方式原本属于商业信用，对于代收行来说只是一个结算业务，不存在资金融通。一旦代收行接受了进口商的押汇申请，代为垫付资金，代收行的地位马上从一个支付中介转变为一个资金支持者，银行增加了一笔资产业务，风险敞口增加。所以，进口托收中的代收行，在收到进口商押汇申请时，需要查询该进口商是否事先已经获得进口押汇额度或者根据进口商的资信情况、业务情况、抵(质)押/担保情况，为其另行核定一个进口押汇额度。图 7-1 是以信用证下的进口押汇为例绘制的进口押汇业务流程图。

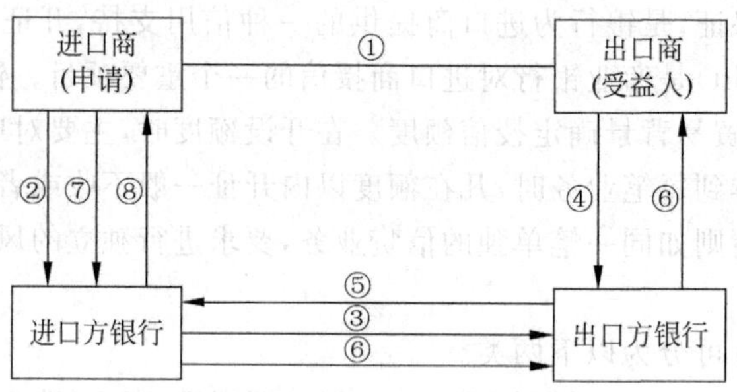

图 7-1　进口押汇业务流程图

① 进出口商签订国际贸易合同。
② 进口商申请开立信用证，并申请进口押汇。
③ 进口方银行开立信用证。
④ 出口商按照信用证备货、发货，全套单据交出口方银行。
⑤ 出口方银行将有关单据提交到进口方银行。
⑥ 进口方银行审单无误后，向出口方银行进而向出口方付款，同时保留单据(进口押汇)。
⑦ 押汇到期，进口商偿付押汇本金及利息。
⑧ 银行放单给进口商提货。

在进口押汇中，银行需要垫付资金，所以一般都会考察进口商申请作押汇的单据中是否有代表货权的单据，如全套的海运提单，而对于只有承运提单、空运单而没有货权的单据，银行一般都不会贸然买单。

一般情况下，进口押汇期限自每笔对外付款日起至押汇归还日止，原则上不超过 3 个月。进口押汇利率参照贷款银行同期流动资金贷款利率。

3. 信托收据提货

信托收据(trust receipt，T/R)提货是进口商通过向银行开立信托收据，以银行受托人身份在没有支付全额货款的情况下提取货物，主要运用于托收结算的远期付款交单方式和信用证结算方式。信托收据实质上是将相关货物抵押给银行的确认书。它表明虽然进口商持有货物，但在进口商付款之前物权仍然属于银行，进口商只是作为银行的受托人代为保管进口货物；必须以银行的名义办理货物存仓；安排出售货物，货物出售的货款属于银行；在付款到期之前，款项交由银行保管或另设账户，与进口商自有的资金分开。信托收据样本如表7-1所示。

表7-1　信托收据样本

信 托 收 据

编号：

×××银行：

我公司在贵行办理了业务编号为________、期限为________天的进口开证/代收业务，现同意以下列方式处理该进口开证/代收项下单据（单据金额：________，货物名称：________，数量：________）及货物。

一、我公司兹确认收到贵行上述进口开证/代收项下单据/货物，自我公司取得该单据之日起，至我公司付清该进口开证/代收项下贷款、利息及一切费用之日止，该单据及货物的所有权以及有关的保险权益均属于贵行，我公司保证办理确认贵行上述权利所必需的手续。未经贵行授权，我公司不以任何方式处理该单据及货物。我公司不因上述转让行为而减少、免除或抵消我公司对贵行所承担的债务。

二、我公司作为贵行的委托人，代贵行保管有关单据，以贵行名义办理该货物的存仓、保管、运输、加工、销售及保险等有关事项，代为保管该货物出售后的贷款或将贷款存入贵行指定账户。贵行有权以任何合法方式对我公司进行监督，包括随时派员或代理人在任何时候进入仓库检查货物。

三、贵行有权要求我公司立即返还该单据或货物或销售所得款项，或从我公司在贵行系统内各机构开立的账户中直接扣款。该货物折价或销售所得款项不足我公司所欠贵行债务的，贵行有权就差额部分向我公司及保证人进行追索；货物折价或销售所得款项超过我公司所欠贵行债务的，超额部分我公司有权保留。

四、该货物在我公司保管期间产生的所有费用（包括但不限于保险、仓储、运输、码头费用等）由我公司承担。我公司承诺对该货物的市价投保所有可能出现的风险，在保险单上列明贵行为第一受益人，并将保险单交贵行保管，如投保货物发生损失，贵行有权直接向保险公司索赔。

五、未经允许，我公司不以延期付款或任何非货币方式或低于市场价值处理该货物。

六、我公司保证不将货物销售给我公司无权向其进行索偿的任何人。

七、我公司不向其他任何人抵押或质押该货物，或使该货物受到任何留置权的约束。

八、一经贵行要求，我公司即将该货物的账目、任何销售收入或与该货物有关的销售合同详细情况提交给贵行，贵行有权进入仓库对货物的实际情况进行检查或重新占有该货物。

九、若本公司发生破产清算，以信托收据提取的货物不在本公司债权人可分配的财产范围内。

十、我公司保证履行上述有关承诺，否则贵行有权采取任何措施（包括处理公司其他财产）清偿我公司在本信托收据项下承担的义务

单位名称（公章）

有权签字人：

年　月　日

在信托收据的融资中，银行仅凭一纸收据将物权单据释放给客户，并授权客户处理货物。尽管客户仅处于受托人地位，货物所有权属于银行，但实际上银行很难控制货物。如果客户资信欠佳，银行所承担的业务风险将会很大。所以银行信托收据的授信是在银行已发生押汇授信的基础上产生的，而且审查更为严格。一般这种授信不会单独使用，而是作为防范风险的手段，与进口押汇、提货担保[①]等方式结合使用。信托收据额度按一定的比例包括在开证额度内，这个比例根据客户的经营范围、商品类别、行业习惯、资金周转速度等因素而决定。信托收据主要是银行解决进口商从提货到销售这段时间的货权控制问题，因此期限根据客户的业务性质和实际需求，可以从半个月至几个月不等，但一般不会超过半年。

4. 提货担保

在国际贸易中，有时交易双方所在国距离很近，经常会出现货物早于单据到达的情况（例如我国内地与香港、澳门地区的贸易，货物运输时间短，而有些单据在发货之后才制作、审核、寄送），有时也会出现提单丢失的情况，进口方如果急着提货，可以向银行申请开出提货担保（shipping guarantee），向船公司担保借出货物。提货担保由进口商与银行或者由银行单独出具书面担保，保证当单据到达或找到之后，用正本提单向船公司换回担保函，而且船公司不凭提单放货可能引起的一切赔偿损失由担保银行承担。

提货担保这种融资方式中，银行为进口企业担保，使得企业可以在没有提单的情况下去船运公司提货、海关报关，银行要承担的风险是多方面的：进口商不付款和丧失货物所有权的风险，同时还有船公司无提单交货带来的损失。所以银行应收货人要求签发提货担保前，必须严格把关，控制风险，并要求申请人承担由提货担保引发的全部责任。

一般情况下，对于提货担保，银行会收取全额保证金，或对有信托收据额度的客户，在额度内凭信托收据签发提货担保书。需要指出的是，一旦银行出具或加签提货担保后，只要进口商办理了提货就没有任何理由再对外拒付，对随后收到的单据，无论单据是否合格，都必须立即偿付议付行或交单行。因此，在受理提货担保申请时，必须要求申请人放弃拒付的权利。

托收方式结算中也可以利用提货担保。由于此种提货担保只凭客户出具的副本提单、发票、包装单进行办理，存在欺诈的可能性较大，相对于信用证下的提货担保，银行承担的风险更大，故银行一般只针对信誉卓越并且记录良好的客户。

7.1.2 出口贸易融资方式

出口融资是银行为出口商提供的资金支持。随着经济全球化时代的到来，世界各国在国际贸易市场上的竞争日趋激烈，逐渐形成了以买方市场为特点的贸易格局。为进口商提供更具吸引力的付款条件成为出口商提高竞争力的主要方式。为进口商提供融资的同时，出口商自身也需要获得资金融通。所以，出口融资方式相对进口融资方式更多样，

---

① 详见7.1.1小节中第4种进口融资方式。

融资有时甚至会涉及出口商生产销售的整个过程。在一些大型交易中，融资金额相当大，延续时间也较长。

按出口贸易方式不同，出口贸易融资方式有以下四种。

1. 打包放款

打包放款(packing loan)是信用证项下银行向出口商提供的一种装船前的融资。出口商凭国外开来的信用证正本和“销售合同”作为还款凭据和抵押品向银行申请抵押贷款，主要用于生产或组织货源的开支及其他从属费用的资金融通。这种贷款最初是出口商接到信用证后，在货物包装环节出现资金困难，凭信用证向当地银行商借款项，银行为缓解客户的资金困难，使货物早日装运，在一定的保证下给予的融资，故称打包放款，现在已经不仅仅局限于货物的包装，融资用途可以涉及有关出口货物的生产、包装、装运等费用的发生。顺利发货后，出口商将信用证项下的出口单据交银行兑付，所得款项归还银行贷款。

打包放款的抵押品是信用证，只有在出口商能够完全按照信用证的要求履约时才会变成实际的货款收入，一旦出口商的履约行为出现问题，抵押品就成了一张废纸。所以，打包放款的风险相当大。银行对此业务十分谨慎，会要求出口商以采购或存储的商品作抵押保证履约，信用证的开证行必须资信良好、信用证条款清楚、合理，无“软条款”[①]。

打包放款具有周转快、使用效率高、申请手续简便等特点，它属于短期融资，融资期限根据出口商品生产周期和交货时间而定，一般最长不超过一年。融资金额根据出口商的资信状况和清偿能力来核定，一般是信用证金额折人民币的60%～80%，最多不超过信用证金额的90%。

具备条件的出口商申请该项贷款时，首先要填写打包放款申请书(如表7-2所示)，规定借款用途，连同信用证正本一起办理申请贷款手续。银行审查相关的外贸合同、信用证、打包放款信用证审查表(如表7-3所示)，通过后，双方签订打包放款合同(如表7-4所示)，银行发放款项。

表7-2 出口商品打包放款申请书

××××银行　　　分行

年　　月　　日

<table>
<tr><td>银行通知号</td><td></td><td colspan="2">企业性质</td><td></td></tr>
<tr><td>L/C编号</td><td colspan="3"></td><td rowspan="4">本项贷款用途</td></tr>
<tr><td>L/C有效期</td><td colspan="3"></td></tr>
<tr><td>L/C金额(万元外币)</td><td></td><td>L/C支付条件</td><td></td></tr>
<tr><td>申请贷款金额
(万元人民币)</td><td></td><td>申请贷款
有效期限</td><td></td></tr>
</table>

① 软条款(soft clause)又称为陷阱条款(pitfall clause)，是信用证中受益人无法控制、无法通过自己的努力来满足的条款，容易造成单据的不符点，妨碍正常收汇，这种条款一般是开证申请人/开证行出于不良目的而故意设置的陷阱。

续表

<table>
<tr><td colspan="3">我单位以上述信用证正本为抵押，申请叙做打包放款、保证该信用证交你行议付。请予以审核批准。
此致

××××银行深圳市分行　　支行
申请单位签章：
年　月　日</td></tr>
<tr><td rowspan="3">银行审批意见</td><td>支行外汇结算部门审查意见：
年　月　日</td><td>支行信贷部门调查意见：
年　月　日</td></tr>
<tr><td>支行行长审批意见：
年　月　日</td><td>分行信贷部负责人意见：
年　月　日</td></tr>
<tr><td colspan="2">分行行长审批意见：
年　月　日</td></tr>
</table>

表 7-3　打包放款信用证审查表

主管：　　　　审查人：　　　　日期：

<table>
<tr><td colspan="2">开证行名：</td></tr>
<tr><td colspan="2">信用证号：</td></tr>
<tr><td colspan="2">金额：</td></tr>
<tr><td colspan="2">受益人：</td></tr>
<tr><td colspan="2"></td></tr>
<tr><td rowspan="3">开证行资信情况</td><td>国别、地区：</td></tr>
<tr><td>是否我代理行：</td></tr>
<tr><td>其他情况：</td></tr>
<tr><td colspan="2">信用证有效期及有效地点：</td></tr>
<tr><td colspan="2">信用证有无对我不利条款：</td></tr>
<tr><td colspan="2"></td></tr>
<tr><td colspan="2">结算部门审核意见：</td></tr>
</table>

表 7-4 打包放款合同

合同编号：( )号第 号

借款人：

贷款人：××××银行 分行

借款人和贷款人根据国务院颁发的《借款合同条例》，共同签订本打包放款合同，并共同严格遵守。

第一条 借款人在本合同有效期内，按照《××××银行信用证项下出口打包放款暂行办法》(以下简称《办法》)，向贷款人申请信用证项下出口打包放款(以下简称"贷款")。

第二条 贷款金额：(大写)人民币

(小写)人民币

第三条 贷款用途：仅限用于有关信用证项下出口商品的备货备料、生产和出运，不得挪作他用。

第四条 贷款期限：从 年 月 日起至 年 月 日止。

第五条 放款。

1. 借款人每次放款前必须向贷款人提交信用证正本、贷款申请书和借款凭证。

2. 每份信用证项下的放款金额为信用证总金额(当时银行买入价)的 %。

第六条 利息。

1. 贷款利息为年利率 %，利随本清，按季结息。

2. 借款人授权贷款人，在结息日主动从借款人信用证项下的押汇收入、结汇收入或存款账户中扣收上述利息。

第七条 还款和提前还款。

1. 借款人授权贷款人，在借款人办理出口押汇或信用证项下收妥结汇时，从押汇收入或结汇收入中扣收该信用证项下打包放款的本金和其他费用。

2. 借款人可在贷款到期前主动归还贷款本金和利息，但必须提前3个营业日通知贷款人。

第八条 逾期还款。如借款人在每笔放款到期时未能按期偿还本息，贷款人可按(办法)规定，对逾期贷款加收逾期利息20%，并有权从借款人的其他信用证项下的出口押汇或收妥结汇货款或其存款账中扣收本金、利息、逾期利息和其他费用。

第九条 借款人承诺。

1. 借款人的全部资产均向贷款人认可的保险机构投保。如发生意外损失，保险机构支付给借款人的赔偿金应首先用于归还本贷款本金、利息及费用。

2. 借款人保证按本贷款合同有关信用证的条件，按时出运商品，并将有关单据提交贷款人议付。

3. 借款人愿按贷款人的要求提供自己的财务报表、有关贷款使用情况和出口商品准备情况的资料，并为贷款人了解上述情况提供方便。

第十条 违约。借款人如违反本合同第二条、第八条和第九条即为违约，如发生违约，贷款人可根据《办法》规定停止向借款人放款，对违约贷款加收罚息 %和限期收回违约贷款本息。

第十一条 其他。

1. 本合同任何条款的修改须经双方同意，在双方未达成一致前，仍按本合同条款执行。

2. 本合同未尽事宜由双方协商解决。

3. 本合同从借贷双方法定代表共同签字之日起生效，至全部贷款本息还清之日止。

本合同一式两份，借款人、贷款人各执一份。

借款人(公章) 贷款人(公章)

法定代表(或授权代表) 法定代表(或授权代表)

(签章) (签章)

2. 出口押汇和贴现

(1) 出口押汇(export bills purchase)。在实际业务中,出口商按合同交单后常常需要经过一段时间才能收到货款,如果出口商一时周转不济,希望早日收款,可以以全套单证作为质押,向银行申请贷款。银行根据出口商提供的全套单证,按照票面金额扣除利息之后,将出口货款预先支付给出口商的融资业务,就称为出口押汇。出口单据收回的货款偿还押汇贷款。与进口押汇业务类似,出口押汇业务也可以看做银行对于出口单据的购买行为,银行成为票据和单据的受益人,所以,出口押汇也可以称为出口项下的银行买单。如果单据和汇票被开证行或进口商拒收,银行保留向出口商的追索权。

根据结算方式的不同,我们可以将出口押汇分为托收方式下的出口押汇和信用证方式下的出口押汇。前者货款的支付取决于进口商的商业信用,对于出口押汇银行来说,押汇缺乏来自银行的保证,风险会更大一些,押汇银行会更为谨慎;后者货款的支付是利用信用证方式,只要单证一致,有银行保证付款,对于出口押汇银行来说,风险相对前者要小一些。图 7-2 是以信用证下的出口押汇为例绘制的出口押汇业务流程图。

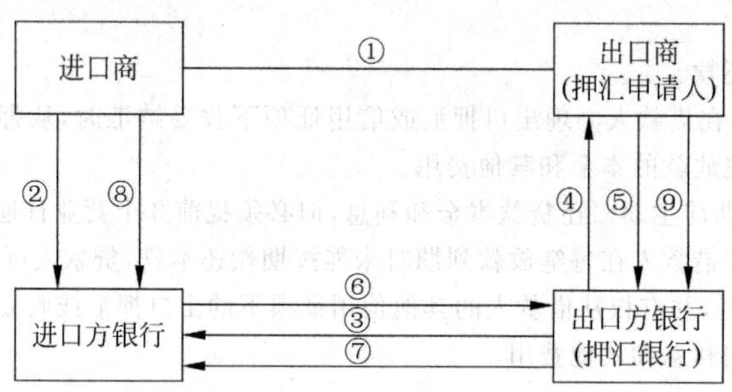

图 7-2　出口押汇业务流程图

① 进出口商签订国际贸易合同。
② 进口商申请开立信用证。
③ 进口方银行开出信用证。
④ 出口商按照信用证备货、发货,全套单据以及正本信用证交出口方银行申请押汇。
⑤ 出口方银行审核单证、单单相符后买单,扣除押汇利息将押汇款交出口商(出口押汇)。
⑥ 出口方将全套单据寄进口方银行请求付款。
⑦ 进口方银行验单无误后付款。
⑧ 进口商验单无误后付款。
⑨ 出口方银行收到货款并通知出口商收账,出口商归还银行贷款。

出口押汇对于押汇银行来说最重要的就是进口商以及开证银行的信誉,在决定是否押汇之前,银行需要了解该笔贸易和贸易双方的情况。例如,如果开证行处于一些政局不稳、对外付汇限制的国家和地区或者开证行资信较差,出口银行是不予叙作押汇业务的;同时业务操作部门需要严格审核信用证,谨防含“软条款”的信用证,单据必须严格符合信用证的规定,只有单证一致,开证行才有必须付款的义务。

相对于其他融资方式,出口押汇具有手续简便、快捷的特点。押汇的金额最高可为结算金额的 100%,一般采用预扣利息方式,实际融资金额为扣除利息后的押汇额。押汇利息按伦敦 LIBOR、中国香港 HIBOR 一个月期(远期应按相应期限)利率加 0.5%～1%，或按外汇流动资金贷款利率计收，期限根据开证行所在国家和地区、不同货币出口单据平均收汇天数的不同而不同，从办理出口押汇到预计收汇日的天数增加 5～7 天。

凡拟向押汇银行申请作出口押汇的单位，必须先与押汇行签订出口押汇总质权书(如表 7-5 所示)，以明确双方责任和义务；然后填制出口押汇申请书(如表 7-6 所示)，连同信用证正本、全套单据提交银行，押汇行审查单据及信用证同意后予以放款。

表 7-5 出口押汇总质权书

致：××××银行　　　　分行

凡属我单位信用证项下出口单据，由我单位提出书面申请，经你行同意叙作出口押汇者，我单位同意按本质权书条文办理。

1. 你行叙作出口押汇，保留追索权，如因开证行所在地出现动荡、爆发战争，或发生金融危机导致开证行倒闭、邮寄中遗失单据或延误，电信失误，以及人力不可抗拒等原因招致国外拒付、迟付或少付，由此造成的损失及迟付利息，你行有权自我单位账户中，或其他出口收汇中主动扣还。

2. 我单位担保提交全套相符单据，嗣后如果开证行提出单据不符而拒付造成损失时，由我单位负责，你行可按上述第 1 条办理。

3. 对开证行无理挑剔、迟付或拒付，你行应协助我单位据理交涉，如交涉无效造成损失，仍由我单位负责，你行可按上述第 1 条办理。

4. 全套单据及货权均转让你行，你行有权根据情况自行处理单据和货物，并可向我单位补收不足之差额。

5. 如属你行错误寄单、错误索偿造成不获付款、延迟收汇，应由你行承担责任。

6. 你行叙作押汇，可按规定的利率和时间向我单位计收外币/人民币利息。

7. 正常议付之单据如果实际收汇超过匡算天数一般不再补收利息。

公司签章

年　　月　　日

表 7-6 出口押汇申请书

致：　　　　银行　　　　分行

兹附来________号信用证项下单据一套(发票号码：________，金额：________)，请你行根据“叙作出口押汇暂行办法”的规定，办理押汇。我公司按已签订的“出口押汇总质权书”条文承担义务。

银行意见：　　　　　　　　　　公司财务章：

年　　月　　日

(2) 贴现(discount)。贴现是银行有追索权地买入未到期的远期票据，为客户提供短期融资的业务。显然，贴现业务与出口押汇业务是类似的。从票据行为上看，都是持票人将汇票背书转让给贴现人。只是在贴现业务中，银行只对已经由付款银行承兑的票据予以贴现，当进口方拒绝付款，银行可以依据票据法向前手出口商进行追索。

贴现票据的期限不超过 360 天，贴现天数是以银行贴现日起算至汇票到期日的实际天数。贴现利率按规定执行并计收外币贴现息,贴现息从票款中直接扣除。

3. 国际保理

国际保理(international factoring)业务从20世纪60年代出现以来,发展迅速,目前在国际贸易中广泛运用。国际保理的融资服务主要表现在对出口商的资金融通上,是由保理商提供的一种集信用风险承担、应收账款催收、账务管理和贸易融资于一体的综合性金融服务。出口商以信用形式出卖商品,在货物装船后即将应收账款转卖给保理商,从而使出口商的部分甚至全部应收款立即转换成现金。银行提供的融资型保理业务的实质就是银行代理出口企业进行国外应收账款的收讨工作。

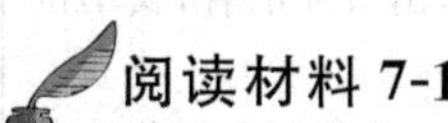

阅读材料 7-1

国际保理别名知多少

由于引进时间的不同,国际保理业务在中国内地、中国台湾地区、中国香港地区和新加坡有不同的译名。

中国内地:"国际保理业务"(1991年外经贸部和有关银行赴欧洲考察国际保理业务后,正式确定使用本名称)。

中国台湾地区:"国际应收账款管理服务"、"应收账款收买业务"和"账务代理"。

中国香港地区:"出口销售保管服务"。

新加坡:"客账融资"。

国际保理分为双保理方式和单保理方式①。在实际业务中,一般采用双保理方式,主要当事人除了进出口贸易双方以外,还包括出口保理商(export factor)和进口保理商(import factor)。由出口商委托本国出口保理商办理保理业务,该出口保理商从进口国的保理商中选择进口保理商。进出口国两个保理商之间签订代理协议。进口保理商对各进口商进行资信调查,逐一核定相应的信用额度,并通过出口保理商通知出口商执行。出口商在信用额度内发货,出口保理商则根据进口保理商核定的额度以预付款方式向出口商提供发票金额一定比例的短期贸易融资。在此,银行可以充当保理商的角色,为企业提供保理服务。

双保理业务流程图如图7-3所示。

国际保理融资又可以按有追索权和无追索权来实行。大多数的国际保理融资为无追索权的贸易融资,这意味着如果进口商拒付货款或者不按期付款,保理机构会承担全部风险,而不再向出口商追索。保理业务的服务对象要求良好的资信、严格的管理,经营的产品应是不容易产生分歧的商品;同时,因为银行对出口商融资额度的大小直接与进口保理商对进口方的信用担保状况相关,所以一个良好的国际保理对象还需要拥有信誉良好的国外客户和国际保理担保市场。

相对于其他融资品种,国际保理融资具有突出的优越性。出口商在获得融资服务的

---

① 在保理业务中,有的仅涉及一方保理商的保理叫做单保理方式,如仅有进口保理商或仅有出口保理商。

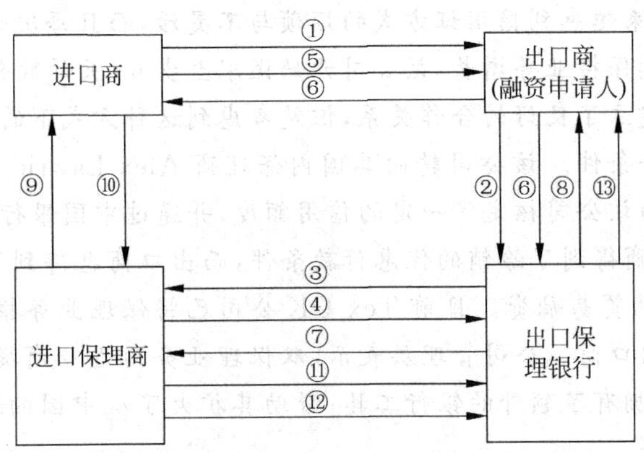

图 7-3 双保理业务流程图

① 出口商寻找到有合作前途的进口商。
② 出口商向银行提出保理业务的需求,与银行签订保理业务协议,并要求为进口商核准信用额度。
③ 出口保理银行委托进口保理商对进口商进行信用评估。
④ 进口保理商为进口商核准信用额度,通知出口方银行,并由后者传达出口商。
⑤ 进出口商达成国际贸易合同,并确定以国际保理方式结算货款。
⑥ 出口商将货物发运后,发票等全套单据寄送进口商,发票副本交出口保理银行。
⑦ 出口保理银行通知进口保理商有关发票详情。
⑧ 出口保理商付给出口商(一般不超过发票金额的90%)融资款。
⑨ 进口保理商于发票到期日前若干天开始向进口商催收。
⑩ 进口商于发票到期日向进口保理商付款。
⑪ 进口保理商将款项付出口保理银行。
⑫ 如果进口商在发票到期日规定天数后仍未付款,进口保理商做担保付款。
⑬ 出口保理银行扣除融资本息及费用,将余额付出口商。

同时,还可以享受保理银行提供的进口商资信调查,销售分类账的管理以及追收账款等配套服务。对于一些公司规模不够大,在国外没有设立信贷托收部门或者出口地分散,或从事不定期出口等公司,利用国际保理业务可以在提高出口竞争力的同时,降低单笔业务的融资成本,避免风险,及时收回货款。所以国际保理对于扩大出口是极为有利的,这也是近年来保理业务蓬勃发展的原因之一。

在实际操作中,出口保理银行通常为出口商提供80%~90%的预付货款融资。融资期限一般在90~180天。融资利率为融资发生日同期流动资金贷款利率,或者参照融资发生日国际金融市场同类资金利率确定。

除了融资利率以外,出口保理银行还会向出口商收取一定金额的保理佣金。保理佣金是服务费加上发票金额的一定比例。一般根据工作量、销售总额以及买方信用风险来确定。目前,国内商业银行该比例约为发票金额的0.2%~0.4%。

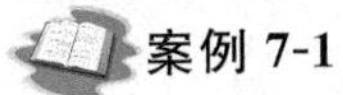

案例 7-1

国际保理案例

经营日用纺织品的英国 Tex UK 公司主要从中国、土耳其、葡萄牙、西班牙和埃及进口有关商品。几年前,该公司首次从中国进口商品时,采用的是信用证结算方式。随着进口量的增长，它们越来越感到信用证方式的烦琐与不灵活，而且每次必须向开证行提供足够的抵押。为了继续保持业务增长，该公司开始谋求至少60天的赊销付款方式。虽然它们与我国出口商已建立了良好的合作关系，但是考虑到这种方式下的收汇风险过大，我国供货商没有同意这一条件。该公司转向其国内保理商Alex Lawrie公司寻求解决方案。英国的进口保理商为该公司核定了一定的信用额度，并通过中国银行通知了我国出口商。通过双保理制，进口商得到了赊销的优惠付款条件，而出口商也得到了100%的风险保障以及发票金额80%的贸易融资。目前Tex UK公司已将保理业务推广到5家中国的供货商以及土耳其的出口商。公司管理层表示，双保理业务为进口商提供了极好的无担保延期付款条件，使其拥有了额外的银行工具，帮助其扩大了从中国的进口量，而中国的供货商对此也十分高兴。

4. 福费廷

福费廷(forfaiting)是指在延期付款的大型设备或提供技术服务的交易中，银行作为包买商向出口商无追索权地购买经过承兑的远期汇票的业务。福费廷业务中，将国际贸易中的票据①作为买卖的对象，票据原债权人出口商作为卖方通过背书转让的形式，将票据权利转让给包买银行，包买银行购买票据，支付票据款项给出口商，成为票据的正当持有人。所谓包买，即银行一旦购买了票据，无论将来票据的债务人支付与否，银行都不可以再向出口商追索，是一个买断的行为。从形式上，出口商在背书转让时会注明“无追索权”。作为包买银行，仅接受有银行承兑的票据，即票据已经有一个无条件、不可撤销的银行担保，一旦债务人不付款，福费廷包买银行可以依赖担保银行来维护自身的利益。福费廷融资业务在20世纪40年代中后期由瑞士苏黎世银行协会首先开创，目前已在世界范围内开展，并形成一个全球性的福费廷二级市场。福费廷业务流程如图7-4所示。

福费廷业务具有不同于其他融资方式的突出特点。

第一，福费廷业务属于一种中长期融资业务，融资期限至少是半年以上，以5～6年的较多，长的可达10年之久。作为包买商的银行需要规定自己的时间限制，这在很大程度上取决于市场条件及银行对每笔交易风险的估计。

第二，福费廷融资对于包买银行来说是一种无追索权的融资。出口商将票据权利买断给作为包买商的银行，票据风险、外汇风险也同时转嫁。这也使得福费廷业务费用繁多，除了一般的利息之外，还有管理费(arrangement fee)、承担费(commitment fee)②等其他费用。

第三，福费廷融资大多采取固定利率。贴现率高低根据进口国的综合风险系数、融资期限长短、融资货币的筹资成本等因素决定，通常以LIBOR加一个利差表示，LIBOR反映银行的筹资成本，利差反映银行所承担的风险和收益。

---

① 福费廷业务中的票据采用出口商开具的以进口商为付款人的汇票形式或者采用由进口商开具的以出口商为收款人的本票形式。

② 承担费：银行一旦承诺为出口商贴现票据，就要事先筹资，对于银行来说是有资金成本的。承担费是出口商对从签订福费廷协议日到出口商实际贴现日这段时间占用银行资金的补偿费用。

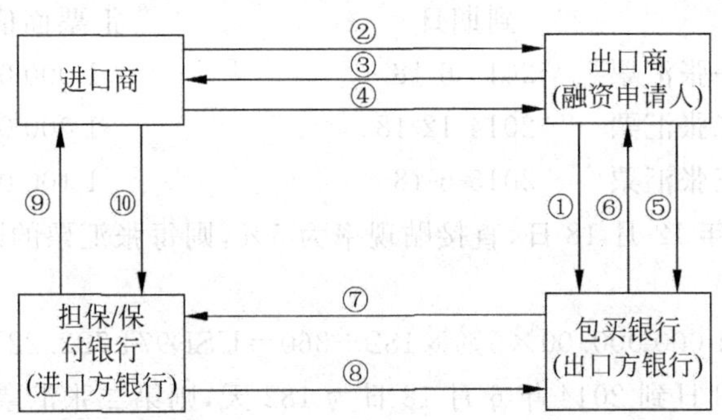

图 7-4 福费廷业务流程图

① 出口商向银行申请福费廷融资,获得批准后,签订福费廷融资协议。

② 出口商与进口商达成贸易合同。

③ 出口商将货物发运后,发票等全套单据寄送进口商。

④ 进口商向出口商提供经银行担保的延期付款票据(担保银行由包买银行认可)。

⑤ 出口商将票据连同其他单据[①]转让给包买银行(出口商在票据上作转让背书,并注明“无追索权”字样)。

⑥ 包买银行审核有关单据后办理贴现。

⑦ 票据即将到期,包买银行将单据寄往担保银行索偿。

⑧ 进口担保银行向出口包买银行付款。

⑨ 进口担保银行向进口商索偿。

⑩ 进口商向进口担保银行支付到期款项。

第四,福费廷融资可以涉及交易额巨大的业务。当融资金额过大时,包买银行出于资力和信用额度的限制,以及分散风险的考虑,会与其他包买商联合起来组成辛迪加,共同对此大额交易提供包买票据方式的贸易融资。

第五,福费廷业务拥有活跃的二级市场。近年来,福费廷业务的持续增长,福费廷二级市场逐渐形成,进而使福费廷的交易方式日益灵活、交易金额日益增加,票据种类也不断扩大。包买银行在出现资金短缺时,可以通过二级市场转让购入的票据回笼资金,增加了包买银行的灵活性,这一特点也使得越来越多的银行和其他金融机构加入福费廷业务的行列。

虽然在大多数情况下,福费廷业务的风险由进口商所在地的银行进行了担保,但作为提供融资的银行,仍然必须对直接债务人(出口商)进行详尽的资信调查,出口商的信用仍然是第一位的。由于福费廷涉及的金额大、期限长,对于不能估计风险的业务,银行也不能贸然做出包买之举。

银行在与出口商达成福费廷业务协议之前,通常要核算福费廷成本,包括贴现率和承担费。贴现率的计算方法一般有以下两种。

(1) 直接贴现法。计算公式为

$$\text{贴现净值}=\text{票面值}-\text{票面值}\times\text{直接贴现率}\times\text{贴现实际天数}\div 360$$

假设叙作福费廷业务的客户提供了一组经进口银行承兑的远期付款票据,每张票据的具体数据为

---

① 其他单据:贸易单据的副本及一些证明性文件,如提单副本、发票副本、官方授权书或特许证等。

	到期日	汇票面值(USD)
第一张汇票	2014-6-18	1 000 000.00
第二张汇票	2014-12-18	1 000 000.00
第三张汇票	2015-6-18	1 100 000.00

贴现日为2013年12月18日，直接贴现率为5%，则每张汇票的贴现净额如下。

第一张汇票：

1 000 000.00－1 000 000.00×5%×182÷360＝USD974 722.22

2013年12月18日到2014年6月18日为182天，则第二张汇票：

1 000 000.00－1 000 000.00×5%×365÷360＝USD949 305.56

2013年12月18日到2014年12月18日为365天，则

以此类推，可以计算出第三张汇票的贴现净额。

(2) 半年复利贴现法。计算公式为

$$贴现净额=\frac{票据面值}{(1+R\%\times182\div360)^{N1}\times(1+R\%\times183\div360)^{N2}\times(1+R\%\times STUB\div360)}$$

R%：半年复利贴现率；

N1：182天为一期的期间个数；

N2：183天为一期的期间个数；

STUB：剩余天数。

假设叙作福费廷业务的客户提供了一组经进口银行承兑的远期付款票据，每张票据的具体数据为

	到期日	汇票面值(USD)
第一张汇票	2014-6-18	1 000 000.00
第二张汇票	2014-12-18	1 000 000.00
第三张汇票	2015-6-18	1 100 000.00

贴现日为2013年12月18日，半年复利贴现率为年率5%，则每张汇票的贴现净额如下。

第一张汇票：

$$\frac{1\,000\,000.00}{1+5\%\times183\div360}=USD975\,213.30$$

第二张汇票：

$$\frac{1\,000\,000.00}{(1+5\%\times182\div360)\times(1+5\%\times183\div360)}=USD951\,169.87$$

以此类推，可以计算出第三张汇票的贴现净额。

学习并完成任务

回顾国际结算方式和结算基本流程，以信用证结算方式为例，使用结算流程图为好运来公司和精丽时装贸易公司具体指出，哪些环节银行可以为他们提供信贷支持，并详细解释操作流程和要求。

7.2 国际贸易融资业务的特点

1. 国际贸易融资业务与国际贸易及银行结算方式联系紧密

任何一种形式的贸易融资业务，总要与具体的贸易和结算方式相结合。如出口押汇总离不开出口信用证业务或托收业务，进口押汇多发生在进口信用证或代收业务项下。一般贸易融资的货币种类、期限总是与相关的贸易结算相互衔接或一致。银行结算业务中处理的贸易单据也为融资银行及时识别、化解风险创造了一定的有利条件。在单据的基础上，银行判断每笔贸易结算业务风险度的大小，同时也利用单据来控制风险度：银行通过相关的单据控制货权，货权单据所代表货物的销售款项，成为银行融资的第一还款来源。所以，银行向外贸企业提供融资，必然要求其国际结算在本行办理，离开具体的结算方式，贸易融资业务就失去了存在的基础。

2. 国际贸易融资业务更强调信贷部门与操作部门的协作

任何一类信贷业务的完成都需要操作部门的通力配合，在国际贸易融资业务中，这种配合更为紧密。贸易融资额度一经核批，每一笔业务都是通过实际结算业务操作部门来处理的。银行在审单或寄单中的任何失误或差错，都可能影响到款项的安全。例如收到来证，对开证行所在国家、地区以及开证行本身资信的查询、信用证条款的审核、贸易方不良记录的查询等大量工作都由结算操作部门的人员来完成。虽然部门分工划分了各部门独立承担的相应操作风险或信贷风险，但在办理具体业务时，风险的端倪有时并非十分明确，需要部门和部门之间的协调和配合，需要所有相关人员的高度风险意识和责任心才能准确判断。如果银行部门之间缺乏有效的沟通、协作，就会出现问题。实际上，国际贸易授信业务的部门设置在国内尚无定式，有的银行将其归入传统的信贷部门；有的则认为将授信管理直接纳入国际业务部门效率会更高。但无论如何，国际贸易融资业务的特殊性、复杂性，都需要相关信贷人员（客户经理）以及业务操作人员的高度配合。

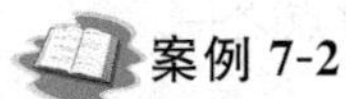
案例 7-2

某银行为客户开立信用证进口垃圾事件

某银行为客户开出信用证，进口货物是一种塑料，共160吨，每吨价格USD1760。信用证中有关货物的描述由银行直接根据客户提供的资料打出："160MT POLYCARBONTE OFFGRADE WITH MIT COLOUR USD1760/MT"。

对方受益人提交了完全相符的单据，但客户无力付款，根据国际结算的统一规则，在单证相符的前提下开证行必须履行第一付款责任。银行到船公司提货，发现来货全是垃圾。银行以客户欺诈为由向警方报案。警方审案询问银行为什么开证，进口货物是什么？银行这才发现货物描述为"OFFGRADE"，已经标明货物品质就是无等级、劣质，而进口货物业务也是"OFFGRADE"，与信用证相符，不存在欺诈。这里出现问题，是银行自己的责任，在开证时没有认真看清货物要求，银行只有自己承担责任。具体到银行内部各个部门，谁负责这一问题呢？押汇部门认为它只负责操作、审查额度和检查文字拼写；信贷部门认为这不是它负责的范围，它不清楚信用证如何开。这里我们不去深究这类风险到底是操作风险还是信贷风险，到底是信贷部门的责任还是操作部门的责任。归结到一点，贸易融资业务的风险防范需要信贷和操作两大部门的共同努力，需要两个部门的通力合作。

3. 业务综合效益较好

商业银行向外贸企业提供国际贸易融资服务不是一种简单的放款行为，而是希望借此为银行带来多方面的综合效益。这种综合效益体现在以下三个方面。

（1）增加国际结算量。如前所述，商业银行只对在本行进行国际结算的企业提供国际贸易融资服务，以便于及时分析业务的性质、掌握业务的进度、控制业务的风险。这样，在为客户提供国际贸易融资的同时，风险低、收益高的国际结算量自然就会增加，例如信用证项下、托收项下、汇款项下的各种结算手续费，出口收汇、进口付汇涉及的各种汇兑收入等。

（2）增加贷款量。国际贸易融资业务中，除福费廷业务属中长期融资外（多为一年以上），其他种类的贸易融资多属于短期融资，期限在1～3个月，短的甚至只有几天，比如押汇类融资，期限绝大部分为7～14天，以进出口业务为主的外工贸企业对贸易融资的需求非常频繁，有的企业几乎每一笔进出口业务都需要银行短期资金的支持。资金使用期限短对于银行资金安全性具有相当大的意义。资金周转快在增加银行贷款量的同时又直接提高了银行资金的使用效率。

（3）自然存款及国内人民币资金结算量增加。国际贸易融资客户在融资行办理国际结算，会增加在该行的往来款项存款，同时，由于申请贸易融资综合授信时，商业银行大多会要求申请人在银行存入一定金额的保证金，这又增加了银行的自然存款，人民币资金结算量也随之增加。

国际贸易融资的综合效应显著。首先，是直接的贷款利息收入；其次，相关的结算业务直接增加了银行的费用收入和其他中间业务收入；最后，往来款或保证金形成的存款又成为贷款资金来源，为银行获取存贷款利差收入。国际贸易融资业务综合效益高的特点使得该业务领域成为国内、外资银行的主攻领域，也成为国内商业银行竞争的重点之一。

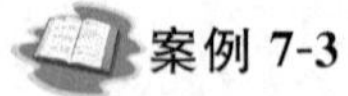

案例 7-3

一单出口押汇业务带来的综合效益①

某市HG进出口有限公司在该市属于规模较大的外贸公司、行业龙头，业务往来频繁，单笔贸易额较大。JK分行的客户经理将其列为营销重点，多次深入该公司，寻找业务切入点。某日，他了解到，HG最近与澳大利亚的辉腾公司达成一笔金额为99.8万美元的出口业务，使用D/A30天远期承兑交单方式进行结算，悉尼M行为代收行。作为出口方的HG向其关系银行J银行提交了单据，办理出口托收业务，同时提出融资申请。由于D/A托收对于出口方来讲风险较大，J银行不提供此类业务的押汇。事实上，JK分行也

① 徐文伟. 公司业务营销技巧与案例分析. 北京：清华大学出版社，2012.

不提供D/A项下的出口押汇。但其客户经理知道这是争取这个客户的大好机会,便积极向银行领导反映情况,和客户经理反复研究和讨论,利用总行在悉尼设有分行的有利条件,终于与悉尼分行达成合作协议,悉尼分行首先在当地了解进口商资信,在获得进口商承兑通知后向JK分行做无追索贴现,JK分行为HG就该票据做融资。HG转到JK分行交单托收并申请押汇,业务最终圆满完成,银行顺利收回贷款。

这项业务的开展使客户、JK分行、境外分行三方受益。企业获得了融资。JK分行获得多项收入:其一贷款利息收入3 108美元;其二出口托收手续费收入为240美元;其三,为HG结汇,JK分行赚取结售汇点差收入人民币7 266元;其四,该行获贴现款提前30日收回资金,考虑到客户对利率的敏感性较低,对贴现款资金做了定存,从中获得超额存款利息收入1 101美元。总收入折合人民币40 000元。借此次成功,客户与JK分行建立了稳定的结算关系。悉尼分行也从中获得贴现利息收入,并利用这次融资机会作为市场切入点,与境外优质客户进行了接触。自第二笔业务开始,结算流程中简化了悉尼M银行,改由悉尼分行直接为进口商做代收,成功实现对澳大利亚辉腾公司的业务渗透。

4. 国际贸易融资业务技术性强,风险高,要求相关人员具备较高的综合素质

从前述内容可以发现,国际贸易融资的品种繁多,随着贸易方式的不断升级,银行根据客户的需要还在不断推出新的方式或新的组合。贸易融资业务与一般的贷款业务相比,业务内容、涉及关系更为复杂。从受理业务开始,客户资信调查、审单、合同拟定和审核、单证处理等任何一个环节出现纰漏,都可能使银行资金遭受损失。因此,商业银行要能很好地开展国际贸易融资业务,重要条件之一是必须有综合素质高的客户经理。从大的方面讲,这些客户经理必须具备国际结算和贸易贷款两方面的理论和实务技能,当客户需要办理国际结算服务时他可以提供渠道,当客户需要贸易信贷时他也可以提出建议。同时,外语能力、计算机技能也是对国际结算人员的基本要求。

7.3 国际贸易融资业务风险及其控制与防范

课前思考与讨论

根据前面有关国际贸易融资的学习内容,思考国际贸易融资主要的风险点,哪些环节容易出问题?如何避免或者控制这些风险?

贸易融资业务授信风险管理与一般贷款业务的原理基本相同,但由于贸易融资涉及的关系更为复杂,影响第一还款来源的因素更多,同时牵涉境外的机构及国际法律和国际惯例,使得贸易融资风险管理的内容比其他授信业务更为丰富。

7.3.1 国际贸易融资业务的风险分析

1. 国家(地区)风险

国际贸易融资涉及跨越国家和地区的贸易往来,交易对方国家的经济发展程度、经济

金融秩序、外汇制度等都会影响到贸易的进行，进而影响到资金的安全。另外，由于是跨国交易，一旦出现纠纷，涉及不同国家的法律规定，而且牵涉法律的适用问题，有些发展中国家对国际惯例了解不够，甚至根本不按惯例行事，作为银行，必须对此有所认识和警惕，要根据不同国家和城市的金融法规和其他各项法规来制订国际业务经营管理策略。

国家（地区）风险主要表现在以下三个方面。

(1) 地区风险。对经济不发达的国家或地区、经济金融不稳定的地区、有军事行动的地区、外汇短缺和管制地区、受到国际社会制裁的地区等，出口后收不到外汇的风险很大。

(2) 国外法律制度风险。不同国家的法律制度存在很大差异，在国际贸易业务中，一旦出现争端，按照属地原则解决争端时，就可能因不熟悉对方的法律制度而陷入被动，甚至遭受损失。

(3) 国外企业风险。国外企业风险是指贸易对象经营不好，资信很差，造成贸易合同无法正常执行，最后影响借款企业归还贷款。

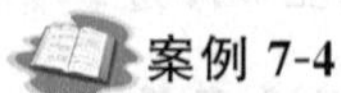
案例 7-4

不熟悉当地国法律遭受资金损失的风险

一家瑞士汽轮机制造公司向拉脱维亚能源公司出售汽轮机。两家公司彼此之间十分了解和熟悉，双方签订了一个购买两台工业用汽轮发动机、价值为 300 万美元的销售合同。拉脱维亚公司明确表示，该笔大买卖需要资金融通，而在汽轮机工业和市场都不景气的情况下，瑞士公司需要靠这笔生意来获得周转资金，但公司本身又资金紧张，希望能尽快收到货款或垫款。最后，它们决定采用福费廷方式。由 ABC 苏黎世银行作为出口商瑞士公司的包买银行，由拉脱维亚商业银行为拉脱维亚能源公司提供银行保函担保汇票的支付。

瑞士公司向 ABC 苏黎世银行提交了 6 张 500 000 美元的汇票和相关单据，汇票每隔 6 个月到期，拉脱维亚银行也开出保函，表示对金额为 300 万美元的合同担保，注明只要提示“负债契约”汇票，该银行将作担保支付，银行保函最后申明该保函受约于拉脱维亚共和国法律，同时受约于拉脱维亚高级法院。

瑞士公司按合同发运货物，ABC 苏黎世银行贴现汇票，并在福费廷二级市场出售汇票。但由于瑞士汽轮机制造公司出售的汽轮机出现设计问题，拉脱维亚公司拒绝支付到期的第一张汇票，当时瑞士公司出现财务危机面临倒闭，不能修复已出售的汽轮机，而拉脱维亚商业银行拒绝支付在保函项下的所有索赔要求，理由之一是根据拉脱维亚法律规定，所有保函都是可撤销的，除非在保函上标明了“不可撤销”字样。而该保函未注明“不可撤销”字样。当二级市场的福费廷交易商继续寻找理由要求买方赔偿时发现，拉脱维亚法律还规定，所有外汇汇出境外必须有国家的批准文件，而拉脱维亚商业银行并未得到中央银行向海外汇出外汇的批准，所谓的“负债契约”汇票也成了一纸空文，高级法院对赔偿请求不予理睬。ABC 苏黎世银行虽然想用福费廷业务中汇票贴现“无追索权”条款来保护自己，但由于它出售了无效的汇票和保函，不能用此条款免除自己的责任。ABC 苏黎世银行唯一的出路是以同样的理由向瑞士公司提出索赔，但这对一家濒临倒闭的公司已经没有太大意义，提供融资的 ABC 苏黎世银行成为最大的受害者。

2. 政策风险

我国目前仍属于实行外汇管制的国家，如外汇收支申报制度、进出口核销制度等，要求进出口企业严格按照相关制度进行外汇的收付，同时要求外汇银行作为执行机构，在为企业办理外汇收付结算的同时，监督并帮助企业完成每笔结算的相关申报、核销手续，如果外汇银行在办理外汇结算工作中有关政策性手续出现错误、失职，将受到政策性惩罚，严重的还会影响到银行外汇业务的经营权。在实际国际贸易结算和国际贸易融资业务中，对外付款的强制性和付汇核销的滞后性，如开证行对于贸易背景把握不当，有可能违反国家外汇管理局的政策，客观上协助企业逃、骗汇，使得银行陷入政策性风险的困境。

3. 信用风险

在国际贸易融资中，银行从一个中性的结算中介变成了一个积极的资金承担中介，借款企业的信用高低直接影响到银行的资金安全，一旦货物出现问题或者根本就是诈骗，银行将直接成为受害者。

信用风险主要表现为以下几种形式。

(1) 不法借款申请人。如果银行授信的企业是不合法、不合规的虚假公司①，贸易的主体根本就是不成立的，也就谈不上什么真实的贸易背景了。

(2) 虚假的贸易。不法分子以骗取银行资金为目的，以假的贸易合同，编造不实的用途，套取银行资金。

客户进行无贸易背景交易的目的主要有两个：一是逃、套汇；二是骗取银行资金。

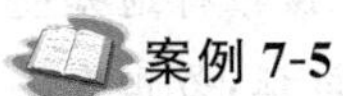
案例 7-5

利用对开信用证诈骗银行资金案

某国内银行客户A申请开立一个远期信用证(以下称1号信用证)，受益人为某外国公司B。信用证中不要求运输单据，规定由申请人签发“货已收妥”的收据即可。信用证发出后，该行收到一份来证(2号信用证)，分别以1号信用证的申请人、受益人作为该信用证的受益人、申请人，两份信用证买卖的货物一样，为同一规格的钢材，对货物的描述也一模一样，只是价格不同。1号信用证的单价为100美元/吨，2号信用证的单价为90美元/吨。这里可以将这两份信用证定义为背对背的对开信用证。

客户A收到2号信用证后立即交单，公司B又将该单据作为1号信用证下的单据提交给自己的交单行。客户A在收到单据的第二天就要求国内开证行承兑。而国外的公司B则据此承兑进行1号信用证下的贴现，将贴现款作为2号信用证的货款付回国内。

案发后查明：客户A与公司B是同一家集团公司的两个子公司，国外的通知行、交单行以及后来的开证行都是一家银行。这笔所谓的背对背对开信用证的目的就是套取银行的资金，实际上根本没有进行正常的商品交易，有关单据也是客户自己制出的假单据。

---

① 不合法的公司是指以假营业执照、假注册资金、假财务报表、假公章成立的骗子公司、皮包公司。不合规的公司是指没有外贸经营许可证、没有经过上级主管部门授权批准的公司。

所幸的是,客户A的目的是为了自身扩张需要融资,所以选用这样转来转去的方式,一方面获取资金,挪作他用;另一方面,企图在外汇核销的要求上蒙混过关。如果该公司旨在诈骗,一走了之,当国外银行依据已承兑的1号信用证索汇时,该国内银行就要面临直接的资金损失了。

(3) 信用证诈骗。信用证是国际贸易结算的重要方式之一,很多融资方式也是围绕信用证展开的。信用证一旦出现问题,不仅出口企业受损,提供融资的银行也被卷入其中,甚至有时根本就是进出口商利用虚假信用证,联合套取银行资金。信用证诈骗的方式可以说是花样百出,这里介绍两种典型的方式。

① 假冒开证或伪造信用证修改。诈骗分子假冒或伪造开证行有权签字人员的印鉴,甚至盗用或借用他行密押伪造信用证或者信用证修改书,企图以假乱真,最终达到诈骗目的。

② "软条款"/"陷阱条款"诈骗。信用证的"软条款"使得付汇的主动权完全操纵在开证方手中,进口方随时可解除付款责任,目的是诈骗出口企业和银行。一旦接受这种信用证或者依证融资,银行就会处于及其不利的境地。

案例 7-6

信用证"软条款"诈骗

我国内地某银行曾收到一份由香港KP银行开出的金额为USD1 170 000元的信用证,受益人为广西某进出口公司,出口货物为木箱。信用证中有如下条款:"本证尚未生效,除非运输船名已被申请人认可并由开证行以修改书形式通知受益人"。该银行通知受益人,并提醒其注意这一"软条款",建议修改信用证。经磋商,申请人撤销该证,另由香港IB银行开出同一金额、同一货物、同一受益人的信用证,但发现证中仍有"软条款":"装运只有在收到本证修改书,指定运输船名和装运日期时,才能实施",可谓"换汤不换药",主动权仍掌握在申请人手中,而受益人却面临若申请人拒发装运通知,则无法提交全套单据给银行议付的风险。银行了解到,与该进出口公司联营的工贸公司已将40万元人民币质保金汇往申请人深圳的代表处,而且该进出口公司正计划向银行申请人民币打包贷款600万元。该银行果断地采取措施,一方面暂不接受该进出口公司的贷款申请;另一方面敦促其设法协助工贸公司追回质保金。后经多方配合,终于避免了损失。

4. 违约风险

正常情况下,客户申请贸易融资贷款大多是有真实的贸易背景的,客户也具备良好的还款意愿,希望通过贸易活动获取一定利润。但是,影响经营成功的因素是多方面的,如贸易环境的变化,客户内部经营管理失误等,使得企业经营陷入困境。对于企业来说,一两笔生意失败,可能还可以承受,可以从以后的贸易活动所赚利润中慢慢补回来。但是如果亏损太多,或者发生一笔致命性的失败,则可能使企业破产,产生违约风险。这时,银行只能按企业破产后的财产清偿顺序得到部分补偿,遭受资金损失不可避免。

另外,即使企业仍在正常运转,也未出现经营亏损,也有可能因为资金内部周转不畅等问题造成企业违约。

案例 7-7

企业资金周转不畅导致无法还款事件

某公司向银行申请免押开证，银行客户经理实地调查后认为，该公司在某高档写字楼办公，经营贸易已有十几年历史，报表反映经营状况良好，有一定的资产实力。银行审查意见认为，公司实力较强，其上级公司有一定知名度，可以逐步扩大授信比例开展业务。随即，该公司以50%保证金开始在该行办理进口开证业务。一段时间后，因客户付款情况良好，银行将其开证保证金比例降为30%。但不久以后，银行为该公司做了对外付款后，该公司却未能及时补足保证金，发生了20万美元垫款。据该公司称，未能及时补足保证金的原因是其上级公司(股东之一，在同一层楼办公)急需资金周转而调用了部分资金。

5. 银行内部管理及操作风险

银行内部管理及操作风险是指由于银行内部制约机制不健全，各种信贷规章制度不完善，或者有关人员在执行制度时出现偏差或失误造成的风险。常见的内部管理及操作风险有以下几种。

(1) 客户风险敞口变化造成的资金风险。随着贸易结算的进程，常常需要进行不同品种的变换、组合，客户的风险敞口也处在变化中，如果银行没有严格把关，一旦客户的风险敞口突破授信总额，如果再加上客户动机不纯，银行资金就会面临危险。

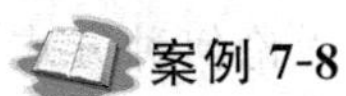案例 7-8

买卖双方合谋诈骗，银行风险敞口判断失误案

某银行应申请人的请求，在申请人交纳100%保证金的情况下，为其开立了一份不可撤销的信用证，信用证规定受益人需要提交全套3/3海运提单。在信用证规定的单据到达开证行之前，货物已到达了信用证指定港口。申请人要求开证行出具担保提货书。银行接受申请并开出担保提货书。申请人凭副本发票和副本提单及担保提货书从船公司那里提走了货物。一段时间后，开证行收到议付行寄来的单据，发现单据中并无信用证所要求的全套正本海运提单，代之以申请人签发的货物收据(cargo receipt)。开证行随即将这一情况通知申请人，申请人称同意接受货物收据，并要求开证行对外付款。开证行以为既然持有申请人100%的保证金，申请人又同意付款，自己也签发了提货担保书，便根据申请人的要求对外付款。付款后数日，另外一家公司持包括正本提单的全套单据来到开证行，要求开证行对此单据付款。开证行这才意识到问题的严重性，但本着自身利益考虑，银行一边对持单公司的要求不予理睬，一边寻找申请人，但申请人已无踪影。持单公司在得不到开证行对提单项下付款的情况下，随即通过法院起诉船公司，而后船公司又手持开证行的担保提货书起诉开证行。经法院裁定，开证行败诉。开证行被迫支付了该提单项下的款项，造成了信用证项下的双重支付。

这是一个买卖双方合谋诈骗银行的案例。一笔贸易，开证行付了两次款，第一次用开证申请人的保证金，第二次就是开证行自己赔偿。开证行的失误在于对该笔融资的风险敞口做出了错误的判断。开证和提供担保提货虽然是针对同一笔贸易，但对于银行来说却是两笔业务，开证保证金只是作为信用证支付的保证，没有理由再将同一笔保证金作为第二笔融资——提货担保的担保，换句话说，这笔提货担保是该银行在毫无任何保证的情况下为客户提供的融资，是一笔信用融资，开证行自身并未意识到，而客户恰恰钻了开证行的这个漏洞。

（2）业务人员操作失误造成的风险。由于贸易融资业务涉及复杂的国际贸易、结算环节和较多的关系人以及国际惯例，对操作技术有较高的要求，一旦出现操作失误，如，制作合同文件的内容出现错误、丢失重要的证据、转账不及时影响客户用款、资金入错账户，质押手续办理不完善等，轻则会影响银行内部工作进程，增加人力和时间去纠正错误，重则影响银行声誉，引起客户投诉，甚至起诉，使银行出现经济损失。

（3）经办人员专业素质不高及工作责任心不强等人为因素造成的风险。如前所述，国际贸易融资业务对经办人员的专业知识及部门之间的配合协作有很高的要求，如果经办人员在办理业务时总是从个人及小团体的利益出发，不能从银行的整体利益出发处理问题，就会出现相互推诿、扯皮的事情，轻则影响银行的工作效率，重则可能导致资金损失。

（4）内部员工舞弊风险。国际贸易融资业务的复杂性使得管理难度大大增加，如果商业银行有关国际贸易融资业务的制度不健全或执行不严格，会给内部不法分子以可乘之机。他们或者挪用银行和客户资金，企图以挪用的资金为个人赚一笔后再归还公款，将收入据为己有；或者干脆直接非法侵占，贪污数额巨大的公款，然后逃之夭夭。在作案手段上，有的是员工自己偷着干，有的是内外勾结、甚至境内外勾结合伙干。无论何种方式和手段，都会给银行造成资金及声誉损失。

案例 7-9

登记台账遗漏导致银行资金损失案

某公司经营造纸业务，在某银行以担保方式核准了 200 万美元的授信额度，主要用于开立 180 天远期信用证。额度到期时，该公司重新申请 200 万美元的授信额度并得到批准，此时原 200 万美元额度中尚有 70 万美元未结清。新额度使用过程中，由于银行的疏忽，在登记额度台账时遗漏了上述 70 万美元，使该公司实际占用的额度余额超出了 200 万美元。后来，由于国际纸品市场发生突变，该公司经营出现困难，现金回笼不足，造成信用证垫款。后因交涉未果，银行提起诉讼，要求开证企业及担保企业偿还欠款本息，但担保单位以额度使用总额超出授信合同为由，拒绝承担责任。

7.3.2 国际贸易融资业务的风险控制与防范

根据国际贸易融资业务的特点及风险成因分析，商业银行要想有效控制与防范风险，必须在以下几方面下工夫。

1. 关注国际经营环境变化，了解不同国家(地区)的法律法规，防范国家(地区)风险

国际贸易中很多因素的变化是外贸企业自身无法控制的，这就要求相关人员关注国际政治、经济环境的变化，加强预测，提前采取有效措施，尽量减少国家风险。商业银行可从以下三方面控制和防范国家(地区)风险。

(1) 注重国际经营环境的变化，关注地区经济和政治环境，适时调整授信政策、放款规模，减少总量风险敞口。例如，2008年，由美国次贷危机引发的金融危机逐渐影响到实体经济，以欧美为主要贸易出口国的国内外贸企业出口订单大幅减少，经济不景气也增加了商品销售的难度，银行的外贸企业授信风险相应增加，应相应缩小对该类企业的放款规模。

(2) 业务合同法律化。银行的合同应请有经验的法律人士制作或审定，防止以后债务人为避免偿还责任，从合同条款上钻法律的空子。对于对方提供的合同，一定要严格审查，必要时，聘请对方国家的法律专家进行审核，一定要在事前就认清潜在的风险因素、排除不利于银行方面的软条款/陷阱条款。如果像案例7-4中那样事到临头才恍然大悟，则难逃资金损失了。另外，由于贸易双方处于不同国家，出现纠纷后的仲裁及诉讼等有关事项应在合同中予以明确，纠纷的解决地应在遵循国际惯例的前提下尽量选在本国，以免因不熟悉对方的法律规定而陷入被动。

(3) 规范样本，减少不确定性。国际贸易融资业务涉及借贷、担保、公证、抵押等合同。规范各类合同的样本不仅可以提高效率，也是防范业务风险的重要手段。

2. 加强信用调查与管理

(1) 加强信用管理。包括对申请贷款客户及其贸易对象的客户进行调查。①对申请贷款客户信用的深入调查。首先是对公司进行现场调查：如果公司办公场所临时性强，拿不出应有的证明材料，则有虚假的迹象。其次是对申请者法律文件的审查：将所有企业注册、批准文件、公章到相关主管部门进行合法性、真实性的核实。②对贸易对象的信用风险进行审查。这不仅仅是为了防范国外诈骗犯，也是为了防止其内外相互勾结作案。主要方式有：查询黑名单；通过国外分支机构、代理行或账户行进行查询；直接向该贸易对象的开户行进行相关调查。不过，在国际交往中，银行对这种征询函的答复都是相当中立的，并且表示不负任何责任。因此，商业银行仍然需要通过其他多种渠道查询客户资料，了解客户的真实资信状况。

(2) 信用证下的融资要认真核验和审核信用证。这部分的工作主要靠操作部门来配合完成。首先是检验信用证的真实性，特别是出口方银行在进行信用证融资时，必须事先认真负责地检验信用证和修改书的真实性，掌握开证行的资信情况。发现疑点，立即向开证行或代理行查询，以确保来证的真实性、合法性和开证行的可靠性。其次是认真审核信用证条款，发现有软条款，立即通知贷款申请人，要求删除软条款或采取相应措施，提高警惕，不轻易放款。

(3) 加强账户管理。对客户往来账户中的记录进行调查，对于银行账单和款项往来不正常的记录应格外小心。在进行调查时，还要注意客户销售行为的真实性及销售价格

的公允性，防止出现关联交易。如案例 7-5 中两份信用证内容雷同，应引起相关人员注意。如果发现企业有不良企图，信贷人员必须找出其真正用意，或者干脆停止与其往来。如果在贷后检查阶段发现资金用途发生了变化，则应及早采取措施追回贷款资金，以避免损失。

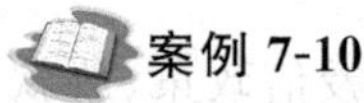
案例 7-10

银行成功防范打包贷款诈骗案

有一家公司客户找到某银行，出具了一份境外银行开出的以该客户为受益人的远期信用证，金额为 150 万美元，申请打包放款。银行结算部门审核信用证，开证行资信可以接受，相关密押正确。但信贷部门认为该申请人是不熟悉的新客户，主动上门要求做业务，且信用证金额较大，需要小心从事。银行有关信贷人员进行深入调查，果然发现可疑之处：一是该公司为注册不到半年的新公司，背景不详，规模小又无实际的生产产品，不可能承受如此金额的业务；二是经境外代理行协助调查，开证申请人也是一家名不见经传的小公司，资信不明。经过认真、仔细核对，银行工作人员发现，信用证的金额经过了涂改，将小金额改为大金额，企图利用银行人员的疏忽骗取大额贷款。但在有经验和负责任的银行信贷员面前，这场骗局被揭穿。

(4) 加强结算后续监管工作。例如，国际贸易融资业务涉及外汇的进出，如果一笔业务没有正常的核销手续，又没有有说服力的解释，一般可以认定该公司无真实贸易背景，有骗汇和套取银行资金的嫌疑。这类企业一经查出，一定会被外汇管理局严厉惩处，而银行的责任是尽早发现，提出问题，在控制自身资金风险的同时，积极与政策部门合作，以摆脱政策性风险。

3. 在贸易贷款融资审查时将政策性文件的审查作为一个必要条件，防范政策性风险

客户经理进行贷前审查时，一定要将政策性文件审查作为重点内容之一。对政策规定无资格经营某项业务的企业，必须坚决予以拒绝；同时，客户经理还应检查有关客户的动态性记录，如洗黑钱黑名单、外汇账户卡、海关卡等的状态，对有不良记录的企业持谨慎态度。

4. 关注客户经营管理状况的变化，防范违约风险

商业银行对客户授信以后，不能被动地等待客户到期偿还贷款，而应时时关心客户的经营状况，这就是贷后检查。在进行贷后检查时，重点应关注企业的经营状况和现金流动状况。

对经营状况的了解和检查主要是关注企业生产经营是否正常，企业的库存商品是否保持在合理的水平，有没有因销路受影响而产生货物积压的情况，如果企业经营出现亏损，则是一个严重的预警信号，银行应督促企业及时走出困境，否则就应提前收回贷款。

对企业现金流的关注，主要是用于判断企业是否有偿还到期贸易融资贷款的资金来源，通常情况下，客户经理只要关注应收账款的变化就可以了，如企业的应收账款在流动资金中占比是否正常、应收账款回收情况如何等。如果库存商品出现积压，应收账款过多，即使是报表显示盈利的企业也可能无法偿还银行的到期款项。

5. 加强内部管理，严格操作流程，防范资金损失风险

国际贸易融资业务中信贷工作与结算操作工作息息相关，额度的设置、发放由信贷部门决定，但每笔融资款项的拨付与收回由国际结算部门负责操作。客户的信用反映整体信贷风险的高低，业务的单证直接反映了具体业务的状况，必须加强银行内部相关部门之间的合作，在总额控制的基础上，加强对每笔业务的风险控制，才能使风险防范疏而不漏。

(1) 贷前调查时落实担保条件。强调担保的必要性是银行防范国际贸易融资风险的有效措施。尤其在出现以下几种情况时，更应强调担保的必要性：第一次和银行做业务的客户；财务状况不好的客户；客户条件虽然好，但风险性较大的业务，担保的要求也需要根据实际情况合理确定。具体到每项贸易融资业务时，对担保对象及抵(质)押物的选择及办理法律手续的要求与短期商业贷款相同。

(2) 建立客户计算机台账制度。贷款发放后，商业银行应要求客户经理为每个贸易融资客户建立一个计算机台账，由客户经理及时登记每笔贸易融资贷款的发放和回收，发放时递加、回收时核销。由计算机自动控制，当新的一笔授信金额超过计算机中原先设定的风险敞口总额时，计算机自动停止进行的交易。利用计算机来判断风险敞口，就不会出现由于人为主观判断失误带来损失的情况。

(3) 加强结算操作的规范性。将有关政策性的手续纳入结算程序中，缺少该程序，业务不能完结；将申报单、核销单等政策性填报单据作为业务要求文件，缺一不可；对需要事后核报的业务做好档案管理，避免遗漏。

(4) 完善授信制度，坚持业务与账务背对背原则。所谓业务与账务背对背，是指做业务的人员不得插手去做账务处理，做账务处理的人员不能同时做业务，两项工作必须分别由不同的人员完成，只有实行严格的职务分离制度，才能防范内部员工作弊的风险。

(5) 合理安排劳动组织，加强信贷人员与操作人员的沟通和配合。

(6) 加强对员工的培训。对员工的培训分为技术培训及职业道德教育两方面。从技术上讲，要培养既懂国际结算又懂贸易授信两方面技能的专业人才，同时要提高他们风险防范的意识及能力。

6. 利用出口信用保险[①]保障银行自身安全

特别是在以商业信用为基础，如付款交单(D/P)、承兑交单(D/A)、赊销(O/A)等结

---

① 出口信用保险是指出口商投保出口信用险，将赔款权益转让给银行，银行向其提供贸易融资后，如果发生保险责任范围内的损失，保险公司根据《赔款转让协议》的规定，按照保险单规定理赔后应付给出口商的赔款直接全额支付给融资银行的业务。目前，中国出口信用保险公司(简称中国信保)是我国唯一承办出口信用保险业务的政策性保险公司。

算方式的融资业务中，要求出口企业投保信用保险，一旦出现信用问题，银行可以向保险公司索赔。

7.4 国际贸易融资业务市场营销

由于国际贸易融资业务品种极为丰富，要求商业银行客户经理能够根据业务特点选择合适的目标客户，有针对性地开展营销活动。客户经理营销国际贸易融资产品时，要注意以下几个方面的问题。

1. 选择合适的目标客户

国际贸易融资的客户针对外贸企业。不仅包括在中国内地注册的外资企业、工贸企业，而且包括在境外注册的一些离岸公司（offshore company）。通常，客户经理可以根据以下几项因素筛选目标客户。

(1) 企业自身实力。在政府和行业主管部门公布的企业排名资料中榜上有名的企业一般都是各家银行尽力争取的对象。而作为一般企业，企业的经营年限、资产总额、年进出口总量、结售汇考核情况等数据也较能说明问题。

(2) 企业经营模式。了解企业经营模式，判断企业是否有完善的内部管理和风险控制机制；经营管理模式是否与国际接轨等方面。外贸企业要与外国人打交道，经营模式的国际化对于外贸企业的业务开展意义重大。

(3) 人员素质。外贸企业的人员素质直接关系到企业的经营甚至存亡。在评价企业内部人员的素质时，要注重对三类人员的考察。

① 领导人员：企业总经理、主管领导。他们的经营思路、理念反映其经营水平。好的企业一定有一个有能力的领导或强有力的领导班子。

② 财务人员。财务主管的个人能力、资金调度能力、与银行的关系等直接影响企业的资金使用、调配。

③ 骨干业务人员。业务骨干在外贸企业中的作用十分突出，直接影响公司的客户资源，进而影响公司的业务量。好的外贸企业一定拥有一批高素质的业务骨干。

2. 根据客户具体情况提供个性化的融资产品

如前所述，国际贸易融资是依附于贸易业务本身的一种融资方式，每一笔具体的国际贸易融资都是基于某项贸易业务而作出的安排。在营销过程中，营销人员需要根据客户的特点，进行产品选择以及产品组合设计，不能生搬硬套。在实际业务中，业务人员又需要根据每宗贸易、业务的特征，如交货期、货款缴付的安排和计划等，以及买方或卖方为了履行贸易合同所需要的融资，为客户专门设计一个最适合的融资方案。所谓最适合的方案，即银行在综合考虑借款人本身的信贷能力、贷款资金来源、可承担的融资成本、可接受的贷款年期、可承受的风险程度以及政府法规等方面的要求后，设计出个性化的特色融资产品。

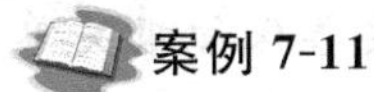案例 7-11

根据企业实际设计并提供特殊的国际贸易融资服务

在进口贸易中，有些外贸公司出于控制成本的考虑，往往采取一次大量进货、分次销售的方式，造成资金占压。某银行信贷人员为企业设计利用货权抵押方式，为进口商提供贸易融资服务。

企业概况：某粮油进出口公司A公司是大型跨国公司，主要从事粮油、饲料、农副产品进出口业务，主导业务是进口大豆，为中国大豆协会理事单位，年进口大豆占全国进口大豆总量的5%左右。实力较强、信誉好、管理规范，上下游客户较为稳定，在以往的结算业务中从未发生过货物数量和质量问题。

客户需求：A公司进口大豆业务通常为整船进口，每船约6万吨，进口方式为开证或进口代收，业务金额通常为800万～1 100万美元。信用证结算一般采用即期信用证，通常在单到后十五天左右才能到货，而每船大豆的销售回款期通常为一个半月至两个月左右。代收方式结算一般采用即期的D/P方式。该客户需要银行提供融资支持。

融资模式设计：银行为A公司提供了总额为1 100万美元的综合授信额度，包括进口开证额度、进口押汇额度和流动资金贷款额度。开证保证金比例为30%，其余风险敞口采取进口货权抵押方式。作为开证行与A公司以及货代、港口代理签订四方协议的形式约定操作流程，规定该公司将以进口大豆的销售收入按时支付信用证项下的付款或偿还押汇贷款。

具体操作流程如下。

(1) A公司作为开证申请人向银行提交A公司与货代签订的委托代理合同、与国外客户签订的进口贸易合同、与国内客户签订的购货合同。

(2) 在办理开立信用证业务前，在开证条款中约定开证行为收货人，并由开证行作为提单收货人的指示方，控制提单项下的货权。同时开证行是海运保险单的第一受益人。

(3) 单到后，开证申请人(A公司)在开证行办理承兑或进口押汇手续，并提供有关许可证和提货计划。银行为A公司提供进口押汇融资。

(4) 开证申请人(A公司)将有关的应付关税、增值税等货物报关和仓储费用等款项存入开证行指定的账户。

(5) 货物到港后，开证申请人配合开证银行办理委托报关、运输、入库手续，向货代提交除正本海运提单外的必要单据。

(6) 开证行收妥开证申请人(A公司)交来的报关关税、增值税、商检费发票，将有关单据连同正本海运提单提交货代，并进行签收确认手续，货代向开证行出具收货证明。开证行与开证申请人(A公司)签订以代表货权的收货证明为权利凭证的进口押汇融资合同，并在收货证明中规定：货代将根据开证银行开具的有效发货通知书办理发货手续，并将发货总量控制在发货通知书总额范围之内。

(7) 货代向开证行提交报关单正本，并办理签收确认手续，开证行妥善保管报关单正本。

(8) 开证申请人将所收客户货款及时存入开证行/押汇银行开设的保证金账户，到账后开证行开具相应货款的提货通知单，通知货代办理发货手续，由开证申请人(A公司)具体安排发货流向。

案例7-11中的融资模式是在对客户作了深入的调查后设计的。通过对客户资信状况的了解，把握客户真实的贸易背景和良好的资信状况，为客户设计的融资安排，较好地满足了客户的需求，同时在融资方案的设计中注意银行风险的控制。除30%的开证保证金外，还要求客户存入相关的应付关税、增值税等费用，使得实际抵押率低于70%。在开证条款中约定银行为收货方、提单收货人指示方及海运保单的第一受益人，有效地控制了贸易全过程中的货权问题。通过与借款公司、货代、港口代理签订四方协议书，明确规定业务操作程序及各方责任，降低银行资金风险，在A公司不能根据规定的提货计划付款提货时，银行有权自行处理货物控制权项下的货物，有关的费用和损失由A公司承担，并将货物处理收入用于支付或偿还进口开证、押汇贷款，达到控制银行资金风险的目的。

案例7-11说明，只要商业银行有关人员真正为客户及银行的利益着想，一定能够设计出好的贸易融资产品，使客户和银行实现双赢。

3. 介绍产品尽量简单、平实

国际贸易融资业务品种繁多，业务技术性强，比一般的信贷产品复杂，如果营销人员在进行产品推介时，理论、术语罗列，思绪混乱，不仅不能吸引客户，反而使客户觉得融资方式令人费解，手续繁杂，效果会适得其反。所以在营销前需要对目标客户作详尽的了解，设计好产品之后，再进行推介；在产品推介过程中，突出产品的特点，尽量用简单、浅显的语言讲述，帮助客户理解，同时针对客户的具体情况提出使用该融资安排对客户的有利和不利方面，使客户心中有数。当然，这要求营销人员自身必须具备良好的素质和专业水平，完全熟悉所有的品种，才能在营销过程中游刃有余。

4. 了解客户的疑虑，对症下药

在争取贸易融资客户时，多询问客户，了解客户对融资业务存在的问题和疑虑，首先有针对性地对客户提出的问题予以答复和解释，打消客户的疑虑；然后，再采取相应的营销策略，这种有针对性的营销方式常常可以起到事半功倍的作用。

例如，对近年来兴起的国际保理业务，客户由于不太熟悉，常常会产生一些疑虑，如果客户经理能够在营销展开前有所准备，针对客户的疑虑一一解答，一定可以收到良好的营销效果。表7-7列示了客户对国际保理业务可能产生的疑虑及客户经理应给予的回应。

表 7-7 国际保理业务营销技巧示例

客户的疑虑(问题)	客户经理营销时的回应(解答)
觉得保理业务费率较其他方式要高一些	业务费率常常因为每一笔贸易业务的交易对象、所在国家等因素而有所不同。对于出口商来说,保理业务的最高信用保障可以达到100%
觉得如果发生产品质量问题,保理商可以免责,这样对出口商不公平	当产品出现质量问题,保理业务确实不会保护出口商。但是保理商将依据事实来认定产品是否有质量问题,不会单纯相信进口商。此外,国际保理业务是有法律、规则约束的
保理业务范围小,集中在北美、西欧、亚太发达国家和地区	一方面,北美、西欧、亚太发达国家和地区是我国出口商的重要目标市场;另一方面,应该注意到国际保理业务的发展趋势,它的覆盖区域会越来越广
出口信用保险是政策扶持的业务(政府有补贴),而保理业务是出口保理商和进口保理商的商业行为	国际保理业务没有得到政府补贴,但是得到政府的鼓励,因为从根本上讲,保理业务对出口商来说发挥信用管理、应收账款管理的作用,更有利于出口商
最后,无论客户有无提出,都可以总结一下保理业务的优越性	可以让进出口商使用赊销结算方式并提供相当的信用保障;省却开立信用证、购买出口保险等业务产生的烦琐手续和繁杂费用;加快进口商资金流动、降低出口商管理成本,提高贸易利润等

从表7-7中所列的问题及解答内容可以看出,客户经理要想成功营销国际贸易业务融资产品,必须对该产品的性质、特点、目标在国际、国内的发展现状等非常熟悉;否则,根本无法应付客户的提问,当然也就无法说服客户使用该产品。

本章小结

国际贸易融资不同于一般的融资方式,它们常常与对应贸易项下的货权相关,由于这类业务能为银行提供较高的综合性收益,越来越受到银行信贷部门的青睐。近年来,国际贸易融资方式不断推陈出新,但由于国际贸易融资业务种类的多样性及操作的复杂性,使得国际贸易融资业务的风险也呈现出复杂化和多样化的趋势。有效地防范和化解国际贸易融资风险成为商业银行的重要任务之一。

本章从进口和出口两个方面分别介绍了国际贸易融资业务的种类。国际贸易融资业务的特点和风险的复杂性要求银行营销部门及业务操作部门的有关人员必须熟练掌握相关的知识,相互配合协作,才能不断扩大银行国际贸易融资业务量,为商业银行增加利润来源,同时也要做到有效防范各种风险,保护商业银行的合法权益。市场营销人员进行营销时,应对不同的对象采取不同的营销手段,为客户提供不同的品种组合。

思　考　题

1. 国际贸易融资的种类有哪些？具体描绘每一类的业务操作流程，并指出该类业务的特点。

2. 国际贸易融资的风险主要有哪些？

3. 国际贸易融资信贷强调对客户贸易真实性的审核，谈谈你对此问题的看法。如果你是某商业银行的信贷人员，你将如何防范这类风险？

4. 请利用福费廷贴现率计算中的相关资料，分别用直接贴现法和半年复利贴现法计算第三张汇票的贴现净额。(2013-12-18 到 2015-6-18，实际天数是 547 天)

实　训　题

1. 某专业生产扫描仪的公司以产品质量优异在业内闻名，但如果缺乏适当的财务安排，产品再好，还是难以成功占领市场。在美国，该公司以货到付款原则进行销售，市场拓展进展缓慢。为了发展潜力巨大的欧洲市场，特别是德国、荷兰、瑞典和芬兰等国的市场，该公司采用赊销方式销售产品，发票金额一般在 100～500 美元，销货付款期限在 60～180 天，销售毛利在 8%左右。赊销方式使得该公司市场拓展较为顺利，但如何转移风险，解决赊销带来的资金问题一直是该公司考虑的问题，为此，该公司找到自己的开户银行。

假设你就是该行的相关业务人员，你会为该客户推荐何种融资方式？查找相关资料和数据之后，请向客户作一个简短的产品介绍，介绍中应强调该产品将如何解决客户的问题，让客户受益，同时要提出有关的费用和可能出现的对客户不利的方面。

2. 假定你是某银行进口部的经理。2013 年 12 月 22 日，该行客户 TIGER 贸易公司递来一份申请，具体情况如下。

公司背景：

公司名称：Tiger Trading Co. Ltd.

经理：Tomas 先生，45 岁，已婚

公司注册时间：2006 年 10 月

资本：注册资本 10 万美元

最新资产负债表资产总额：5 万美元

公司账户余额：7 670 美元

融资申请：开立 200 000 美元，有效期为 90 天的进口信用证

贸易背景：从南非进口 200 吨焦炭(每吨 1 000 美元)，销售给当地一家知名的连锁超市，双方已经签订销售合同

担保：股票和 Tomas 先生个人担保 100 000 美元

根据以上资料分组讨论：在决定是否提供资金支持前，银行还需要进一步了解什么信息？对已有的资料还需作哪些深入的了解？如果决定提供这笔融资，作为银行应对该客户提出什么要求？

第8章

其他信贷业务与市场营销

学习目标

1. 了解商业银行其他信贷业务的主要内容。
2. 掌握办理银行承兑汇票及其贴现业务的程序及风险防范措施。
3. 基本掌握保函业务的主要内容及风险防范措施。
4. 基本掌握如何选择保理业务及法人账户透支业务的目标客户。

课前思考与讨论

旭昕创意家居是一家集设计、加工、生产为一体的创意家居用品公司,公司成立不到5年,注册资金只有50万元,销售年收入在2 000万元左右。从日常经营看,由于公司目前规模较小,品牌影响力也不算大,原材料供应商要求其现金支付,原材料压仓时间较长,资金占用大;而销售方面,公司多以赊销方式销售产品,销售收入中应收账款占比较大。近几个月以来,公司订单越来越多,需要增加流动资金,但公司不多的固定资产都已经抵押了,也没有特别大的企业愿意为其担保,企业倒是拥有一些远期票据,但都尚未到期。

从以上基本资料看,可以粗略判读该企业处于发展上升期,需要银行的信贷支持。在学习本章内容以前,针对该企业的情况,你是否可以设计一些信贷产品提供给该企业呢?请记录你们的设计。

8.1 银行承兑汇票及其贴现业务

8.1.1 银行承兑汇票业务

1. 银行承兑汇票业务的特点

银行承兑汇票是商业汇票的一种,是由收款人或承兑申请人签发,并由承兑申请人向开户银行申请,经银行审查同意签章承诺到期承兑的汇票。对于银行来讲,无论是收款人签发汇票,还是承兑申请人签发汇票,均应由承兑申请人的开户银行承兑。银行承兑汇票在经济生活中能发挥支付手段、信用手段、结算手段、融资手段等多种功能,2013年一季度实体经济通过银行承兑汇票从金融体系融资达 6 369 亿元，占同期社会融资总量的 16.69%，可以看出，银行承兑汇票业务呈现出蓬勃发展之势[①]。从票据行为来说，它以票据为对象，是票据的取得和转让。对银行来说，只要承诺了汇票到期付款，银行就成了债务人，到期见票必须无条件支付，所以开出银行承兑汇票并由银行承兑，是商业信用向银行信用的转化，也是以银行信用来保证商业信用，是一种银行授信业务。对于客户提出的承兑申请，银行必须像对待贷款客户一样进行认真审查、评估，符合条件的才给予承兑，因此，银行承兑汇票既有票据的某些特征，也有信贷业务的某些特征。

（1）与贷款业务相比，银行承兑汇票的期限短、流通性强。在银行的资产业务中，贷款期限一般都在半年以上，半年以下的贷款较少。银行承兑汇票是以票据为载体，票据的期限及转让等均只受《票据法》的制约，付款期限最长不能超过 6 个月。如果持票人有需要，还可以将银行承兑汇票贴现以提前取得资金，因此，银行承兑汇票的期限短、流通性强。

（2）与其他票据业务相比，银行承兑汇票的风险高。银行承兑汇票由银行承兑，银行为票据的主债务人，银行的良好信誉使汇票到期后的付款不成问题。因而对持票人来讲，银行承兑汇票的风险小；但对于承兑银行来讲，承兑是给予承兑申请人一种授信，如果不能对承兑申请人及该笔业务的状况进行认真了解，可能造成如下结果：当银行承兑汇票到期后银行必须按照当初承诺见票无条件付款，此时，如果承兑申请人无法按时偿付汇票到期资金，银行的资金便会出现风险。而除银行承兑汇票以外的其他票据业务（如银行本票业务、支票业务等），银行虽是参与方，但只充当了结算中间人的角色，提供服务后收取服务费用，只存在结算风险。而银行承兑汇票业务既有票据的结算风险，也有信贷业务风险，对承兑行来讲，是一种风险较高的业务。

2. 银行承兑汇票业务的办理程序

一般情况下，承兑申请人向其开户银行提出承兑申请，作为承兑人的银行将会对申请人的资信、财务状况、业务的具体贸易背景进行调查，并要求承兑申请人缴付一定的保证金才能为其承兑。具体办理程序如下。

（1）客户向开户银行提出申请，填写“银行承兑汇票申请书”，要求银行为其汇票进行承兑。

（2）客户向银行提供能够证明其真实贸易背景的贸易购销合同等资料。

（3）银行信贷部门派专人对申请人的资信及该笔款项的用途进行调查了解。

（4）银行为客户开立保证金专户，客户按照约定比例存入保证金，并对其余部分提供抵押、质押或第三人保证等担保。

（5）银行在承兑汇票上签章承兑，并收取承兑手续费，一般是 5‰左右。

3. 银行承兑汇票业务的风险分析

银行承兑汇票作为一种关系权利与义务的全债权凭证，是财产权的化身，在市场上具

---

① 中国人民银行货币政策分析小组. 2013 年第三季度中国货币政策执行报告，2013-11-05.

有极高的流通性；作为承兑人的银行信誉度非常高；作为一种票据它又受到《票据法》的约束和保护，具有安全性高、信用好等特点，在实际经济生活中被广泛使用。正因为如此，商业银行在办理银行承兑汇票业务时，必须谨慎、认真，否则容易被不法分子或其他别有用心的人所利用，造成资金风险。一般来讲，银行承兑汇票业务的风险有以下几种。

(1) 诈骗风险。为了获得银行承兑汇票，不法分子可能利用各种手段，如以虚假公司名义申请、以伪造的贸易购销合同申请、以低比例的保证金获得高额的银行承兑汇票等，通过以上手段获得银行承兑汇票以后，他们会立即到另一家商业银行申请贴现，套走资金，使银行承担全部风险。因此，商业银行在对客户的申请进行承兑前，必须对申请人和其贸易背景进行深入调查，严防上当受骗，调查的过程要像发放贷款一样从严掌握。

(2) 虚假贸易背景风险。有时企业向银行借款时，银行可能因受存贷比限制无法发放贷款，为了增加盈利来源，此时银行可能为没有真实贸易背景的企业出具银行承兑汇票，企业再以该汇票向其他银行贴现套取资金。由于企业没有真实的贸易背景，拿走贴现资金后的用途也就无法限定，到期后极有可能无法偿还承兑银行的资金。

(3) 担保不落实风险。如果商业银行对于有些承兑汇票不收保证金或收取保证金的比例偏低，质押物或抵押物不足值，又没有要求落实担保人，银行的债务就会悬空。一旦承兑汇票到期，债务人不能及时足额归还银行款项，银行便没有足以抵偿损失的担保物可供处理。因此，对于不熟悉的客户或把握性不大的贸易项目，如果不能收取全额保证金，或质押物、抵押物不足值，则应要求申请人提供担保，否则宁可不做业务。

(4) 票款不到位风险。由于银行客户经理疏于管理，在汇票到期前未督促企业将足额票款汇入银行账户，以便银行按时收回票款、对外支付，致使银行不得不对外垫付资金。过后相关人员又不及时采取措施向客户追索垫款，形成风险敞口。

(5) 业务差错风险。银行在各项审批手续办完之后，不及时向客户出具汇票，影响客户资金的结算。或者填写汇票时不认真，造成汇票被受益人退回，或者被其他银行拒绝贴现。这些问题轻者会影响银行与企业的关系，重则企业可能要求银行赔偿经济损失。为此，必须对银行经办人员严格要求，同时加强复核制度，确保及时准确地出具汇票。

4. 银行承兑汇票业务的风险防范

了解银行承兑汇票业务的风险以后，就可知道防范风险的要点。

(1) 对银行承兑汇票的真实贸易背景进行调查了解。真实的贸易均会出具增值税发票，因此，客户经理要求客户提供此项贸易的增值税发票，将真实的增值税发票与商品购销合同对照检查，就能判断贸易业务的真实性。通常关联公司或有利害关系的公司之间为了共同的利益签订虚假的商品购销合同并不难，但这些合同不履行就无法取得真实的增值税发票，如果申请人能够提供同一购销业务的增值税发票，则其贸易的真实性一般可得到保障。银行客户经理还可通过其他途径了解该项业务的贸易背景，如是否经常做这种贸易，贸易对手是否为经常的合作伙伴等，从多种途径了解到的情况均说明贸易的背景是真实的，则该笔业务的风险将大大降低。

(2) 落实保证金及抵押或担保措施。通常情况下，申请人向银行申请商业承兑汇票，一定要预存一定的保证金，商业银行要对保证金实行严格管理，将保证金专户存储，不允许客户挪作他用。同时,不能用保证金保证的部分也一定要落实其他抵押或担保措施,以便银行垫付资金后,能通过处置抵押物收回资金,或由担保方代为偿付。

(3) 避免出现业务差错。有关人员对汇票的审核要认真仔细,办理业务要及时,以便及时准确出具汇票,为客户提供良好的服务。

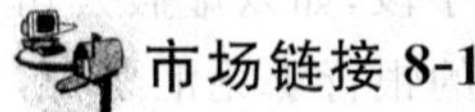

市场链接 8-1

当前我国票据案件的形势及特点[①]

1. 票据涉案金额较大,影响较广。2010—2012 年,我国连续发生多起票据案件,其中以齐鲁银行特大票据案件、山西忻州票据案件和烟台银行票据案件最为典型。在齐鲁银行特大票据案件中,犯罪嫌疑人利用人民币虚假存单共计 48 亿元作为质押,骗取银行开立银行承兑汇票;2011 年 5 月,在山西忻州票据案件中,涉案票据金额达 1.4 亿元,不仅涉及许多当地企业,也涉及包括民生银行、中国银行等多家金融机构的员工;2012 年 1 月,山东省烟台支行原行长刘维宁利用职务之便,自 2011 年 4 月起,分 276 次将该行库存的银行承兑汇票取走,金额合计 4.36 亿元。票据案件频频发生且金额巨大,表明票据业务已经成为银行业务的高风险地带。

2. 伪造存单、合同、发票等金融票证是票据案件的主要手段。在上述几起案件中,犯罪嫌疑人分别采用伪造存单、合同或者发票等手段进行诈骗,而不是直接伪造银行承兑汇票,作案手段具有隐蔽性。在齐鲁银行特大票据案中,犯罪嫌疑人通过伪造大额存单作为承兑保证金,签发商业汇票向银行申请承兑,骗取银行信用资金,且该手法屡试不爽,直到案发;山西省忻州票据案件中,犯罪嫌疑人利用虚假合同和发票通过银行贴现审核,通过票据贴现套用银行资金,案发前违规操作贴现业务仍未曝光;在烟台票据案中,犯罪嫌疑人利用管理漏洞将已经向银行贴现的票据背书他人,并提前兑现票据资金。

3. 票据掮客在案件中扮演重要角色。非法经营银行承兑汇票承兑和贴现业务的"票据掮客"在案件中扮演着重要角色。一方面,由于部分银行风险意识淡薄,为完成盈利指标或做大存贷款规模盲目办理商业汇票业务,"票据掮客"在需要贴现而又找不到合适银行的企业和那些需要规模而找不到客户的银行之间牵线搭桥,从企业手里取得票据,再到需要的银行进行贴现,并从中赚取一定利差收益或手续费用,甚至个别银行员工也参与其中;另一方面,一些民间资金通过票据掮客参与票据转让融出资金获取贴息,或者在贴现利率倒挂时进行套利操作,一旦非法承兑或贴现的个人和单位资金链出现异常,极易扰乱金融秩序和社会稳定。

4. 犯罪嫌疑人熟悉票据业务并利用管理漏洞作案。票据业务一直被视为低风险业务,但正是因为其信用低风险,造成了管理上的疏忽,成为操作高风险业务。在上述三个案件中,犯罪嫌疑人正是利用了银行简化手续、放松审核、违规操作等管理漏洞进行作案。在烟台银行票据案件中,犯罪嫌疑人不但可以随意取用存放在银行的票据,甚至衍变成长期行为,暴露出银行内部管理的问题。

---

① 范敏.新型票据案件的特点和成因分析.金融会计,2012(11).

8.1.2 银行承兑汇票贴现业务

1. 银行承兑汇票贴现业务的特点

贴现是指汇票持有人在需要资金时,将未到期的商业汇票以贴付自贴现日至票据到期日的利息为条件,背书转让给银行,银行将票面金额扣除贴现利息后的余额付给持票人使用的一种票据行为。贴现既是一种票据转让行为,也是银行的一种授信方式,其实质是一种买卖关系,即持票人卖出汇票,银行买进汇票。汇票通过背书转为银行所有,持票人提前收回垫付在商品交易中的资金。贴现后的汇票为贴现银行所持有,到期后的收款权自然属于贴现银行。汇票到期时,贴现银行凭汇票直接向承兑人收取款项,若到期被拒绝付款,贴现银行可根据《票据法》的条款,对背书人、出票人、保证人及汇票的其他债务人行使追索权。贴现是银行信用与商业信用相结合的一种资金融通方式,体现了一种特殊的信贷关系。贴现主要涉及两个关系人:一是持票人,即贴现申请人,要求将汇票转让给银行,提前收回垫付的资金;二是贴现人,即贴现银行,将资金转让给贴现申请人并取得债权。

在我国,由于商业承兑汇票业务的风险大大高于银行承兑汇票,目前各商业银行主要办理银行承兑汇票贴现业务,处理除此以外的其他商业承兑汇票贴现业务时均非常谨慎。

总的来看,银行承兑汇票贴现业务具有以下两个特点。

(1) 风险低。虽然贴现业务是银行事先付出资金,购买汇票,但由于汇票是由其他商业银行承兑过的,所以相对于贷款业务来讲,银行承兑汇票贴现业务的风险要低得多,只要贴现银行在票据的真实性及承兑行的资质上把住关,到期收回资金是不成问题的。

(2) 流动性强。银行承兑汇票贴现业务要以真实的商品交易为基础,它把信贷资金的投放、收回与商品的货款回收紧密结合在一起,使企业将未到期的银行承兑汇票提前变现,增加了企业的可用资金。银行又可将经贴现并符合央行规定条件的票据向央行办理再贴现,克服银行信贷资金紧缺的困难,减轻贴现银行的头寸压力,增加贷款总额和贷款收益。因此,无论对贴现方,还是对贴现银行来讲,贴现业务都是一项流动性极强的业务。

2. 银行承兑汇票贴现业务的办理程序

银行承兑汇票贴现的实质为信贷资金的投放,在办理业务时,一要看票据的合法性;二要看贴现票据所涉及的商品交易的真实性;三看贴现资金投放的合理性。以上三项内容的审查涉及银行会计部门及信贷部门,各部门的职责及侧重点不同。

(1) 会计部门的审查。会计部门审查的重点是票据的合法性,包括以下几个重点。

① 根据银行承兑汇票的印刷防伪标志,鉴别汇票纸样的真假。银行承兑汇票为中国人民银行统一印制,纸样一般带有中国人民银行行徽的水印,上方带有紫光防伪标志。

② 汇票必须内容完整、要素齐全、版本正确、符合《商业汇票办法》及《票据法》的有关规定。

③ 汇票票面无涂改迹象,出票人、承兑人、背书人签章齐全。

④ 汇票的大小写金额相符,并与汇票的压数金额一致,使用的压数机及字体准确、真

实，且为一次清晰地压出。

⑤ 银行承兑汇票的有关印章真实有效，有承兑申请人预留的银行印鉴，有承兑行全国联行专用章或省辖专用章，承兑银行的行名、行号及印章一致。

⑥ 收付款单位的户名和账户准确，收付款单位开户行的名称和行号准确，有商品购销合同号、承兑协议号等。

⑦ 收款人或被背书人的名称必须与背书印鉴相符；汇票背书必须连续；凡注明“不得转让”字样的，均不能背书转让。

(2) 信贷部门的审查。信贷部门审查的重点是贴现票据的贸易背景、票据的真实性及贴现申请人的经济实力，主要包括以下几个要点。

① 贸易背景的审查。通过检查申请人提供的与汇票相关的商品购销合同与增值税发票调查贸易背景的真实性。重点检查商品交易合同与增值税发票是否具有对应关系，如果汇票已经过背书转让，则还要检查贴现申请人与其前手之间的商品交易合同及增值税发票，以确定汇票的真实贸易背景。

② 向承兑银行核实票据的真实性。可通过联行或有关金融机构进行查询，最保险的办法是派专人至承兑行实地查询。查询时最好要求承兑银行出具经办人签章或行章的书面验证单。在对承兑人信用把握不足时，可要求贴现申请人提供担保。

③ 审查贴现申请人的经济实力。贴现申请人是承兑行的前手背书转让人，对票据的到期付款负有连带清偿责任，因此，贴现行要对贴现申请人的经济实力进行考察，贴现申请人必须经营正常、信誉良好、有效益且有偿债能力。

3. 银行承兑汇票贴现业务的风险分析

由于贴现申请人是将所持的未到期银行承兑汇票予以贴现，对于企业来讲，可以在贴出利息后及时取得现金，维持生产经营的正常进行。对于贴现银行来讲，给予持票人资金融通的同时，可以事先收到一笔稳定的利息收入，由于承兑方有银行信用作保证，票据到期收现不成问题。因此，银行承兑汇票贴现业务在现实经济生活中被广泛使用。但这并不等于办理银行承兑汇票贴现业务无任何风险。

从实际操作看，银行承兑汇票贴现业务具有以下几种风险。

(1) 诈骗风险。由于银行承兑汇票具有金额巨大、流通范围广、可以背书贴现后即时得到现金等特点，银行承兑汇票一直是犯罪分子诈骗的重点，再加上现代制假手段多种多样，造出的假票据几乎可以以假乱真，使得贴现银行辨别假票据的风险大增。贴现银行虽可以通过实地复核方式对汇票的真伪进行查询，但这样做在增加贴现业务成本的同时，也无法得到出票行见票付款的保证，仍有可能出现压票不付或拖延付款情况；如果通过跨系统汇票查询书方式进行查询，因出票行未见真票原件，只能对签发过汇票这件事进行确认，票据真实性风险仍无法解除。因此，如果贴现银行对票据真伪的判断出现差错，一方面，贴现款已经支付出去；另一方面票据到期后无法得到承兑方的付款，毫无疑问将遭受资金损失。

(2) 兑付票款的风险。2011 年 3 月 1 日起，商业银行统一使用新版银行承兑汇票，这种银行承兑汇票到期后以委托收款方式提示付款，付款人为确定的承兑人，承兑银行接到托收凭证无异的，要见票即付。关于承兑资格，中国人民银行有专门规定，并要求银行要保证支付票据金额的资金来源。但是，如果银行承兑汇票的承兑行不具备承兑资格，就可能产生到期无力支付的问题；即使具有承兑资格的银行，由于不同银行的资信及实力状况存在差异，资信及实力较差的银行，也可能由于种种原因无法承兑付款。因此，贴现银行在办理贴现前，要对承兑行的资质进行考察，一是一定要选择有承兑资格的银行出具的汇票；二是要选择资信可靠的银行出具的汇票。

(3) 票据的合法性风险。银行承兑汇票常常在流通中经过多次背书转让。因此，商业银行在贴现银行承兑汇票前，一定要认真仔细地检查票面情况，如票面要素是否齐全、背书是否连续、印章是否齐全有效等。否则，可能遭受资金损失。

4. 中国人民银行有关防范贴现业务风险的规定

中国人民银行根据《中华人民共和国人民银行法》、《中华人民共和国商业银行法》、《中华人民共和国票据法》及有关法规，制定了《商业汇票承兑、贴现与再贴现管理暂行办法》，各商业银行一般均根据上述办法制定了各自的商业汇票承兑、贴现的管理细则，主要包括以下几项内容。

(1) 贴现要以真实、合法的商品交易为基础。办理贴现须提供与汇票相关的商品购销合同和增值税发票，主要包括以下两点。

① 商品交易合同与汇票要具备对应关系。商品交易合同必须在结算方式中规定到期付款方式以汇票为结算手段；汇票金额须与商品交易合同项下的交易金额相关联，汇票金额不得超出商品交易金额。

② 商品交易合同与增值税发票应当具备对应关系。增值税发票必须是商品交易合同项下的增值税发票；经背书转让的汇票，贴现申请人须提供与其前手之间的商品交易合同项下的增值税发票；增值税发票的金额不得超出商品交易合同项下的交易金额。

(2) 严格审查贴现申请人提交的票据的真实性。中国人民银行要求逐笔以书面形式向承兑人查询，以确定票据的真实性。各行在实际执行时为了防范风险，采用不同的做法。如有的银行为了确保信贷资金的安全，规定每一笔贴现业务都要到承兑行实地查询。

(3) 承兑银行必须具备一定的资格和条件。商业银行、政策性银行及经授权或转授权的银行分支机构，取得所在地央行的批准方可承兑商业汇票，但与出票人要有委托付款关系，并有支付汇票金额的资金来源。承兑行必须参加全国联行或省辖联行，内部管理要完善、制度要健全，同时要有相应的贷款权限。凡未经上级行承兑授权、转授权的银行分支机构，不得承兑商业汇票。在实际操作中，不少商业银行在有关管理办法中都规定承兑行必须是地方支行级以上的商业银行，对部分资金偏紧的偏远地区及资信较差的银行开出的票据不予贴现。

(4) 贴现期限最长不超过 6 个月。

(5) 票据贴现时要遵循效益性、安全性和流动性原则，充分发挥贴现的产业导向作用，贴现资金的投向应符合国家的产业政策和信贷政策，有利于实现货币政策目标、调整信贷结构、引导资金流向。中国人民银行规定，严格控制对同城同一商业银行系统内的不同分支机构分别承兑和贴现，或对同一分支机构承兑并贴现的商业银行汇票办理再贴现；

不对投资开发公司、房地产公司、宾馆、大酒店、娱乐城等作为收款人的已贴现商业银行汇票办理再贴现；不对行政事业单位、金融机构所办“三产”作为收款人的已贴现商业汇票办理再贴现；不对固定资产投资项目的购货交易和施工费用办理再贴现。

（6）贴现对象要符合一定的条件。向银行申请贴现的银行承兑汇票持有人必须为企业法人或其他经济组织，并依法从事经营活动；在申请贴现的银行开立存款账户。

（7）要控制贴现总量。贴现总量必须纳入商业银行的信贷考核，并控制在上级银行下达的贷款限额及资产负债比例管理的相关比例之内。各商业银行的贴现视同流动资金贷款，审批程序及权限按流动资金贷款的有关规定执行。

（8）银行承兑汇票的各项要素齐全并符合法律、法规的规定。

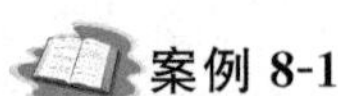

案例 8-1

成功防范以假票据贴现骗取银行资金的风险

A 公司向甲支行贷款 200 万元，期限半年。该笔贷款发放后，A 企业经营陷入困境，贷款到期后企业无法归还本息。两年后，甲支行的上级部门加大清收逾期贷款力度，在对 A 公司的贷款清收中，找到原贷款的主要联系人——该企业原总经理（非法人代表）。该总经理现已不在 A 公司任职，但承认 A 公司确有该项债务，发生贷款时他虽然签署了有关法律文件，但是受 A 公司法定代表人的委托，他不能承担该笔债务。由于信贷员三番五次上门催收贷款，而此时他的手中恰好持有一张他人转让的海南中行开出的承兑汇票，票面金额 480 万元，期限 6 个月。故他提出，如果甲支行为其办理贴现业务，则愿拿出部分贴现款偿还贷款本息。按照甲支行的惯例，一般不对海南等地银行开出的票据办理贴现，但考虑到贴现有利于清贷，经研究同意验票后给予贴现。甲支行首先按程序对汇票进行票面验证，认定票面要素齐全，未发现不符点；之后，又按程序至海南中行实地验票。到达海口后，客户称为方便验票，由承兑申请人带甲支行的信贷员到中行验票，但左等右等不见承兑申请人来，遂引起甲支行信贷员的怀疑。该信贷员在审核票据时复印了一份票样，为摸清情况，便独自拿复印票样到承兑行验证，结果发现为假票。承兑行认为有如下不符点：①汇票专用章不符；②承兑申请人账号及名称不符；③承兑行经办人员签章不符。

市场链接 8-2

900 亿元大案揭开“票据经济”黑幕①

2012 年，杭州警方查获一起涉及金额高达 900 亿元的非法票据案，共抓获涉案人员 254 人，冻结涉案账户 4 个、资金 1.6 亿余元，查扣用于贴现的承兑汇票 107 份、票面金额 9.4 亿余元，以及大量用于开展非法票据贴现业务的账册资料等凭证，为近年来发现的涉案金额最大的非法票据贴现案件，从而揭开了目前日益猖獗从事非法资金结算业务的地下“票据经济”的黑幕。

① 周小苑. 900 亿元大案揭开“票据经济”黑幕. 人民日报海外版，2012-07-14.

近年来，在银根收紧的大背景下，出现许多所谓的票据中介公司，非法从事没有真实贸易的融资性票据流转业务。它们将各种渠道低价收购的票据安到一个“有名无实”的空壳企业头上，伪造贸易合同，开具虚假发票，制造出相互贸易的假象，先迎合银行合规审查，再从该企业账上周转获得贴现资金，牟取差价，形成事实性的支付结算中介。据估算，全国涉及非法经营银行承兑汇票的数额达上千亿元。地下承兑汇票交易市场的存在，使得一部分人以此为业，反复循环地开票、倒买倒卖、贴现赚取息差，导致银行存、贷规模被无限放大，使政府和监管部门对金融形势造成误判，不利于政府宏观调控手段的运用。

8.1.3 银行承兑汇票及其贴现业务营销要点

银行承兑汇票及其贴现业务是一项风险较大的业务，又是一项银行信用与商业信用相结合的业务，在信贷资金紧缺的情况下，商业银行可将贴现过的票据向中国人民银行再贴现获得资金，因此，银行承兑汇票及其贴现业务为广大客户及银行所乐用。但并不是所有的企业都适合办理此业务。一般来讲，信贷人员在营销此类业务时，要遵循以下要点。

1. 根据客户的贸易对象及其他贸易状况细分客户，寻找目标客户

营销人员将自己所熟悉的客户所经营的业务、业务对象、业务经营收入等列表进行比较，对那些业务量较大且业务量较均衡的企业，进一步检查其贸易对象是否为关联企业，如果不是关联企业，说明其以往的贸易均是真实的贸易。再根据这类客户应收、应付账款数额的大小，了解其与贸易对象之间是否经常拖欠货款，如果确有此事，则可以向客户推荐银行承兑汇票及其贴现业务，帮其解决贸易中的资金支付及回收问题，盘活资金，提高资金使用效益。如果客户的贸易对象是关联公司，则一般不提供这类业务服务，以免最后担保方、反担保方均为同一人而使银行资金最终无法按期收回。

2. 一旦确定为客户承兑或贴现，则应认真核实有关情况，为客户提供贴心服务

营销人员根据了解的有关情况确定了客户后，如果客户有承兑或贴现的要求，则应从客户的立场出发，设身处地地为客户服务，遇到某些障碍时，不能根据制度条文一概否决，而应将存在的问题一一调查清楚后再作决定。如果确实不能控制业务风险，则向客户耐心解释，如果能够控制业务风险，则应在落实风险控制措施的基础上，为客户办理业务。只有设身处地地为客户着想，才能赢得客户信任，使它们成为银行的忠诚客户。

案例 8-2

认真调查，为客户办理看似不应办理的贴现业务

某贸易公司持武汉工行某办事处开出的银行承兑汇票到甲支行申请贴现，汇票金额1 000万元，期限4个月。该贸易公司与甲支行有长期的业务往来，信誉良好，经营正常。但甲支行在接到该贸易公司的贴现申请后，审查发现承兑行为异地办事处级银行，拿不定主意，遂按该行流动资金贷款程序向总行信贷处呈报。按该行规定，只对地市支行级银行

开具的银行承兑汇票办理贴现，鉴于该贸易公司与甲支行有长期的业务关系，总行没有轻易否决这笔贴现业务，而是通过进一步调查，摸清情况，以便正确决策。

调查发现：该贸易公司原先在甲支行有贷款记录，贷后结算正常、信用良好；主要从事钢材贸易活动，有稳定的客户和货源，在经营活动中无不良记录，收入来源稳定，一直在甲支行结算；此次提供的银行承兑汇票有确定的商品交易合同、交易真实；票据本身完全符合《票据法》的有关规定。据此，总行信贷部门初步认定该企业不是以假票骗取资金，因此，甲支行与承兑行当地的人民银行联系，咨询承兑行的承兑能力和资信情况，得知该办事处隶属武汉市工行，具有承兑资格，以往资信记录良好，甲支行又派人去承兑行实地验证汇票的真实性，无误后为企业办理了贴现。

案例 8-2 说明，只要银行能真正为客户着想，积极向有关部门查询、验证，严格把好票据审核关，就既能通过贴现帮助企业盘活资金，也能稳定银行的基本客户，树立良好的社会形象。

8.2 保函业务

8.2.1 商业银行保函业务的种类及其办理程序

银行保函(banker's letter of guarantee，L/G)是指商业银行应商业合约或经济关系中的一方（即申请人）要求，以自身的信誉向商业合约或经济关系中的另一方（即受益人）出具的，担保申请人或被担保人履行某种责任或义务的，一种具有一定金额、一定期限、承担某种支付责任或经济赔偿责任的书面付款保证承诺。银行保函既可以作为合同的支付手段，也可以作为其他义务履行的保证手段；既可以是国际贸易项下的结算方式，也可以是国内贸易项下的结算方式，更可以是非贸易项下的信用工具。其应用范围远远大于信用证、银行承兑汇票等银行支付工具。

1. 银行保函的种类

商业银行可以应客户要求，为多种事项出具保函，如在货物已到、提单未到的情况下，为客户出具提货担保函，为工程投标出具投标保函，为合同履行出具履约保函，为合同标的物的质量进行担保出具质量保函或维修保函，为合同一方在合同项下的付款责任进行担保出具付款保函，为合同项下特殊费用或款项的支付出具费用保付保函等。一般来讲，最常见的银行保函有提货担保函、投标保函、履约保函等。

(1) 提货担保函(shipping guarantee)。提货担保是商业银行在已为客户开立的信用证项下单据未收到而该批货物已经到港时，经客户申请，为其开立提货担保函，客户凭此保函可向承运单位申请预先提货，收到正本单据后，再以正本单据换回原提货担保函的一种业务。

提货担保通常用于信用证结算方式下，商业银行已经为客户开具了信用证，货物已经到港，还未收到提货正本单据的情况。客户向银行提交提货担保申请书时，要同时提交正本提单的复印件或传真件或运输公司的到货通知书、卖方开具的发票复印件或传真件、箱单复印件或传真件、信托收据等。商业银行受理后，经办人员要严格审核客户提供的商业单据是否单单一致；单据是否和银行留底的信用证相符；原先所开的即期或远期信用证的保证金是否已落实；未收取保证金的部分是否已落实担保措施。只有在信用证的保证金或担保措施已落实且交易完全相符的情况下，商业银行才能出具提货担保函。当正本单据到达后，银行应督促客户及时到运输公司换回提货担保函，以解除银行的保证责任。

(2) 投标保函(bid bond)。投标保函是投标人根据招标人的招标文件所规定的商品及条件，在规定的时间内，向招标人阐述自身的资格、业绩，报出各种价格及技术参数、提出履约方式等，以争取中标达成交易的一种贸易方式。在当前建筑业及劳务承包业务中，工程业主为争取支付最少的价格而获得最好的商品和劳务，通常采用公开招标方式向可提供商品、劳务的一方(投标人)发出招标通知，说明拟采购的商品或拟兴建的工程，邀请各投标人在指定的期限内提出报价投标，然后由招标人评标，从中挑选出最有利的投标人作为中标者，从而签订合同、达成交易。在招标过程中，招标方为防止中标者不签合同而使其遭受损失，要求投标人寻找一家银行为其出具投标保函，如果投标人违约，在受益人提出索赔时，银行必须按照保证书的规定履行赔偿义务。投标保函一般要保证投标人履行招标文件中所规定的以下义务。

① 在标书规定的期限内，投标人投标后，不得修改原报价，不得中途撤标。

② 投标人中标后，必须与招标人签订合同并在规定的日期内提供银行的履约保函。

投标保函的金额视不同招标文件规定而定，但一般为投标报价的1%～5%，有时投标人为防止过早暴露自己的标底而失去中标机会，往往会要求银行开出略高于招标文件规定比例的保函。

投标保函自开出之日起生效，有效期一般为开标日期后3～6个月。具体期限视招标文件规定而定，通常为评标期加30天左右。若投标人中标，则保函有效期自动延长至投标人与招标人签订合同并提交规定的履约保函为止。一般情况下，投标保函的格式在招标人的文件中有统一的要求，原则上不能改动，若要改变需事先征得招标人同意；否则，招标人有权予以拒绝。

(3) 履约保函(performance bond)。履约保函是商业银行应申请人的请求，向受益人开立的保证申请人履行某项合同项下义务的书面保证文件。在保函有效期内申请人如发生违反合同的情况，银行(担保人)将根据受益人的要求向受益人赔偿保函规定的金额。履约保函在日常业务中应用较广。在实际操作中，商业银行可根据申请人的要求开具工程项下的履约保函、质量维修保函、贷款担保保函等。

一般情况下，商业银行会要求保函申请人提供一个确切的保函有效期，以便在保函中注明到某年某月某日止，如果担保人没有收到保函受益人索偿通知，则保函自动失效。但有时申请人无法提供一个确切的有效期，则可要求申请人与受益人协商一个大概的有效期，通常在保函中可以规定：如果在某年某月某日或之前，担保人未收到保函受益人的索偿通知，则保函自动失效。

2. 银行保函的办理程序

无论哪种形式的银行保函，办理流程均比较简单，一般包括以下几个环节。

(1) 保函申请人与保函受益人签订商务合同。

(2) 申请人向银行申请开出保函。

(3) 银行对保函申请人资信等进行调查、了解，并落实保证金、抵押、质押或反担保措施后开出保函。

(4) 如果受益人因申请人原因遭受经济损失而向银行提出索赔要求，银行在规定期限内履行赔偿责任。

(5) 如果商务合同正常履行完毕，则保函在到期后自动失效，该笔保函业务结清。

保函的收费标准一般为每季收取保函金额的2‰左右。

8.2.2 保函业务的风险及其控制与防范

1. 保函业务的风险分析

商业银行为客户出具保函时，实际上是承担了一项或有负债，当某种情况（如客户信誉低下、合同条款不严谨、商业银行内部审核不严）出现时，这项或有负债就可能变成真正的负债，银行就会因此遭受资金损失。可能使商业银行遭受损失的风险主要有以下几项。

(1) 信誉风险。信誉风险是指保函申请人及反担保人资信不良，使商业银行遭受损失的可能性。银行保函主要是担保申请人履行某一合约项下的义务，并在申请人违约和受益人索赔时向受益人支付规定金额的赔偿金。银行如果如约向受益人支付赔偿金，则申请人对银行做出的赔付应予以补偿。如果申请人的资信不好或实力不强，当申请人无力或不愿偿债时，银行支付给受益人赔偿金后可能得不到来自申请人的补偿。

为了防范来自申请人的风险，商业银行对外出具保函前，通常会要求申请人提供一份由第三方出具的反担保保函。反担保人的责任是保证银行对外赔付后，在申请人无力偿还赔款的情况下，替申请人补偿银行因履约担保责任而做出的任何支付。如果实际业务中接受的反担保人资信不良，一旦担保银行对外赔付后不能从申请人处得到全部补偿而向反担保人追索时，也可能出现反担保人不愿履约或无力履约的情况，从而使担保银行遭受损失。

(2) 合同风险。合同风险是指由于保函合同中的条款不严谨而使商业银行遭受损失的可能性。由于保函与其所依附的商务合同是各自独立的法律文件（从属性担保例外），虽然保函是根据合同（协议）而来，但它又独立于合同。这就是说，受益人的索赔能否成立，关键在于它的索赔是否满足了保函条款的规定，所以保函合同的各项条款是否严谨，将直接影响担保人保函项目的风险。

(3) 审查或管理风险。审查或管理风险主要是指商业银行对担保申请人和反担保人的资信审查不严，对债务及担保的风险认识不足；银行缺乏专业人员，在制度不健全或上级未授权的情况下，超越权限审批和办理担保业务；未经上级银行法律部门审核而出具非银行统一格式的保函,致使保函条款不严谨;未落实保证金和相应的反担保条件,或反担保措施无效等,均可能使商业银行出具保函后承担极大的风险。

2. 保函业务的风险控制与防范

针对保函业务的风险成因及其特点,商业银行可采取以下几项控制与防范措施。

(1) 做好保函业务的前期审查和后期管理工作。前期审查包括开立保函前对申请人及反担保人的资信审查,对受益人的资信调查,对担保项目的可行性研究,对保函条款的审查等。银行为了保证赔付后能够及时得到申请人的补偿,应建立完善的风险转化机制,一方面明确保函申请人在保函项下应承担的责任,将这些责任书面化、合法化;另一方面加强保函项下的抵押与反担保,以便银行在保函项下发生索赔时能合法地从申请人或反担保人处获得及时、足额的资金补偿。

后期管理主要是及时跟踪担保项目的进展,以便随时解决保函有效期内出现的问题。

(2) 严格审批制度。对于保函业务,银行要制定统一制度,进行统一管理,保函条款应由银行法律部门统一把关,严防基层银行不经上级同意或授权擅自出具保函。具体包括以下几点。

① 各级行的内部职能机构一律不得以部门名义对外出具保函。

② 严格审查担保申请人的资格和资信情况,不符合要求或情况不明的,不得担保。

③ 严格按规定范围受理担保业务,基层行不得接受境外金融机构、企业、商社的担保申请,也不得为其经济组织的担保事项提供反担保。

④ 严格按照规定比例收取保证金。

⑤ 不得出具没有受益人的空头保函,或无担保事项、担保金额、担保期限和无限责任的保函。同时,保函格式要采用银行统一规定的格式,客户要求变通的,在确认无风险后方可同意。

⑥ 不得以其他有价证券代替保函。

⑦ 加强对保函的监控,严禁转让、贴现和用于抵押。

⑧ 因申请人保证金账户资金不足以支付受益人债务而造成银行垫付资金时,经办行应督促申请人在1个月内归还垫付资金;否则,将依法向申请人、反担保人追索,或处理抵(质)押物。

⑨ 空白保函应归入重要空白凭证管理。

8.2.3 保函业务营销要点

保函业务是银行的一项传统业务,但是,随着企业间经济交往与经济联系的日益增多,银行保函的种类在不断增加,商业银行营销人员进行市场营销时,一要针对特定客户,推销银行的保函业务;二要瞅准市场机会,及时向领导反映客户需求。

1. 细分客户市场,针对特定客户,推销银行保函业务

目前,各家商业银行推出的保函业务种类多种多样,既可针对公司客户,也可针对个人客户,如出国留学保函、出境旅游保函就是针对个人客户的;但提货担保函、工程保函、预付款保函等却是针对公司客户的。所以，营销人员在营销保函业务时，应将接触的所有客户分为公司客户及个人客户，如果是公司客户，再针对其具体的经营业务，了解是否某些购销环节需要银行为其出具保函。如当某个客户努力拓展市场空间，扩大市场份额的时候，营销人员建议由银行为其出具质量/维修保函，有了银行的保证，企业的市场开拓工作将进展得更加顺利，在这种情况下，该企业就会成为银行的忠诚客户。又如，针对很多国内学生高中毕业自费留学的现象，可以印制宣传单，或在新闻媒体上做广告，介绍银行的出国留学保函业务，必会取得良好效果。

2. 抓住市场机会，根据需要适时推出新的保函业务品种，扩大保函业务市场份额

从目前情况来看，国内各商业银行都推出了保函业务，种类也大同小异，要想在这个市场上有所斩获，必须具有敏锐的观察力，进行深入的市场调查，抓住市场机会，及时推出新的保函业务品种，才能扩大银行的保函业务市场份额，获得新的利润增长点。如目前国内许多城市二手房交易火爆，但在交易过户时，购房人担心先付款后，可能房子没买到，房款被别有用心的人卷走；卖方则担心如果先过户，到时可能收不到款，反而“赔了夫人又折兵”。商业银行进行市场调查后，适时推出“二手房买卖保函”，或与二手房交易中介机构联合推出该业务，将二手房买卖过程中的个人信用转化为银行信用，解决买卖双方的顾虑和担心，这样既可推动二手房交易市场的发展，又可为银行赢来大批客户，提高商业银行的市场竞争力，可谓一箭双雕。

案例 8-3

履约保函——保障二手房交易①

在二手房交易中，由于市场不够成熟，房屋中介机构良莠不齐等原因，致使房屋交易过程中存在恶意欺诈、肆意违约等诸多问题，卖方和买方都要承担很大的风险。而在交易部门办理买卖过户手续，从交件到拿证大多需要 10 天，这使得买卖双方矛盾凸显：买方担心如果在拿到房产证之前把购房款交付给卖方，万一过户登记手续办不成怎么办？而卖方则担心交了房产证后拿不到钱怎么办？

早在 2003 年，华夏银行推出个人履约保函广泛适用于消费领域，使买卖双方更加放心地交易，产品推出后，履约保函业务集中在二手房领域，很好地解决了买方、卖方、中介方在房地产交易过程中的诚信问题。主要操作是：个人客户以银行开具的定期存单或凭证式国债作质押，银行出具个人二手房交易履约保函，为保函申请人向房屋买卖合同中的卖方（保函受益人）提供履约担保，目前该银行二手房履约保函最高金额可达 500 万元。

案例 8-3 中，起中间担保作用的由原来的房产中介公司变成了银行，通过个人信用向银行信用的转化，交易双方的履约行为得到有力保障。

---

① 个人二手房履约保函. 华夏银行网站，http://www.hxb.com.cn/chinese/personal/show.jsp? id＝11644476327500175&cid2＝26&cid3＝262，2013-12-09 日；个人履约保函缘何受欢迎？买卖双方交易更放心.（新浪网，http://finance.sina.com.cn/tz/20030704/1533360656.shtml).

8.3 国内保理业务

8.3.1 国内保理业务的内容及其办理程序

保理是保付代理的简称,保理业务是一项以债权转让而获得资金融通为中心的、兼及其他附随契约义务安排的协议,这些附随义务的设定主要围绕债权转让而存在,包括：账务管理、债权回收和提供履约保证的坏账担保等。近年来,随着销售买方市场形成、信用证方式结算量逐年下降,保理业务作为集贸易融资、商业资信调查、应收账款管理及信用风险担保于一体的新兴综合性金融服务,越来越受到市场欢迎。据统计,全球的保理业务量已经达到7 000亿美元/年。

按照保理业务的贸易性质,保理业务可分为国际保理业务和国内保理业务。国际保理业务是为进出口贸易的信用销售而设计的综合性服务,在第7章中已有论述,此处专门论述国内保理业务的有关问题。

国内保理业务是为国内贸易中的信用销售(特别是赊销方式)而设计的一项综合性金融服务。卖方将其与买方订立的销售合同所产生的应收账款转让给银行,由银行为其提供贸易融资、销售分户账管理、应收账款催收、信用风险控制及坏账担保等各项相关金融服务。对于销售合同的卖方来说,国内保理业务可以将未到期的应收账款立即转换为现金,改善企业的财务结构；使卖方提供更有竞争力的远期付款条件,拓展市场,增加销售；买方的信用风险转由受让银行承担,降低商业风险；对买方的资信调查、账务管理和账款追收等由应收账款受让银行负责,节约管理成本。对销售合同的买方来说,国内保理业务可以利用银行优惠的远期付款条件,加速资金周转,创造更大效益；同时可以节省开立银行承兑汇票、信用证等的费用,从而节约资金成本,提高资金使用效益。对于商业银行来说,国内保理业务拓展和延伸了服务领域,稳定了优质客户；能够获得中间业务收入,增加商业银行的盈利模式,扩大盈利空间。

1. 国内保理业务的种类

国内保理业务按照不同的标准可以分为不同的类别,具体如下。

(1) 融资保理与非融资保理。融资保理是指商业银行凭供应商(卖方)发货后提交证明债权转让的发票副本及其他有关文件向供应商预付50%～80%货款的垫付资金,到期后应收账款付款人付款给商业银行,商业银行扣除垫款及有关费用后,余款付给供应商。非融资保理是指商业银行在保理业务中不向供应商提供融资,仅仅提供资信调查、销售款账务管理等非融资性服务。它实际上是一种以代理为特征的、只提供应收账款管理和债款回收的保理业务。根据我国企业自有资金普遍不足的事实,目前国内商业银行一般都做融资性保理业务。

(2) 明保理和暗保理(或公开型保理和隐蔽型保理)。明保理是指债权转让一经发生,供应商(卖方)须以书面形式将商业银行的参与情况通知买方,并指示买方将货款直接付给商业银行(保理商)。暗保理是指供应商不将债权转让以及商业银行参与情况通知买方，买方仍将货款付给供应商，供应商收到货款后转付给商业银行，即保理业务的整个操作过程只在供应商与商业银行之间悄悄进行。根据《中华人民共和国合同法》的相关规定，我国国内保理业务只能是明保理，且商业银行须在保理合同中明确规定供应商的合同义务，售后服务、产品质量、交货方式、交货期、交货地点等不因债权的转让而转让，从而避免由商业银行承担本身无法承担的合同义务，同时在购销合同中规定债权可以转让。为了避免买方将债务转让给资信不明的第三人，在购销合同中最好还规定债务转让须经商业银行同意。为了防止买方用以前就存在的对供应商的债权抵消上次转让给银行的债权，商业银行必须清楚买方对供应商的债权并评估上述债权抵消的可能性。否则可能会出现因债权的抵消而使商业银行对供应商的保理融资演变成对供应商的信用贷款。

(3) 有追索权保理和无追索权保理。有追索权保理是指商业银行凭债权转让向供应商融资后，如果买方拒绝付款或无力支付，商业银行有权向供应商要求偿还资金。即无论出于何种合理原因，只要有关款项到期未能收回，商业银行有权向供应商追索，因而商业银行具有全部追索权。无追索权保理是指商业银行凭债权转让向供应商融通资金后，即放弃对供应商追索的权利，商业银行独立承担买方拒绝付款或无力付款的风险。之所以无追索权，主要是因为商业银行对买方进行过资信调查，并根据供应商的要求对买方核定相应的信用额度，商业银行对信用额度内的销售所产生的应收账款应该承担全部责任，因此对额度内应收账款的融资丧失了向供应商进行追讨的权力（但在供应商或买方发生欺诈行为或出现不可抗力的意外情况下，商业银行保有对供应商的追索权）。通常情况下，采用有追索权保理方式时，商业银行不负责为买方核定信用额度或提供坏账担保。

2. 国内保理业务的办理程序

(1) 客户（卖方）向商业银行申请核准办理该项业务，并提出申请的保理额度。

(2) 商业银行对买方进行信用评估并核准信用额度。

(3) 与客户（卖方）签订保理合同，明确双方的权利与责任。

(4) 卖方向买方发货，并将应收账款转让给商业银行，取得贸易融资。

(5) 商业银行负责应收账款的管理和清收。

(6) 买方于发票到期日向商业银行付款。

(7) 商业银行到期无法收到款项，若签订的是有追索权保理合同，则按合同向卖方行使追索权；若签订的是无追索权保理合同，则采用其他方式追讨款项。

8.3.2 国内保理业务的风险及其控制与防范

1. 国内保理业务的风险分析

国内保理业务是商业银行资产业务和中间业务的结合，通常，资产业务风险较大，中间业务没有风险或风险较低。因此，商业银行在办理国内保理业务时，如何认识和防范风险是一个非常重要的问题。

国内保理业务的风险体现在以下三个方面。

(1) 操作风险。操作风险是指商业银行相关人员缺乏国内保理业务方面的专业知识或工作不认真，办理保理业务时未在关键之处把好关，致使商业银行遭受资金损失的风险。由于国内保理业务是一项全新的业务，要求从业人员熟悉票据业务和相关法律法规，如《票据法》、《合同法》和《担保法》等法律，从业人员如果缺乏有关方面的知识，在办理业务的过程中就可能出现疏漏。如根据我国《合同法》规定，债权的权利可以全部或部分转让给第三人，另外还有其他的约定。如果银行相关人员对有关条款不熟悉，在办理国内保理业务时，商业银行在债权转移过程中受让的债权是“不能转让”的债权、有瑕疵的债权或权利不完整的债权，则后患无穷。

另外，由于国内保理业务要为客户提供贸易融资，故也需对客户的资信进行全面调查与评价，如果调查人员不深入到客户中去，认真了解客户生产经营管理各方面的情况，可能会对客户的资信作出错误的评价，导致业务风险。

(2) 管理风险。管理风险是指商业银行对国内保理业务的内部管理松懈而造成的风险。由于国内保理业务是一项全新的业务，商业银行如果不加强内部管理，将国内业务办理权下放至基层支行，又没有制定完善的管理制度，则可能会给银行带来极大的风险。如保理对象甄选不严格，保理合同不严谨，反担保措施不落实等，都会造成风险。

(3) 欺诈风险。欺诈风险是指客户利用虚假的商品购销合同，骗取银行资金。国内保理业务是以买卖双方的商品购销合同为基础的，如果客户与他人勾结，以虚假的商品购销合同骗取银行信贷资金，当银行的资金发放给卖方后，发票到期日买方肯定不会付款给银行，银行将不得不采取其他追讨措施。如果追讨无果，将遭受资金损失。

2. 国内保理业务的风险控制与防范

如前所述，国内保理业务是商业银行资产业务和中间业务的结合。资产业务风险大，中间业务风险小，因此，只要商业银行在办理业务时，将中间业务的成分做得大些，将资产业务的成分做得小些，就可以在获得较好经济效益的同时，有效防范风险，做到银企双赢。这就要求商业银行借助有效的调查选择资信可靠的客户，尽量将票据买断变为提前结清的中间业务，同时运用可靠的担保方法最大限度地减少付款风险。

那么如何尽量将票据买断业务做成中间业务呢？应从以下几方面入手。

(1) 对客户资信进行深入调查。从业人员应熟悉票据业务和相关法律法规，如《票据法》、《合同法》和《担保法》等，制定客户资信调查流程表，按照流程表所列程序逐人逐事进行调查。为使调查的事项落到实处，应尽量减少依赖电话询问、道听途说和遇事想当然的不实调查行为。对每一桩国内保理业务的背景、当事人和保理内容，都须事先设定调查流程和调查时间，以保证调查结果的可靠性。只有生产经营正常、信誉良好的客户才能列入银行买断票据的企业名单。对卖方的调查主要包括是否发生了买卖交易，卖方企业的产品数量、质量、市场接受率和占有率情况等，只有市场普遍欢迎其产品或者产品有稳定销路的企业，才能被列入国内保理业务的卖方名单，对市场供过于求或者不能保证产品质量的企业不宜提供国内保理服务。

(2) 对销售合同的真实性进行调查。对销售合同的真实性调查从销售和纳税两方面入手，销售主要是检查企业除该笔销售合同以外的销售业务是否正常，销售量是否保持均衡，销售客户是否稳定等。如果申请国内保理业务的企业是银行的老客户，则销售业务较为真实可靠，还要结合增值税发票确认此笔业务的真实性，只有纳税记录与销售记录相符的企业才是值得办理国内保理业务的企业。

(3) 防止接受“不能转让”的债权、有瑕疵的债权或权利不完整的债权。我国《合同法》第七十九条规定：“债权人可以将合同的权利全部或部分转让给第三人，但有下列情形之一的除外：①根据合同性质不得转让；②按照当事人约定不得转让；③依照法律规定不得转让。”商业银行在审查合同和条款时，如果发现合同中出现以上三种情况之一，则不能承接。为防止接受有瑕疵的债权，商业银行可要求债权出让人提供保证该权利是有效存在且不存在权利瑕疵的担保，这样，债权一旦出现瑕疵，商业银行就可追索债权出让方的责任；为防止接受不完整的债权，商业银行的业务人员应详细了解承接债权的完整性。

(4) 商业银行内部制定严格的国内保理业务操作流程及管理规范。针对国内保理业务的特点，商业银行应制定严格的国内保理业务操作流程及管理规范，对国内保理业务的对象、国内保理业务的范围、国内保理业务的合同条款、国内保理业务的管理、保理合同的签订等均由统一的部门管理，以便及时研究、解决存在的问题，将国内保理业务做大做好。

8.3.3 国内保理业务营销要点

国内保理业务是一种新业务，营销人员在营销该产品之前，应对这种产品的作用、特点、风险点、适合的客户群等有一个清晰的了解，才能找准客户，为银行找到新的利润增长点。在营销国内保理业务时，营销人员首先还是要对客户进行细分，寻找适合做国内保理业务的目标客户，再针对客户的资信情况，确定国内保理业务的内容；还可根据客户的实际情况，将国内保理业务与其他银行业务合并起来为客户提供综合服务。

1. 细分客户，寻找目标客户

一般来讲，长期与某商业银行保持业务往来的客户是该行的基本客户，这些客户与商业银行长期合作，相互之间已经比较信任，与这些客户开展国内保理业务，只要交易的真实性能够得到保证，就可开展业务。但商业银行在开拓新的客户时，如何细分客户，筛选出合适的业务对象就显得非常重要了。

就目前情况看，商业银行开展国内保理业务主要在基本客户、买卖双方中一方是银行的基本客户或银行所熟悉的客户、业界公认的优质客户中挑选客户。然后，再对客户的经营管理、财务状况及商品交易具体情况进行调查，找出符合以下条件的客户：①具有一定经营规模，发展前景良好，主要产品所占市场份额较大，同时应收账款占比较高，需要资金迅速扩大生产及销售规模，有市场、有发展潜力的客户；②经营管理规范、财务管理严格，且受资产流动性困扰，有意提高其资产流动性的客户；③长期拥有一定金额，真实、合法、无权利瑕疵的应收账款的批发商，而非零售商；④与交易对手所签的交易合同项下的商品为消费性商品而非资本性商品。

2. 根据客户的具体情况，选择合适的国内保理业务品种

营销人员对客户进行资信调查，达成国内保理业务的意向后，还要针对拟做交易的具体情况，选择合适的国内保理业务品种，并商谈具体条款，明确双方的权利、责任与义务，对于资信好的客户，尽量将国内保理业务做成中间业务，以减少风险，增加收益。如买断客户(卖方)的远期汇票时，保理合同应详尽列举银行和客户的权利义务，其中最重要的条款是票据受让方放弃对转让方的追索权，对容易引起纠纷的商业汇票的出票内容、承兑协议、汇票买断的开始时间、有无担保等条款均应详细列明；如果资信好的客户请求银行买断汇票，商业银行在客户经理审查买卖双方交易的真实性和可靠性后，就可将票据买断，以减少风险，增加收益。

3. 对于银行的优质客户，可考虑为其提供全方位的综合保理业务服务

对于商业银行的优质客户，营销人员应与对方充分接触，根据客户的具体需要，为其设计一种全方位的保理业务，使该客户成为银行的忠诚客户，银行与客户实现双赢。否则，银行不仅会失去一个优质客户，事情公开后还会对银行形象产生负面影响。

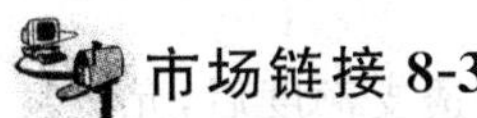
市场链接 8-3

中国银监会就商业银行保理业务公开征求意见①

近年来，商业银行保理业务发展较快，为防范和控制风险，促进商业银行保理业务健康发展，2013 年中国银监会在征求相关部门、机构和银行业协会意见的基础上，起草了《商业银行保理业务管理暂行办法》(以下简称《办法》)，正式向社会公开征求意见。根据各界反馈意见，银监会将对《办法》进一步修改完善并适时发布。

《办法》共分为六章，三十八条，对保理业务、保理融资、应收账款及转让予以定义并分类，规范了保理融资业务流程和重点环节，明确了保理业务在公司治理、制度建设及内部控制等方面的要求，规定了违反《办法》的监管措施和罚则。

1. 业务定义与分类。《办法》参考国际惯例和行业规范对保理业务进行了定义，明确应收账款全部权利权益的转让是保理业务基础，并按照不同维度对保理业务进行了分类。《办法》同时对应收账款做了界定。在保理融资中，进一步严格合格应收账款标准，对未来应收账款、权属不清的应收账款、有价证券付款请求权等几种不合格应收账款予以明确。

2. 保理融资业务流程。由于目前保理业务最主要的风险集中在保理融资业务，一些银行存在借保理融资之名叙作一般性贷款、放松融资审查等问题。《办法》对保理融资的业务流程进行了规范，包括融资产品、客户准入、合作机构准入、业务审查、专户管理、融资比例和期限、信息披露等。其中，着重对保理融资提出审慎管理要求，即在审核基础交易的基础上，比照流动资金贷款对卖方或买方进行授信全流程管理。

---

① 根据“中国银监会就《商业银行保理业务管理暂行办法》公开征求意见”改写，中国银行监督委员会网站，http://www.cbrc.gov.cn，2013-12-10.

3. 保理业务风险管理框架。结合保理业务的特点，在公司治理、制度建设等方面予以规范，强调了银行应审慎制定业务发展战略，建立并定期反检相关制度。管理框架还涉及团队建设、授权管理、前中后台分离、系统建设、风险监测及处置等内容，旨在要求银行建立专业、独立的管理架构开展保理业务。

8.4 法人账户透支业务

8.4.1 法人账户透支业务的内容及其办理程序

法人账户透支业务是商业银行针对客户日益增长的现金管理、降低交易成本和加强财务管理的需要而设计的新型业务产品。与一般的流动资金贷款相比，法人账户透支业务的最大特点在于客户可自主地通过透支方式，随时将银行的信贷资金用于临时性资金需要，而不需要在每次透支前向银行提出贷款申请，这对企业应付不可预见的、突发性的应急资金需要起到重要作用。目前，国内几乎所有的商业银行都可为客户提供这项服务。

1. 法人账户透支业务的内容

法人账户透支是由商业银行根据客户的申请，在核定客户的账户透支额度后，允许其在结算账户存款不足以支付款项时，在核定的透支额内向商业银行直接透支取得信贷资金的一种借贷方式。有意开办法人账户透支业务的客户应首先向银行提出核定透支额度申请并提交有关资料，由银行对相关资料进行审查后根据流动资金贷款授权权限审批，并与客户商定透支额度、期限、利率、费用、担保方式和还款等事项。其中透支额度指的是允许客户可以透支的最高限额，由银行根据客户信用状况、还款能力及在银行结算业务量等情况审批核定。客户透支额度一般一年一定，有效期最长不超过一年，从透支协议生效之日起计算，在有效期内可循环使用。

法人账户透支业务的币种可以根据客户的需要在人民币及几种主要外币之间自由选择。

商业银行开办法人账户透支业务时通过收取透支利率和透支承诺费获得营业收入，透支利率按照中国人民银行利率管理的有关规定执行，具体透支利率和透支承诺费均由双方协商、并在合同中说明，一般是在中国人民银行规定的基准利率的基础上上浮一定百分比。

2. 法人账户透支业务的办理程序

企业法人向商业银行申请开办法人账户透支业务的办理程序与申请流动资金贷款的程序基本相同。

（1）向商业银行提交申请审批所需的资料，包括以下几类。

① 借款申请书：列明企业概况，申请开办法人账户透支业务的透支额度、币别、期限、用途，透支还款来源、担保，还款计划等。

② 经年检的企业法人营业执照、法人代码证书、贷款卡/证。

③ 公司章程和/或合资(合作)经营合同。

④ 法人代表证明书和/或法人授权委托书。

⑤ 主要负责人(含财务负责人)的简历。

⑥ 同意开办法人账户透支业务的董事会决议和授权书、董事会签字样本。

⑦ 经审计的近三年和最近月份的财务报表或新建企业的注册资本验资证明。

⑧ 存款账户设立情况,包括开户行、账号、余额、结算业务及结算量等。

⑨ 主要负债和或有负债状况的说明。

⑩ 借款人以往的银行信用评级材料及有关证明材料。

⑪ 担保资料,包括保证人的保证承诺函、背景资料和近三年的财务报表,抵(质)押物清单,抵(质)押物价值评估文件和权属证明,保险文件或同意保险过户的承诺函。

⑫ 银行要求的其他资料。

(2) 商业银行有关受理部门对客户资料的真实性、合规性、准确性进行初步调查。

(3) 对符合银行法人账户透支业务初步审查条件的客户,进行内部评估程序;对不符合条件的申请人,及时予以回复并退还有关资料。

(4) 经内部评估通过,由受理部门与客户商谈透支的期限、利率等具体事宜。

(5) 银行与客户签订"透支额度使用协议",约定透支的额度、期限、利率、罚息等。

8.4.2 法人账户透支业务的风险及其控制与防范

1. 法人账户透支业务的风险分析

由于法人账户透支只是为了解决企业流动资金暂时不足的困难,办理程序与流动资金贷款类似,风险也与流动资金贷款相同,主要体现在以下几个方面。

(1) 透支人(或保证人)违约风险。除透支人(或保证人)故意逃债、废债,即故意违约以外,还有其他原因导致的违约,如透支人(或保证人)内部管理不善,导致财务状况恶化,无法按时归还本息;透支人任意改变透支资金的用途,将这种短期资金用于固定资产投资等长期投资项目,无法在短期内收回本息,或将透支资金投资于证券市场,无法按时收回或收回时已缩水,无法及时足额归还本息;或因为经济周期的影响,市场普遍不景气,致使透支人(或保证人)无法还本付息等。

(2) 法律风险。法律风险主要是指透支人所寻找的保证人不具备担保的资格和条件,或者透支人与保证人本来就是关联企业,或是相互担保,或是一套班子、几块牌子,导致担保无法落实;或者是在办理抵押手续或保证手续时,没有根据《贷款通则》及《担保法》的要求办理,该办的手续没有办,该验的签字和公章没有验,合同条款约定不明确,一旦透支人无法归还本息,商业银行也无法进一步追究相关单位的还款责任。

(3) 欺诈风险。欺诈风险主要是指银行客户经理与拟透支企业内外勾结,提供虚假材料骗取银行资金。某些企业不把精力放在提高经营管理水平、经营效率上,而是想方设法拉关系、走后门,甚至不惜重金贿赂银行内部工作人员,内外勾结,提供虚假财务报表,伪造各种文书证件,蒙混过关,一旦取得透支额度,马上大肆挥霍,转移财产,致使银行无法收回透支本息。

2. 法人账户透支业务的风险控制与防范

针对上述业务风险，商业银行可采取以下几项控制与防范措施。

(1) 深入调查，严格审查，切实选择好的透支对象。在选择业务对象时，银行一定要严格按照《贷款通则》和《担保法》的相关规定认真选择，宁缺毋滥。透支人及保证人的条件符合基本要求后，必须对透支人及保证人的信用等级进行评估，选择资信好的客户办理业务。为了防范风险，对贷款人的选择及资信评估均不能由一人包办，以相互监督。

(2) 完善各项法律手续，防范法律风险。所有有关的法律文书，都必须由专业人士审核把关。同时注意以下问题：①办理抵押手续时，要求抵押单位出具同意抵押的手续，并要求对抵押物办理公证手续，购买期限不短于透支期的财产保险，并且要将抵押权证存放银行保管；②办理保证手续时，要求保证人出具保证函，与银行签订保证合同，保证函与保证合同均要有保证单位的法定代表人签字并加盖公章才能生效，银行方面要核对签字与印章，无误才能接受。银行只有在关键之处把好关，才能有效控制风险。

(3) 建立、健全银行内部的法人透支账户操作流程，防止操作性风险。针对法人透支账户的办理情况，商业银行可制定一套操作流程，从业务对象的选择、资信调查、资信评级、透支额度审批、法律手续审核等，均制定相应的规范，以建立权责分明、管理科学的管理体制。

8.4.3 法人账户透支业务营销要点

与其他信贷业务品种的营销一样，营销人员在进行法人透支账户业务营销时，首先也是对客户进行细分，选择合适的目标客户群，对这些目标客户提供透支服务；其次，对于其中的重点客户，还可再根据其具体要求，提供综合性更强的全方位服务。

1. 细分客户市场，选择目标客户

法人账户透支业务适合在现有客户基础上发展，一般从现有客户中筛选出综合实力强、还款有保障的大规模或超大规模客户作为目标客户。但在选择目标客户时，要排除证券公司、期货经纪公司。因为透支业务发放的资金实际上是信贷资金，必须严格遵循信贷资金不得违规进入股市、期货领域的限制性规定。

大型商业银行的客户经理可以将实力较强、信誉好、管理规范的特大型集团企业结算中心作为营销对象，它们一般每日与下属单位或合作伙伴有大量的资金往来结算，有时会遇到大额资金对外支付，来不及临时筹措资金出现透支的情况，通常这类客户对法人账户透支业务需求迫切。

客户经理应当清楚，银行开办法人账户透支业务成本极高，必须随时备付大量的头寸应付客户可能的透支用款；同时此产品是典型的存款“杀手”，客户一旦习惯使用法人账户透支业务后，将最大限度降低在银行的资金沉淀。因此，该产品必须对综合收益明显的高端客户营销，单纯的法人账户透支业务对银行来说“得不偿失”。

案例 8-4

法人账户透支“催热”海参养殖季①

山东好当家海洋发展股份有限公司(下称“好当家股份”),作为荣成唯一一家上市公司,自然是各银行争抢的“香饽饽”。公司的主营业务之一是海参养殖。海参养殖的资金需求是季节性的,而且在旺季呈现出“短、频、急”的特点。据荣成当地部分养殖户介绍,每年春秋两季为海参生产季,冬夏季为海参休眠期。对养殖户来说,春秋季是放苗时节,也是一年中资金用量最大的时候,好当家股份一般在每年的5月和11月份进行海参放苗,购买海参苗的贷款需求每年约在2.6亿元,资金使用时间常常只有三四天。

与一般流动资金贷款相比,法人账户透支业务最大限度简化了客户获得银行短期融资的手续,满足客户临时性资金周转的要求。企业无须审批,只需向银行提出申请,资金即刻划拨到位,是一种可以“今天借、明天还”的产品,正好满足海参养殖的资金需求特点。

据了解,荣成市现有22家银行类金融机构,该公司同时和十几家银行有着金融业务往来,但仅有建行荣成支行提供法人账户透支个性化金融服务。该公司用过之后就爱不释手,截至目前,公司在建行法人账户透支额度已达到8 000万元。

2. 针对优质基本客户的需要,提供以法人账户透支为主的多种优惠服务

目前,许多新的业务由于受到监管部门的限制而不能开展,在一定程度上影响了商业银行的市场开拓力度,为此,商业银行可以在监管部门允许的业务项下进行产品创新,为客户提供更好的服务,使银行与企业达到双赢。如商业银行开办法人账户透支业务时,为了吸引客户在银行结算,可将这些业务与票据业务、贴现业务结合在一起。因为法人账户透支业务是吸引结算的最主要工具,银行承兑汇票、法人账户透支业务都是吸引客户在银行办理结算的重要工具,而法人账户透支业务吸引结算的作用更加明显,如果商业银行给客户提供的服务是全方位的,优惠也是显而易见的,银企关系就会更加紧密。对于商业银行来讲,如果客户一年内只是偶尔两三次使用法人账户透支业务,而且金额极大,这样商业银行的成本就会急剧增高,这样的客户对银行意义不大。只有经常透支,每次透支金额不大,而且客户将主要结算业务放在提供透支服务的银行,不断用结算回款偿还透支融资的客户才是最好的客户。

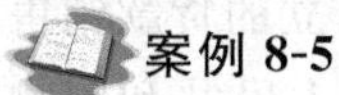案例 8-5

北京摩尔电器的集团资金池业务

1. 企业基本情况

北京摩尔电器有限公司是外商投资企业,主业为电器的制造销售,是我国外商投资规模最大的电子工业企业之一,公司总部位于北京亦庄高新技术开发区,注册资本21亿元。公司下设各类电子、电器产品制造公司等共计19家,已形成电视、空调、背投、视听、网络、器件、电池、平板显示、数字媒体网络等九大产业,产品辐射全球。公司现有员工

① 孟佳.法人账户透支“催热”海参养殖季.大众日报,2013-05-29.

34 981人，大专及大专以上学历3 674人，占公司员工总数的10.5%。拥有国家级的技术开发中心和博士后科研流动站，与包括东芝公司、飞利浦公司在内的多家世界级大公司组建了联合实验室。

截至2004年年底，公司合并资产总额近50亿元、净资产总额达30亿元。该公司面临问题，下属公司资金结算非常频繁，同时存在部分公司现金流非常充沛，有大量闲置资金，部分公司刚开始经营，销售收入很少，在银行有大量的贷款。为了强化系统内的资金集中管理，2005年3月，集团成立结算中心，公司在国内共有19家下属企业，执行内部资金集中管理。该客户希望：下属企业资金全部集中到集团结算中心，而又不影响下属企业的具体资金运用。

2. 银行切入点分析

在“采购、销售、融资、理财、管理”五大需求中，该公司最迫切需要的是资金集中管理，其次是理财需要。银行协助其高度集权管理系统内的资金，但是又必须保证不能影响下属企业的资金日常使用。法人账户透支业务成为最重要的银行选择工具。集团结算中心为下属企业确定透支额度，下属公司每日透支对外结算，以降低财务费用。但是，集团结算中心必须对于下属企业的透支资金提供担保。

3. 银企合作情况

2005年，公司对商业银行进行了现金池招标，某国有商业银行北京分行中标。

合作模式：集团公司财务中心为下属19家企业确定具体透支额度，在该分行总计透支额度2亿元，下属公司日间在额度内透支对外支付，日终汇总透支金额，由总公司结算中心与银行清算。通过该方式，北京摩尔电器有限公司节省了大量财务费用，实现了集团结算中心对下属公司资金高度集权管理。

8.5 应收账款质押贷款业务

8.5.1 应收账款质押贷款业务的内容及其办理程序

1. 应收账款质押贷款业务的内容

应收账款质押贷款是指商业银行以卖方（债权人）与其买方（债务人）订立的货款销售与服务所产生的应收账款债权为质押，向卖方发放的贷款。2007年《中华人民共和国物权法》颁布，其中第223条明确规定应收账款可以出质，在法律上为保护债权人的利益提供了基本保障，商业银行开展应收账款质押贷款业务的法律障碍也消除了。按照中国人民银行2007年颁布的《应收账款质押登记办法》的规定，应收账款包括下列权利。

① 销售产生的债权，包括销售货物，供应水、电、气、暖，知识产权的许可使用等。

② 出租产生的债权，包括出租动产或不动产。

③ 提供服务产生的债权。

④ 公路、桥梁、隧道、渡口等不动产收费权。

⑤ 提供贷款或其他信用产生的债权。

对于企业来讲，向商业银行获取应收账款质押贷款可以将一时无法收回的债权质押出去获取资金，加快了货款回笼的速度；同时，由于大量的中小企业经营规模小，无可用于抵押贷款的固定资产，利用应收账款质押贷款可以解决资金瓶颈问题，促进中小企业的发展。对商业银行来讲，应收账款质押贷款业务，不仅可以增加银行的贷款业务种类，提高收益，而且有选择地扶持一些有潜力的中小企业，培养它们对银行的忠诚度，对商业银行的长远发展也是有利的。

商业银行接受客户的应收账款作为质押物，为其提供融资业务时，贷款额度一般控制在应收账款实有金额的60%～80%；贷款期限一般控制在1年以内。

案例 8-6

应收账款质押贷款缓解企业资金压力①

企业在生产经营过程中，先销售后拿钱的"赊销"是再正常不过的，这就产生了应收账款。对于处在产业供应链中的众多中小企业来说，应收账款交易频率高、结算周期长、占用资金大，很容易使企业陷入资金周转的困境，尤其在当下资金偏紧形势下，更是雪上加霜。假如能用应收账款来贷款，这对中小企业来说无疑是福音。

某公司是十堰市一家药品和医疗器械供应商，为一家大型综合性三级甲等医院供货达两年以上，在该医院已经形成500万元左右的应收账款。医院对公司的货款结算方式为3个月滚动付款，资金实际占用时间约为3～9个月。而供应商采购药品时全部采用现金结算，供应商在货款回笼与购货资金使用上存在较大时间差，部分应收账款常年沉淀。此外，该医院对供应商的准入评判标准很重要的一条为供应商实力，为提高自身实力，供应商公司倾向于加大供应量，而供应量的增加又需要流动资金的投入。如何将"死"钱变"活"，是公司的燃眉之急。

中国银行湖北省分行为其设计了应收账款质押授信方案：以该医院应收账款作为质押标的，企业在银行开立回款专户，实行回款账户监管。这样一来，供应商在无传统抵押品的情况下，获得了银行授信支持，有效缓解了资金压力，加大了供货量，扩大了企业利润。

2. 应收账款质押贷款业务的办理程序

商业银行办理应收账款质押业务的程序如下。

(1) 客户申请，提交必要资料。商业银行客户经理与客户进行接触，初步确定客户符合商业银行申请应收账款质押业务的基本条件，就可接受客户申请，并指导客户提交必要的资料。包括：与买方合作两年来的交易明细(具体的交易笔数、每笔账期、每笔金额、买方具体的付款日期、付款金额)，发票金额、签发日期、到期日期，买方的具体付款日期等。

(2) 银行调查、审批。商业银行接到客户的申请及相关资料后，认真阅读相关材料并对有关情况进行调查，以确定是否发放贷款。调查内容包括以下几项。

① 对客户拟用于质押的应收账款进行查询。2007年10月1日中国人民银行征信中

---

① 楚天报讯.应收账款质押贷款：开辟中小企业融资新渠道.楚天金报，2013-07-26.

心开发了“应收账款质押登记公示系统”，各商业银行通过登录中国人民银行征信中心网站，在公示系统中查询该笔应收账款是否已经登记，如果已登记，说明已经在其他商业银行办理了质押贷款业务，则应评估该应收账款的质押权是否足够，质押权的先后顺序如何等。

② 认真阅读客户与买方签订的协议中有关付款的条款。买卖双方进行商业或服务交易时，付款方式及相关要求有时是在购销合同中，有时是单独签订协议，无论何种形式，商业银行的阅读重点均应放在付款的相关条款上，重点看协议条款中规定的应收债权能不能直接转让。

③ 查看客户提供的相关资料，判断应收账款的质量，确定应收账款质押率。通过客户提供的与买方合作两年来的交易明细，可以判断客户对买方的应收账款的损失率；同时，通过阅读购销合同，了解如果卖方提供的货品与合同规定不符时，买方是直接少付货款还是换货；另外，应收账款的到期日也很重要，到期日短的应收账款，及时足额收回本金的可能性要高得多。所以，客户经理通过查看卖方与买方的交易明细资料、买卖双方购销合同中有关货品瑕疵的处理条款，可以对应收账款的质量进行较为准确的判断，并作为商业银行确定应收账款质押率的基础。

(3) 与借款客户签订应收账款质押协议，办理质押登记。质押协议应载明商业银行(质权人)与借款人(出质人)已签订质押合同；由商业银行办理质押登记。然后，商业银行再次进入“应收账款质押登记公示系统”，登记质权人和出质人的基本信息、应收账款的具体情况、登记期限等。

(4) 签订应收账款质押贷款协议，发放贷款。商业银行通过贷前相关资料的审阅和实地调查，与客户之间就放款金额、期限、利率、银行回款方式、罚息等达成协议，并签订质押协议，办理质押登记后，就可以签订应收账款质押贷款合同或协议，根据协议的条款向客户放款。

(5) 贷款归还。按照贷款合同或协议的约定收取款项。通常，商业银行与客户可以约定按以下三种方式中的一种付款。

① 买方将应付款直接付给卖方(融资方)，卖方再将收到的款项按照当时与商业银行签订的协议向银行兑付。

② 买方将应付款打到卖方(融资方)在商业银行的账户，卖方未经银行授权不得动用该账户的资金，必须待银行根据当时与卖方(融资方)签订的应收账款融资协议扣款后才能动用该账户的资金。

③ 买方直接将收款方设定为贷款银行，贷款银行在收到应收账款后直接冲销卖方(融资方)提供的应收账款融资金额。

8.5.2 应收账款质押贷款业务的风险及其控制与防范

1. 应收账款质押贷款业务的风险分析

由于应收账款质押贷款牵涉商业银行(质权人)，贷款人(出质人、卖方)，债权人(买方)三方关系人，风险主要体现在以下几个方面。

(1) 操作风险。操作风险是指商业银行在接受客户的贷款申请后,对于客户的资料阅读不仔细、应检查的相关原始凭证没有认真检查、核实,或者没有在中国人民银行征信中心的公示系统中认真查询,致使质权得不到落实,款项贷出后无法按时收回本息的风险。例如,在查看企业一段时期(一般是两年)的交易记录时,应要求卖方提供每次的发票金额、发票的签发日期、发票到期日期、买方的具体付款日期等,分析应收账款的平均余额,确定质押率等。操作风险的另一个体现是,商品或服务的买卖双方签订的合同存在漏洞,但商业银行相关人员未发现,由此给商业银行造成的损失。如买卖双方的协议中注明在某些条件下应收账款可以转让等,便会损害商业银行的合法权益。

(2) 违约风险。违约风险是指债务人或出质人内部经营管理出现问题,无法按照约定付款的风险。虽然买卖双方的交易及合同均是真实存在的,但是由于市场及企业内部管理的原因,买方经营出现重大问题,无法按照约定付款。作为第二还款来源的出质人亦因管理不善,致使应收账款在法律上已不存在,或出质价格比实际应付价格要高,就会给商业银行造成实际损失。主要有两种情形:①债务人已清偿销售款,但销售人员未将款项上交给单位,而是挪作己用,使应收账款"空挂"在账务上,往往无法追回,此种情形下,应收账款可能在出质时已消灭,也可能在出质后消灭,但均使第二还款来源失去意义;②当出质方的销售人员有一定的折扣浮动权时,按最低折扣销售,却按全价或较高折扣上报销售额,以获取更多奖金或其他利益,以致出质价格高于实际应付价格,从而使第二还款来源价值不足。

(3) 诈骗风险。诈骗风险是指贷款人利用不存在或不足值的应收账款诈骗商业银行资金的风险。通常有三种情况:①出质人虚构应收账款;②原来存在应收账款,但出质前已清偿,只是出质人未下账,或以其他应收账款数据冒充出质应收账款;③出质后出质人收取了应收账款债务人清偿的款项,但未提存或保管,而是用作其他目的,致使应收账款嗣后不存在,或者所质押的应收账款存在,但出质价格出现虚高,造成第二还款来源不足,银行资金因此遭受损失。

2. 应收账款质押贷款业务的风险控制与防范

针对应收账款质押贷款业务的上述风险,商业银行可以采取以下防范措施。

(1) 落实各项贷前调查措施,严格操作流程。由于用于质押贷款的应收账款的特殊性,对应收账款的真实性及相关偿付款条款、以往付款情况等都必须进行严格调查核实。同时,对企业的营业前景进行预测。在考查企业财务报表时,除企业资产负债率外,还要计算应收账款在企业资产中的比率、应收账款周转率、应收账款平均回收期等,以确定合适的质押率、期限、利率等,以确定合理的贷款期限及利率。

(2) 及时查询该笔应收账款的出质情况,发放贷款前,办理质押登记。

(3) 在贷款合同中增加一些特殊的条款保障商业银行的权益。在贷前调查的基础上,商业银行还应在借款合同、质押合同中明确质权人(商业银行)享有的权利和出质人应承担的义务。一旦质权受到或可能要受到损害,质权人可依合同约定维护合法权益。应约定的主要条款有:①全部合同原件应移交质权人占有;②出质人不得有转让、叙作保理、放弃权利等行为,否则质权人有权予以撤销或可提前要求清偿债务及行使质权;③出质人要书面通知债务人，并取得债务人向质权人的书面承诺函，确认应收账款的具体金额，承诺只向销售商在贷款银行的指定账户内付款。同时规定，债务人在承诺书中签字确认到期不付款的违约责任，以及在未告知质权人的情况下，擅自支付，由此对银行产生的损失，承担赔偿责任等；④出质人怠于行使权利，致使质权受到或可能受到损害时，质权人有权代出质人行使，该约定即为授权，并在出质期间不得撤销，或质权人有权提前要求清偿债务或行使质权；⑤明确提前清偿债务或行使质权的其他情形，包括放弃权利、合同被解除、撤销或变更、权利抵消、管理水平恶化和财务可能恶化等；⑥对已实现的收费，要有监管或提存机制，避免收费权价值的贬损。

8.5.3 应收账款质押贷款业务营销要点

商业银行客户经理在营销应收账款质押贷款业务时，首先应根据该业务的特点锁定目标客户，然后培养其对商业银行的忠诚度。

1. 锁定目标客户

在市场经济环境下，企业之间的款项结算出现延迟是一种必然现象，许多企业之间甚至出现“三角债”，大量无法及时收回的应收债权无疑会影响企业的正常生产经营，如果能将应收账款提前收回，将对企业产生积极影响。对于中小企业而言，意义更是重大，因为中小企业往往无法提供可用于向银行申请抵押贷款的不动产，也难以找到大型企业为其担保，常常因为缺少资金而影响发展，用应收账款向商业银行质押获取贷款，有助于解决资金瓶颈问题，使中小企业走上健康发展的快速道。所以，商业银行客户经理应将目标客户锁定为中小企业和有大量应收账款的大型企业。

2. 认真维护客户关系，培养客户忠诚度

由于应收账款质权作为普通债权质权，是以一种请求权担保另一种请求权的实现，质押担保中质权人的债权能否实现，最终依赖于应收账款债务人的履行能力即其全部责任财产的多少，因此应收账款质押的担保功能有限，实质上仍保留着信用保证的痕迹。为了尽量降低商业银行的风险，当客户在商业银行办理应收账款质押贷款业务后，客户经理应维护好与客户的关系，积极向客户营销商业银行的其他产品，在风险可控的情况下，支持企业的发展壮大，培养客户对商业银行的忠诚度。

8.6 仓单质押贷款业务

8.6.1 仓单质押贷款业务的内容及其办理程序

1. 仓单质押贷款业务的内容

作为中小企业取得商业银行资金支持的一种方式，仓单质押贷款业务发展迅速。仓单是仓库业者接受顾客（货主）的委托，将货物受存入库以后向存货人开具的说明存货情况的存单。仓单的直接作用是提取委托寄存物品的证明文件，间接作用则是寄托品的转让及以此证券为担保向银行等金融机构借款的证书，因此，仓单是一种公认的有价证券。仓单质押贷款是客户(出质人)将其合法拥有的仓单移交给商业银行(质权人)占有，将该权利凭证作为商业银行向其提供融资债权的担保，商业银行为客户融通资金的一种贷款业务。

对于货主企业而言，利用仓单质押向银行贷款，可以解决企业经营融资问题，争取更多的流动资金周转，达到实现经营规模扩大和发展，提高经济效益的目的。对于商业银行而言，开展仓单质押贷款业务可以增加放贷机会，培育新的利润增长点；同时，将仓单所代表的货物作为抵押，可以降低贷款风险。对于仓储企业而言，一方面可以利用能够为货主企业办理仓单质押贷款的优势，吸引更多的货主企业进驻，保有稳定的货物存储数量，提高仓库空间的利用率；另一方面又会促进仓储企业不断加强基础设施的建设，完善各项配套服务，提升综合竞争力。

2. 仓单质押贷款业务的办理程序

由于仓单质押贷款业务涉及仓储企业、货主和银行三方的利益，因此要有一套严谨、完善的操作程序。

(1) 资格初审。申请者向商业银行提出申请后，在客户经理的指导下，提供商业银行所需的各种材料，由客户经理对申请者的资料进行初步审核。初审时，客户除了提供一般贷款业务所需的资料外，还需提供有关货物所有权、价值、品质的证明材料，监管方和仓库的基本材料，仓储协议等资料。初步审查后，确认申请者符合开展仓单质押贷款的条件，便可接受申请，进入贷前调查阶段。

(2) 贷前调查。接受客户申请后，商业银行信贷部门还应委派客户经理对申请人的财务、经营状况进行全面调查，贷前调查时，除了履行一般信贷业务的贷前调查程序外，客户经理还应着重对下列情况进行详细调查和评估。

① 客户用于质押的仓单中所载货物的产权情况、商品特性、市场状况等，并评估货物的价值。

② 监管方的市场地位、监管规模、管理水平、监管资格和履约能力，仓库的面积、出租率和货物年吞吐量等。

③ 客户在其他商业银行的仓单质押贷款情况。

④ 如果涉及供货商承担回购责任，还应调查供货商的市场地位、经营前景、履约能力等。

通过以上调查，如果认为可以提供贷款，则撰写报告，上报有权审批人审批。

(3) 签订相关合同或协议，发放贷款。仓单质押贷款经过有权审批人审批，并落实监管措施后，商业银行经办机构与客户之间便可签订相关协议，再将资料提交给其他业务部门发放贷款。签订协议之前必须落实的监管措施主要有两项：①办理有强制执行效力的公证；②办理质押物的保险。发放贷款前，商业银行与客户所签协议至少包括融资合同或协议、质押合同或协议、保证合同或协议。

(4) 贷后跟踪检查与管理。商业银行发放贷款后，客户经理还应对客户资金的使用情况及货物状况进行跟踪检查与管理，一旦发现损害商业银行利益的行为，应及时制止或提前收回贷款。

商业银行发放仓单质押贷款后，如果客户因为生产经营的需要，必须提货或更换质物，只要符合以下条件，就可以办理：①以保证金替换全部或部分质物；②经过商业银行认可的新质物的价值不低于原质物。任何时候，商业银行都必须保证其认定的质物价值乘以质押率加上保证金账户余额不低于其对客户的仓单质押贷款额。

8.6.2 仓单质押贷款业务的风险及其防范与控制

1. 仓单质押贷款业务的风险分析

从仓单质押贷款业务的操作程序可以看出，在仓单质押贷款业务中，商业银行、仓储企业、货主企业之间都存在着委托代理关系，一种是作为银行的代理人，监管货主企业在仓库中存储货物的种类、品种和数量等；另一种是作为货主企业的代理人，管理仓库中货主企业的货物，包括管理货物的进出库。正是由于存在这种三方的代理关系，商业银行的仓单质押贷款业务存在许多潜在风险。

(1) 违约风险。违约风险是指由于贷款企业的经营能力和信用状况出现问题无法按时偿还商业银行贷款，或由于贷款人与货物监管企业合谋，有意骗取商业银行贷款而产生的风险。

(2) 质物风险。质物风险是指由于质押物在保管过程中出现霉烂、变质、被盗等损害质权人利益的情况，或者由于市场原因，质物持续跌价，而客户又无法补足相应价值的保证金或货物，商业银行的债权被空悬出现的风险。

(3) 法律风险。虽然我国《合同法》中规定了仓单上必须记载的内容：存货人的名称或者姓名和住所，仓储物的品种、数量、质量、包装、件数和标记，仓储物的损耗标准，储存场所，储存期间，仓储费，仓储货物保险情况，填发人，填发地点和填发时间等，但由于没有统一格式的仓单，仓储企业的他单均为自行设计，若以前这些企业没有承担过货物监管者的责任，它们的仓单所记载的内容不一定能完全满足商业银行的要求，如果商业银行相关人员在审核仓单内容时出现疏漏，则可能因某些条款未事先约定而导致资金受损。

2. 仓单质押贷款业务的风险防范与控制

(1) 认真进行贷款调查。为了防范客户出现违约风险，商业银行客户经理在进行贷前调查时，重点应放在以下三个方面。

① 客户的经营能力和信用状况。反映企业经营状况是否正常的最直接指标是营业收入增长率，客户的营业收入至少要大于零，最好大于该行业的平均增长率。

② 客户的资产负债率。一般而言，资产负债率控制在30%左右是企业财务状况稳健的表现，但随着市场经济和金融业的发展，企业资产负债率普遍提高，这无疑增大了商业银行的风险，因此选择客户时，应要求客户的资产负债率小于50%。

③ 客户及其担保人以往的信用状况。除经济实力外，良好的信用是企业履约的必备条件，评估客户及其担保人信用状况的主要依据是他们的历史履约情况和履约意愿，具体包括三个方面：一是它们偿还债务的历史情况；二是它们在以往的履约中所表现的履约

能力；三是它们以往的履约是出于自愿，还是被采取法律诉讼或其他行动的结果。凡有不良信用记录的，应杜绝与其合作。

(2) 完善的质物监管措施。仓单质押贷款业务中，商业银行接受的是仓单，但质物是动产，这些动产在保管过程中出现的任何疏漏都可能损害商业银行的合法权益。因此，商业银行必须对质物的种类有所限制，还要落实监管措施，实地检查质物的保管情况，以保障商业银行的利益。

① 保险。仓单质押期间应要求客户为质押仓单下的货物投保足值的财产综合险，并以商业银行作为第一受益人；必要时还应要求监管方向保险公司投保雇员忠诚保险。

② 对质押商品的种类予以限定。要选择适用广泛、易于处置、价格涨跌幅度不大、质量稳定的品种，如黑色金属、有色金属、大豆等作为质物，同时还要考察货物来源的合法性，对走私货物和违禁物品要及时举报。

③ 加强对仓单的管理。商业银行对客户的仓单所载的内容要进行认真审核，要求客户使用商业银行设计的固定格式，按规定方式印刷；同时派专人对仓单进行管理，严防操作失误和内部人员作案，保证仓单的真实性、唯一性和有效性。

④ 加强对质押货物的监督管理。仓储企业在开展仓单质押贷款业务时，一般要与银行签订"不可撤销的协助行使质押权保证书"，对质押货物的保管负责，丢失或损坏由仓库承担责任。同时，商业银行信贷业务的经办机构及客户经理应定期(一般每月不少于一次)或不定期地对监管方仓库进行现场检查，了解仓库管理情况，检查质物的状况，并及时形成检查报告上报。在检查报告中，应描述质货监管的实际状况、价格变动情况及趋势分析、监管存在的主要问题及解决措施等。

⑤ 严控同一仓单项下的货物在不同时间提取的情况。由于货物的可流动性，有时同一仓单项的货物可能会在不同时间提取，此时若不严加控制，可能会出现货物提多、提错等损害商业银行利益的情况。因此，如果客户对于同一仓单项下的货物需要在不同时间提取，依据货主与商业银行必须共同签署"专用仓单分提单"，仓库根据"专用仓单分提单"发货，同时还要按照仓单编号、日期、金额等要素登记明细台账，每发一笔货，就要在相应仓单下做销账记录。

⑥ 当质物跌价时，应要求客户在规定期限内补足保证金或相应价值的货物。为了防范质物跌价风险，商业银行应落实专人每日盯市，即由负责盯市的人员通过相对公开、及时且具有公信力的信息渠道跟踪和掌握各种质押货物的行情动态，并与出质时商业银行确定的价格相比，当跌价达到约定幅度时，应立即上报并要求经办机构通知客户补足价值差额，补足价值差额的时间一般不超过三个工作日。客户逾期未补或未补足的，商业银行可以提前收回贷款并依法处置货物。负责盯市的人员还应根据一段时期来各种货物的价格变动做成价格走势图，供分析决策用。

8.6.3 仓单质押贷款业务营销要点

仓单质押贷款业务是新形势下针对中小企业的一种贷款，在营销时客户经理首先应选择好的目标客户；其次是针对客户需求提供多种服务。

1. 锁定目标客户

仓单质押贷款业务的对象大多为具有大量货物流动的贸易型企业或生产型企业。对于贸易型企业,其共同特点是将大量的商品货物存放在第三者的仓库中,因此,客户经理可以通过走访大型物流企业,调查、了解哪些企业是它们的固定客户;也可以通过已经是本行客户的生产性企业推荐其经销商。在对客户有初步了解后,就可以采取一定的方式(如他人引荐、上门拜访等)与客户进行接触,了解客户的需求,营销商业银行的产品。

无论是贸易型企业还是生产型企业,由于经营规模小,又无可用于抵押贷款的不动产,往往资金匮乏,与商业银行的接触也较少,如果客户经理主动向它们推介,可以用仓单申请质押贷款,这些企业都是非常乐意采用的。

同时,客户经理也可以根据本地经济的特点,在对某行业的客户进行大量走访调查的基础上,开展某种特殊类型的仓单质押贷款业务。如针对某一季节出产的土特产品、针对某地政府大量倡导生产的某种产品推出仓单质押贷款业务,既可以解决生产者的资金瓶颈问题,又能得到当地政府的支持,还能为商业银行带来利润,真正实现"三赢"。

案例 8-7

仓单质押盘活存货"立见效"[①]

在国际上,仓单质押已是一种使用较广泛的融资模式。在我国,各商业银行近年也纷纷推出各自的产品,如建设银行的"金银仓"、民生银行的"赢期·速融通"、广发银行的"仓贸银"、深发展银行的"标准仓单质押"等,皆为中小企业突破资金瓶颈提供了帮助。

据报载,2011 年 10 月以来,为解决苹果购销资金不足、果农卖果难的问题,烟台市工商局联合五家金融机构推出仓单质押业务,当借款人收购苹果后,存入与金融机构有合作关系的冷库,由后者开具仓单,到工商部门办理质押登记,苹果收购商持质押登记证明即可以仓单向金融机构借取相同合同金额的款项,且"一次质押,循环贷款",有效解决收购商的资金瓶颈问题,促进苹果购销。截至 2011 年年末,苹果"仓单质押"融资额达到 2.6 亿元。

另据媒体报道,浙江台州有丰富的水产资源,由于需求旺盛,资金流动量大,小微水产品加工企业常因资金问题犯愁。为此,当地工商部门携手金融机构推出水产品仓单质押融资,先由货主将水产品存储至特定的仓储公司,再到工商部门办理抵押登记,仓储公司经评估后向货主出具仓单,由后者拿去银行办理质押贷款。至今,该业务融资额也已达 2 400 万元。

银行业内人士指出,仓单质押既可解决中小企业流动资金紧张的难题,又能保证银行放贷安全,可谓双赢。

对企业而言,通过流动资产仓单化进行质押,能扩大可质押标的,有效盘活存货,并能有效解决买卖双方的资金节点问题。因为在市场不确定和信息不对称的情况下,交易双方都不敢贸然发放货物或货款。使用仓单质押后,在真实的贸易背景下,买方以仓单向银行申请贷款,银行可替买方向卖方预付货款,推动交易顺利进行。

---

① 傅烨珉.仓单质押盘活存货"立见效".上海金融报,2012-03-13.

对银行而言，利用仓单质押业务，与企业和仓储公司进行合作，能解决存货抵押监管的难题，通过仓储公司的保管、保证，实现信贷风险控制目标，扩大业务范围，增加客户规模。而且，质押融资有仓储公司负责监管，质押物变现能力强，信贷资金风险较低。

当然，企业要获得银行青睐，也须注意质押仓单项下货物的"资质"是否够格，一方面，货物必须所有权明确，且无形损耗小，不易变质；另一方面，货物的市场价格须较为稳定，用途广泛，易变现。总体来说，仓单质押适用于流通性较高的大宗货物，如有色金属及原料、黑色金属及原料、石油化工产品、建材、煤炭、焦炭、橡胶、纸浆、大豆、玉米等。而特制的商品、专业机械设备、纺织服装，家电等，则一般较难获得银行仓单融资的机会。

2. 为客户提供多种金融服务，培养客户忠诚度

当企业在商业银行申请仓单质押贷款后，客户经理就要与企业经常联络，定期检查仓库货物的保管情况，帮助客户解决在运用资金过程中出现的其他问题，同时可要求为企业办理结算业务。由于仓单质押贷款企业大多为贸易型企业，货物周转快、资金回笼及时是这类企业的共同特点，如果商业银行帮助客户加快货物周转，及时回笼货款，该客户无疑会成为商业银行的忠诚客户。

本章小结

本章介绍了银行承兑汇票、银行承兑汇票贴现、保函业务、国内保理业务、法人账户透支业务、应收账款质押贷款业务、仓单质押贷款业务的内容、办理程序、风险及其控制措施、营销要点等。在以上业务中，银行承兑汇票贴现业务的风险较低，只要商业银行能够证实银行承兑汇票的真实性并把握住承兑银行的资质就可以办理。除银行承兑汇票贴现业务以外，其他几种业务的办理程序均与短期商业贷款类似，风险也主要集中在申请者资信差、欺诈、法律文本不严谨、客户经营管理不善、商业银行内部员工道德等方面。因此，风险控制与防范的主要措施是按照法律、法规的要求办理业务，严防挪用资金，加强内部审核与监督等。由于本章介绍的业务均为商业银行最近几年的创新业务，因此，在进行市场营销时，主要是在熟悉的客户中寻找目标客户，即使是新客户，也应是规模大、信誉好的业界公认的优质客户。

思 考 题

1. 解释以下名词：

银行承兑汇票　贴现　保理　银行保函　法人账户透支　应收账款质押贷款　仓单质押贷款

2. 银行承兑汇票及其贴现业务能否在同一家商业银行的不同分支机构办理？为什么？

3. 将银行承兑汇票与贴现业务相比较可以看出，银行承兑汇票业务的风险大于贴现业务，这句话是否正确？请说出你的理由。

4. 商业银行与客户签订保理协议时，应如何避免接受不能转让的债权、有瑕疵的债权或不完整的债权？

5. 据你所知，保函业务是否仅包括本章所介绍的几种？若不是，请列出所有的保函种类。

6. 请搜集五家商业银行法人账户透支业务的利率标准及透支承诺费标准，列表进行比较。

7. 可用于应收账款质押贷款的债权有哪些？

8. 商业银行开展仓单质押贷款业务时，会面临哪些风险？应如何防范这些风险？

9. 如果你是某商业银行的客户经理，你的上级要求你开拓与大型企业、上市公司——市重型机械厂的业务关系，并要求你一星期内写出针对该企业的业务拓展计划，你目前还没有与该企业接触过，请问你在这一星期内将做哪些前期工作？你准备从哪些方面进行业务拓展？

实 训 题

1. 学生自由组合，每6～8人为一组，在我国商业银行允许开展的业务中通过产品组合进行业务创新，设计出一种新的业务品种，并指出适合的客户群，以及开展该业务的优势。

2. 将学生分组，每组学生负责了解一个地区（可以是县、地级市或大城市的区）的支柱产业，然后针对这些企业的经营特点，设计出一种信贷产品，支持该支柱产业的发展。要求说明该产品的名称、业务内容、办理流程，并分析其可行性。

第 9 章

商业银行信贷营销业务组织管理

学习目标

1. 了解商业银行客户经理制的主要内容。
2. 明确商业银行客户经理应掌握的基本知识与技能。
3. 掌握商业银行信贷营销业务档案管理的要点。
4. 了解商业银行信贷营销业务综合管理工作的主要内容。

课前思考与讨论

你是否遇到过你认为特别出色或者糟糕的营销人员？你为什么认为他(她)很出色或者很糟糕？你觉得有什么深层次的原因吗？你理想中的银行信贷营销人员应该具备哪些条件？请记录你的想法，学习完本章后进行补充。

商业银行信贷营销业务组织管理是指商业银行通过制定一系列的规章制度，明确信贷营销人员的职责权限，规范信贷营销人员的营销行为，加强信贷营销业务基础管理工作，并将这些制度付诸实施的过程。根据商业银行信贷营销业务组织管理的内容，可将商业银行信贷营销业务的组织管理活动分为对信贷营销人员的管理、信贷营销业务档案管理及综合管理。

9.1 商业银行信贷营销业务人员管理

改革开放三十多年来，银行在社会经济建设及人们日常经济生活中发挥的作用越来越大，银行业的竞争也越来越激烈。商业银行要在激烈的竞争中生存和发展，必须改变以前等客上门的做法，树立以市场为导向、以客户为中心的经营理念，开展市场营销，推广银行的产品，同时为客户提供良好的服务。为此，借鉴国际惯例，国内商业银行纷纷建立客户经理制进行市场营销。

9.1.1 商业银行客户经理制

客户经理制是现代商业银行在开拓业务经营中建立的以客户为中心，集推销金融产品、传递市场信息、拓展管理客户于一体，为客户提供全方位服务的一种金融服务方式。客户经理制的推行是现代商业银行在金融管理制度上的创新和经营理念的提升，也是现代商业银行对客户提供金融产品和金融服务方式的重大变革，其实质是建立对外以市场为导向、客户为中心，对内以客户经理为服务中心和营销前台的机制。

改革开放以来，许多企业已由原来单一的生产、建设企业转变为资本股份化、经营多元化、管理统一化和营销网络化的多层次、多类型的企业或集团类经济实体。作为商业银行的主要客户，它们对银行的要求早已突破传统的存款、贷款和转账结算服务，要求银行能够提供技术含量高的综合性服务，如财务顾问、项目融资、投资理财、信息咨询等一体化的金融服务。商业银行建立客户经理制以后，由客户经理对客户实行跟踪服务，客户经理根据自己的专业经验精选优秀客户群或优秀项目，保证银行向优秀项目投入贷款，使银行的贷款风险大大降低。同时，客户经理可以从对客户的多项业务服务中，实行贷款跟踪监督，及时了解、反馈和解决客户经营管理上存在的问题，在给客户提供全方位服务的同时，确保银行资金的安全。从银行方面来看，传统的银行体制下，银行内部机构按产品分设，如信贷部门提供人民币贷款服务、筹资部负责资金筹集、财会部负责储蓄及会计结算、国际业务部负责国际贸易融资及结算等。一个客户要想取得一家银行的所有金融服务，必须分别向不同的业务部门提出申请，由不同的部门分别进行调查、审批，这样的做法会使客户感到很不方便，同时也造成银行人、财、物力的浪费。

建立客户经理制以后，客户由“一对多”变成了“一对一”，只要与客户经理取得联系，就可通过客户经理向银行申请所需要的所有服务，由客户经理分别与有关部门联系，业务经理负责业务风险的前期调研工作，信用部门及信贷（贷款）审查委员会集体审批后，再由产品部门处理具体交易。因此，客户经理制使商业银行建立了前台由客户经理营销，中间由信用管理部门和信贷（贷款）审查委员会进行审批和风险控制，后台由银行结算部门、国际业务部及支行营业部进行业务处理的三个层次，通常称为前台营销层、中间审批及控制层、后台产品层。三个层次的建立，避免了商业银行各业务部门与客户的单线联系，在客户和银行产品部门之间形成了一个独立的作业面，全面负责银行与客户之间的各项业务往来。商业银行客户经理制中，客户经理是关键，客户经理处于整个银行经营体系的最前沿，是直接接触客户的银行员工，也是银行产品进入市场的销售平台。因此，银行和客户的所有业务关系都应经由客户经理办理或让客户经理知情，客户的信息和需求通过客户经理传达给银行内部的有关部门，银行的各种信息也通过客户经理传达给客户。对客户经理来说，必须有效地连接客户和银行内部的各个业务部门，使客户感觉到面对客户经理就如同面对整个银行一样。

1. 客户经理的职责

概括地说，客户经理的职责就是根据市场竞争的需要和客户拓展工作的要求，积极主动地寻找客户、评价客户，向客户推荐和营销适当的产品，与银行的其他部门一起为客户提供高水平的专业化服务，并在此过程中实现银行收益的最大化。

具体说来，客户经理的主要职责包括以下几项。

(1) 挖掘优质新客户。客户经理要不断分析市场形势，了解不同对象的各种需求，通过各种渠道与客户联系，有针对性地开展市场营销工作，使银行的金融产品和金融服务为更多的企业及个人所了解和认识，为银行挖掘优质新客户。

(2) 维护现有的客户关系。对现有客户的维护服务包括以下几方面的内容：①做好产品售后服务工作,及时发现双方在合作中出现的问题,及时向银行有关方面反馈客户的动态信息,对客户的经营状况进行动态监控,并及时提出建议报告；②负责客户的日常管理,协助产品部门为客户提供服务；③定期拜访客户,维护与客户的良好关系,根据客户现有的业务量、未来发展和可能带来的综合业务收益,定期对客户价值做出判断；④发掘客户对银行产品的潜在需求,并根据客户的需求与客户探讨业务合作方案。

(3) 对信贷业务进行前期调查和后期管理。如果客户提出信贷申请,客户经理要在认真调查分析的基础上,提出客观真实、资料齐全、分析准确、观点明确的调查报告,送信贷业务审查部门审批。对于银行风险控制部门、相关产品作业部门和综合部门提出的问题或要求提供的其他信息,及时做出回应。如果银行对客户发放了贷款或办理了其他信贷业务,应及时进行后期跟踪检查管理,采取必要措施防范、控制和化解业务风险。如果银行与客户之间出现业务纠纷,应协助相关部门处理纠纷。

(4) 收集反馈客户信息,建立客户档案。客户经理可以向客户营销、推介所有的银行产品和服务,收集客户的财务信息、生产信息、销售信息、管理资源信息、行业和产品市场信息等,对收集到的资料进行整理,并以此为基础建立并管理客户档案,保证客户档案的真实性、完整性和连续性。

(5) 搞好商业银行内部协调。客户经理是银行对外服务的中心,每个客户经理都是银行伸向客户的友好之手,客户经理"握住"的每笔业务都是银行的财富,需要所有相关部门的全力协助,客户经理有责任发挥协调中心的作用,引导客户的每一笔业务在银行中顺畅、准确地完成。在商业银行内部,需要客户经理协调的事项有：前台业务窗口与二线业务部门之间的协调；各专业部门之间的协调；上下级部门之间的协调；经营资源分配的协调。

(6) 承担并完成存款、结算、贷款、客户开发、贷款质量和贷款收息等任务。

2. 客户经理的组织架构

客户经理的组织架构包括客户经理的组织模式,客户部门与其他部门之间的关系,以及客户经理的职级架构。

(1) 客户经理的组织模式。各商业银行根据自己的情况,可以将客户经理按以下几种标准分类组织。

① 以区域分类。在总行或分行内设立若干个客户经理中心,实行统一管理,这样做可以使资源得到更合理地配置,避免浪费。

② 以行业分类。根据客户经理的专业特长和经验,由一个或若干个客户经理专门负责一个行业的市场开发工作,以便及时、准确地把握行业市场趋势,同时有利于对同类客户的连锁开发。

③ 以客户分类。将存款余额达到一定数额以上的大型客户作为重点客户,由总、分行的资深客户经理负责开发和服务,对于中小型客户则交由支行开发和服务,以便对客户实行差别化和个性化服务,把有限的资源配置到最有利的目标客户上。

④ 以产品分类。总、分行直接领导销售队伍,按贸易融资、公司信贷、租赁、楼宇按

揭、信用卡、消费贷款、个人银行服务、商人银行等产品种类分成若干个销售队伍，销售银行的产品，并负责前期调查分析工作。

⑤ 综合式组织。将以上4种组织模式综合在一起使用，以便于更好地利用有限的资源为客户提供金融产品和服务，如按客户行业结合银行服务产品分类，按区域分类再加其他产品种类搭配等。

(2) 客户部门与其他部门的关系。客户部门也叫业务拓展部门，与其他部门的关系主要有以下三种。

① 线性关系。即客户部门是前台，其他部门为客户部门提供服务与各种支援，有些部门还要与客户部共同拓展业务。这时，客户部门在各部门之间发挥协调者的作用。

② 直属关系。客户经理兼做分支行行长，客户经理直属分支行行长领导。

③ 制衡关系。实行审、贷部门分离，防范经营风险。客户部门负责信贷客户的开发、授信报告的提出，信贷管理部门负责审查，并交信贷审查委员会审批，再由客户部门发放贷款并实行贷后管理。

(3) 客户经理的职级架构。各商业银行根据情况拟定客户经理的职级架构，一般会根据客户经理的不同情况，将客户经理分成不同的级别，级别的高低与客户经理的业绩、报酬等直接挂钩。如有的商业银行将客户经理分为四级，分别是客户经理主管、高级客户经理、客户经理、助理客户经理。有的商业银行将客户经理分为五级，分别是高级客户经理、一级客户经理、二级客户经理、三级客户经理和见习客户经理。有的商业银行将客户经理分为六级，分别是客户经理主管、高级客户经理、客户经理、助理客户经理、客户主任、助理客户主任。高级别的客户经理一般没有自己直接服务的客户，如四级制中的客户经理主管、五级制中的高级客户经理、六级制中的客户经理主管和高级客户经理，他们负责对其他客户经理的管理，并对其他客户经理开发客户的过程提供各种帮助。其他级别的客户经理必须拥有自己直接开发、服务的客户。

9.1.2 客户经理的基本素质与知识

客户经理的主要工作是拓展客户，客户经理拓展客户时代表银行的形象，所以客户经理不仅要具备高涨的工作热情，还要具备一些基本素质和基础知识，才能胜任本职工作。

1. 客户经理应具备的基本素质

客户经理应具备的基本素质包括道德素质、业务素质、人际沟通素质和心理素质。

(1) 道德素质。道德素质是指客户经理必须具备良好的职业道德和敬业爱岗精神，吃苦耐劳，有责任心、事业心、进取心和纪律性；诚实守信，全心全意为客户服务，不做误导性或不诚实的产品介绍，也不可不负责任地随意承诺，更不能超越权限行事；与其他员工相互配合，搞好上下协调、内外沟通；个性开朗坚毅，不气馁；遵纪守法，自觉约束自己的行为，不从事违法行为，不做违规业务。

(2) 业务素质。业务素质是指客户经理应视客户为上帝，对市场、客户、新技术、新产品等的变化有敏锐的洞察力；掌握银行所有产品的知识，能够对客户进行准确的推荐和介绍；具备丰富的营销技巧和经验，具备综合分析能力、直觉判断能力和获取信息的能力；服从安排，处事果断，善于应变，具备稳健的工作作风。

(3) 人际沟通素质。人际沟通素质是指客户经理应具有较高的文化艺术修养，知识面广，具备较为丰富的生活经历；衣着整洁、举止大方；具备良好的沟通和协调能力，性格外向；与客户会谈时遇到尴尬气氛善用诙谐、幽默的语言来调节；善用委婉的语言拒绝客户；富于团队合作精神，善于借用外部资源达到目标。

(4) 心理素质。心理素质是指客户经理应具有较强的心理承受能力，能够坦然地面对挫折和失败，并能从中吸取经验教训；具有外向、开放、包容的性格；具有吃苦耐劳、不断进取的精神；头脑冷静，但不呆板僵化，能根据实际情况灵活变通。

案例 9-1

热情的魔力[①]

东店支行的客户经理于军，是个仅有初中文化程度的老员工。地处矿区的东店支行服务对象主要是当地的两个煤矿、一个发电厂和一个水泥厂，另有数十家是围绕这4家企业的加工、运输、商贸方面的民营或个体企业。在全行客户经理的各项业务指标进度上，于军历年都处于领先地位。于军的工作事迹被行里称作"于军现象"。为此，上级行专门组织人员对于"于军现象"进行了调查推广，其事迹材料的题目为"热情的魔力"。于军正是因为发自内心地对客户表示出极大热情，才创造了金融营销的奇迹。

由于客户文化程度普遍低下，于军与客户沟通没有问题，反而有许多相同见解和共同话题，每当客户遇到结算问题、业务问题甚至生活问题，于军总是主动帮助客户解决问题，比自己的事情都用心。长此以往，客户有问题先找于军商量，于军总是及时赶到，忙里忙外，赢得了客户的极大信任，多数客户家底都不瞒于军，金融业务更是让于军"看着安排"。与东店支行在同一区域的另两家金融机构，看着这数亿元的金融业务全都被东店支行包揽非常着急，几年来采取多种公关措施，始终收效甚微，一直没有越过于军这道屏障。后来，一家银行干脆找到于军，对他承诺：可破例将于军调入该行，安排他做副行长……

2. 客户经理应具备的基础知识

客户经理要具备广博的社会基础知识和扎实的专业基础知识，才能胜任本职工作。

(1) 社会基础知识。客户经理是与各种客户打交道的人，不同的客户有不同的兴趣和爱好，具有广泛社会知识的客户经理开始与客户接触时，可以谈论对方感兴趣的话题，以便进一步接触。社会基础知识包括文学艺术、音乐、历史、哲学、时尚等。关于客户经理应具备的社会基础知识，有的人这样描绘"谈到艺术，能知道悉尼歌剧院、罗马圣彼德堡大教堂及米开朗其罗；谈到雕塑，能知道罗丹的《思想者》、《吻》；谈到音乐，能知道比才的《卡门》和莫扎特的《安魂曲》；谈到苏联，能知道莫洛托夫、米高扬及勃列日涅夫；谈到历史，能知道古罗马、玛雅文化；谈到哲学，能知道冯友兰、熊士力以及新儒家、程朱理学，甚至尼采、萨特；谈到美学，能知道朱光潜、李泽厚；谈到中国历史，能知道宋真宗的天书封

---

① 徐文伟.公司业务营销技巧与案例分析.北京：清华大学出版社，2012.

禅和冯道，能知道明朝的市井小说和版画，也能知道明成祖的迁都等”[①]。

（2）专业基础知识。专业基础知识是指客户经理准确无误地办理各项业务必须具备的知识，包括经济学知识、法律知识、管理学知识、会计学知识、金融学知识和统计学知识等。

① 经济学知识。客户经理所要掌握的经济学知识归纳起来主要包括经济规律理论（价值规律、供求规律、竞争规律），通货膨胀理论，宏观调控理论，厂商理论，市场理论，现代企业制度，产业结构理论，经济周期理论等。

② 法律知识。为了满足办理业务的基本需要，客户经理需要熟悉并掌握以下法律条文：《民法通则》、《公司法》、《经济合同法》、《涉外经济合同法》、《外资企业法》、《企业破产法》、《担保法》、《会计法》、《城市房地产管理法》、《公司登记管理条例》、《国家赔偿法》、《中国人民银行法》、《商业银行法》、《票据法》、《保险法》、《经济合同仲裁条例》、《企业财务通则》、《金融保险企业财务制度》、《企业会计准则》、《企业证券管理条例》、《国有资产评估管理办法》、《银行结算办法》、《现金管理条例》、《信贷资金管理暂行办法》、《人总行关于对商业银行实行资产负债管理的通知》、《利率管理暂行规定》、《结汇、售汇及付汇管理暂行规定》、《境外投资外汇管理办法》、《贷款通则》。

③ 管理学知识。客户经理掌握管理学方面的有关知识，是为了了解客户的管理状况，当客户的经营管理出现问题时，能够帮助企业诊断存在的问题，提出改进管理、提高效益的建议措施。因此，包括管理职能、管理战略、管理程序等所有的知识，客户经理都应掌握。

④ 会计学知识。客户经理掌握会计学方面的基本知识，主要是为了利用客户提供的会计报表，对客户的财务状况、经营成果及现金流量状况进行分析，计算主要经营指标，分析客户的生产经营情况并判断存在的主要问题，必要时，还能通过检查客户的会计数据判断会计记录及会计报表的真实性。因此，客户经理需要掌握的会计学知识包括会计核算、会计分析、会计检查方面的知识。

⑤ 金融学知识。客户经理必须具备的金融学知识包括金融体系、金融市场、货币及货币流通、国际收支、国际信贷、银行信用、利息和利息率、金融资产等方面的知识。拥有这些知识，客户经理能够准确把握和预测国家的宏观金融形势，根据金融市场的货币供给及客户的具体经营状况，为客户提供资金使用的最佳建议。

⑥ 统计学知识。要求客户经理具备统计学知识，是为了使其能够掌握统计调查与统计分类方法，能够熟练地对各种基础数据进行统计分析，计算统计指标，据以对宏观经济形势或客户所处行业的状况，客户本身经营状况等进行客观分析，做出正确决策。

3. 客户经理应具备的基本技能

客户经理必须掌握某些基本技能，才能增强自身的市场拓展能力，这些基本技能包括调查分析技能、客户关系维护技能、展业技能、投标技能、报告撰写技能等。

（1）调查分析技能。调查分析技能是指客户经理能够对客户进行调研、评价，根据客

---

① 宋炳方. 商业银行客户营销. 北京：经济管理出版社，2011.

户的具体情况为其设计产品和服务组合，满足客户的个性化需求等。

(2) 客户关系维护技能。客户关系维护技能是指客户经理能够运用各种工具维护并扩大客户同银行的合作关系，搞好售后服务，留住现有客户并吸引新客户加入。

(3) 展业技能。展业技能是指客户经理能够利用各种合法的手段和技巧与潜在客户接洽，寻找“突破口”，与客户签订合作合同或协议，为客户提供个性化的产品及服务方案，与客户建立长期的合作关系。

(4) 投标技能。一些具有明显优势的客户为了选择优质的合作银行，往往通过招标的方法，为此，客户经理必须掌握投标技能，才能抓住这些客户。客户经理在投标前要认真阅读招标文件，深刻领会招标文件的基本精神，同时了解客户与招标文件有关的一系列制度或方案；同时，客户经理还要了解客户对投标银行的基本要求，通过各种关系与客户密切联系，摸清客户的具体需求；然后提请所在银行组织专人组成工作小组负责具体投标事宜。小组内部一般按投标文件起草者、投标文件汇总者、对外联络营销者、投标现场讲标者组成，小组成员分工协作，各司其职，认真制作投标文件，同时充分利用各种渠道了解客户的相关信息，有针对性地开展营销工作，争取客户对银行的理解和支持。投标日由授权代表人在指定时间到达开标地点，履行投标职责。如果中标，银行应认真履行投标书中的各项承诺，为客户提供高质量的服务，提高客户对银行服务的满意度。

(5) 报告撰写技能。撰写各种分析报告是客户经理的日常工作之一，客户经理撰写的报告主要有六类：信贷调查报告、业务拓展报告(汇报)、客户价值分析报告、重大事项专题报告、工作总结报告、行业分析报告。

① 信贷调查报告。信贷调查报告是客户经理对信贷客户的信用状况进行调查分析后撰写的报告。有关内容在本书第1章和第3章均有涉及。

② 业务拓展报告。业务拓展报告一般是客户经理在业务拓展方面取得阶段性成果之后向上级汇报情况的一种报告形式。

③ 客户价值分析报告。客户价值分析报告是客户经理对客户进行实地调查，在对调查资料进行整理、分析的基础上拟定的一个阶段性总结报告，根据这份报告可以判断银行同客户的合作潜力，而且此报告是客户经理开展业务的基础材料。

④ 重大事项专题报告。重大事项专题报告是客户经理为反映展业过程中的重大事项而撰写的专门报告，报告应准确地描述和分析事件，重点分析可能导致客户经理工作失败的因素，并提出处理意见或建议。

⑤ 工作总结报告。工作总结报告是客户经理总结过去某段时期的工作成绩与不足，并进行原因分析，提出下一步的工作计划及希望领导给予的支持。

⑥ 行业分析报告。客户经理对某个行业进行分析，把握行业的总体态势，分析该行业的成长性，指出客户经理是否应介入该行业，何时介入、介入到什么程度、怎样介入等具体建议。由于银行的优质客户主要来自于高成长性的行业，所以对行业进行准确分析是一项非常重要的工作，也是客户经理从事客户培育的基础性工作。行业分析报告中要指出行业的概念、特征、地位与分类，该行业在全球范围内的发展情况，发展前景及未来市场预测，我国该行业的发展现状与存在问题分析，外部因素对行业发展的影响，国内发展前景分析，最后提出该行业发展带给银行的机会与风险，并提出银行的介入战略建议。

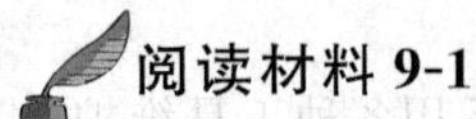

阅读材料 9-1

客户经理的三项“基本功”

商业银行优秀客户经理的三项基本功，可以形象地概括为“铜头、铁嘴、茶壶肚”。

“铜头”，即客户经理胆子要大，不怕碰壁，不怕被拒绝。客户经理在面见客户前一定要做充分准备，吃透客户。把客户及其所在的行业了解得越充分，越能为客户着想，就越不会被轻易拒绝。

“铁嘴”，即客户经理和客户打交道要有礼有节。不因为对方是大客户就一味迎合，对客户的不当要求坚决拒绝，在谈判中为银行的利益据理力争。

“茶壶肚”，即客户经理心胸要开阔。和客户打交道受委屈是难免的，笑一笑就过去了，不可将情绪带到工作中。

9.1.3 客户经理管理制度

为了加强对客户经理的管理，商业银行应制定明确的制度，对客户经理的资格认定、业绩考核、日常工作、监督考核等方面进行规定，严格管理，使客户经理制的作用得到最大限度的发挥。

1. 客户经理的资格认定

客户经理的资格认定包括任职条件和资格认定两部分。

(1) 任职条件。客户经理任职的基本条件为：良好的职业道德、身体健康、大专以上学历，一年以上的银行业务工作经验，良好的业务记录。

(2) 资格认定。客户经理的初次资格认定，是根据任职条件对报名人员进行资格审查，通过资格审查后，再由银行组织对其进行全面认真考评，才能认证上岗。考核认证包括业务绩效以及前面论述的客户经理应具备的基本知识与基本技能的考核，考试方式可以有书面考试、口试答辩、案例设计和实战演习等，根据考试情况与应聘者的业绩与资历认定客户经理的等级。客户经理的等级一旦确定，应在一段时间(如一年或两年)内有效。商业银行应为客户经理的晋升建立通畅的渠道，使低等级的客户经理可以越级申请高等级客户经理资格。

2. 客户经理的业绩考核与报酬管理

对客户经理的业绩考核应具有弹性。一般按月、按季、按年度考核，兑现报酬。考核的内容主要包括收益指标(基本指标)，各项业务指标(如存款增长、新增贷款、贸易融资额增长、信用卡业务增长等)，客户关系发展(联系客户次数、新增客户数量)，其他指标(如坏账率、被客户投诉次数)等。在以上考核指标中，收益指标所占权重应大一些。

至于报酬管理，商业银行应按照市场规律的要求，建立科学、有效的报酬机制，有效地激励客户经理人员的工作热情及创造力，为商业银行创造良好的经济效益。由于商业银行的客户经理是银行产品的主要推荐者，商业银行的盈利与客户经理的业绩有非常密切的联系，而客户经理的业绩又是依靠营销得到的，因此，客户经理的报酬机制应包括三部分：与客户经理创造的业务利润挂钩的浮动收入、固定的工资收入及福利、营销费用。除了收入部分的待遇外，还应为客户经理的等级晋升及业务培训提供各种机会，使客户经理感觉到前途无量，只要努力奋斗，就能够不断进步。

3. 客户经理的工作制度与日常监管

为了使客户经理制能够真正发挥作用，商业银行应对客户经理的工作程序、工作内容及工作态度等制定严格的制度，以规范客户经理的行为，提高工作效率和效果。一般情况下，客户经理的工作制度包括如下几个内容：访客报告制度、每周工作计划制度、每周工作例会制度、市场调研分析报告制度、业绩统计考核制度、重大项目立项报告制度和客户档案制度。

对客户经理的日常监管是按照客户工作制度的要求对客户经理的日常工作行为进行的监督和管理。如为了防范风险，客户经理不得兼做内部交易操作；双向联系客户（两个客户经理共同拜访客户），可以由主管随机要求与某个客户经理一起拜访客户；客户经理拜访客户后要撰写访客报告，外出前要交代拜访的客户和时间；客户经理应按周制订工作计划并由主管定期检查、评估；每周（月）召开工作例会；按月、按季进行业绩考核；为了防范可能出现的风险，还应对客户经理实行岗位互换及强制休假制度，对于达到一定级别的客户经理离任，还应进行离任审计等。

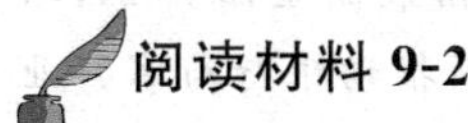

阅读材料 9-2

美国商业银行的客户经理制度[①]

客户经理制是美国商业银行广泛采用的一种竞争优质客户、推销银行产品和服务、增加盈利的业务体制。客户经理在美国银行业是指在业务部门或分行的业务第一线工作的，全面管理特定的银行客户、全面协调客户与银行的业务关系、全力向客户推销银行产品和服务项目的业务代表。

1. 客户经理的岗位设置

美国商业银行的客户经理设置比较灵活，表现在三个方面。

(1) 客户经理的岗位设置没有硬性规定。在哪个部门、哪个分行设置客户经理，设置多少，完全取决于产品销售和市场开发的需要。

(2) 根据客户情况决定管理客户的数量，没有硬性规定。负责管理银行关键大客户的客户经理可能只管一个企业，管理小客户的客户经理可能要管上百家企业。

(3) 根据客户的分布来协调客户经理的设置。服务重要客户的客户经理并不一定都设置在总行，也可设置在客户所在地的分行。

---

① 叶望春. 商业银行市场营销——案例与实践. 北京：中国财政经济出版社，2004.

2. 客户经理的主要职能

(1) 密切保持与客户的关系。密切保持与现有客户的关系，是客户经理的首要职责。客户经理要积极保持和发展客户关系，及时发现和满足客户需要、反馈客户的意见和要求。在关键业务和关键场合，适当安排银行与客户双方高层主管的接触。动员全行的力量，为密切客户关系服务。

(2) 为客户提供“一站式”服务。客户经理是全权代表银行与客户联系的“大使”。客户有问题只需要找客户经理一个人，由客户经理负责了解情况，协调行内关系，并负责解决，再向客户交代。而不是像以前，客户需要与银行发生多种业务往来。通过客户经理提供的一站式服务，不仅能够大大提高服务质量，也加强了银行内部的业务协调，改进了工作效率。

(3) 参与对客户的信用风险管理。根据客户的业务经营情况，对客户的信用风险进行分析和控制，是客户经理的一个重要职责。在对客户的信贷业务中，客户经理对客户的信用风险提出意见，参与部分信贷的审批。在信贷发放之后，要密切注意客户信用的变化，必要时向银行提出警告。

(4) 积极推销银行产品。客户可能对银行的产品和业务了解有限。客户经理在与客户的交往中，要善于发现客户的业务需要，有针对性地向客户主动建议和推荐适用的产品，还可以根据客户的特别需要，探索开发专用产品的可能性。

(5) 开发新的优质客户。客户经理要努力从竞争者手中拉来优质客户，不惜从细小和无利的业务做起，逐渐完善与客户的关系，使客户最后把主要业务转给本银行。

(6) 引导客户的业务需求。客户经理的另一大职能是向客户灌输最新金融知识，培育客户的金融资产意识，激发和引导客户对新型金融服务的需求，不断推动银行与客户业务向纵深方向发展。

3. 对客户经理的管理

通常，美国商业银行对客户经理的业务监督及客户经理的行政关系都直接隶属于其所在的业务部门和分行，银行不设立单独的客户经理管理机构。银行各部门根据业务的需要对客户经理实行分散式管理，体现了银行客户经理的职务头衔与银行职位等级之间没有建立起对应的关系。在职务等级不同的客户经理之间，工作的性质和范围基本是一致的。

客户经理虽然由不同级别的银行员工担任，但在业务管理和行政管理上则归属其所在的部门或分行。无论等级高低，客户经理都要接受部门经理或分行经理的统一领导。同时，美国大商业银行对客户的重视，是通过其业务机构的层次设置和对客户的分类管理来实现的，也就是通过授予客户经理较大的业务权限来实现的，即以外部营销管理为导向而不是以内部行政关系为导向的业务管理体系。

4. 对客户经理的考核和激励

在美国大商业银行中，对客户经理的管理与其他员工不同。最大差异体现在对客户经理的考核和激励方面。对每一个客户经理，银行都规定有营业额计划。营业额计划的完成情况是对客户经理考核的首要依据。

(1) 营业额计划指标的制订与下达。营业额计划是指客户经理实现的银行各类产品的销售额。不同部门和分行该指标也不尽相同。营业额一般是按照季度计划制订的，但为了减少银行业务受季节性因素波动的影响，有的银行业采用滚动式计算方法，按照6个季度的营业额制订计划，每1个季度向前调整一次。在一个计划期，总行参考前一期营业额的完成情况，按照一定的业务增长比率向部门和分行下达营业额计划情况，按照一定的业务增长比率向部门和分行下达营业额计划；部门经理和分行经理再将计划落实到每个客户经理身上。

(2) 营业额计划的考核。营业额计划由总行自上而下制订，考核也是由总行自上而下进行。对客户经理的考核由所在部门和分行进行。

(3) 对客户经理的激励。对客户经理进行激励的最有效的办法是实行同经营业绩挂钩的提成制度。具体有两种做法：通常对经营批发银行业务的客户经理采用底薪加提成的激励方法；对经营零售业务的客户经理，多采用全额佣金制度的激励方法。此外，银行也采用一些辅助性的精神激励措施，如向业绩突出的客户经理颁发最高创收奖、最佳服务奖等。

9.2 商业银行信贷营销基础工作管理

商业银行办理信贷营销业务时，除了由客户经理直接与客户接触，联系客户，对客户的信用状况及财务经营情况进行调查以外，信贷营销部门还有许多基础性工作要做，这些工作主要包括对客户经理办理业务的资料及法律文件进行审查，从格式、程序上把握业务的标准及准确性，避免日后产生风险；对所有的信贷营销业务档案归档保管，做好防霉、防潮、防虫工作；对本行的信贷营销情况进行统计分析，为领导的决策提供有用信息。

9.2.1 商业银行信贷营销业务档案管理

商业银行客户经理在进行营销时，要建立客户档案，在档案中对客户的所有信息予以记录，以备随时查询。如果决定为某个客户办理信贷业务，在办理业务时会有许多文件及资料，其中法律资料非常重要，如果该业务以后出现回收困难或其他问题，法律资料将是解决纠纷的关键依据。因此，信贷营销业务档案管理，是信贷营销业务的基础工作。在商业银行的信贷营销部门，一般设置专门的岗位，由专人从事档案的整理、审查及保管工作。

1. 信贷营销业务档案管理的内容

信贷营销业务档案是商业银行信贷营销部门在信贷营销业务中积累形成、系统整理并按照一定规律保存的文件。信贷营销业务档案管理就是用科学的方法和健全的规章制度，做好档案的立卷、积累、整理、归档、保管、借阅、鉴定、统计、销毁等工作，使信贷营销业务的档案资料齐全，防范可能出现的风险，保障商业银行的合法权益。

信贷营销业务档案按照形成及作用不同，可分为直接业务档案、间接业务档案和业务参考档案三类。

(1) 直接业务档案。直接业务档案是指商业银行办理信贷业务时进行信贷调查、信贷审查、贷后跟踪检查期间所形成的，具有直接工作责任和法律依据的文件和资料。

① 信贷调查及审查的资料。包括：借款人和担保人依法批准成立文件和有效的法人营业执照；合营公司的合同与章程；借款人的验资报告；建立信贷关系的贷款申请书；借款人专用印鉴卡；借款人申请贷款的书面报告；新贷款企业及担保企业的信用等级评定表或信用等级评定机构评定的信用等级；贷款调查报告；贷款审批表；借款人法人证明书或授权证明委托书；借款担保书或抵押物所有权证明书，若用第三者财产作押，则应提供相关的合法文件；董事会决定贷款的有效决议；有权批准部门批准的固定资产贷款计划文件、可行性研究报告和项目评估材料；借款人提供的购销合同；借款人的财务报表；借款人和担保人的贷款证。

② 贷款发放过程中所形成的文件资料。包括：借款合同；担保合同；借款借据。

③ 贷款发放后所形成的文件资料。包括：贷后检查报告；催收贷款通知书；律师函；借款展期时相关的文件资料；信贷制裁通知书；经济纠纷仲裁形成的法律文件；信贷合同执行过程中出现的纠纷，或可能威胁信贷资金安全的重大事件的处理方案及结果的文件资料；其他确认应归档的文件资料。

(2) 间接业务档案。间接业务档案是指与信贷营销业务有关的档案，通过间接业务档案，可以看出信贷营销部门工作的完整性、全面性及规范性。因此，间接业务档案是对信贷营销业务的综合性反映。通常，间接业务档案包括以下内容。

① 信贷营销工作计划档案：指各个时期信贷营销业务发展计划、执行、检查、总结的有关资料。

② 信贷营销会计档案：指信贷营销部门专人记录的信贷营销业务台账。

③ 信贷营销统计档案：指对信贷营销业务进行各项统计的文字、数据、图表以及分析资料。

④ 信贷营销人事档案：指有关信贷营销业务的组织机构、人员管理等资料。

⑤ 信贷营销监督档案：指商业银行内、外部有关机构及部门对信贷营销业务进行监督、检查的记录，如稽核报告、外汇检查报告等。

(3) 业务参考档案。业务参考档案是指对商业银行开展信贷营销业务有重要参考价值的资料。业务参考档案包括以下内容。

① 政府或金融管理当局对信贷营销业务进行管理的法律法规资料，如经济合同法、贷款通则、有关抵押贷款、利率管理等方面的规定等。

② 商业银行内部制定的各项规章制度，如信贷营销政策文件、贷款操作规程、信贷营销部门岗位责任制、贷审会议的材料及有关记录等。

③ 信贷营销部门综合档案，如定期业务报告、调研报告、经验总结、工作总结等。

④ 信贷营销工具资料，如国内外金融资料、有保管价值的信贷营销刊物等。

信贷营销业务档案大多为文字资料，但也会有其他形式的档案，如计算机软件、录音带、相片、录像带等。无论何种形式的档案，均应按要求进行管理。

2. 信贷营销业务档案管理的要求

商业银行的信贷营销业务部门是信贷营销业务档案的管理部门，而且大多数银行均是在信贷营销业务部门设置专人专岗负责此项工作。通常，信贷营销业务档案管理的要求包括以下几方面内容。

（1）档案设立的要求。商业银行通常每笔信贷业务立一个卷，其中包括有关此笔信贷业务的所有调查资料、审批资料、跟踪检查资料、贷款回收资料，如果贷款没有按期收回，后续的交涉及司法处理资料均应归入同一卷宗中。

（2）档案存放及保管的要求。信贷营销业务档案应存放于专门的房间或文件柜中，并按一定的顺序编号保管。个人物品不得与信贷营销业务档案混放。关于档案的存放及保管，还应做好以下工作。

① 防盗。档案应存放在信贷营销业务部门设立的库房或档案柜中，库房或档案柜应上锁并由专人保管钥匙，有关人员借阅档案应按规定办理借阅手续，信贷营销业务部门的领导应定期或不定期地检查档案保管的安全情况。

② 防火。库房或档案柜内应严禁携带和堆放易燃、易爆物品，要配备足够的消防器材并定期检查其性能，以保证完好可用。

③ 防潮。库房的墙壁、屋顶、通风口、暖气设备等要严防漏水，库房内要配备吸湿机、空调等防潮设备，保持一定的温度。如果是在信贷营销部门设置专柜保管档案，则应把档案存放在铁皮柜内，以有效防潮。

④ 防光。库房的窗户应装窗帘，以防阳光照射影响档案的使用寿命。

⑤ 防尘。库房窗户关闭要严实，库房及档案柜的边框可以装上绒布防尘，清扫库房的门窗、文件架时应用拧干的抹布，拭去信贷营销业务档案上的灰尘时应使用干抹布。

⑥ 防虫。库房及档案柜中要经常投放防虫、驱虫剂，防止档案被虫蛀，一旦发现虫害要立即进行灭杀处理。

⑦ 防鼠。库房的墙壁及地面应无漏洞，门窗应严实无缝，库房内及档案柜内严禁存放食品，以免招至鼠害。

（3）档案的归档要求。归入信贷营销业务档案中的文件，要保证其完整性、准确性及系统性。完整性是指在业务中所形成的文件，应全部搜集齐全归卷，特别是不得缺少重要的、关键性的文件；准确性是指归档的文件要手续完备，签章齐全，符合质量要求；系统性是指文件应按形成时间和内在联系有序存放，做到分类准确，放置得当。

（4）档案的放置要求。每笔信贷营销业务档案内的文件可按时间顺序放置，日期新近的文件放置在最上面，以方便日后查找。

（5）档案交接的要求。信贷营销业务人员的业务档案要及时上交归档，当信贷营销业务人员调动、离职或变更经办项目时，需要将所有经手的信贷营销业务项目的现状、存在的问题、处理意见等，写出书面材料，一并归档或向接手人移交。

（6）档案借阅的要求。信贷营销业务档案是重要的业务资料，上级行信贷、纪检、监察、稽核等部门可以通过档案管理人员直接调阅有关档案；经主管信贷营销业务的行长同意，法院、检察、公安、工商行政管理、政府监察和审计部门及人民银行可查阅与调阅有关档案；其他人员需要借阅或调阅的，需按照规定的程序报批后才能办理借阅手续。

9.2.2　商业银行信贷营销综合管理工作

为了方便信贷营销工作，每个基层信贷营销部门一般都会设置一个综合管理员的岗位，专门从事资料审查、档案管理、统计报表的填报、信贷营销业务台账登记、抵押物品及财产所有权证保管，并督促信贷人员做好贷后检查工作。设置信贷营销综合管理员岗位以后，就可以把客户经理从繁杂的日常事务中解脱出来，专门从事业务拓展工作，为商业银行争取更大的业务发展机会。

1. 信贷营销业务综合管理工作的内容

各商业银行的信贷管理体制和审批体制不同，制定信贷营销综合管理员岗位的具体工作内容也会有所不同。但基本工作内容是大体相同的，都包含以下几项工作。

(1) 审查信贷营销资料。主要是负责所在单位信贷业务资料的合规、合法性审查及送审材料的预审。客户经理与客户联系办理某项业务后，要先准备相关的审批资料，在信贷业务报给审查部门审查前，安排专人负责资料的预审，主要是在确保客户经理信贷业务资料真实性的前提下，按照商业银行信贷业务操作规程的要求，审查资料的各项法律手续是否齐全，法律文件是否完整、有效、合规、合法，如果发现材料存在缺、漏或疑点，应要求客户经理补充完整，如果无法补充缺、漏材料，应附加情况说明，并签名加盖所在经营单位的公章。通常，信贷材料上报审查前，基层单位负责人需要在材料上签署意见，综合管理员负责对所在基层经营单位送审意见的完整性进行审查，保证基层经营单位领导人签注明确的意见，包括具体业务品种、金额、期限、利率、保证金比例、担保条件等；信贷业务经审查批准后，按照"审批通知书"上规定的其他要求严格核实执行情况。

(2) 管理信贷营销档案资料。按照商业银行信贷营销业务档案管理办法等规定做好信贷档案管理工作，包括督促经办人员及时将已经办理的信贷营销档案整理、移交给综合管理员；按照信贷营销业务档案管理要求做好信贷营销档案的建档、装订、分类、编码等工作，按要求归档管理；做好信贷营销业务档案借阅、复制的登记工作，并及时收回借出的档案。

(3) 编制有关信贷营销统计报表。及时，准确、全面报送商业银行所需的各类信贷营销统计报表，按上级行和主管部门的要求提交综合或专项分析调研报告。

(4) 登记信贷营销业务台账。按照信贷营销业务的品种设立信贷营销业务台账，可以是手工记录台账，也可以在计算机中设立台账，进行登记，并定期与会计部门的相关明细账进行核对，保证账账相符。目前，由于计算机网络的普及，许多商业银行已建立了全国甚至全球联网的信贷管理系统，金融监管机构(人民银行、银监会)也与商业银行之间联网获取一些资料，在这种情况下，基层经营单位的信贷综合管理员也可以不登记手工台账，但应负责信贷管理系统中信贷数据的录入及核对工作，保证有关数据的准确性，并利用计算机系统及时生成各项信贷统计报表，上报给有关部门。

(5) 保管信贷抵(质)押物品及所有权证。对于客户提供抵押物或质押物的信贷业务，抵押物和质押物权证的管理应由综合管理员负责，综合管理员应按照信贷审批合同中的规定，及时督促办妥抵、质押物权利凭证的入库，并加强管理；对于已到期偿还的信贷业务，则应及时出库退还给客户。

(6) 督促客户经理做好贷后检查、清收等工作。督促客户经理按时做好信贷业务的贷后检查和新客户的拓展工作；监测、分析所在基层单位的信贷资产状况；对基层单位的信贷业务实施动态监控，提供有关的数据和信息资料；如果发现业务操作、执行过程中出现问题，则应及时向基层单位领导及上级主管部门反映；按照有关制度的规定，进行贷款五级分类的认定和呆账贷款核销的前期准备工作；及时督促客户经理清收即将到期的信贷资金等。

2. 信贷营销业务综合管理工作的要求

信贷营销业务综合管理工作牵涉信贷营销业务的方方面面，工作内容繁杂、琐碎，但非常重要，要求有关人员既要熟悉有关业务规程，又要具有较强的法律意识及原则性，否则就容易导致风险。

（1）对综合管理岗位人员任职能力的要求：品行端正，敬业爱岗，遵纪守法，廉洁自律，具有良好的思想政治素质与职业道德；具有较强的事业心和责任感，坚持原则，作风正派，诚实稳健，顾全大局，有较强的团队协作精神；具有一定的组织协调能力，熟悉银行信贷业务规章制度并掌握一定的法律基础知识。

（2）对综合管理工作的要求：综合管理工作是信贷营销业务的基础工作，这项工作做得好，将有利于基层单位信贷营销业务的开展，同时也便于上级部门了解基层单位的工作业绩及工作状况。所以，要求综合管理工作必须做到及时、准确、全面。

所谓及时性，是指要尽快完成有关工作，如要求补充的信贷营销业务资料应督促有关人员及时补齐，要求归档的资料要及时归档，要求入保险柜保管的抵、质押物权证要及时收妥保管等。如果不督促其及时做好有关工作，等到款项发放出去，有关法律文件还没有补齐或权证资料没有收妥，时间一长，办理难度更大，则商业银行的资产就有遭受损失的风险。

所谓准确性，是指所有的综合管理工作都应按照有关规定准确办理。如需要办理抵押公证的必须办理公证手续；需要到房地产部门办理登记手续的必须进行登记；按照《贷款通则》的规定不能用于抵押的资产则不能接受作为抵押物；所有抵、质押物权证不经过有权审批人批准，不得借出等。由于信贷综合管理工作大都牵涉银行资产的安全问题，如果不讲究准确性，则可能使商业银行的资产遭受损失。另外，信贷综合岗位人员应进行五级贷款清分，编制统计报表，登记信贷营销业务台账时也应严格按照有关要求办理；否则，基础数据不准确将会导致全行信贷营销数据出现误差，影响决策的正确性。

所谓全面性，是指信贷综合员不能遗漏要做的事情。从前述信贷营销业务综合管理的内容可知，信贷综合管理工作事无巨细，既牵涉对信贷资料的合法、合规性审查，抵（质）押物所有权证的保管等事关银行资产安全的重要事务，也牵涉信贷营销档案管理、督促客户经理做好贷后跟踪检查等组织协调工作，这就要求从事综合管理工作的人员在办理有关事务的时候既要准确区分轻重缓急，又要认真对待每一项工作，不能有任何偏废。

本章小结

客户经理制是国内商业银行正在推行的一种“以客户为中心、以市场为导向”的产品营销体制，本章重点介绍商业银行客户经理制的主要内容，包括客户经理的职责、客户经理的组织架构、客户经理的基本素质及基本技能要求、客户经理管理制度等。最后，介绍了商业银行信贷营销档案管理工作和信贷营销业务综合管理工作的内容。

思 考 题

1. 解释以下名词：

客户经理　客户经理制

2. 商业银行客户经理应具备哪些基本素质？

3. 商业银行客户经理应掌握哪些基本知识和基本技能？

4. 商业银行信贷档案主要包括哪些资料？

5. 商业银行信贷档案管理的主要要求有哪些？

6. 商业银行信贷营销综合管理工作的主要内容是什么？要胜任此项工作，应加强哪些方面的训练？

实 训 题

你所在城市的某商业银行正在招聘客户经理人员，你准备去应聘，请根据你自己的实际情况和你所了解的商业银行对客户经理的基本要求，撰写一份 1 000 字左右的求职自荐信。

参 考 文 献

1. [美]彼得·S.罗斯. 商业银行管理. 唐旭,王丹,等译.北京:经济科学出版社,1999.
2. [美]乔治·E.鲁斯.贷款管理.石召奎,译.北京:中国计划出版社,2001.
3. [美]玛丽·安娜·佩苏略.银行家市场营销.张云,何易,译.北京:中国计划出版社,2001.
4. 徐文伟.公司业务营销技巧与案例分析.北京:清华大学出版社,2012.
5. 叶望春.商业银行市场营销——案例与实践.北京:中国财政经济出版社,2004.
6. 赖丹声.银行营销——实战案例.北京:清华大学出版社,2006.
7. 周时奋,陈琳.把钱贷给谁.北京:中信出版社,2011.
8. 孙建林.商业银行授信业务风险管理.北京:对外经济贸易大学出版社,2003.
9. 叶继雄.银行信贷业务与管理.杭州:浙江大学出版社,2000.
10. 于璐.消费信贷运作指南.成都:四川大学出版社,2000.
11. 岳国锋,王阿林.银行卡业务营销技巧与案例分析,北京:清华大学出版社,2012.
12. [美]戴维·H.布泽尔.银行信用卡.夏玉和,译.北京:中国计划出版社,2001.
13. 虞月君,李文,黄兴海.国外商业银行零售业务经营战略.北京:中国金融出版社,2003.
14. 张积惠.走近信用卡.成都:西南财经大学出版社,2002.
15. 吴洪涛.商业银行信用卡业务.北京:中国金融出版社,2003.
16. 秦定,邱斌.国际结算与贸易融资实践教程.南京:东南大学出版社,2002.
17. 梁琦.国际结算与融资.南京:南京大学出版社,2000.
18. 周宇治.银行国际结算函电交涉.北京:中国金融出版社,2003.
19. 邹小燕,樊兵.结构贸易融资.北京:中信出版社,1998.
20. 信用证业务监管编写组.信用证业务监管.北京:中国金融出版社,1999.
21. 苏宗祥.国际结算.北京:中国金融出版社,1998.
22. 蒋琴儿,秦定.国际结算理论实务案例.北京:清华大学出版社,2007.
23. 王正中.信用卡业务经营管理通论.北京:人民出版社,1996.
24. 宋炳方.商业银行客户营销.北京:经济管理出版社,2011.
25. 宋炳方.银行客户经理培训教程.北京:经济管理出版社,2003.
26. 周林.商业银行风险点判断与风险防范.北京:中国金融出版社,1999.
27. 邓世敏.商业银行信贷业务.北京:中国金融出版社,2000.